2017 湖南创新发展研究报告

长江经济带与湖南创新发展

湖南创新发展研究院⊙编著

The Innovation and Development of
Hunan Embed in the Yangtze River Economic Belt

图书在版编目（CIP）数据

长江经济带与湖南创新发展/湖南创新发展研究院编著. —北京：经济管理出版社，2017.12
ISBN 978-7-5096-5463-7

Ⅰ.①长… Ⅱ.①湖… Ⅲ.①长江经济带—区域经济发展—研究报告—2017 ②区域经济发展—研究报告—湖南—2017 Ⅳ.①F127.5 ②F127.64

中国版本图书馆 CIP 数据核字（2017）第 274252 号

组稿编辑：高　娅
责任编辑：高　娅
责任印制：黄章平
责任校对：赵天宇

出版发行：经济管理出版社
（北京市海淀区北蜂窝 8 号中雅大厦 A 座 11 层　100038）
网　　址：www. E-mp. com. cn
电　　话：（010）51915602
印　　刷：三河市延风印装有限公司
经　　销：新华书店
开　　本：787mm×1092mm/16
印　　张：18.5
字　　数：361 千字
版　　次：2017 年 12 月第 1 版　2017 年 12 月第 1 次印刷
书　　号：ISBN 978-7-5096-5463-7
定　　价：75.00 元

序　言

迈克尔·波特在《国家竞争优势》一书中强调了创新驱动对国家保持竞争优势的重要意义。面对国际、国内经济形势的改变，我国经济领域原有的许多竞争优势正在发生改变或者丧失。为保持或者创造更多的国家竞争优势，创新驱动发展成为了国家战略。党和政府的高层领导对创新发展理论的认识越来越深入，推动创新驱动发展的路径越来越清晰。中国创新驱动发展的力量保障越来越依赖于市县区域。只有真正提高市县区域的创新发展绩效，中国才有可能开创创新发展的新局面，高质量地进入创新型国家行列！

如何推进市县区域的创新发展？如何评价市县区域创新发展的绩效？国内研究机构的智库报告还大有可为。湖南创新发展研究院作为一家省级的战略咨询和学术研究机构，于 2016 年发布了湖南省 14 个地州市的创新发展综合能力评价报告，经新华社、《科技日报》等新闻媒体报道后，在社会上引起了强烈的反响。

《2017 湖南创新发展研究报告》以“长江经济带与湖南创新发展”为研究主题，报告第一篇全面分析了长江经济带经济社会发展的现状，比较了各省市融入长江经济带的战略定位，提出了湖南融入长江经济带的创新路径；第二篇比较了长江经济带各省市最近的创新发展绩效，找出了湖南省在长江经济带中的创新发展地位，进一步评价了湖南省 14 个地州市 2015 年的综合创新发展能力，第一次报告了 14 个地州市推进区域创新发展的“努力指数”；第三篇系统总结了长江经济带各省市的产业转移、制造服务化、生产性服务业发展、农业供给侧结构改革的现状以及湖南推进上述各领域创新发展的对策；第四篇重点总结了长江经济带各省市环境综合治理、工业污染减排和农业面源污染防治的现状以及湖南推进三个领域的创新发展对策。希望本报告的出版对于学界和政界全面了解长江经济带上述各领域的创新发展提供有益的参考，特别是对于省委、省政府以及各职能部门进一步推进湖南各领域的创新发展、制定相关创新发展政策有所启发！

创新发展的前提是创新。创新不仅仅是熊彼特式的生产要素的重新组合、新市场开拓、新技术运用、新生产组织和新流程的涌现，创新的领域更加广泛。思维创新是最重要的创新，只有具备创新思维，才可能具有创新行动，才有可能推进创新发展！

创业是创新的体现！创业也不仅仅是成立一家新的企业或者公司，应该有更丰富的内涵。显然创新是创业的前提和基础。创新思想既可以在实际生产、生活和工作实践中迸发灵感，也可以经过系统的培训教育在讨论学习中擦出思想的火花。创新发展是一项复杂的系统工程，需要诸多机制体制改革去保证公平、平等、自由竞争的创新环境，需要最大限度地去激发创新主体的创新活力，需要科学合理地去评价各领域的创新发展绩效！

尽管我们做了许多努力，但由于能力和学识水平有限，我们的研究成果还比较粗浅，甚至还可能存在各种错误和不尽人意之处，这正是我们努力的方向！我们下一步将深入研究创新引领和中部开放崛起的内在机理、路径和绩效评价，为省委、省政府的创新引领和开放崛起战略提供系统的理论支撑、数据支撑和案例支撑！

2017 年 9 月

于湖南创新发展研究院

目 录

总论篇

创新篇

产业篇

环境篇

总论篇

第一章

湖南融入长江经济带的战略选择与创新发展路径

一、引　言

中共十八大以来，根据新的发展环境、发展阶段和发展方向，国家对区域发展战略提出了新的框架，在实施“一带一路”战略的同时，实施长江经济带战略。2014年3月，国务院《政府工作报告》提出，把培育新的区域经济带作为推动发展的战略支撑，要谋划区域发展新格局，推动长江经济带建设。

“十三五”规划纲要提出，要依托长江黄金水道，构建高质量综合立体交通走廊，把长江经济带建设成为我国生态文明建设的先行示范带、创新驱动带、协调发展带。2014年9月25日，国务院发布《关于依托黄金水道推动长江经济带发展的指导意见》（国发〔2014〕39号），标志着长江经济带建设正式上升为国家重大战略；同年12月，中央经济工作会议强调，要优化经济发展空间格局，重点实施“一带一路”、京津冀协同发展、长江经济带三大战略。长株潭城市群正处于长江中游城市群。对于整个湖南而言，通过长株潭城市群的发展，带动岳阳、郴州、怀化发展，形成在长江中游城市群中新的增长极，有利于推动湖南的全方位发展。

为抢抓国家长江经济带发展战略机遇，推动湖南省经济发展开好局、起好步，更好地融入长江经济带，湖南省人民政府提出：一是湖南加快综合立体交通走廊建设，编制完成《湖南省长江经济带综合立体交通走廊规划》，加快交通基础设施的互联互通，统筹水路、铁路、公路、民航和管道建设，加强各种运输方式的衔接，加快打通区域交通"断头路"，改善域内交通"微循环"，不断提升综合交通运输能力，着力构建综合立体交通网络，增强湖南省对长江经济带建设的支撑能力。二是促进产业集群发展，编制完成《湖南省长江经济带产业集群发展规划》《湖南省创新驱动发展规划》，进一步增强创新驱动产业转型升级能力，大力培育具有国际竞争力的产业集群。三是推进新型城镇化建设，编制完成《湖南省新型城镇化规划（2015~2020年）》，优化城镇布局形态，增强城镇承载能力。加快实施《长江中游城市群规划》，出台省内实施方案，指导全面融入长江中游城市群发展。四是创新体制机制和加快全面开放，编制完成《湖南省对外开放发展规划》，依托长江经济带，加强与"一带一路"战略的衔接互动，打造全方位开放发展的新格局。五是推进流域生态环境保护治理，编制完成《湖南省长江经济带生态环境保护规划》，强化国土空间合理开发与保护，加快推进生态文明先行示范区建设，打造"一湖三山四水"生态安全战略格局。湖南作为长江经济带的中心支点，应抓住国家建设长江经济带区域发展升级的新机遇，采取有效措施，打造湖南长江经济带新的增长极，促进全省经济加快发展。

二、长江经济带社会和经济发展现状分析

（一）长江经济带的基本特征

长江经济带地域范围覆盖上海、江苏、浙江、安徽、江西、湖北、湖南、重庆、四川、贵州、云南11个省（市），按照我国东、中、西三大经济区的划分，在11个省市中，位于东部地区的是上海、江苏、浙江两省一市，位于中部地区的是安徽、江西、湖北、湖南四省，位于西部地区的是重庆、四川、贵州、云南三省一市。长江经济带总面积约205.3万平方公里，占我国总面积的21%；2015年常住人口为58766万，占全国总人口的42.7%；人口密度约为286人/平方千米，是全国人口密度的近2倍；地区生产总值为305200.23亿元，占我国经济总量的44.3%。

1. 区位优势突出

长江发源于青藏高原上的唐古拉山脉，全长约6300千米，流域面积180多万平方千米，其干流流经青海、西藏、云南、四川、重庆、湖北、湖南、江西、安徽、江苏、上海11个省市区，数百条支流辐射南北，延伸至贵州、甘肃、陕西、河南、广西、广东、浙江、福建8个省区的部分地区，最后经由上海崇明岛注入东海。长江横跨我国东、中、西部三个地区，无论从经济、自然和生态来说都是一条战略地位突出

的河流。

长江水域干支流网络密集，港口众多，黄金水道建设潜力突出。长江水运具有低成本、大运量、低耗能的优势，目前长江干线 2808 千米，航道已经全面达到三级或三级以上航道标准，是我国最重要、最发达的内河航运系统。长江沿江岸线资源丰富，南北岸线长度近 6000 千米，作为重要的国土资源，岸线对建设港口、码头、大型工业企业的意义重大。

长江经济带较为完善的基础设备辐射带动中西部的发展，对外开放格局已经形成。长江经济带连接东海出海口和西部云南口岸，把对东部的开放和对西部、西南部（中印半岛和印缅）的开放，以及通过渝新欧大通道与对中亚西亚乃至东欧地区的开放连接起来，与我国“一带一路”政策相呼应。

2. 自然资源丰富

长江经济带跨越我国南北分界线，覆盖温带、亚热带、热带等多个温度带，地形地貌、土壤水文、气候气象、动植物资源等存在明显的地域差异，资源条件丰富而多样。

从耕地资源来看，长江经济带 11 个省市耕地总面积约为 4521.7 万公顷，约占全国耕地总面积的 33.4%；人均耕地面积为 1.1 亩，比全国人均耕地约低 0.4 亩。长江经济带约占全国 1/5 的土地面积，约占全国 1/3 的耕地面积，是我国重要的农业主产区。

从矿产资源来看，长江经济带矿产资源丰富并主要集中在中上游地区，具有品种多、储量大、共生矿多、易开采的特点。区域内共有各种矿产 109 种，储量占全国 60%以上的有 13 种，其中原生钒铁矿、磷矿、锰矿、铜矿和天然气均在全国占有重要地位。

从旅游资源来看，长江经济带共有 4A 级及以上景区 693 家，占全国比重 36%，其中，4A 级景区 595 家，5A 级景区 98 家，分别占全国的 35%和 46%，长江经济带也是我国重要的旅游胜地。

3. 科技人文集聚

长江文明距今已有 7000 多年的历史，并与黄河文明并列为中华文明的两大源头，长江文明孕育出了巴蜀文化、荆楚文化、吴越文化三大文化。长江科技人文历史源远流长，目前长江经济带的科技人文基础雄厚，全国 42%以上的高等学校和在校大学生分布在长江经济带，特别是上海、南京、杭州、成都等中心城市的高等院校、科研所数量众多。

在科研创新领域，长江经济带在全国也占据重要地位，无论在创新要素集聚、科研创新产出，还是在人力资本支撑等多个方面，都具有比较突出的优势。2012~2015 年，长江经济带的各项主要科技创新指标均保持稳步增长态势，区域创新活力显著。

特别是 R&D 人员全时当量、R&D 经费内部支出、国内授权发明专利、高新技术产业收入等多项科技创新指标总量占据全国范围内相当大的份额，甚至接近全国总量的一半。

（二）长江经济带社会发展状况

1. 教育与人才发展

区域社会经济发展和人力资本之间呈现相辅相成、相互促进的关系。经济发展越成熟，对人才的吸引力就越强；而人力资本的富足又会促进地区经济的发展。长江经济带下游地区凭借经济发展优势，吸引了大量高学历和高技术人才。而中游和上游地区发展水平较低，对高端人才的吸引力比较小，比如云南、贵州山区相对贫困地区，生活条件艰苦，人才流失问题突出。

从“普通高等学校（机构）”看（见表 1–1），排名前三的依次为江苏（162 所）、湖北（126 所）、湖南（124 所）；从“每十万人中高等学校在校生人数”看，上海以每十万人中 3330 人位列第一，高于重庆（3071 人）、湖北（3038 人），综合来看，在高等教育发展方面湖北具有明显的优势。湖南的普通高等学校（机构）排名第三，但每十万人口平均在校生略低，说明湖南比较重视高等文化教育，但是由于处于长江经济带中游地区，经济发展受到限制，能够吸引的优秀人才较少。

表 1–1　2015 年普通高等学校（机构）数和每十万人口平均在校生

地区	学校数（所）	每十万人口平均在校生（人）
上海	67	3330
江苏	162	2896
浙江	105	2424
安徽	119	2309
湖北	126	3038
湖南	124	2215
江西	97	2654
重庆	64	3071
四川	109	2312
云南	69	1819
贵州	59	1819

资料来源：笔者根据各年份《中国统计年鉴》和 11 个省市的统计年鉴的数据整理、计算得出。

2. 卫生与医疗服务

医疗机构床位总数和每千人平均的床位数体现了医疗资源的多少，也反映了医疗卫生服务的普及性。长江经济带卫生与医疗服务业的各个地区间差距较大，但近年来呈现逐渐缩小的趋势。总体来看，上海、江苏、浙江、重庆四个省市城市医疗卫生机构床位数多于农村，而安徽、湖北、湖南、江西、四川、云南和贵州农村医疗卫生机构床位数多于城市。从每千人医疗卫生机构床位数来看，2015 年全国每千人平均医疗卫生机构床位数是 5.11 张，城市为 8.27 张，农村为 3.71 张，农村每千人平均医疗卫生机构床位数不足城市每千人医疗卫生机构床位数的一半。安徽、江西、重庆、四川城市每千人医疗卫生机构床位数低于平均水平，江苏、安徽、江西、贵州农村每千人医疗卫生机构床位数低于平均水平，如表 1–2 所示。

表 1–2 2015 年长江经济带各省市医疗卫生机构床位数

单位：张

地区	医疗卫生机构床位数			每千人医疗卫生机构床位数		
	合计	城市	农村	合计	城市	农村
上海	122813	119687	3126	5.08	8.68	4.65
江苏	413612	226807	186805	5.19	8.48	3.70
浙江	272509	148986	124423	4.92	8.99	3.85
安徽	267405	128190	139215	4.35	6.38	2.81
湖北	343147	159634	183513	5.86	8.64	4.28
湖南	396950	143244	253706	5.85	10.69	4.29
江西	197837	75102	122735	4.33	8.08	3.06
重庆	176549	102485	74064	5.85	6.37	4.19
四川	488755	198201	290554	5.96	7.79	4.43
云南	237597	64507	173090	5.01	10.23	4.31
贵州	196422	59884	136538	5.57	11.16	3.56

资料来源：笔者根据各年份《中国统计年鉴》和 11 个省市的统计年鉴的数据整理、计算而得。

社会经济的发展必然导致对医疗保健服务的需求不断增长，也对卫生资源尤其是卫生人员的总量和合理配置提出了更高的要求。2015 年全国卫生人员总数是 1069.4 万人，比上年增加了 45.9 万人，增长 4.5%。其中卫生技术人员 800.8 万人，卫生技术人员中执业（助理）医师 303.9 万人，注册护士 324.1 万人。长江经济带 11 个省市卫生人员共计 439.5 万人，占全国卫生人员总数的 41.1%，卫生技术人员共计 334.7 万人，占全国卫生技术人员的 41.8%，如表 1–3 所示。

表 1–3 2015 年长江经济带各省市卫生人员数

单位：万人

地区	卫生人员	卫生技术人员	地区	卫生人员	卫生技术人员
上海	20.84	17.01	江西	29.16	21.09
江苏	61.89	48.70	重庆	22.71	16.67

续表

地区	卫生人员	卫生技术人员	地区	卫生人员	卫生技术人员
浙江	49.10	40.56	四川	64.65	47.22
安徽	37.74	28.08	云南	30.46	22.80
湖北	47.57	36.79	贵州	25.91	18.73
湖南	49.42	37.08	总计	439.46	334.73

资料来源：笔者根据各年份《中国统计年鉴》和 11 个省市的统计年鉴的数据整理、计算而得。

3. 公共文化服务事业

公共文化服务的对象是广大人民群众，要照顾到全体民众的利益和需求，保障公民的基本文化生活需要。从各省市公共图书馆看，四川的公共图书馆个数最多（203个），上海的图书总藏量最多（7568 万册件），浙江的公共图书馆总流通人次最多（7942 万人次）。贵州的藏书量（1221 万册件）和总流通人数最低（594 万人次）。江苏的公共图书馆基本情况的三个指标都处于上游水平，如表 1–4 所示。

表 1–4　2015 年长江经济带公共图书馆基本情况

地区	公共图书馆（个）	总藏量（万册件）	总流通人次（万人次）
上海	25	7568	3931
江苏	114	6847	6001
浙江	100	6250	7942
安徽	122	1942	1739
湖北	112	3003	1955
湖南	137	2555	1617
江西	114	2159	1258
重庆	43	1304	1235
四川	203	3328	2010
云南	151	1944	1223
贵州	96	1221	594

资料来源：笔者根据各年份《中国统计年鉴》和 11 个省市的统计年鉴的数据整理、计算而得。

从长江经济带规模以上文化服务企业数量看，江苏省以 2976 个企业单位排名第一，第二、第三名分别是上海、浙江，如表 1–5 所示。江浙沪地区科技人文基础雄厚，人才优势突出，这三个省市注重公共文化服务体系建设，政府鼓励全社会积极参与，努力建设公共文化产品生产供给，组织支撑覆盖全社会的公共文化服务体系。

表 1–5　2015 年长江经济带规模以上文化服务业企业基本情况

地区	企业单位数（个）	年末从业人员（人）	资产总值（万元）
上海	1651	283938	63997963
江苏	2976	341177	45353205
浙江	1372	156965	46207194
安徽	568	58090	6955963
江西	348	35905	3139956
湖北	667	121985	13473922
湖南	736	79633	12784580
重庆	478	67534	9191185
四川	603	73064	8981062
云南	231	34959	5072858
贵州	187	27272	2798692

资料来源：笔者根据各年份《中国统计年鉴》和 11 个省市的统计年鉴的数据整理、计算而得。

4. 社会保障与服务状况

基本养老保险是按照国家统一政策规定强制实施的保障广大离退休人员基本生活需求的一种养老保险制度。长江经济带基本养老保险金的覆盖率占总人数的总体趋势呈现递增态势。2011 年基本养老保险参保人数为 14969.7 万人，至 2015 年增长到 22459.9 万人，五年间增长了 7490.2 万人，增加了 50%，如表 1–6 所示。

表 1–6　2011~2015 年长江经济带养老保险参保人数

单位：万人

区域	2011 年	2012 年	2013 年	2014 年	2015 年
长江经济带	14969.7	20558.1	22217.7	22305.9	22459.9
上游地区	2949.6	3760.3	3819.8	3768.3	3704.4
中游地区	7298.2	10474.6	10633.5	10664.1	10721.6
下游地区	4721.9	7323.2	7765.4	7873.5	8033.8

资料来源：笔者根据各年份《中国统计年鉴》和 11 个省市的统计年鉴的数据整理、计算而得。

长江经济带的城乡居民养老金收支状况较好，结余平均每年都呈现递增趋势。到 2015 年，长江经济带总体养老金结余 1969.6 亿元，其中中游地区结余最多，为 845.8 亿元，占长江经济带的 42.94%。下游最少，为 630.0 亿元，占长江经济带的 31.99%，如表 1–7 所示。从中国统计数据来看，长江经济带养老金的结余情况较为乐观。

表 1–7　2011~2015 年长江经济带城乡居民基本养老金结余

单位：亿元

区域	2011 年	2012 年	2013 年	2014 年	2015 年
长江经济带	549.1	1033.3	1353.5	1667.9	1969.6
上游地区	306.4	479.8	541.8	593.5	659.5
中游地区	118.9	274.9	390.9	545.6	845.8
下游地区	123.8	278.6	420.8	528.8	630.0

资料来源：笔者根据各年份《中国统计年鉴》和 11 个省市的统计年鉴的数据整理、计算而得。

医疗保险是健康人群与非健康人群或健康时与病患时对病患风险的分摊机制，主要功能在于保障人民在患病时对医疗卫生服务的财务可及性。2015 年底，全国参保人数共计 66581.6 万人，其中职工基本医疗保险参保人数为 21362.0 万人，城镇居民基本医疗保险参保人数为 28893.1 万人。长江经济带 11 个省市 2015 年末医疗保险参保人数合计 26613.3 万人，占全国参保总人数的 39.97%；城镇职工基本医疗保险参保人数共计 11792.7 万人，占全国的 55.20%，城镇居民基本医疗保险参保人数共计 14820.8 万人，占全国的 51.29%，如表 1–8 所示。

表 1–8　2015 年长江经济带各省市城镇基本医疗保险参保人数

单位：万人

地区	年末参保人数合计	城镇职工	城镇居民
上海	1719.2	1446.4	272.9
江苏	4014.3	2429.0	1585.3
浙江	4964.1	1992.7	2971.4
安徽	1737.6	763.3	974.3
江西	1530.4	585.0	945.5
湖北	1972.1	949.4	1022.7
湖南	2662.3	818.8	1843.6
重庆	3266.3	588.5	2677.8
四川	2650.7	1378.6	1272.1
贵州	955.5	372.7	582.7
云南	1140.8	468.3	672.5
总计	26613.3	11792.7	14820.8

资料来源：笔者根据各年份《中国统计年鉴》和 11 个省市的统计年鉴的数据整理、计算而得。

失业保险作为社会保障的重要组成部分，其目标是通过保障尽可能多的失业者在失业期间的基本生活，来维护社会稳定，促进劳动力资源的合理配置，促进经济和社会的发展。截至 2015 年底，全国参加失业保险人数为 17326.0 万人，226.8 万个失业人员领取了失业保证金。长江经济带 11 个省市 2015 年参保人数为 6709.7 万人，占全国参保人数的 38.73%。2015 年领取失业保证金人数为 118.8 万人，占全国领取失业保证金人数的 52.38%。11 个省市失业保险金结余均比 2014 年有所增加，如表 1–9 所示。

表 1–9　2014 年和 2015 年长江经济带各省市失业保险发展情况

地区	年末参加失业保险人数（万人）		年末领取失业保证金人数（万人）		基金余额（亿元）	
	2014 年	2015 年	2014 年	2015 年	2014 年	2015 年
上海	634.1	641.8	9.8	9.5	157.0	170.1
江苏	1442.7	1490.9	32.1	34.2	383.4	437.3
浙江	1210.3	1260.2	8.2	9.0	343.1	379.9
安徽	422.0	436.6	6.5	7.7	92.4	106.2
江西	519.0	281.5	5.6	1.4	139.4	64.5
湖北	509.5	528.4	6.9	6.0	98.9	166.2
湖南	271.8	521.2	1.3	6.7	55.1	115.2
重庆	439.1	439.5	2.8	3.5	94.8	108.0
四川	635.8	661.0	29.8	33.2	278.6	321.8
贵州	191.9	205.3	1.5	1.7	65.3	74.6
云南	236.9	243.3	5.3	5.9	108.3	118.6
总计	6513.1	6709.7	109.8	118.8	1816.3	2062.4

资料来源：笔者根据各年份《中国统计年鉴》和 11 个省市的统计年鉴的数据整理、计算而得。

5. 收入水平差异

从长江经济带 11 个省市的城乡居民收入比较看，东部省市明显高于中西部省市，如图 1–1 所示。2015 年上海市城镇居民家庭人均可支配收入最高，达到 52962 元，此外，浙江省超过 4 万元，江苏省超过 3 万元，其他各省市均在 3 万元以下。

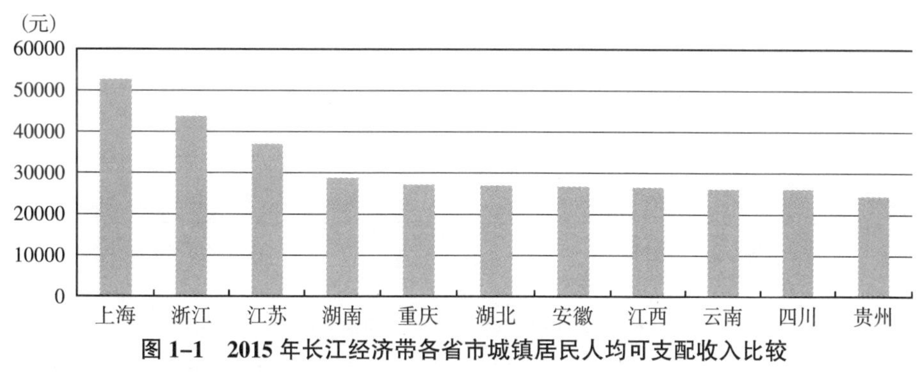

图 1–1　2015 年长江经济带各省市城镇居民人均可支配收入比较

从农村居民家庭人均可支配收入比较看，上海市最高，超过 2 万元，接近贵州省的城镇居民收入水平，浙江省农民人均可支配收入超过 2 万元，江苏省超过 1.5 万元，湖北、江西、湖南、安徽、重庆、四川都略高于 1 万元，其他省市在 1 万元以下，如图 1–2 所示。

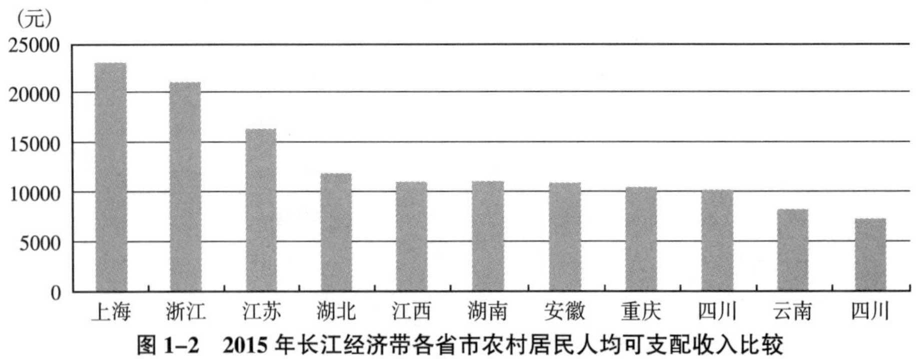

图 1–2 2015 年长江经济带各省市农村居民人均可支配收入比较

（三）长江经济带经济发展态势

2016 年，长江经济带区域经济增速继续走低，但总体还是高于全国，经济总量持续增长，占全国经济的比重有所提升，产业结构稳健升级，部分重点新兴产业呈现较好的发展势头。

1. 经济增速呈现下行，总体增速高于全国

2016 年，长江经济带 11 个省市地区生产总值平均增长 8.5%，增速较上年下降 0.3%，较“十二五”初期下降 4.3%，年均下降 1 个百分点，下滑幅度较大，经济发展形势比较严峻。但是，从“十二五”整个时期来看，在严峻的经济形势下，长江经济带年均经济增速达 10.46%，实现了较快增长。与全国比较，“十三五”初期，长江经济带的经济增速也较全国经济增速高约 1.8 个百分点，如图 1–3 所示。

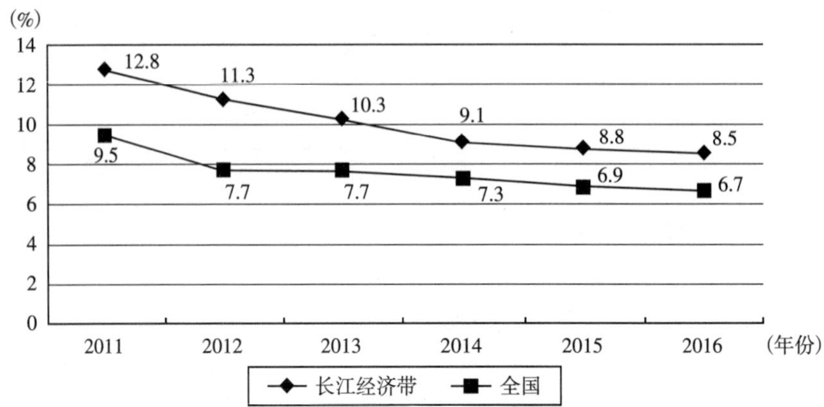

图 1–3 2011~2016 年长江经济带经济增速变化及与全国比较

资料来源：2011 ~2015 年数据来自《中国统计年鉴 2016》，2016 年数据来自全国及各省份 2016 年《国民经济和社会发展统计公报》。

2. 经济总量持续扩大，全国占比数稳定

“十二五”时期，长江经济带经济总量持续增长，2015 年 11 个省市地区生产总值合计突破 30 万亿元，较初期增加了 12.8 万亿元，增幅达到 72.4%。2016 年长江经济带的经济总量相较于 2015 年略有回落，仍约占全国经济总量的 44.7%，还是处于稳定发展阶段，如图 1–4 所示。长江经济带以占全国约 1/5 的面积，贡献了全国 2/5 以上的经济总量，是我国经济发展全局中的重要支撑。

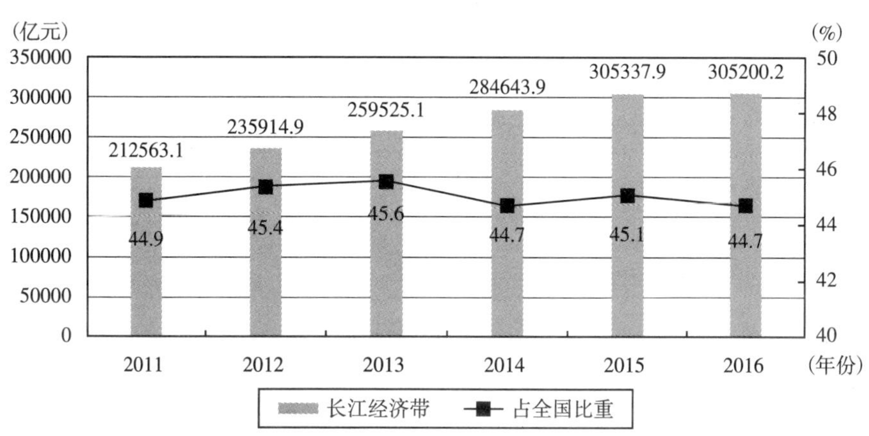

图 1–4　2011~2016 年长江经济带经济总量及占全国比重变化

3. 产业结构稳步升级，部分产业发展态势较好

近年来，长江经济带各省市积极推动产业结构优化调整，着力于淘汰落后产能，加大对先进制造业、战略性新兴产业和现代服务业发展的支持推动力度，努力培育新的积极增长点；同时，受需求不振、产能过剩、成本攀升、结构调整等影响，部分工业行业下滑明显，而服务业普遍呈现较快的发展势头。从图 1–5 可以看出，“十三五”初期长江经济带的产业结构发展，第二产业比重不断降低，第三产业比重持续上升，

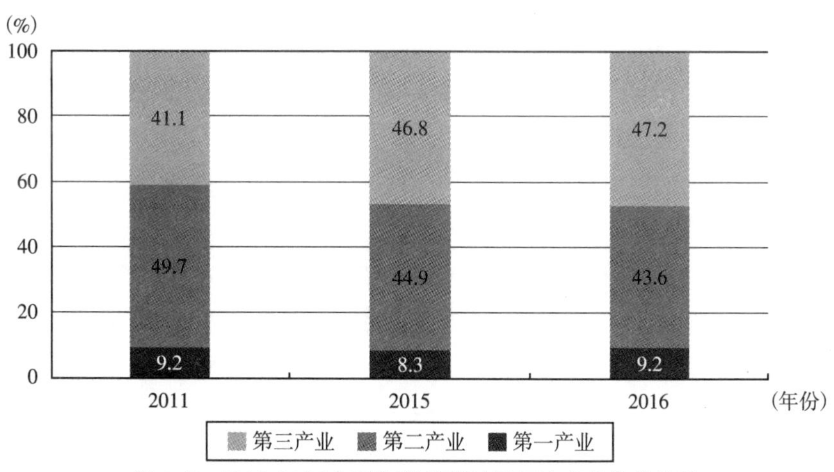

图 1–5　2011~2016 年长江经济带地区三次产业结构比较

产业结构稳步升级，与“十二五”初期相比，第二产业比重下降了6.1个百分点，第三产业比重上升了6.1个百分点。第三产业比重超过第二产业，实现“三二一型”的产业结构转变。

4. 经济增速西高东低，发展水平东高西低

分地区比较，长江经济带经济增速呈现“西高东低”的特征（见图1-6）。2016年，东部地区平均经济增速为7.1%，中部地区平均经济增速为8.6%，西部地区平均经济增速为9.6%。从2011~2015年的区域经济增速比较来看，长江经济带的东中部地区经济增速总体呈缩小趋势。

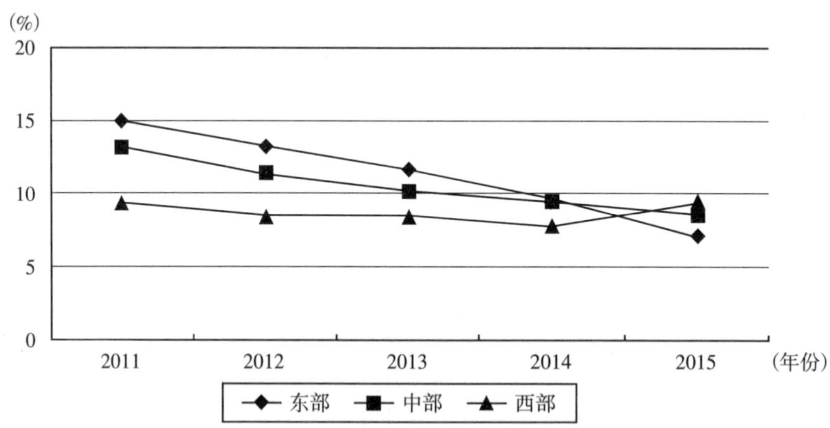

图1-6　2011~2015年长江经济带东中西部地区经济增速比较

从发展水平看（见表1-10），长江经济带的东中西部地区呈现明显的“东高西低”特征。从总量规模指标看，东部地区虽然占长江经济带约1/10的面积，但产出了45.1%的经济总量；西部地区面积占长江经济带一半以上，但经济比重仅为1/5多；中部地区处于中间水平，但经济比重低于土地面积比重。从发展指标看，呈现明显的东中西递减特征。2015年，长江经济带东部地区人均生产总值为9.7万元，西部仅为4.0万元，西部地区低于全国平均水平；在地均生产总值方面，东部地区为18275万元/平方千米，是西部地区的20多倍；城镇化率东部地区超过70%，中西部地区低于全国平均水平；人口密度东部地区是中部地区的5倍多，是西部地区的8倍多。

表1-10　2015年长江经济带东中西部地区主要发展效率指标比较

地区	人均生产总值（万元）	地均生产总值（万元/平方千米）	城镇化率（%）	人口密度（人/平方公里）
东部地区	9.7	18275	73.36	1697
中部地区	4.6	1508	51.09	334
西部地区	4.0	962	46.91	223

资料来源：笔者根据各年份《中国统计年鉴》和11个省市的统计年鉴的数据整理、计算而得。

三、湖南省融入长江经济带的优劣势分析

长江经济带是重要的战略平台，对湖南省打造对外开放、承接转移、结构优化的产业发展格局具有重大意义。积极融入长江经济带建设，不仅有利于湖南省构建高效便捷的综合交通枢纽，还有利于湖南省加快与长江中游城市群的联动发展，在更高的平台上推进新型城镇化建设，提高城镇化水平和质量。同时，湖南省可以充分利用长三角地区对外开放的引领功能，打造更高层次的开放平台，全面提升对内、对外开放的合作发展水平。另外，积极融入长江经济带建设还有利于湖南省加大产业承接合作和开放引进力度，培育具有国际竞争力的产业集群。作为长江经济带的重要组成部分，湖南省应紧紧抓住国家建设长江经济带区域发展升级的新机遇，积极对接、主动融入长江经济带建设，发挥湖南作为东部沿海地区和中西部地区过渡带、长江开放经济带和沿海开放经济带结合部（即“一带一部”）的区位优势和比较优势，积极打造湖南长江经济带新的增长极，加快培育开发开放发展新动力，促进湖南省经济加快发展。湖南省融入长江经济带的优势主要体现在湖南省独特的交通地理区位优势、产业体系完整、人才智力资源丰富三个方面。

（一）湖南省融入长江经济带的优势分析

1. 交通区位优势

湖南地处中国中部、长江中游，东临江西，西接重庆、贵州，南毗广东、广西，北接湖北，是承东启西、连接南北的重要腹地。随着“一带一路”、长江经济带及中部崛起等国家发展战略的不断推进，中国经济的重心正逐步从沿海地区向长江流域和中部地区倾斜，湖南作为东部沿海地区和中西部地区的过渡带、长江开放经济带和沿海开放经济带的结合部具有独特的交通区位优势。目前，湖南省已基本形成了内外连通、内部互通的立体交通网络格局，为湖南融入长江经济带提供了有力的基础设施支撑。

从公路设施来看，湖南省形成了以长株潭、衡阳、岳阳、常德、怀化等主要城市为中心，连接全省各地99%以上的乡镇公路网，与周边各省市也基本实现了“无缝对接”。截至2015年底，湖南省公路通车里程达236886千米，其中高速公路通车里程5653千米，在长江经济带中排名第三，仅次于湖北、四川。从铁路设施来看，湖南铁路交通较为发达，共有京广线、沪昆线、湘桂线、石长线、洛湛线、焦柳线、渝怀线七大铁路干线，醴茶铁路、瓦松铁路、韶山铁路、吉衡铁路、娄邵铁路、长株潭城际

铁路等若干支线，以及京广客运专线、沪昆客运专线两大高速铁路干线，铁路交通范围覆盖全省。截至 2015 年底，湖南省铁路营运里程 4539.6 千米，居长江经济带 11 个省市之首。从水路设施来看，湖南境内水运资源丰富，航道通航里程位居全国前列。长江在湖南省境内长 163 千米，其干流自西向东横贯湘北边界，洞庭湖和湘江、资江、沅水、澧水四条水系连通全省 85%以上的县城。湖南省已基本形成了以洞庭湖为中心，长江、湘江、沅水干流为依托，岳阳港、长沙港等重要港口为节点的水路交通运输体系。2015 年底，湖南全省拥有通航河流 373 条，内河航道通航里程 11496 千米，约占全国内河航道总里程的 9%，在长江经济带中处于第二位，仅次于江苏；拥有内河港口 63 个，生产性泊位 1855 个，如表 1–11 所示。

表 1–11　2015 年长江经济带各省市区运输线路长度

单位：千米

省市	高速公路通车里程	铁路营运里程	内河航道里程
上海	825	465.1	2176
江苏	4539	2723.8	24389
浙江	3917	2563.7	9765
安徽	4249	4168.8	5641
江西	5058	4009.7	5638
湖北	6204	4062.3	8433
湖南	5653	4539.6	11496
重庆	2525	1922.8	4331
四川	6020	4442.2	10818
贵州	5128	2810.1	3664
云南	4006	2929.4	3939

资料来源：《中国统计年鉴 2016》。

2. 产业优势

湖南产业单位多，行业分布广，产业体系比较完整，部分产业优势比较突出，为湖南融入长江经济带提供了支撑基础。2015 年，湖南法人单位 46.8 万个，在长江经济带中居第六位，超过一半的法人单位集中在批发和零售业、公共管理和社会组织以及制造业三大领域。从产业发展看，2015 年湖南实现工业增加值 10945.81 亿元，在长江经济带中排第 5 位，仅次于江苏、浙江、湖北、四川。烟草制品业、专用设备制造业、有色金属冶炼及压延加工业等 18 个大类行业具有明显的竞争优势。湖南省主要工业产品卷烟产量居全国第二，水电发电量居全国第六，水泥产量居全国第七。湖南素有“有色金属之乡”“非金属矿之乡”的美称，矿产资源种类众多。目前，湖南省已发现各类矿产 143 种，其中钨、锑储量居全国第一，白银、铋、锌、铅、锡及萤石、重晶石、石墨等储量也在全国前列。2015 年，湖南第三产业增加值 12759.77 亿元，占 GDP 的比重达到 44.2%，较上年提高 2 个百分点，规模居长江经济带第五位，仅次于江苏、浙江、上海、四川。

3. 人才智力资源丰富

湖南具有深厚的湖湘文化底蕴，人才智力资源丰富，文化科教优势明显。湖南省现有普通高等学校 124 所，居全国第六位，在长江经济带中排名第三位，仅次于江苏、湖北；普通高等学校在校生人数及毕业生人数分别为 118.06 万人和 30.05 万人，分别居全国第七位和第八位。在创新人才方面，湖南省现有两院院士 63 名，国家“千人计划”专家 91 人（团队）以及国家自然科学基金创新研究群体 8 个。湖南省是教育大省，历年来在教育方面都投入了大量的财政经费支出，2015 年湖南省地方财政教育支出达 928.54 亿元，占全省地方财政一般预算的 16.2%。

（二）湖南融入长江经济带的劣势分析

主动融入长江经济带建设，湖南虽然具有一定的优势，但是就目前湖南省的发展现状来看，仍然存在一些不足之处，主要体现在湖南省交通基础设施技术等级偏低、经济发展质量欠佳、人口结构亟待优化、对外开放力度不够、科技创新能力偏弱、生态文明建设压力大六个方面。

1. 交通设施技术等级偏低

目前，湖南省公路、铁路、水运等交通基础设施结构不合理、技术等级偏低、综合交通运输衔接不通畅等问题仍然较为突出，这也制约了湖南依托长江黄金水道加快融入长江经济带建设。从公路设施来看，湖南省公路等级普遍很低，近 1/10 的公路未达到国家公路技术标准，高速公路通车里程占全省公路总里程的比重尤为低下。2015 年底，湖南高速公路通车里程 5653 千米，在长江经济带中排名第三，仅次于湖北、四川，但仅占全省公路总里程的 2.4%，这在长江经济带中排名第七位，与排名第一位的上海市相差近 4 个百分点。从铁路设施来看，虽然湖南省铁路运输网通达全省，铁路营业里程位居长江经济带之首，但湖南省铁路运量在长江经济带的排名并不占优势。2015 年，湖南铁路客运量 10511 万人，低于江苏、浙江、湖北；铁路货物量 4407 万吨，低于安徽、四川、贵州、江苏、云南。从水路设施来看，湖南航道等级低、互通不畅，碍航闸坝和桥梁多，极大地制约了湖南水运运输的效率和规模。截至 2015 年末，湖南等级航道 4217 千米，只占总里程的 35.9%，比全国平均水平低 16.3 个百分点，比排名靠前的安徽、湖北分别低 53.9 个、35.0 个百分点；能通航千吨级及以上货船的三级以上高等级航道只有 577 千米，所占比例仅为 5.0%，仅相当于湖北的 33.6%，比重庆、安徽分别少 317 千米、183 千米；能通航 500 吨级以上的航道里程也只占

8.6%，而能通航 50 吨级以下的航道里程占比高达 64.1%。而且湖南水路运输的贡献偏少，多种交通运输方式衔接不畅，综合运输成本增加。2015 年，湖南省水运客运量占全省客运量的比重仅为 1.2%，远远低于公路和铁路客运量占全省客运量的比重。

2. 经济发展质量欠佳

2015 年，湖南实现地区生产总值 28902.21 亿元，在长江经济带中排名第五位，分别为排名居前的江苏、浙江的 41.2%、67.4%。从经济发展质量看，湖南发展质量相对欠佳。2015 年，湖南实现地方税收收入 1527.52 亿元，在长江经济带中排第七位，仅相当于江苏的 23.1%、上海的 31.4%、浙江的 36.6%，在长江中游四省中，分别比湖北、安徽少 558.98 亿元、272.37 亿元，仅比江西多 10.49 亿元；湖南地方税收收入占 GDP 的比重仅为 5.3%，占比在长江经济带 11 省市中最低，比居第一位的上海低 14 个百分点。从人均水平看，2015 年，湖南人均 GDP 为 42754 元，在长江经济带中排第六位，与排名前五的上海、江苏、浙江、重庆、湖北相比，少 61042 元、45241 元、34890 元、9567 元、7900 元；湖南居民人均可支配收入 19317.5 元，在长江经济带中排第六位，比上海、浙江、江苏、重庆、湖北少 30549.7 元、16219.6 元、10221.4 元、792.6 元、708.1 元，如表 1-12 所示。

表 1-12　2015 年长江经济带各省市经济发展情况

省市	GDP（亿元）	地方税收收入（亿元）	地方税收收入占 GDP 比重（%）	人均 GDP（元）	人均可支配收入（元）
上海	25123.45	4858.16	19.3	103796	49867.2
江苏	70116.38	6610.12	9.4	87995	29538.9
浙江	42886.49	4168.22	9.7	77644	35537.1
安徽	22005.63	1799.89	8.2	35997	18362.6
江西	16723.78	1517.03	9.1	36724	18437.1
湖北	29550.19	2086.50	7.1	50654	20025.6
湖南	28902.21	1527.52	5.3	42754	19317.5
重庆	15717.27	1450.93	9.2	52321	20110.1
四川	30053.10	2353.51	7.8	36775	17221.0
贵州	10502.56	1126.03	10.7	29847	13696.6
云南	13619.17	1210.54	8.9	28806	15222.6

资料来源：《中国统计年鉴 2016》。

3. 人口结构亟待优化

湖南省人口规模虽大，但人口结构并不具有优势，城镇化水平较低、适龄劳动力人口及高等教育人群规模偏小等问题导致湖南省的竞争能力和带动能力不强。2015 年末，湖南常住人口 6783 万，在长江经济带 11 省市中排名第三，在中部四省中排名第一。首先，从城镇化水平来看，2015 年湖南省城镇人口首次超过农村人口，城镇化率达 50.89%，居全国第 21 位，比全国平均水平低 5.21 个百分点；在长江经济带 11 个省市中排名第七位，在中部四省中仅高于安徽 0.39 个百分点，比同为长江中游省份的湖北、江西分别低 5.96 个和 0.73 个百分点。其次，从人口年龄结构来看，2015 年湖南省 15~64 岁适龄劳动力人口为 743164 人，占全省总人口的比重为 70.4%，居长江经济带第八位，在中部四省中仅高于江西 0.9 个百分点，分别比湖北、安徽低 3 个和 0.9 个百分点。最后，从受教育程度来看，2015 年湖南省大专及以上学历人口所占比重为 11.9%，居长江经济带第六位，与排名第一位的上海市相差 16.8 个百分点，如表 1–13 所示。

表 1–13 2015 年长江经济带各省市人口结构情况

单位：%

省市	城镇化率	15~64 岁人口所占比重	大专及以上学历人口所占比重
上海	87.60	77.8	28.7
江苏	66.52	73.7	16.4
浙江	65.80	75.8	14.7
安徽	50.50	71.0	11.7
江西	51.62	69.5	10.6
湖北	56.85	73.6	15.0
湖南	50.89	70.4	11.9
重庆	60.94	71.1	12.6
四川	47.69	71.2	11.0
贵州	42.01	68.1	8.5
云南	43.33	72.5	9.5

资料来源：《中国统计年鉴 2016》。

4. 对外开放力度不够

湖南外向型经济发展不足，对外开放力度不够。2015 年，湖南完成进出口贸易总额 293.668 亿美元，在长江经济带 11 个省市中排名第九位，居长江中游四省末位，仅高于云南和贵州。2015 年，湖南进出口贸易总额远远低于江苏、上海和浙江，不足其 1/10，仅相当于江苏的 5.4%、上海的 6.5%、浙江的 8.5%。从外贸依存度来看，2015 年湖南外贸依存度仅为 6.33%，在长江经济带中排名末位，与外贸依存度最大的上海市相差 105.66 个百分点，与排名第十位的贵州省也相差近 1 个百分点。另外，2015 年湖南省外商投资企业为 5865 个，在长江经济带中居于第七位，与排名前三位的上海、江苏和浙江分别相差 69020 个、47686 个、26913 个；实际利用外商直接投资额 115.64 亿美元，在长江经济带中排名第五位，分别为排名居前的江苏、上海、浙江的 47.6%、

62.6%、68.2%。2015 年，湖南省高新技术产品出口额为 35.8 亿美元，占全省出口额的比重为 18.7%，比全国平均水平低 10.1 个百分点，如表 1–14 所示。

表 1–14　2015 年长江经济带各省市对外开放情况

地区	进出口贸易总额（亿美元）	外贸依存度（%）	外商投资企业（个）	实际利用外商直接投资额（亿美元）
上海	4517.33	111.99	74885	184.59
江苏	5456.14	48.47	53551	242.75
浙江	3467.84	50.36	32778	169.60
安徽	488.08	13.81	5063	136.19
江西	424.00	15.79	7094	94.73
湖北	455.86	9.61	8646	89.48
湖南	293.67	6.33	5865	115.64
重庆	744.77	29.51	5009	37.72
四川	515.93	10.69	10594	99.96
贵州	122.21	7.25	1662	4.19
云南	245.27	11.22	3901	29.92

资料来源：《中国统计年鉴 2016》。

5. 科技创新能力偏弱

首先，近年来湖南省 R&D 经费投入规模虽在不断增加，但 R&D 经费投入强度始终偏低。2015 年，湖南省规模以上工业企业 R&D 经费内部支出达 3525450 万元，在长江经济带 11 个省市中排名第五位，在长江中游四省中仅低于湖北省，而高于安徽和江西，与排名靠前的江苏和浙江相比，湖南省的研发经费投入仅为江苏和浙江的 23.4%和 41.3%，不足一半。另外，从 R&D 经费投入强度来看，2015 年湖南省规模以上工业企业 R&D 经费内部支出占 GDP 比重仅为 1.22%，与上海市相差近 1 个百分点，在长江经济带中排名第七位，在长江中游四省中仅高于江西省。通过对湖南省 R&D 经费支出类型进行分析可以发现，2015 年湖南省用于基础研究的经费内部支出为 136022 万元，占全省 R&D 经费内部支出的比重仅为 3.3%，而应用研究经费内部支出和试验发展经费内部支出分别为 400433 万元和 3590237 万元。基础研究经费内部支出的不足，严重阻碍了湖南省原始创新能力的提高，如图 1–7 所示。

其次，湖南省科研人员数量较少，投入相对不足。2015 年湖南省规模以上工业企业 R&D 人员全时当量为 83821 人年，在长江经济带中排名第六位，与排名居前的江苏和浙江分别相差 357483 人年和 232851 人年，在长江中游四省中，略低于安徽和湖北而高于江西，如图 1–8 所示。

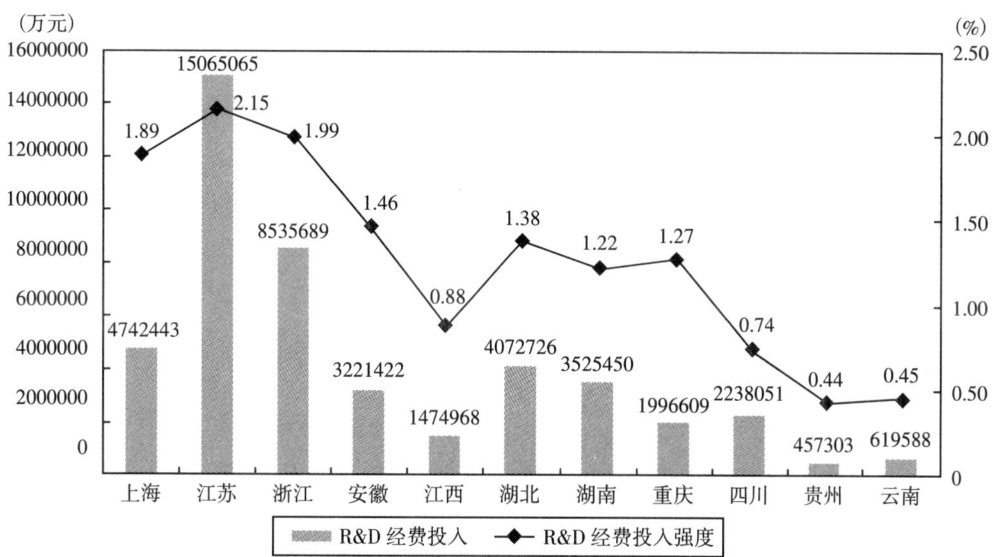

图 1-7　2015 年长江经济带各省市规模以上工业企业 R&D 经费投入及 R&D 经费投入强度

资料来源：《中国统计年鉴 2016》。

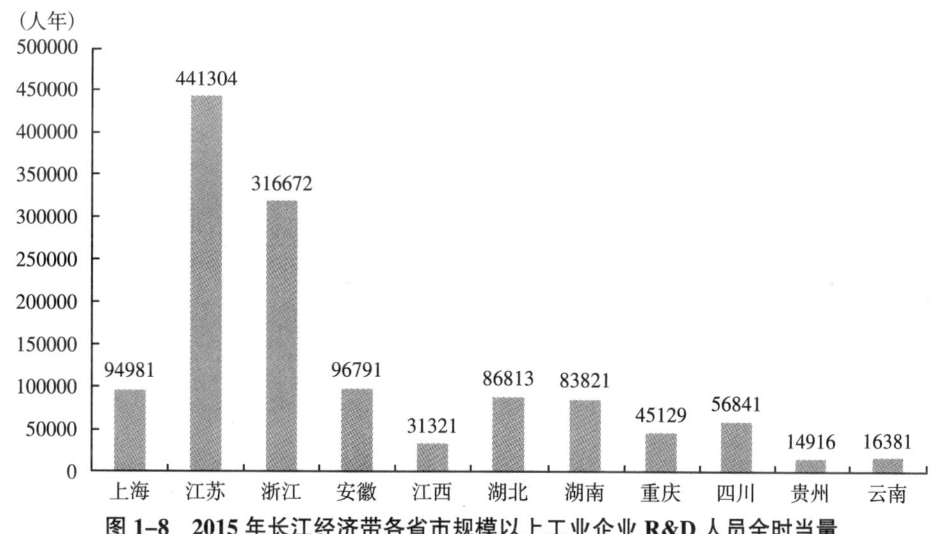

图 1-8　2015 年长江经济带各省市规模以上工业企业 R&D 人员全时当量

资料来源：《中国统计年鉴 2016》。

最后，专利是衡量一个地区科研产出质量和市场应用水平的综合性指标，代表一个地区的创新能力水平，其中发明专利是最能代表科技创新能力水平高低的指标。2015 年，湖南省专利申请数 54501 项，专利申请授权数 34075 项，在长江经济带中均居第八位，在长江中游四省中仅高于江西省。而 2015 年江苏省专利申请数 428337 项、专利申请授权数 250290 项，浙江省专利申请数 307264 项、专利申请授权数 234983 项。2015 年，湖南省专利申请与授权数远远低于江苏和浙江两省，均不足江苏和浙江的 1/5，如图 1-9 所示。

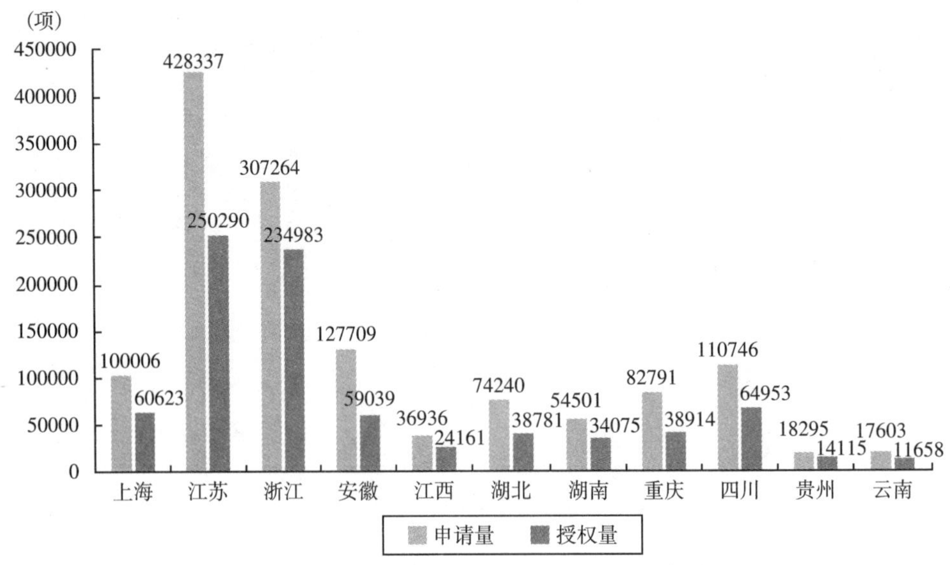

图 1–9　2015 年长江经济带各省市专利申请量与授权量

资料来源：国家统计局及《中国统计年鉴 2016》。

6. 生态文明建设压力大

由于湖南经济结构整体上不尽合理，经济增长方式较粗放，高耗能、高污染企业仍占很大比重，因此湖南省环境质量形势严峻，生态文明建设压力大，环境治理任务十分艰巨。从水污染方面来看，湖南洞庭湖水质总体上为中度污染，呈现出下降趋势。2015 年，洞庭湖 11 个省控断面中，3 个断面属 IV 类水质，占 27.3%；8 个断面属 V 类水质，占 72.7%，主要污染物均为总磷。从大气污染方面来看，湖南雾霾现象时有发生。2015 年，湖南省 14 个市州所在城市平均超标天数比例为 22.1%，长沙、株洲、湘潭、岳阳、常德、张家界 6 个环保重点城市平均超标天数比例为 24.5%。从土壤污染方面来看，湖南土壤重金属污染严重，目前全省有 13%的土壤面积受到污染，治理难度大。另外，城乡各类建筑施工、城乡居民家庭餐饮、农业化肥农药过量施用、矿山开发等都对环境质量及生态造成影响。

四、湖南融入长江经济带的战略选择

战略目标定位是科学有序推动长江经济带发展的重要前提和基本遵循。推动湖南省长江经济带建设，首先应找准湖南省在长江经济带中的战略目标定位，结合湖南省自身的特色和优势，充分对接国家长江经济带战略。

（一）国家长江经济带战略及各省市战略目标定位

为促进长江经济带创新发展、协调发展、绿色发展、开放发展、共享发展，根据长江经济带的区位特征、发展共性，2014 年 9 月国务院颁布《关于依托黄金水道推动长江经济带发展的指导意见》，明确提出长江经济带的战略定位是具有全球影响力的内河经济带、东中西互动合作的协调发展带、沿海沿江沿边全面推进的对内对外开放带、生态文明建设的先行示范带。为了更好地融入长江经济带建设，长江经济带各沿线省市要在符合国家总体战略定位的前提下，结合自身的地理位置、自然资源、基础条件、发展阶段等多方面因素，选取更加有效、更加可行的战略定位。

从长江经济带下游地区来看，上海市作为长江经济带的“龙头”，旨在将上海打造成“一带一路”和长江经济带最大的城市集群、具有全球影响力的科技创新中心。同时，上海还重点定位于国际性大都市、国际经济中心、国际金融中心、国际贸易中心和国际航运中心，承担国内市场和国际市场对接的重任。江苏省在长江经济带 11 个省市中，不仅拥有良好的经济基础和雄厚的科技实力，而且在地理位置方面具有得天独厚的优势，其开放型经济发达程度仅次于龙头城市上海。江苏省在长江经济带中的战略定位主要体现在以下几个方面：一是打造长江经济带改革开放示范区；二是打造产业创新与技术培训示范区；三是立足生态文明建设宜居生态城市群；四是打造国内价值链链主；五是融入“一带一路”战略建设具有国际竞争力的城市群体系。浙江省主动对接长江经济带战略，着眼于“主动接轨、加强协作、发挥优势、实现共赢”，接轨上海，并积极参与长江三角洲的交流与合作，其战略定位体现在要突出建设舟山江海联运服务中心和义甬舟开放大通道，并将浙江打造成长江经济带生态文明建设的先行示范区、陆海联动发展的开放大平台、率先发展的重要增长极和创新驱动转型发展的标杆省份。安徽省处在沿海向中西部梯次推进的关键节点，是推进长江经济带产业梯度转移的重要载体，在长江经济带中的战略定位为长三角世界级城市群的新兴增长极、全国重要的自主创新示范区和先进制造业基地、内陆对外开放的新高地以及长江流域生态文明建设先行区。

从长江经济带中游地区来看，江西省处在诸多国家发展战略的衔接地带，是珠三角、长三角、闽东南三角区的战略腹地，积极主动对接长江经济带战略的目的是为了将江西省打造成承东启西、连接南北的战略纽带、产业转型升级试验区、长江中游城市群的核心板块以及长江生态安全重要保障区。湖北省处于长江经济带承东启西的枢纽地带，其战略定位是要将湖北省打造成承东启西、连接南北的“祖国立交桥”、长江中游核心增长极、内陆开放合作新高地以及全国生态文明建设先行区。湖南省位于东部沿海地区和中西部地区过渡带、长江开放经济带和沿海开放经济带结合部，具有独特的区位优势，在长江经济带中的战略定位为内陆开放引领区、转型升级创新区、城乡统筹示范区以及生态建设先行区。

从长江经济带上游地区来看，重庆是丝绸之路经济带建设的重要支撑，具有良好的开放基础，其战略定位主要体现在高度发达的综合立体交通枢纽、内陆开放高地、两大战略的连接点和交汇点以及创新发展新引擎。四川省在长江经济带的战略定位是依托黄金水道推动长江经济带发展的战略腹地和增长极、促进长江经济带与丝绸之路经济带联动发展的战略纽带和重要依托、保障国家安全和维护民族团结的战略前沿和生态屏障。云南是我国面向东南亚的重要门户，是长江经济带各省市走向东南亚、南亚的重要战略支点。云南省融入长江经济带就是要将云南省建设为生态文明建设的先行示范带、创新驱动带以及协调发展带。贵州在融入长江经济带时，主要从综合交通运输体系、产业转型升级、对内对外开放、建设长江上游生态安全屏障、推进山地特色新型城镇化五个方面入手，旨在将贵州打造成长江上游地区重要的陆路交通枢纽；长江经济带的能源、资源深加工基地和产业转移重要承接区；长江经济带内陆开放型经济示范区及生态文明建设先行区。

（二）湖南长江经济带建设的战略目标定位

根据以上对长江经济带各个省市战略定位的分析，我们发现长江经济带 11 个省市的战略定位存在着一定程度的结构趋同现象，湖南省重点在于重新对开放带、转型升级产业带、城市带、生态文明带建设进行差异化定位，着力将湖南省打造成内陆开放引领区、转型升级创新区、城乡统筹示范区以及生态建设先行区。

一是内陆开放引领区。湖南拥有长沙、张家界航空口岸，岳阳城陵矶、长沙霞凝、常德盐关口岸，6 个公路、7 个铁路口岸，以及郴州国际件中心等其他 9 个口岸，形成了“两空、三水、十三陆”为重点的口岸平台体系，还有衡阳、湘潭、岳阳、长沙 4 家综合保税区，6 个国家承接产业转移重点承接地，13 家国家级园区，80 家省级以上园区等开放平台，这些都为湖南联通长三角与珠三角、对接丝绸之路经济带和海上丝绸之路、构建内陆开放发展新高地创造了非常好的条件。

二是转型升级创新区。湖南省积极融入长江经济带，可以充分利用上海自贸区的优势，有序承接国际和沿海的产业转移，统筹对内开放，使湖南逐步建立开放型经济新体制，促进湖南经济健康持续有效发展。积极对接长江经济带，可以促进湖南省传统产业转型升级，形成现代农业、新型工业、新兴服务业协调发展的现代产业体系。目前，长株潭城市群聚集了湖南省相当大部分的战略性新兴产业，如中联重科、三一重工等世界知名的核心企业，拥有一批自主创新成果。湖南省应以环长株潭城市群以及湘南地区为重点，充分利用湘南国家级承接产业转移示范区和国家级经济技术开发区的优势，积极推动高污染、高投入传统产业改造升级，加大沿海产业向内陆转移的承接与对接力度，加速发展战略性新兴产业，打造全国先进制造业中心，培育万亿级装备制造业集群。

三是城乡统筹示范区。推进城乡一体化发展，缩小城乡差距，应从产业布局、基础设施网络、公共服务设施、生态空间布局、社会管理等方面入手，以乡镇和中心村为重点，推动产业向农村拓展，统筹城乡基础设施建设，促进城乡交通、电力、供水、通信、互联网等基础设施的有效对接。推动城乡基本公共服务全覆盖，促进教育、医疗、文体、卫生等基本公共资源在城乡的均衡配置。推动城市化地区、农产品主产区和重点生态功能区统筹发展，形成人口有效转移、产业合理配置、城市科学布局、城乡协调共进的新格局。打破二元结构，努力建设服务完善、管理有序、文明祥和的城乡社会共同体。

四是生态建设先行区。湖南省是我国中部地区的重要生态屏障，拥有良好的自然禀赋和良好的生态基础。在新的历史阶段和新的发展时期，湖南应以“两型”社会建设为重点，加强沿江沿河环境污染治理，加大湖南“四水”现有洲岛、滨水区、森林植被等保护与利用，推进文化湘江游、洲岛休闲游、城镇滨水风貌游、郊野山水生态游四大特色旅游产品，加速形成集旅游观光、生态绿化、道路防洪于一体的沿岸绿色经济长廊。此外，要以洞庭湖生态区建设为重点，进一步规范绿色农产品的生产、加工、包装、储运，大力发展优质高效的有机生态农业。加强绿色食品、有机农产品等出口基地的建设布局。

五、湖南对接长江经济带的创新路径

通过深入分析湖南省融入长江经济带的优势、劣势以及湖南省在长江经济带中的战略定位，我们将从进一步优化地方政府顶层设计、完善综合交通运输与服务体系、加大科技创新、发挥科教和人力资源优势、提升开放的层次与水平、促进新型城镇化、加强环境保护以及创新区域协调发展八个方面提出建议。

（一）做好顶层设计，发挥地方政府引导作用

湖南省融入长江经济带，需要做好顶层设计，统筹规划，发挥地方政府的引导作用。首先，明确湖南长江经济带建设的战略定位、主体范围、功能布局及发展重点，从综合交通、产业转型、新型城镇化、对外开放、生态廊道和协调机制六个方面进行

科学筹划，主动对接国家发展战略，并注重“长江经济带”“一带一路”等区域发展战略与湖南省“精准扶贫”“四化两型”等战略的协调，进一步发挥地方政府顶层设计的作用。其次，在推进政府职能转变和机构改革中，积极借鉴上海自贸区可复制的成熟经验，全面深化相关领域改革，将上海自贸区一些成熟的制度和做法运用到湖南省的实际工作中，加快转变政府职能，强化政府对长江经济带建设的决策领导和公共服务，切实提高行政效能。再次，加强湖南省法制建设，运用法制手段，解决体制、机制存在的问题。最后，要注重保护湖南长江经济带的生态环境，在规划之初就对产业的发展环节、生态门槛以及技术水平等进行高层次设计，建立资源环境承载能力检测预警机制，保障生态安全。

（二）强化基础设施支撑，完善综合交通运输与服务体系

要加快融入长江经济带建设，湖南省必须不断强化基础设施支撑，加强各种交通运输方式的有机衔接和综合交通枢纽建设，建设和完善能力匹配的集疏运系统，加快铁水、公水、空铁等多式联运发展，不断完善综合交通运输与服务体系，打造湖南作为全国的交通枢纽地位。在各种运输方式中，水运具有不可替代的成本与便利优势。为了更好地融入长江经济带，首先，湖南省应加快推进航道建设，通过疏通湖南省水系中存在的阻航因素，不断提升水运能力及航道等级水平；加快推广标准化船型，提高船闸运行效率和通过能力。其次，以湖南省沿江重要港口（包括华容和临湘）为节点和枢纽，加强湖地省集疏运体系建设，打通“由港到厂”的“最后一公里”，实现港口与企业，港口与公路、铁路的无缝对接，建成安全便捷、绿色低碳的综合立体交通走廊。再次，尽快调整综合交通机构和规划，加快实现铁水、公水、空铁等多式联运发展，加快建立以水运为基础，航空口岸物流为重点，铁路和水路联运为突破口的全方位、多层次、立体式的口岸物流平台，不断提高水运与铁路、公路、航空等其他运输方式的物流信息互联互通水平。最后，湖南省应充分发挥水路岸线资源优势，加快形成临港产业聚集区。坚持“产港一体化”，着力发展临港产业园，根据产业分工，鼓励制造业企业进驻园区，在产业园内形成完整的产业链条，降低生产过程中的物流成本；进一步完善水运发展规划，积极引导工业企业的沿江（河）布局，依托水运优势“走出去”。

（三）加大科技创新，培育具有国际竞争力的产业集群

湖南省主动对接长江经济带，应依托长株潭国家及自主创新示范区，积极推动产业协作，加快改造提升传统产业，培育具有国际水平的现代产业体系。积极引进高新技术产业和战略性新兴产业，发展高端生产性服务业，辐射带动全省产业发展；把产

业园区作为融入长江经济带的重要平台，大力发展特色产业园区。按照“优势互补、利益共享、合作共赢”的原则，建立宽领域、深层次、多形式的产业协作机制；推进本土企业和省外优势企业联合、重组，吸引产业链上中下游企业整体转移，大力发展本地配套协作企业，培植配套产业的“小巨人”，放大产业集群效应。强化科技创新对培育发展战略性新兴产业的支撑引领作用，加速推进长株潭国家自主创新示范区与省内其他高新园区开展产业创新合作，把高新区建设成新兴产业发展高地。加强航空发动机与燃气轮机、页岩气、集成电路装备等一批国家重大科技专项的技术攻关，大力发展科技服务业，推动湖南省纳入国家科技服务业试点省。同时，大力推进科技成果转化，构建适应新型产业发展的科技创新体系。充分利用湘南地区国家级承接产业转移示范区和国家级经济技术开发区优势，推动沿江与沿海产业、长三角与珠三角产业的转移合作，打造全国产业协作核心示范区。

（四）发挥科教、人力资源优势，加强可用人力资源的培养与使用

湖南省的人口规模相对较大，科教资源、人力资源充足。湖南省要立足现实，充分发挥科教、人力资源优势，着力加强可用人力资源的培养与使用。根据湖南省的产业特色有针对性地培养人才，加强职业教育，提高劳动力的技术水平；完善社会保障体系、全方位服务体系，加大人才引进力度，坚持以事业吸引人才，以环境留住人才；合理引导劳动力外出就业，鼓励高校毕业生在本地就业，实现人才培养就业本地化。加快由人力资源大省向人才强省转变，把劳动力优势转换为发展优势，从根本上夯实技术能力、社会能力的基础，为后发赶超创造条件，推动经济增长由主要依靠物质资源消耗向主要依靠劳动者素质提高转变。

（五）深化区域产业合作，提升开放的层次与水平

湖南位于长江经济带中部，单靠自身的力量发展难度较大，必须充分利用长江黄金水道优势，推动形成连通长三角与珠三角、对接丝绸之路经济带和海上丝绸之路的开放格局，牢牢把握国家鼓励外商投资向中西部地区转移的历史性机遇，因地制宜地引进优势特色企业。坚持内外需并重、进出口并重、引资和引技引智并重、“引进来”和“走出去”并重，充分发挥招商引资的带动作用，进一步优化开放性经济环境，努力将湖南打造成为内陆开放型经济新高地。进一步加强与沿江及周边地区的合作，建立区域互动合作机制，推进一体化市场体系建设，深化与沿江省份产业合作交流，形成对内开放合作新格局。

（六）突出发展沿江城镇体系，以新型城镇化带动区域发展

以沿江（长江）环湖（洞庭湖）发展为支撑，以亲水生态为特色，完善城市聚集和辐射功能，引导人口、产业和基础设施有序集中分布，构建结构合理、富有特色的沿江城镇体系；充分利用水资源特色，发展沿江旅游、休闲、娱乐、餐饮等。首先，湖南省要把长株潭城市群、大湘南、大湘西以及环洞庭湖经济圈城市规划与长江经济带有机结合起来，构建大中小城市和小城镇协调发展的新型城镇体系，将国家政策红利延伸至湖南省各个市州，激发各地的潜能。其次，要积极推进和切实加强长江中游城市群的构建与合作。长江中游城市群以武汉为中心城市，长沙、南昌、合肥为副中心城市，涵盖武汉城市圈、长株潭城市群、环鄱阳湖经济圈、江淮城市群等中国中部经济发展地区，以浙赣线、长江中下游交通走廊为主轴，向东向南分别呼应长江三角洲和珠江三角洲，是国家着力打造中国经济增长的“第四极”。长沙作为长江中游城市群的副中心城市，应积极主动地在交通和产业诸方面加强与其他城市的合作。最后，要积极推动成立“一带一部”开放开发的全国性协调机构，对长江中游城市群发展进行科学定位、合理分工，尤其是在重大基础设施建设方面进行协调对接。

（七）加强环境保护，推进生态文明共建

湖南有良好的自然禀赋和生态基础，应尽快制定适应当前和未来一段时期发展的生态保护规划，研究部署推进一批重大生态工程建设，切实保护好湖南的生态优势。统筹水资源利用和污水排放，加大重点生态功能区的建设与保护。实施最严格的生态环境保护政策，划定生态保护红线推进流域生态环境保护和治理。以洞庭湖为中心，以水资源为重点，全面治理“一湖四水”，妥善处理江河湖泊的关系。加快启动洞庭湖岳阳综合枢纽工程，调节洞庭湖枯季出流，实行蓄水养湖。全面实施湘江保护和治理“一号工程”，加强洞庭湖以及湘、资、沅、澧四水水质监测保护，推进五大重点区域综合整治。协调指导武陵山片区和湘江源头区域开展生态文明先行示范区建设，借大湘南承接产业转移示范区建设之势，有选择地引进绿色化工、绿色能源、装备制造、文化旅游等绿色产业，优化产业结构，淘汰落后产能，建设与工业化协同发展的生态文明。加强大气污染治理，健全大气质量监测预警和应急体系，提升大气污染防治基础能力。落实环境保护工作责任规定和重大环境问题责任追究办法，建立环境协同保护治理机制，着力打造“一湖三山四水”生态安全战略格局。

（八）破除行政壁垒，创新区域协调发展体制机制

湖南长江经济带建设需要破除行政壁垒，打破原有的行政区划禁锢、地方保护以

及行业垄断等传统体制机制障碍，拓展优化资源整合的渠道，创新区域协调发展体制机制，充分发挥市场机制的基础性作用，增强湖南长江经济带的活力。积极完善湖南省长江经济带的大通关机制，包括把各类保税区与物流中心、水运码头、航运枢纽等有机结合，促进区域互动合作，更好地发挥市场对经济要素优化配置的决定性作用。城乡发展不平衡不协调，是湖南经济社会发展存在的突出矛盾，也是湖南融入长江经济带必须解决的重大问题。应着重健全体制机制，形成以工促农、以城带乡、工农互惠、城乡一体的新型工农城乡关系，让广大农民参与现代化进程、共同分享现代化成果。有效推动与长江上中下游地区优势互补、分工协作、协同发展。建立区域互动合作机制，推进一体化市场体系建设，加大金融合作创新力度。湖南省融入长江经济带建设需要更加注重内部区域的协调发展。在政策定位上，凸显长沙的中心城市地位，进一步增强要素集聚、科技创新和服务功能，引领带动环长株潭城市群协调互动发展，将长株潭城市群打造成为中部地区重要的先进制造业基地、综合交通枢纽和现代服务业中心，率先建成“两型”城市和建成全面小康。发挥好湘南地区作为湖南在长江经济带的腹地功能，建立产业转移跨区域合作机制，积极探索承接产业转移新模式，实现优势互补、互利共赢。湘西地区定位在原材料工业基地，优质农产品生产基地和连接西部大开发、长江经济带两项重要政策的承接点，强化吉首为武陵山片区（湘鄂渝黔边区）重要物资集散地的功能，深化湘西地区与贵州、重庆、四川等西部地区的合作与对接，将西部大开发的广阔地区与环长株潭城市群、长江经济带紧密联系起来。在注重区域功能定位、发展分工的同时，建立基础设施共建共享、产业梯度转移协作、流域生态补偿及环境治理和社会保障一体化等协作机制，促进各区域通力协作，协调发展。

参考文献

[1] 王振. 长江经济带发展报告（2010~2015）[M]. 北京：社会科学文献出版社，2016.

[2] 曹东. 建设湖南长江经济带过程中的问题及对策思考 [J]. 企业家天地，2014（7）：15-20.

[3] 李玲玲，邓育武. 湖南融入长江中游城市群的 SWOT 分析 [J]. 湖南科技学院学报，2016，37（8）：63-67.

[4] 陈娟，周中林，李沛. 湖北融入长江经济带的思考与建议 [J]. 当代经济，2015（33）：112-113.

[5] 黄南. 上海自贸区建设与长江经济带开放型经济发展 [J]. 中国发展，2015，15（4）：20-25.

[6] 段学军，邹辉，王磊. 长江经济带建设与发展的体制机制探索 [J]. 地理科学进展，2015，34（11）：1377-1387.

[7] 陈文玲. “一带一路”与长江经济带战略构想内涵与战略意义 [J]. 中国流通经济，2016，30（7）：5-16.

[8] 张韬. 贵州省深度融入长江经济带的思路及对策建议 [J]. 贵州商学院学报，2016，29 (2)：21-25.

[9] 陈礼平，刘贻石. 长江经济带建设中湖南的战略定位与发展思路研究 [J]. 财经界 (学术版)，2016 (22)：17-25.

[10] 王佳宁，王立坦，白静. 长江经济带的战略要素：11 省 (市) 证据[J]. 重庆社会科学，2014 (8)：5-14.

[11] 向福明，向俊. 实施长江经济带战略影响区域稳定的问题思考[J]. 决策咨询，2015 (5)：24-27.

[12] 曾光. 江西长江经济带建设的战略定位与策略 [J]. 华东经济管理，2015，29 (6)：17-21.

[13] 李燕萍，毛雁滨，史瑶. 创新驱动发展评价研究——以长江经济带中游地区为例 [J]. 科技进步与对策，2016，33 (22)：103-108.

(本章主要执笔人：仇怡　李汉通　黄丹　张群炜)

创新篇

第二章

长江经济带创新发展与湖南推进对策

一、引 言

相较沿海和其他经济带而言，长江经济带拥有我国最广阔的腹地和发展空间，它分布着上海张江、武汉东湖、合芜蚌试验区、长株潭自主创新示范区，以及成都、重庆等创新高地，是衔接“一带一路”的重要纽带，将成为我国未来10年经济社会发展的重点和增长轴。并且随着《关于依托黄金水道推动长江经济带发展的指导意见》《长江经济带综合立体交通走廊规划（2014~2020年)》《长江中游城市群发展规划》《长江经济带创新驱动产业转型升级方案》以及《长江经济带发展规划纲要》等国家文件颁布实施，长江经济带已成为当前我国新一轮改革开放转型、实施区域开放创新的主要阵地，也为湖南创新发展带来了重大历史机遇。

在此背景下，湖南创新发展既需要借力长江经济带，同时又可促进长江经济带的整体创新能力提升，二者联动发展，将会呈现出相辅相成、相得益彰的格局。近年来，湖南省认真贯彻落实长江经济带发展战略，先后制定了《湖南省人民政府关于依托黄金水道推动长江经济带发展的实施意见》《长江中游城市群发展规划》实施方案及《湖南省“十三五”科技创新计划》，积极参与长江经济带的建设，高端融入，全力谋求本省的创新发展建设。全面分析湖南在长江经济带创新发展中所处的位置，可以为湖南创新发展探索新思路、新模式和新路径，也能更好地发挥自身独特的地理优势，进而推动湖南及长江经济带整体创新实力的提升。

二、长江经济带创新发展的总体特征

（一）创新投入逐年增加，创新能力显著增强

1. 研发经费投入保持增长态势

研究与发展（R&D）活动代表了高水平的科技活动，是创新链的前端。它的支出规模目前已成为衡量一个地区的科技实力和核心竞争力的重要指标，尤其是研发经费投入强度（R&D 经费内部支出占 GDP 的比重）更反映了一个区域在推动自主创新方面的投入和努力。

从图 2-1 可以看到，长江经济带各区域都极其重视技术创新，不断加强对技术创新的投入。整体 R&D 经费内部支出总额由 2011 年的 3643.78 亿元增加到 2015 年的 6249.40 亿元，年均增长 14.4%，超过了同时期经济总量年均 9.5%的增长，且在全国总研发经费支出中所占比重始终维持在 40%以上；研发经费投入强度也由 2011 年的 1.71%增长到了 2015 年的 2.05%，提高了 0.34 个百分点。

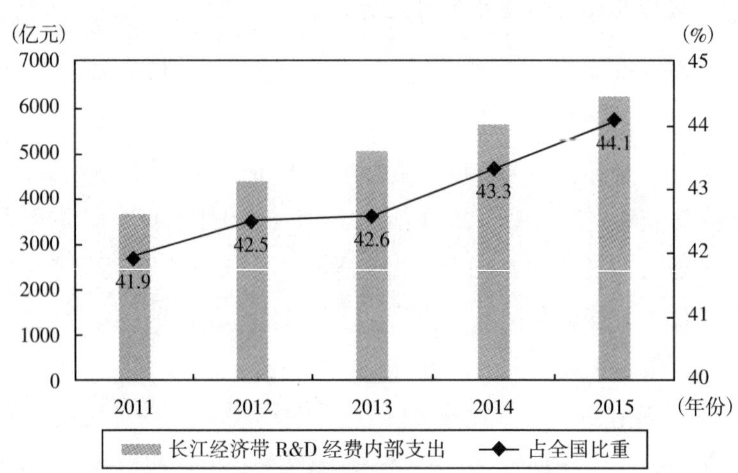

图 2-1　2011~2015 年长江经济带 R&D 经费内部支出及占全国比重变化

2015 年，长江经济带整体的 R&D 经费内部支出达到 6249.45 亿元，若从资金来源方面划分，其中政府资金为 1155.7 亿元，约占 18.49%；企业资金为 4835 亿元，所占比重达到 77.4%；国外资金与其他资金分别为 30.9 亿元、227.8 亿元，在长江经济带 R&D 经费资金来源中所占的份额均较少。可见，企业资金是长江经济带 R&D 经费投入的最大资金来源。

表 2-1 按活动类型划分长江经济带 R&D 经费内部支出

	2011 年		2015 年	
	R&D 经费内部支出（亿元）	占比（%）	R&D 经费内部支出（亿元）	占比（%）
总计	3645.78	100	6249.45	100
基础研究	156.39	4.29	276.43	4.42
应用研究	406.31	11.15	557.80	8.93
试验发展	3081.08	84.56	5415.22	86.65

资料来源：《中国科技统计年鉴》（2012~2016）。

若按分活动类型看（见表 2-1），与 2011 年相比，2015 年长江经济带用于基础研究的经费投入为 276.43 亿元，增长了 76.76 个百分点；应用研究经费为 557.80 亿元，增幅达到 37.29%；试验发展经费为 5415.22 亿元，增加了 2300 多亿元；基础研究、应用研究和试验发展占 R&D 经费总支出的比重分别为 4.42%、8.93%和 86.65%，其中代表原创性研究的基础研究和应用研究经费支出所占比重基本维持在 13%以上，但是应用研究活动投入所占的比重却逐年下降。

2. *政府对科技创新的投入力度不断加大*

财政科技拨款一直是实现政府科技发展目标的重要手段，它在一定程度上反映了政府对创新发展的重视程度以及扶持力度。如图 2-2 所示，2011~2015 年，长江经济带的财政科研投入规模总体上呈逐年上升之势，财政用于研发投入的强度（地方科学技术支出占地方财政支出的比重）在 2011~2014 年逐年加大，在 2014 年达到历史最高点，为 2.51%，之后到 2015 年有所下降，但仍维持在 2.49%以上。2011 年，长江经济带用于财政科研的支出为 881.07 亿元，占长江经济带地区生产总值的 0.41%，占地方财政支出的 2.26%。2012~2014 年，长江经济带财政科技拨款投入力度整体上的增长态势十分明显，由 2012 年的 2.32%增加到 2014 年的 2.51%，突破了 2.5%。到 2015 年财

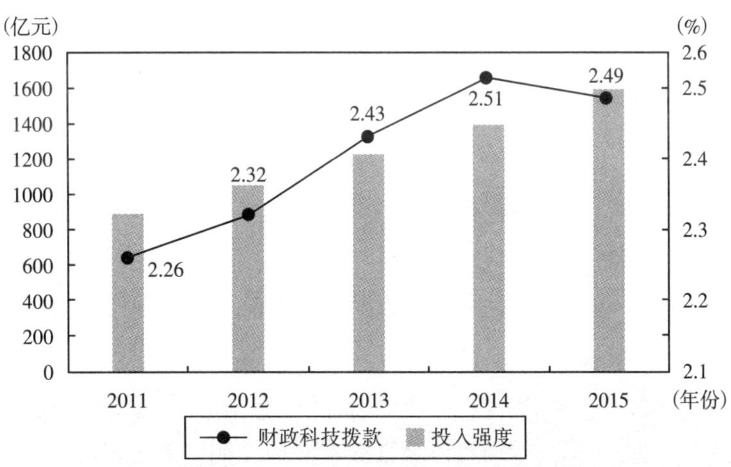

图 2-2 2011~2015 年长江经济带财政科技拨款及投入强度

政科研投入总额达到 1606.5 亿元，占长江经济带地区生产总值的 0.52%，占地方财政总支出的比重为 2.49%。

3. 研发人员和研发队伍不断壮大

2011~2015 年，长江经济带科技人力资源总量稳定增长，在全国范围内的占比均超过 40%，持续保持着科技人力资源规模优势。按全时当量统计，整体来看，2015 年长江经济带 R&D 人员总全时当量为 172.87 万人年，比 2011 年增加了 50.1 万人年，增幅为 40.8%。R&D 研究人员总量为 70.02 万人年，比 2011 年增加了 19 万人年，增幅为 37.5%。分活动类型来看（见表 2-2），2015 年长江经济带 R&D 人员全时当量总计 172.87 万人年，其中基础研究人员为 9.73 万人年，应用研究人员为 15.94 万人年，试验发展人员为 147.20 万人年。与 2011 年相比，2015 年长江经济带 R&D 人员全时当量增加了 50.11 万人年，增幅达到 40.8%，其中试验发展人员全时当量增加了 44.56 万人年，变动幅度最大，为 43.4%。

表 2-2　按活动类型划分长江经济带 R&D 人员全时当量

单位：万人年

年份	2011	2012	2013	2014	2015
基础研究	7.24	7.99	8.49	9.07	9.73
应用研究	12.88	13.96	14.82	15.26	15.94
试验发展	102.64	116.85	132.39	141.56	147.20

资料来源：《中国科技统计年鉴》（2012~2016）。

（二）科技成果产出水平显著提高，转化应用率有所提升

1. 专利申请数量和质量不断提升

专利指标是衡量创新活动产出的一项重要指标，在一定程度上代表了一个区域对新技术市场的竞争能力。首先，从总量上看，2011~2015 年，长江经济带专利申请受理及授权总量均在 2014 年有所回落，但整体上仍呈现增长态势（见图 2-3）。

图 2-3 显示，2015 年长江经济带专利申请数总计 135.8 万项，授权总量 83.2 万项，分别比 2011 年增长 65.4%和 63.1%。2015 年长江经济带授权的三种专利中，实用新型最多，为 44.7 万项；其次是外观设计，为 26.4 万项；发明专利最少，为 12.1 万项。这三种专利占授权总量的比重分别为 53.7%、31.7%、14.6%，三者之间存在着较大的差距。

分专利类型来看，以长江经济带专利授权量为例，2015 年长江经济带发明、实用新型、外观设计专利授权量为 12.10 万项、44.67 万项、26.39 万项，与 2011 年相比分别增加了 7.64 万项、24.94 万项、0.29 万项，年均增长率为 28.3%、22.7%及 0.3%（见表 2-3）。2011~2012 年，专利授权数量基本按照发明、外观设计、实用新型的顺序

从小到大排列，2012 年之后，实用新型专利授权量增加迅速，在专利总量中所占比重也增加至 2015 年的 53.7%。另外，发明专利因其具有科技含量高的特点常被作为衡量科技产出的重要产出之一。从表 2–3 可以看到，长江经济带发明专利授权在数量上一直处于较低水平，但仍是三大专利中数量最少的，近年来随着发明专利申请量的逐年增加和审查效率的提高，授权数量得到大幅度提升，相应比重也由 2011 年的 8.86%上升到 2015 年的 14.55%。可见，在长江经济带的授权专利中，技术含量较高的发明专利的地位也在不断提高。

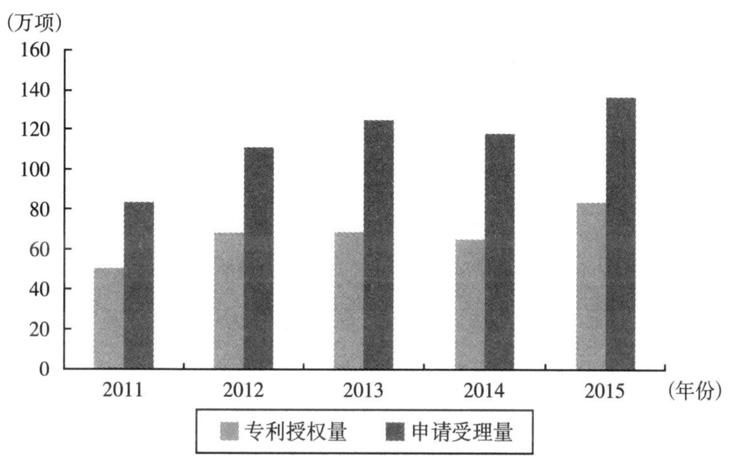

图 2–3 2011~2015 年长江经济带专利授权量和申请受理量

表 2–3 按专利类型划分长江经济带专利申请受理数与授权数

单位：万项

	申请受理数		授权数	
	2011 年	2015 年	2011 年	2015 年
总计	83.32	135.84	50.29	83.16
发明	20.02	48.24	4.46	12.10
实用新型	28.92	57.35	19.73	44.67
外观设计	34.68	30.25	26.10	26.39

资料来源：《中国科技统计年鉴》(2012~2016)。

2. 创新成果应用转化能力逐渐增强

长江经济带是我国创新驱动的重要策源地，对外开放程度高，创新资源丰富，11 个省市拥有近 80 所一流大学，科研机构近万所，国家重点实验室 200 余家，各类国家级创新平台超过 500 家，涉及各个领域。近年来，随着长江经济带创新环境的优化，创新资源得到有效运用，科技成果转化与商业化水平均有显著的提升。

一方面，长江经济带技术商品交易的整体规模和水平在不断提高，技术市场稳定发展（见图 2–4）。2015 年，长江经济带技术市场共签订技术成交合同 122943 项，比

2011年增长了18931项，增幅达到18.2%；技术市场合同成交金额也由2011年的1307.72亿元增加到2015年的2901.88亿元，5年间增加了1594.16亿元，年均增长率为22.05%。

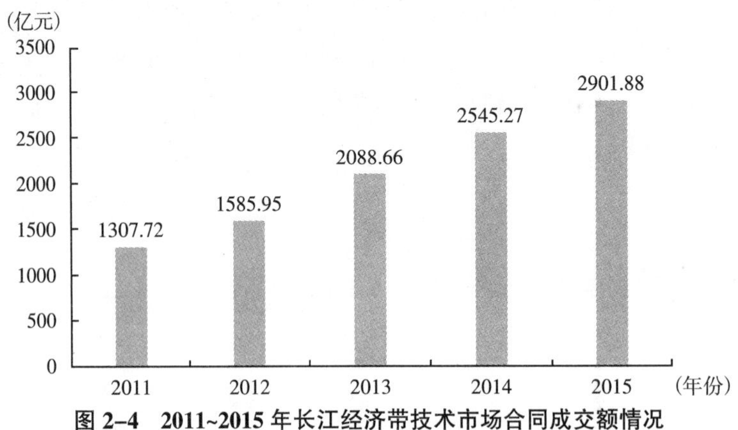

图2-4 2011~2015年长江经济带技术市场合同成交额情况

另一方面，新产品销售收入持续增加，创新成果的商业化水平增幅明显（见表2-4）。

表2-4 2010~2015年长江经济带高技术产业新产品销售收入及主营业务收入

年份	高技术产业新产品销售收入（亿元）	高技术产品主营业务收入（亿元）	所占比重（%）
2011	9146.48	40371.5	22.66
2012	10416.24	47544.6	21.91
2013	11808.26	53616.5	22.02
2014	14035.59	58689.2	23.92
2015	17307.79	64706.2	26.75

资料来源：《中国高技术产业统计年鉴》（2012~2016）。

从表2-4可以看出，2015年长江经济带新产品销售收入增加至17307.79亿元，较2011年增长将近一倍，占长江经济带高技术产品主营业务收入的比重首次突破25%。并且，长江经济带涌现出来的先进轨道交通设备、高性能计算机、量子保密通信、中低速磁悬浮列车、超级杂交稻育种、5兆瓦永磁直驱海上风力发电机等一批具有极强的科研能力与国际影响力的重大创新成果，为长江经济带的经济社会又好又快发展提供了重要的科技支撑。

（三）自主创新能力提高，高技术产业蓬勃发展

相对其他产业来说，高技术产业的高研发投入和技术密集度是其区别于其他产业

的显著特征，因而其发展状况是衡量 R&D 效益的重要指标。2011~2015 年长江经济带科技支撑作用明显，高技术产业发展迅速（见表 2–5）。相比 2011 年，从高技术产业的基础指标来看，长江经济带高技术产业的从业人员年平均人数、利税总额、企业数量、主营业务收入均有明显的增长。从高技术产业的科技活动指标来看，长江经济带高技术产业的科技创新能力逐渐加强。其中有效发明专利数量变化最为显著，由 2011 年的 23083 项增加至 2015 年的 70086 项，年均增速高达 32%。

表 2–5　长江经济带高技术产业发展指标列表（2011~2015 年）

		2011 年	2015 年
基础活动指标	从业人员年平均人数（万人）	496.29	595.84
	利税总额（亿元）	3404.31	3856.60
	企业数（个）	10448	14600
	主营业务收入（亿元）	40371.49	64706.20
科技活动指标	有 R&D 活动的企业数（个）	3679	6445
	R&D 活动全时当量（人年）	197808	287684
	R&D 经费支出（亿元）	531.42	1036.64
	新产品开发项目数（项）	31349	38693
	新产品开发经费支出（亿元）	735.24	1196.27
	新产品销售收入（亿元）	9146.48	17307.79
	有效发明专利数（项）	23083	70086

资料来源：《中国高技术产业统计年鉴》（2012~2016）。

三、长江经济带各省市创新发展绩效的省际对比

（一）评价指标体系的选取

长江经济带是中国新一轮改革开放转型实施新区域开放开发战略的地区，是我国三大区域战略发展对象之一。由于受到经济基础、地理位置、资源禀赋、历史文化等诸多因素的影响，不同的地区呈现出不同的社会和经济发展特点，各区域创新要素数量与质量上也呈现出极大的差异，这也必然导致区域创新能力的悬殊。因此，本部分参考相关文献，构建创新发展评价指标体系（见表 2–6），从 11 个省市创新发展现状角度来比较长江经济带各区域的创新发展的差异性，以期发现湖南省创新发展的优势及不足之处。

表 2-6 长江经济带创新发展指标体系

一级指标	二级指标
创新环境	互联网普及率（%）
	人均地区生产总值（元/人）
	地方财政教育支出（亿元）
	实际使用外资金额（亿美元）
创新投入	R&D 人员全时当量（万人年）
	R&D 经费投入强度（%）
	地方财政科技拨款（亿元）
	高技术企业数量（家）
创新产出	国内专利申请授权量（项）
	高技术产业新产品销售收入占主营业务收入比重（%）
	技术市场成交合同金额（亿元）
	新产品开发项目数（项）

（二）长江经济带各区域创新环境的省际对比

1. 互联网普及率的省际对比

互联网普及率指互联网用户数占地区常住人口总数的比例。该指标反映一个国家或地区经常使用互联网的人口比例，通常国际上用来衡量一个国家或地区的信息化发达程度。近年来，随着互联网技术的快速发展，长江经济带 11 个省市的互联网普及率不断上升，增幅明显（见图 2-5）。

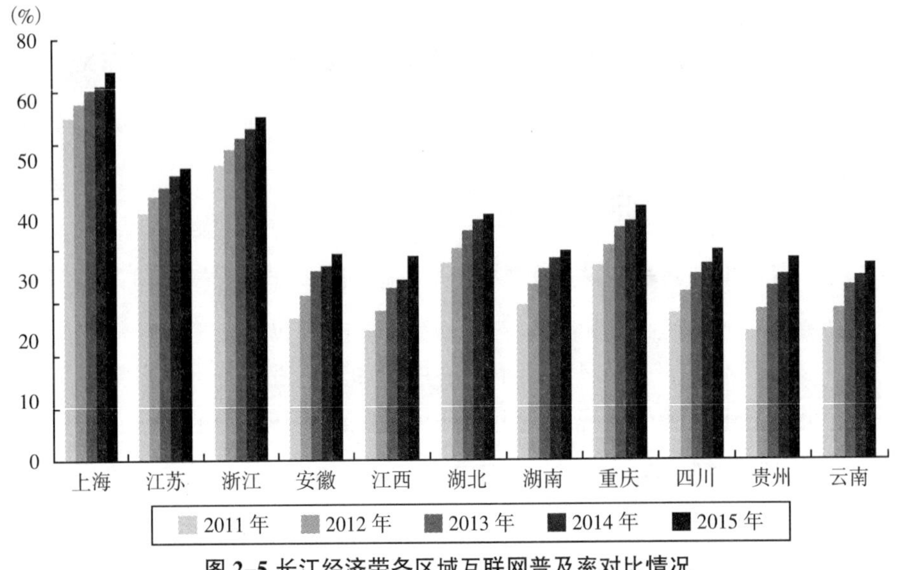

图 2-5 长江经济带各区域互联网普及率对比情况

如图 2–5 所示，截至 2015 年底，湖南省的互联网普及率达 39.58%，较 2011 年增加了 10.23 个百分点，在 11 个省市中排名第七，与排名首位的上海相差 33.84 个百分点，存在较大的差距。因此，我们得知，湖南省的互联网普及率整体水平较低，信息化程度不高，这可能成为制约该地区创新知识和技术传播的重要因素。

2. 人均地区生产总值的省际对比

人均 GDP 经常被作为衡量经济发展状况的指标，在一定程度上可以反映经济增长与创新能力发展之间相互依存、相互促进的关系。2011~2015 年长江经济带的人均 GDP 名义价格比较如表 2–7 所示。

表 2–7　2011~2015 年长江经济带各区域人均 GDP 名义价格比较

单位：元/人

地区/年份	2011	2012	2013	2014	2015	年均增长率（%）
上海	82560	85373	90993	97370	103796	5.89
江苏	62290	68347	75354	81874	87995	9.02
浙江	59249	63374	68805	73002	77644	6.99
安徽	25659	28792	32001	34425	35997	8.83
江西	26150	28800	31930	34674	36724	8.86
湖北	34197	38572	42826	47145	50654	10.32
湖南	29880	33480	36943	40271	42754	9.37
重庆	34500	38914	43223	47850	52321	10.97
四川	26133	29608	32617	35128	36775	8.92
贵州	16413	19710	23151	26437	29847	16.13
云南	19265	22195	25322	27264	28806	10.58
长江经济带均值	37845	41560	45742	49585	53028	9.63

资料来源：《中国统计年鉴》（2012~2016）

如表 2–7 所示，第一，单从湖南省而言，湖南省的人均 GDP 逐年上升，增长较快。2015 年湖南省人均 GDP 为 42754 元，较 2011 年增长了 12000 多元，年均增长率达到 9.37%。第二，就长江经济带范围内来看，湖南省的人均 GDP 及年均增长率较低、排名靠后。如 2015 年长江经济带 11 个省市的人均 GDP 的名义值排名为：上海、江苏、浙江、重庆、湖北、湖南、四川、江西、安徽、贵州、云南，湖南省处于第六名。2015 年，排名前两位的上海、江苏人均 GDP 分别为 103796 元/人、87995 元/人，远远高于湖南省（人均 GDP 为 42754 元/人），相差很大。并且，从表 2–7 中还可以明显看到，湖南省 2011~2015 年的人均 GDP 始终低于长江经济带人均 GDP 的均值，年均增长率亦是如此。

3. 地方财政教育支出的省际对比

地方财政教育支出反映了政府对地区教育的支持力度以及对重点、关键和前沿领域的规划与引导作用，是衡量一个地区教育投入的重要指标。由图 2-6 可知，2011~2015 年，湖南省的财政教育支出在逐年增加，尤其在 2012 年突破 800 亿元，且同比增长幅度最大，接近 50%。从长江经济带涉及的范围来看，2015 年，湖南省财政教育支出低于江苏的 1746.22 亿元、浙江的 1264.93 亿元、四川的 1252.33 亿元，排名第四。

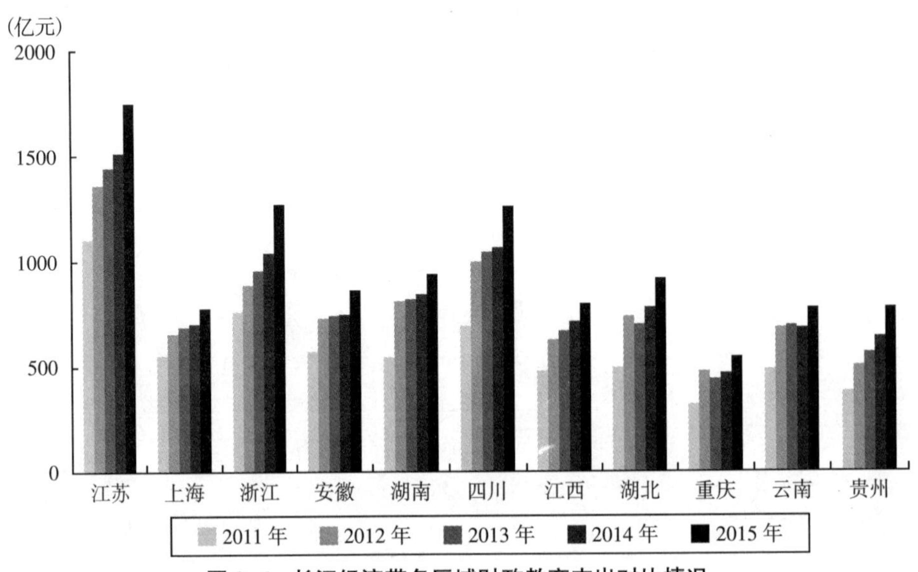

图 2-6 长江经济带各区域财政教育支出对比情况

4. 实际使用外资金额的省际对比

实际利用外资额能够反映一个地区的开放水平。创新利用外资方式，提高外资利用效率，可以有效发挥外资在区域自主创新中的积极作用，进而提高该地区的开放性经济。如图 2-7 所示，2011~2015 年，湖南省实际利用外资额呈现稳定的逐年上升趋势。在 11 个省市中，实际利用外资额最多的省份一直是江苏，远远高于湖南省，这可能与江苏省所处地位于沿海地区、交通便捷、外商投资倾向明显有极大的关联。但其中地理位置较为相近、资源条件类似的安徽省的实际利用外资额也一直高于湖南省，由此，湖南省应积极借鉴安徽省如何吸引外资、利用外资的方法，并因地制宜地制定政策，优化创新环境。

（三）长江经济带各区域创新投入的省际对比

1. R&D 人员全时当量的省际对比

相对 R&D 人员数量而言，R&D 全时当量能更好地估量一个区域的创新人员投入。表 2-8 为长江经济带 11 个省市的 R&D 人员全时当量的比较。

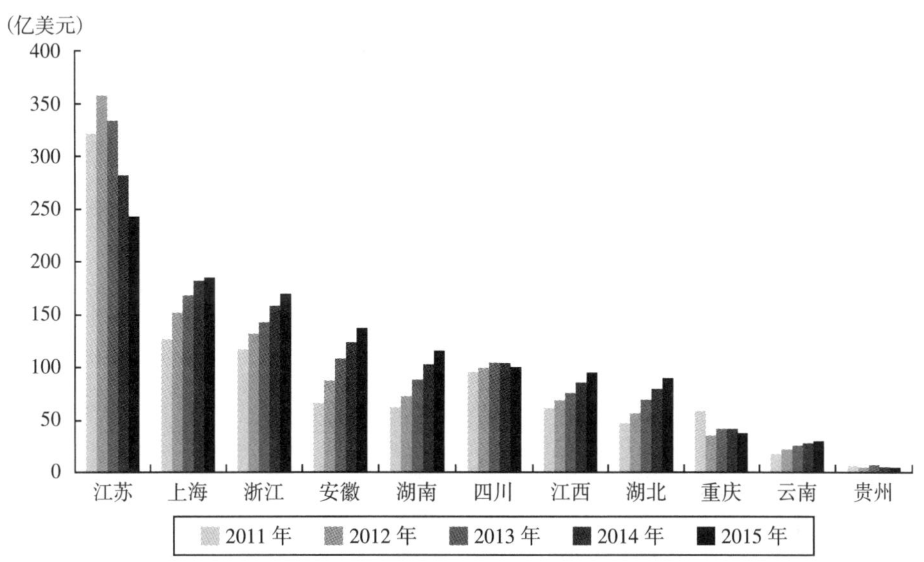

图 2-7　长江经济带各区域实际利用外资额对比情况

表 2-8　2011~2015 年长江经济带各区域 R&D 人员全时当量

单位：万人年

地区/年份	2011	2012	2013	2014	2015	增长幅度（%）
上海	14.85	15.34	16.58	16.82	17.18	15.69
江苏	34.28	40.19	46.62	49.88	52.03	51.78
浙江	25.37	27.81	31.10	33.84	36.47	43.75
安徽	8.11	10.30	11.93	12.93	13.36	64.73
江西	3.75	3.82	4.35	4.35	4.65	24.00
湖北	11.39	12.27	13.31	14.07	13.55	18.96
湖南	8.58	10.00	10.34	10.74	11.49	33.92
重庆	4.07	4.61	5.26	5.84	6.15	51.11
四川	8.25	9.80	10.97	11.97	11.68	41.58
贵州	1.59	1.87	2.39	2.40	2.35	47.80
云南	2.51	2.78	2.85	3.05	3.95	57.37

资料来源：《中国科技统计年鉴》（2012~2016）。

从表 2-8 中我们能够直观地发现以下两点：第一，2011~2015 年，湖南省 R&D 人员全时当量逐年增加，5 年间增长了 2.91 万人年，增幅达到 33.92%。但与其他省市相比，增长速度较慢，增长率排在第八位，仅高于江西、湖北及上海三个省市。

第二，湖南省研发人员较少。如图 2-8 所示，2015 年，湖南省的 R&D 人员全时当量仅高于重庆、江西、云南及贵州，排在第七名，人员投入处于中游水平。创新人员主要集中在江苏、浙江等经济较发达地区，原因可能在于沿海发达地区是高科技企业、高校科研院所和高层次人才的集中地，能够提供较好的科研工作条件和待遇，吸引着科研工作者的流入。

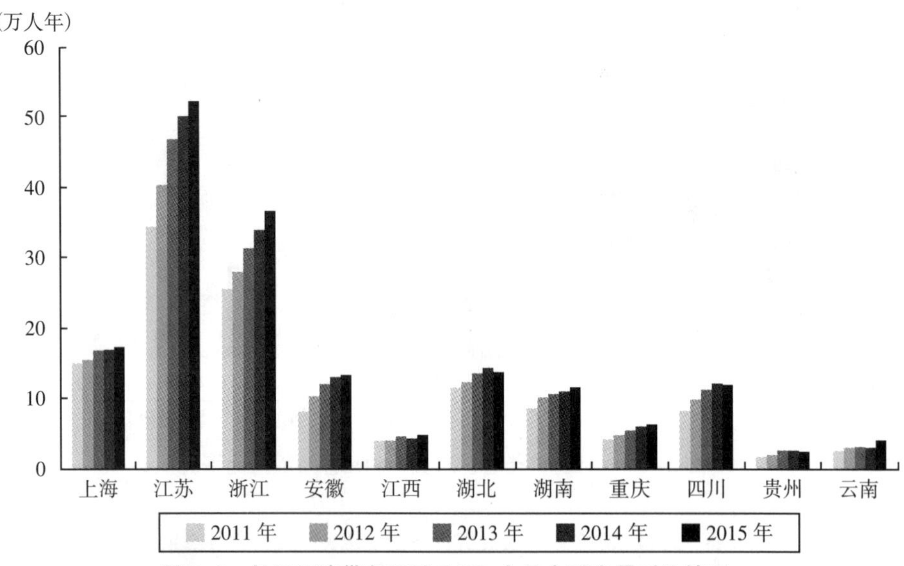

图 2-8　长江经济带各区域 R&D 人员全时当量对比情况

2. R&D 经费投入强度的省际对比

就长江经济带涉及的 11 个省市而言（见图 2-9），2011~2015 年，长江经济带各区域的 R&D 经费内部支出均呈直线上升趋势，R&D 经费内部支出排在前三位的始终是江苏、浙江以及上海，而湖南省由 2011 年的第六位下降到 2015 年的第七位。2011 年，湖南省 R&D 经费内部支出为 233.22 亿元，分别与江苏省、浙江省、上海市相差 832.29

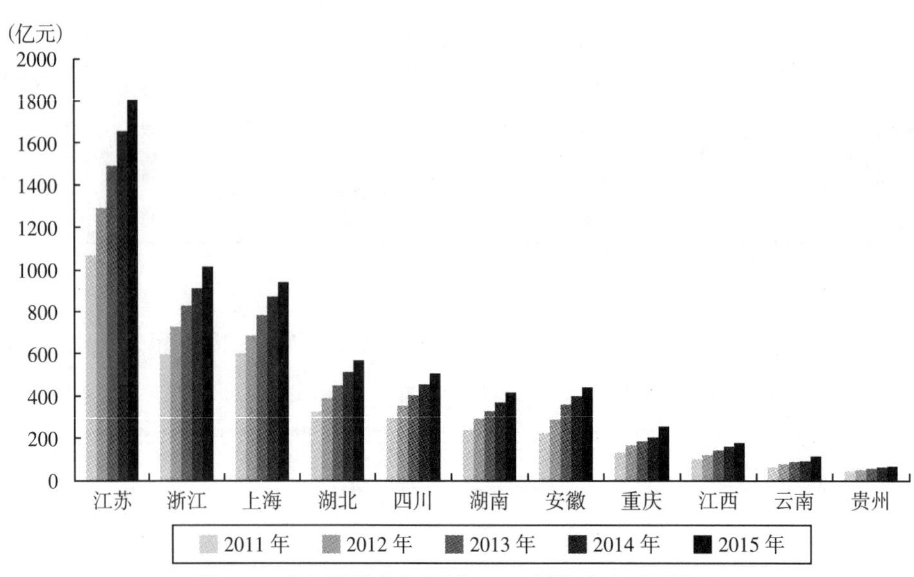

图 2-9　长江经济带各区域 R&D 经费支出对比情况

亿元、850.87 亿元及 937.15 亿元。2015 年，湖南省 R&D 经费支出增加至 412.67 亿元，分别与江苏省、浙江省、上海市相差 1388.56 亿元、598.51 亿元、523.47 亿元。可见，2011~2015 年，虽然湖南省的 R&D 经费内部支出总额逐年上升，但与经济较发达地区的差距却在不断地拉大。

从表 2-9 来看，2011~2015 年长江经济带 R&D 经费投入力度排名前三位的分别是上海、江苏、浙江，湖南省 R&D 经费投入力度也有了大幅度的上升。2015 年，湖南省 R&D 经费内部支出占 GDP 的比重达到了 1.43%，比 2011 年相比上涨了 0.24 个百分点。但在长江经济带 11 个省市中，湖南省的 R&D 经费投入力度仍处于较低的位置，且与上海、江苏相比仍存在着很大的差距，说明湖南省创新经费投入力度不够，仍须有突破性的进展。

表 2-9　2011~2015 年长江经济带各区域 R&D 经费投入力度

单位：%

地区/年份	2011	2012	2013	2014	2015
上海	3.11	3.37	3.56	3.66	3.73
江苏	2.17	2.38	2.49	2.54	2.57
浙江	1.85	2.08	2.16	2.26	2.36
安徽	1.40	1.64	1.83	1.89	1.96
江西	0.83	0.88	0.94	0.97	1.04
湖北	1.65	1.73	1.80	1.87	1.90
湖南	1.19	1.30	1.33	1.36	1.43
重庆	1.28	1.40	1.38	1.42	1.57
四川	1.40	1.47	1.52	1.57	1.67
贵州	0.64	0.61	0.58	0.60	0.59
云南	0.63	0.67	0.67	0.67	0.80

资料来源：《中国科技统计年鉴》(2012~2016)。

3. 地方财政科技拨款的省际对比

通过对 11 个省市的对比（见表 2-10）我们发现，第一，湖南省地方财政科技拨款额在逐年增加。湖南省财政科技拨款总额分别为 2011 年的 41.96 亿元、2012 年的 48.19 亿元、2013 年的 55.46 亿元、2014 年的 59.38 亿元以及 2015 年的 66.26 亿元，5 年间增加了 24.3 亿元，年均增长率达到 12.1%。第二，就年均增长率来看，湖南省财政科技拨款的年均增长率只高于上海市，远远低于湖北、江西等省，这也说明了近年来虽然政府对于财政科技拨款数额有所增加，但与其他省市相比，重视程度依然不足。

表 2-10　2011~2015 年长江经济带各区域财政科技拨款情况

单位：亿元

地区/年份	2011	2012	2013	2014	2015	年均增长率（%）
上海	218.50	245.43	257.66	262.29	271.85	5.61
江苏	213.40	257.24	302.59	327.10	371.96	14.90
浙江	143.90	165.98	191.87	207.99	250.79	14.90
安徽	77.03	96.00	109.67	129.59	147.94	17.72
江西	21.32	27.50	46.32	58.37	74.79	36.86
湖北	44.19	54.39	77.21	134.46	157.36	37.37
湖南	41.96	48.19	55.46	59.38	66.26	12.10
重庆	25.04	29.84	38.65	38.16	45.67	16.21
四川	45.75	59.4	69.51	81.76	96.69	20.57
贵州	21.68	28.98	34.27	44.34	58.68	28.26
云南	28.30	32.67	42.59	43.15	48.56	14.45

资料来源：《中国科技统计年鉴》（2012~2016）。

4. 高技术企业数量省际对比

高技术企业是科技创新的重要载体。随着地区高技术企业数量的增加，使产业以及行业间的合作与竞争程度越来越高，这种较高的产业聚集度不仅会使技术、资本及人才等各种创新要素流向该地区，并且能促进企业间隐性知识的交流和传播，产生积极的技术外溢效应，从而有利于促进其技术创新能力和技术进步水平的提高，实现研发效率的不断提高。

如图 2-10 所示，通过对搜集的数据对比我们发现，第一，2011~2015 年，湖南省的高技术企业数量逐年增加，截至 2015 年底扩大到了 953 家，与 2011 年相比增加了将近 300 家。第二，从 11 个省市的对比来看，2011 年，湖南省的高技术企业数量为 683 家，在长江经济带中排名第 5 位，但却与位居首位的江苏省相差 3300 多家，仅占江苏省的 16.8%。至 2015 年，湖南逐渐被安徽、湖北赶超，排名第七位，与仍居第一的江苏相差近 4000 家。原因可能在于，创新基础设施的建设不够完善，制约着高技术企业的发展壮大；又或是政府对于培育及引进高技术企业的政策不够优惠，具有局限性。

（四）长江经济带各区域创新产出的省际对比

1. 国内专利申请授权量的省际对比

专利是体现从 R&D 资源投入到实现技术开发的重要能力指标，其中专利授权能够筛除那些虽已申请但由于原创性不强而未能得到授权的专利申请量，可以比较直观地体现一个地区当年的创新产出水平。

如表 2-11 所示，湖南省专利授权量增长较慢。2011~2015 年，湖南省的专利授权量分别为 16064 项、23212 项、24392 项、26637 项及 34075 项，湖南省的专利产出呈现逐年上升的趋势，年均增长率达到 20.68%。但与长江经济带其他省市的对比中可以发现，湖南省的年均增长率排名第六，单从增长速度来看，还是比较缓慢的。

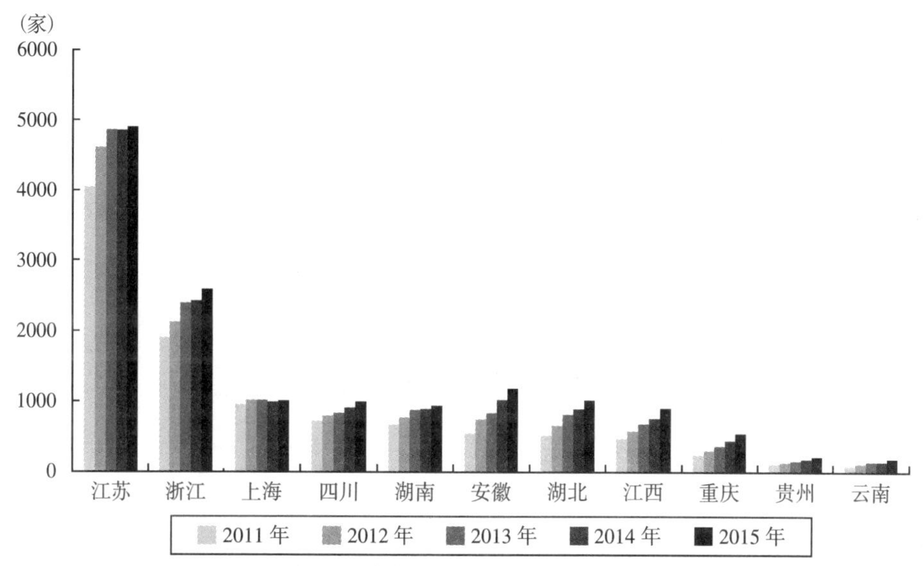

图 2-10 长江经济带各区域高技术企业数量对比情况

表 2-11 2011~2015 年长江经济带各区域专利授权量情况

单位：项

地区/年份	2011	2012	2013	2014	2015	年均增长率（%）
上海	47960	51508	48680	50488	60623	6.03
江苏	199814	269944	239645	200032	250290	5.79
浙江	130190	188463	202350	188544	234983	15.91
安徽	32681	43321	48849	48380	59039	15.93
江西	5550	7985	9970	13831	24161	44.45
湖北	19035	24475	28760	28290	38781	19.47
湖南	16064	23212	24392	26637	34075	20.68
重庆	15525	20364	24828	24312	38914	25.83
四川	28446	42218	46171	47120	64953	22.93
贵州	3386	6059	7915	10107	14115	42.89
云南	4199	5853	6804	8124	11658	29.08

资料来源：《中国科技统计年鉴》（2012~2016）。

若从这 5 年的专利授权总量来看（见图 2-11），湖南省的专利授权总量合计为 124380 项，还不足总量排名前两位的江苏、浙江 2011 年一年的专利授权量，而且仅为江苏、浙江 5 年授权总量的 10.75%、13.2%，相差甚大，可见湖南省的专利授权量并不高，这与湖南省创新投入相对不足有着重要的关系。

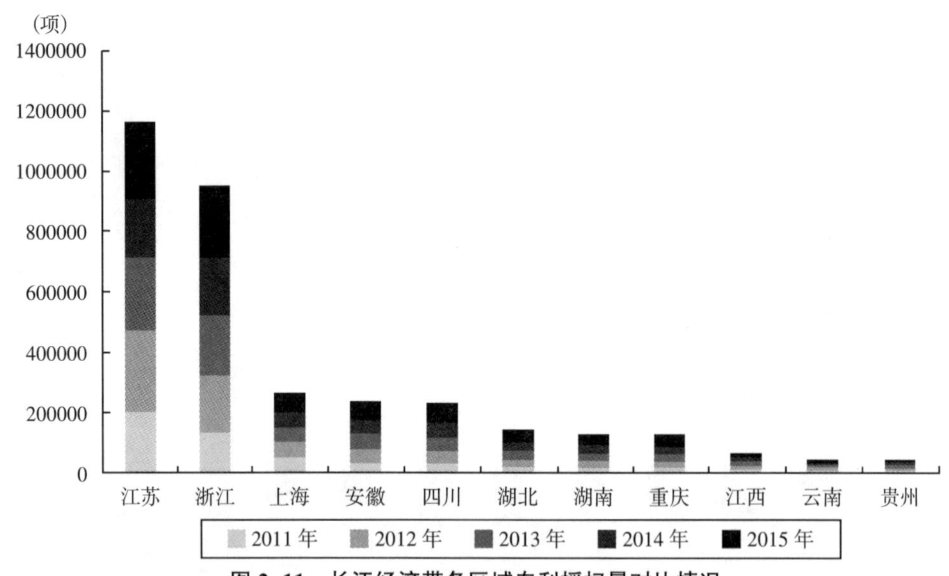

图 2-11 长江经济带各区域专利授权量对比情况

资料来源：《中国统计年鉴（2016）》。

2. 高技术产业新产品销售收入占主营业务收入比重的省际对比

新产品销售收入能充分反映企业创新成果转化为经济效益的能力，是将科技创新成果投入市场的指标，该指标是衡量创新成效的重要指标。从表 2-12 可知，2015 年，湖南省高技术产业新产品销售收入 1151.71 亿元，较 2011 年增长了 3.7 倍，增幅显著，在长江经济带中也处于上游水平，排名第四；其高技术产业新产品销售收入占主营业务收入比重在长江经济带中虽然排名第二，但排名第一的浙江为 51.30%，比湖南省高出 16 个百分点，差距还是比较大的。综上可知，虽与江苏省、浙江省相比，湖南省的高技术产业新销售收入存在着较大的差距，但相对其他省市而言，湖南省的高技术企业能够较好地将创新成果快速转化为实际利益，发展潜力仍有着较强的后劲。

表 2-12 2011~2015 年长江经济带各区域高技术产业新产品销售收入及其占比

地区	高技术产业新产品销售收入（亿元）		占主营业务收入的比重（%）	
	2011 年	2015 年	2011 年	2015 年
上海	995.75	1035.42	14.10	14.35
江苏	4896.18	7843.76	25.24	27.49
浙江	1140.93	2712.54	31.63	51.30

续表

地区	高技术产业新产品销售收入（亿元）		占主营业务收入的比重（%）	
	2011 年	2015 年	2011 年	2015 年
安徽	258.68	870.72	24.52	28.42
江西	143.42	424.02	10.02	12.78
湖北	322.02	815.88	20.75	22.32
湖南	314.62	1151.71	21.35	35.11
重庆	383.43	1310.50	34.49	32.53
四川	591.54	994.57	18.56	19.23
贵州	60.01	99.96	19.68	12.39
云南	39.90	48.72	21.14	1.92

资料来源：《中国科技统计年鉴》（2012~2016）。

3. 技术市场成交合同额的省际对比

技术市场作为生产要素流通市场之一，是技术传播与扩散的主要渠道。技术市场成交额可以直接反映被市场接纳的科技成果的价值，也能够表明技术成果的转移状况。因为，技术市场成交金额越大，表示该地区的知识流动性越强，企业及科研机构中更多的新知识被外部企业或创业者吸收，同时也意味着该地区的知识产权保护制度越完善，为创新成果通过有效的市场交易实现商业化提供了很好的保证。

从图 2-12 可以看出，2015 年长江经济带 11 个省市的技术市场合同成交额从高到低的排名依次是：湖北、上海、江苏、四川、安徽、湖南、浙江、江西、重庆、云南、贵州，湖南省处于中下游的位置。排名前三的湖北、上海、江苏的技术市场合同额各

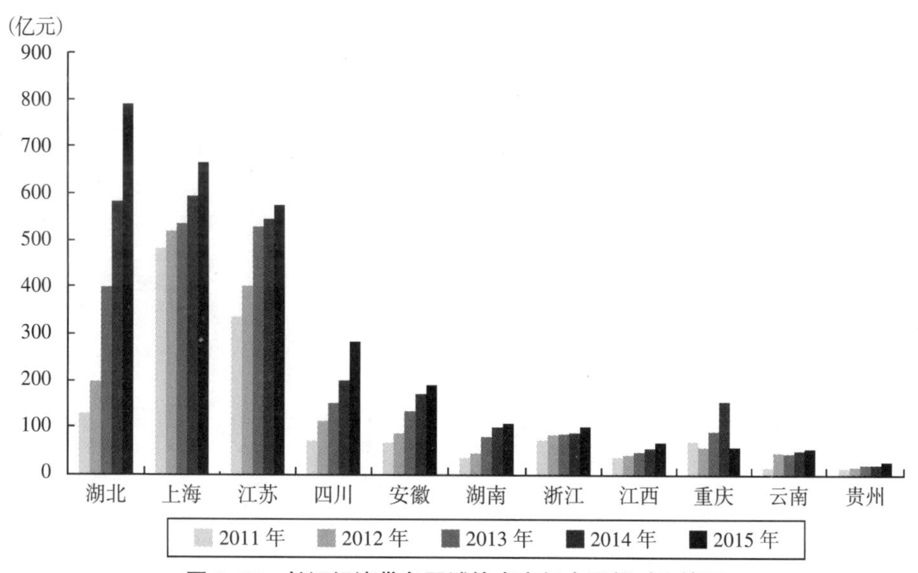

图 2-12　长江经济带各区域技术市场合同额对比情况

为 789.34 亿元、663.78 亿元及 572.92 亿元，分别是湖南省的 7.5 倍、6.3 倍及 5.5 倍。由此对比可以说明，长江经济带技术市场合同成交额具有明显的地域差异；相对湖北、上海来说，湖南省的技术市场合同成交额仍比较低，技术市场不够活跃，创新成果的传播与扩散比较缓慢。

4. 新产品开发项目数量的省际对比

通过省际对比（见表 2-13）可以发现，2011~2015 年，湖南省的新产品开发项目波动上升。2012 年最低为 981 项，处于长江经济带的第九位，之后增长迅速，2014 年达到 5 年间的最高点，为 1851 项，但在长江经济带中仍排名第八，依然是中下游水平，2015 年新产品开发项目数量虽有下降，但在 11 个省市中仍位居第八。由此我们得知，新产品开发项目的产出，一直是湖南省创新发展的薄弱环节。原因可能在于企业研发强度偏低，影响了企业的技术进步与新产品的研发。因此，湖南省应切实加强创新建设，引导企业加大科技研发经费的投入，提高企业原始创新、集成创新以及引进、消化、吸收、再创新的能力。

表 2-13　2011~2015 年长江经济带各区域新产品开发项目

单位：项

地区/年份	2011	2012	2013	2014	2015
上海	4057	3845	3979	4316	3528
江苏	9149	12360	13744	14667	13020
浙江	5435	6951	8114	8379	9391
安徽	1817	2464	2738	2687	2487
江西	912	978	1300	1360	1377
湖北	1945	2344	2309	2731	2167
湖南	1047	981	1382	1851	1484
重庆	994	1284	1154	215	1589
四川	4739	5522	6267	6094	2270
贵州	858	895	828	868	880
云南	396	355	293	397	500

资料来源：《中国科技统计年鉴》(2012~2016)。

四、湖南融入长江经济带、推进创新发展面临的主要问题

通过对长江经济带 11 个省市创新建设的研究，发现湖南省在融入长江经济带创新发展过程中面临着以下几个问题：

（一）创新人才及经费仍较缺乏，投入力度有待提升

从与长江经济带涉及的省市对比结果可以看出，在创新投入方面，2011~2015 年，湖南省整体的创新经费与人才的投入不断增长，但投入的规模与力度远远低于江苏、浙江等领先地区，且与它们之间的差距在逐年拉大。如 2015 年，湖南 R&D 经费为 412.7 亿元，R&D 经费投入强度为 1.43%。而一些发达省份的 R&D 经费投入达到几百甚至 1000 多亿元，排名前三位的是江苏、浙江、上海，其中江苏省最多，达到 1801.23 亿元，是湖南的 4.4 倍，R&D 经费投入强度最大的是上海市，为 3.73%，差不多是湖南省的 3 倍。此外，湖南省的科技创新人才规模相对较小，且分布不合理，高层次研发人才欠缺。如 2015 年湖南省 R&D 全时当量为 11.5 万人年，在长江经济带中处于中下游的位置，与东部沿海发达地区相比仍有较大差距。因此，要加大投入力度，增强湖南省的创新基础与实力，提高创新效率。

（二）创新产出相对不足，科技成果转化创新能力有待加强

近年来，湖南省创新水平大幅提升，创新驱动经济社会发展成效明显。高新技术产业逆势上扬，2015 年高新技术产业增加值达到 6128.8 亿元，占 GDP 的比重达到 21.1%；技术合同“十二五”期间共签订 27160 项，成交金额 358 亿元。但与长江经济带中的其他城市相比，在创新产出方面，湖南省全社会创新产出相对不足，与同等经济发展水平的城市（如湖北省）相比也有一定的差距。如 2015 年，湖南省拥有有效发明专利 22183 件，比湖北省少 2815 件，不及江苏省的 1/5、浙江省的 1/3。

湖南省在科技成果转化方面虽然取得了一定的成绩，但从长江经济带 11 个省市来看，成果转化率仍较低，不尽如人意。主要有以下几个原因：第一，缺乏有效的统筹协调机制。由于现行科研机构及高等院校对科技人员的考核和激励机制主要重视科学研究的原始创新成果（即论文），而忽略了创新成果的实际应用，并且科研成果也不能及时地转化为现实生产力，使得科技成果的闲置率和科研资源的浪费情况较严重。第

二，湖南省的企业投入技术开发的人力、财力不足，技术开发机构不健全，依靠科技进步的机制还没有真正形成，使得企业对科技成果的吸纳能力不够。第三，2011~2015年，湖南省的技术市场有所完善，技术合同成交额也在逐年上升，但技术市场主体发育不平衡。湖南省的成交技术项目在数量上不算少，但每项合同的成交额较少，绝大部分是中小项目，技术开发、技术转让合同占合同数的比重偏低。第四，创新经费投入主要集中在原始科技成果的开发上，而忽略了转化科技成果的投入。

（三）创新政策体系需要完善，创新环境有待优化

近年来，湖南省已在政策支持、资金扶持、创新平台建设、税收优惠等方面对创新建设发展提供了极大的支持，创新环境也有所优化。如长株潭获批国家自主创新示范区、国家知识产权示范城市群，拥有企业技术中心、企业孵化器等创新创业平台130多家，省级创新创业平台540多家，但与长江经济带发达省市相比，湖南省的科技创新环境建设仍有弊端，主要表现在以下几个方面：第一，湖南省创新发展相配套的创新机制不健全，创新政策不完善，突出问题是企业贷款困难，尤其针对中小企业的风险贷款，存在诸多制度限制，严重抑制了企业的创新活力。另外，政府实施的创新政策缺乏明确的目标和针对性，灵活性也不够。如对工业企业自行开展的科研活动没有相应的优惠政策；对科研活动人员的优惠政策只局限于省部级以上的奖励。第二，国家级和省级重点实验室、企业技术中心等科技创新创业平台建设标准不高，国家级创新团队和创新联盟仍然较少。并且，创新资源配置政策与机制不优，使得创新链、产业链、资金链、政策链相互之间的衔接不顺畅，创新资源面临着部门分割、条款分割等问题，集聚度与共享度不高。第三，湖南省产业集群化水平有了一定提高，但比照江苏省等发达地区的产业集群发展仍存在一些问题。如高新技术产业园区的产业集群发展处于企业“扎堆”的阶段，企业之间在生产上相互独立，缺乏应有的技术、信息等方面的正式与非正式交流，导致集群创新能力不足，创新效应还没有充分发挥出来。

（四）产学研平台对接不畅，制约着科教优势的发挥

由于目前湖南省高校、科研机构的科技力量相对集中，科教优势比较突出，如2015年全省拥有国家工程（技术）研究中心18个，省级工程（技术）研究中心282个；国家级重点实验室15个，省级重点实验室141个；普通高校109所，但企业的科技力量相对薄弱，以独立的研究开发为主，产学研合作仍不够充分。2011年，湖南省工业企业与境内高校合作开展研发项目总计340项，占全部研发项目的10.8%；与境内独立研究机构合作开展科技项目196项，占全部项目的6.2%；企业与科研机构、大学之间缺乏产学研联合机制，限制了湖南省科教优势转化为经济优势。原因主要在于以

下两个方面：第一，多数产学研结合往往是以争取政府项目为目的，缺乏创新成果产业化的保障机制，且部门间的产学研结合工作欠缺沟通协调和统筹安排，造成本来就匮乏的技术创新资源分散、交叉、重复，难以对全省创新能力的提升产生重大影响。第二，企业、高校和科研院所的运行机制和评价机制各异，合作动力不足。企业往往过于注重市场需求、市场先机、产品的经济社会效益和短期的投资回报率，对研发缺乏长远的规划和投资，需要有市场前景的技术成果，而高校和科研院所的科研人员则以承担国家科研任务和发表论文为主，激励机制差别明显，对科技成果的应用推广重视不够。产学研各方各行其是，难以形成合力，使得众多科技资源游离于企业之外，难以形成科技与企业发展相结合的整体效应。

（五）企业人才缺乏，创新主体地位有待强化

湖南省虽然聚集了较多的科研院所和高等院校，科技人力资源也比较丰富，但高层次人才向企业流动不畅，使得企业创新动力不足。2015 年，湖南省规模以上工业企业从事 R&D 人员的全时当量为 8.38 万人年，与浙江省的 31.66 万人年、江苏省的 44.1 万人年相比有着相当大的差距。这也许是由以下两方面造成的：第一，湖南省的企业大多数为私营企业，企业规模相对较小，发展空间有限，用人观念和机制也比较滞后，对优秀人才难以形成吸引力，并且相当一部分企业处于产业链的低端，资金不足，难以充分吸收、留住优秀人才。此类问题，在湖南除长沙以外的地区尤为突出，地理位置的劣势造成企业引进人才方面困难重重，即使花大力气引进了人才，也因为发展空间、城市配套、子女教育等相关问题而留不住人才。第二，企业人才的流动渠道不畅。一方面，企业渴望引进技能型人才和其他紧缺实用型人才，另一方面，科研院所、党政部门和事业单位却又有相当数量的有技术、善经营的高素质管理人才因诸多原因的制约而难以实现流动，使得科技人才相对集中在科研院所以及教育等公共服务行业，从而加重了企业人才的短缺之势。

五、主动对接长江经济带，提出湖南创新发展的对策

湖南省位于长江中部，是长江经济带的“龙腰”。如何在“腰部”发力，促进湖南省乃至长江经济带经济社会的发展，创新起着至关重要的作用。在充分认识到湖南省创新资源的基础上，围绕着湖南省创新存在的问题和发展瓶颈，拟从以下几个方面提出对策建议。

（一）拓宽融资渠道，多方联动提高创新投入

一是政府支持与引导。政府应首先通过预算，加大对财政科研支出力度的倾斜，依法保证财政用于科技经费增长的幅度，高于财政经常性收入的增长幅度；其次增加科技经费支出规模，重视科研经费高效使用；最后对具有科研机构的企业给予税收等相应的政策支持，并加强监督检查，确保各项科技减免税政策落到实处，鼓励优势企业进行科学研究。二是社会融资。完善投融资渠道，以多维度和渠道吸收社会投资资金进行科研，增加科研资金的来源。如鼓励金融机构加大对中小企业的贷款力度等。三是吸引外商投资，或引进风险投资，提高创新资金的投入。

（二）加强创新型人才培养，打造人才“洼地”

一是加强人才引进。要积极落实湖南省引进海外高层次人才“百人计划”“湖湘青年英才支持计划”和长株潭三市“万名人才计划”“555 人才计划”等重点人才引进培养计划；湖南省应学习并借鉴上海、浙江和江苏的引才、留才经验，研究制定吸引人才的优惠政策，吸引、留住、用好人才，为人才营造出良好的环境；建立长株潭引进高端人才和行业领军人才的绿色通道，搭建国际人才交流平台；鼓励以高等院校、科研院所、企业单位为依托，吸引各层次创新人才来湘创新创业；以自己培养为主，不同地区按照需要从不同渠道以不同形式引进不同层次人才。

二是完善人才培养与评价激励机制。要注重采取行之有效的人才激励政策如企业利益分配权等；要保障创新人才分享成果收益的权利，鼓励科技创新项目和团队在湘落户，促进人才在湖南地区达到良好高效的配置；重视对现有人才的开发和培养，加大科技奖励力度，充分调动创新人才的积极性、创造性。

三是加强人才培训。政府可以设立公共培训中心、举办高端人才培训或与高校联合培训各类创新型人才；引导湖南的高校、高职院校培养翻译、国际经贸和法律等专业性人才；适时选派省内机关职工、优秀科研人员、企业骨干到上海、江苏等发达省份或海外锻炼学习。

（三）加快推进创新成果转化

一是增加对创新成果转化环节的投入力度。在创新资源配置中加强引导，在加强战略高技术研究和基础性科学研究的同时，推动科研院所和大专院校的科技力量进入企业，促进其面向市场，加快科研成果向现实生产力的转化；对高等院校和科研院所的资金投入有所倾斜，对于科技成果转化做出贡献者，给予足够的物质和精神奖励；合理分配基础研究、应用研究研发、科技成果转化与高新技术产业化等方面的资金

投入。

二是完善科技中介服务体系建设。与上海、江苏等长江经济带中发达的省市相比，湖南省在中介服务机构的数量、中介服务的人员基础等方面均存在不小差异。因此，湖南省应营造出有利于科技成果转化的创新创业环境，增加科技成果转化中介服务机构的数量，加强科技中介服务的信息化建设，建立科学权威的科技成果鉴定、评估、定价及监管等方面的中介机构。

三是突破科技成果转化过程中存在的机制体制障碍。如引导推动改革高校与科研院所的激励机制与评价体系，变“教学与科研并举”为“教学、科研、成果转化并重”。

（四）推进科技创新合作，优化创新环境条件

一是应树立开放竞合发展的新理念。打破行政区划界限，借鉴上海、浙江、江苏的创新发展经验和模式，进一步扩大对外开发的程度，主动接轨、积极融合长江经济带创新建设。充分发挥长株潭自主创新示范区的带动作用，支持长沙“麓谷”、株洲“中国动力谷”及湘潭“智造谷”的建设，与成渝、长江中游、长三角地区建立技术创新战略联盟，推动科技资源开放共享，促进优势互补、共同发展，吸引发达地区的资金及人才流入，进而实现技术上的对接与互动，合作开展研发活动。

二是要深化湖南省对外合作交流。加大与国外的学习交流，积极引入海外优秀人才和先进技术，支持湖南省国际技术转移中心、长沙高新区国际科技商务平台等平台建设，打造长株潭承接国际高新技术转移和项目引进与产业化的专业基地，增强湖南省的创新竞争力。

三是优化创新环境，发挥政府的科技创新导向作用。进一步建立和完善鼓励自主创新的政策法规，加大政府对创新活动的支持力度，引导创新资金重点投向高新技术产业，带动社会资金投向技术创新；完善区域创新制度，健全专业化创新服务体系，着力完善金融服务体系，拓展融资渠道，调动社会各方的创新积极性，营造出有利于创新的氛围；积极推进基础设施建设进程，改善中小城市的基础设施条件，加快交通网络和通信网络建设，延展创新网络，促进知识扩散和技术转移。

（五）推动创新产业集群发展

一是大力发展高新技术产业。充分利用湖南省的科教资源优势，把培育高新技术产业、塑造高新技术集团作为重要任务，加快传统产业高新技术化进程，形成高新技术产业带，使湖南省成为我国重要的高新技术产业化基地，实现高新技术成果商品化、产业化。

二是促进战略性新兴产业发展，加快培育创新型企业。长株潭聚集了相当大部分的湖南战略性新兴产业，如三一重工、中联重科等大批世界知名、国家领先的大型企业均在长株潭落地生根。湖南省应立足现有产业优势，与上海、江苏、浙江等省市积极对接，强势推动沿海产业向湖南转移并周密地做好承接，在承接产业转移中促进产业集群发展。还要将战略性新兴产业作为抢占未来创新发展制高点的重要突破口，积极完善“一揽子”战略新兴产业发展规划，选择培育一批具有全国影响力的创新型龙头企业，通过技术溢出、辐射、带动效应，提升湖南的核心竞争力，真正做到“湘当有范”。

三是以自主品牌带动企业创新。企业应着力突破核心关键技术，加快研发一批具有自主知识产权和自主品牌的产品，要切实抓好商标、质量、标准、管理等品牌基础工作，实行有计划、有重点的品牌培育发展制度，尽快形成一批以自主创新为支撑、以知名品牌为标志、具有较强竞争力的优势企业、企业集团和产业集群。

（六）促进产学研合作，深化产学研协同创新机制

一是继续出台促进产学研协同创新的地方性法律规章，人才流动、信息平台等相关配套政策，完善产学研合作工作机制，加大人财物的支持力度和各项优惠政策，从科技投入体制与机制上引导和鼓励企业与科研机构开展产学研结合，营造有利于产学研紧密结合的政策环境和氛围。

二是湖南省应深化产学研合作机制，进一步加强与中南大学、湖南大学、湘潭大学、湖南科技大学等科研机构的战略合作，发挥各类研究机构、实验室和院士博士后工作站的作用，引导企业和高校、科研机构合作，促进湖南省创新。发挥企业的创新主体作用，如大型企业应建立健全企业技术中心，有条件的中小企业应设置精干的技术研究与开发机构，推进创新工作；积极组织和支持有能力的企业、科研机构、高校形成或参与长江经济带之间的产学研创新战略联盟，提高湖南省科技与产业的竞争力和影响力。

三是充分发挥社会中介的平台沟通作用，构建开放式的产学研合作服务平台，推动产学研合作国际化进程。如不定期或定期地举行国际产学研协同创新展览会、洽谈会等；积极引入省外、港澳台地区、国际三大外部创新资源和更多的科技成果。

（七）激发企业创新动力，充分释放创新主体能量

一是加强企业人才队伍建设。对工作人员进行继续教育和相关技术培训，培养创新型人才；提供优厚的工资待遇以引进国内外高端的技术人才；对从事科技活动的骨干力量，切实改善他们的科研、工作和生活条件，充分发挥他们的潜力；对于有重大

技术创新、做出突出贡献的科研人员要充分肯定，除给予薪酬上的激励外，还应给予培训及深造的机会，激发他们继续创新的积极性。

二是强化企业主体地位。湖南省应积极实施创新型企业培育“百千万”工程，努力形成创新型领军企业“顶天立地”、科技型中小企业“铺天盖地”的发展格局。首先，应加强创新型企业建设，努力培养一批龙头优势企业，引导骨干企业建立专门的研发机构，促使企业成为决策、投入、组织和应用成果的主体。其次，响应国家新一轮技术创新工程，推动院士专家工作站、博士后工作站、科技特派员等更好地服务企业，吸收更多企业和企业家研究制定技术创新规划、计划、政策和标准，完善科技计划组织管理方式。最后，要鼓励现有或新引进的外资企业将研发中心引入湖南省，对国际的先进技术大力引进，并做好技术的消化、吸收和再创新工作，逐步掌握核心技术，实现研发本土化。

三是大力扶持中小企业的创新活动。湖南省应落实和完善扶持科技型中小企业的政策，为中小企业创新开辟便捷通道；积极培育一批具有创新能力和成长潜力的中小型高技术企业；完善中小企业创新创业服务体系，加快推进科技服务机构改革；鼓励中小企业加大研究力度，充分发挥中小企业的科技创新作用。

参考文献

[1] 赵菁奇，赵晓瑾. 长江经济带科技创新能力的区域性评价及对策 [J]. 三峡大学学报，2016，38（3）：66-69.

[2] 发改委. 长江经济带创新驱动产业转型升级方案 [R]. 2016-03.

[3] 李向东，李南，白俊红，谢忠秋. 高技术产业研发创新效率分析 [J]. 中国软科学，2011(2)：52-61.

[4] 邹华，徐玢玢，杨朔. 基于熵值法的我国区域创新能力评价研究 [J]. 科技管理研究，2013（23）：56-61.

[5] 陈国宏，庄花，李美娟. 中国省市区域创新能力的动态评价与发展分析 [J]. 综合竞争力，2010（5）：40-46.

[6] 朱海就. 区域创新能力评估的指标体系研究 [J]. 科研管理，2004，25（3）：30-35.

[7] 刘永久，王忠辉，吴风庆. 创新能力综合评价实证分析 [J]. 城市发展研究，2010，17（9）：30-35.

[8] 匡致远. 高技术产业国际竞争力研究——主要因素和产业聚群 [D]. 广州：暨南大学，2001.

[9] 朱学新，方健雯，张斌. 我国科技创新和技术转化经济效果的实证分析 [J]. 中国科技论坛，2007（7）：15-18.

（本章主要执笔人：仇怡、李亚珂）

第三章

湖南创新样本与区域创新发展绩效评价

一、引　言

美国学者约瑟夫·熊彼特在著作《经济发展概论》中提出：创新就是建立一种新的生产函数，即“生产要素的重新组合”，也就是把一种从来没有的关于生产要素和生产条件的“新组合”引入生产体系。按照熊彼特的观点，创新是经济发展的内在因素之一，可以通过技术创新、生产方法创新、组织形式创新等方式，推动经济不断发展。随着中国经济持续快速发展，中国经济总量跃居世界第二，人均 GDP 接近 8000 美元。但同时，产业层次低、发展不平衡和资源环境刚性约束增强等矛盾愈加凸显，处于跨越“中等收入陷阱”的紧要关头。从国际经验看，“二战”后只有少数经济体从低收入迈向高收入，成功迈过“中等收入陷阱”，实现了现代化，它们的一条重要经验在于紧紧依靠科技创新打造了竞争的新优势，从而提升了自身在全球价值链中的位势。因此，创新驱动发展是面向未来的一项重大战略。

中共十八大提出要实施创新驱动发展战略，强调科技创新是提高社会生产力和综合国力的战略支撑，必须摆在国家发展全局的核心位置。中共十八届五中全会把创新作为五大发展理念之首，提出创新是引领发展的第一动力，必须把发展基点放在创新上，塑造更多依靠创新驱动、更多发挥先发优势的引领型发展。李克强总理多次强调，要依靠创新驱动，推动经济保持中高速增长、迈向中高端水平。

国务院在 2017 年 5 月进一步提出了关于推进县域创新驱动发展的若干意见，指出实施创新驱动发展战略，基础在县域，活力在县域，难点也在县域。新形势下，支持县域开展以科技创新为核心的全面创新，推动大众创业、万众创新，加快实现创新驱动发展，是打造发展新引擎、培育发展新动能的重要举措，对于推动县域经济社会协调发展、确保如期实现全面建成小康社会奋斗目标具有重要意义。

在我国发展新阶段，中央提出长江经济带战略，并将其与“一带一路”和京津冀协同发展一起作为三大国家发展战略，具有全局性重大意义，是党中央、国务院作出的重大决策部署。无论从开拓国际合作领域、整合国家对外开放战略的角度，还是从实施国家功能区规划、推进新型城镇化下的东中西部主要城市群开发建设和新兴产业发展的角度，都需要一个国家发展战略将东中西部连接起来，因此，长江经济带在我国经济社会发展中的地位和作用日益突出。实施长江经济带发展战略，各省市应实行创新区域合作机制，促进生产要素合理流动。为此，要发挥上海、武汉、重庆等超大城市和南京、杭州、成都等特大城市的引领作用，发挥合肥、南昌、长沙、贵阳、昆明等大城市对地区发展的带动作用。

目前，世界创新格局基本稳定。中国成为第一个跻身全球创新指数前 25 位的中等收入经济体，这个组别通常由高收入经济体组成。2015 年，中国还在创新质量排名中升至第 17 位，缩小了与高收入经济体的差距，迈出了与创新型国家靠近的重要一步。国家创新指数是反映国家综合创新能力的重要指标，2015 年中国创新指数为 171.5（以 2005 年为 100），比上年增长了 8.4%，增速创十年来新高。分领域看，创新环境指数、创新投入指数、创新产出指数和创新成效指数分别达到 163.7、164.3、208.3 和 149.5，分别比上年增长 5.3%、4.2%、17.6%和 4.9%。测算结果表明，2015 年我国创新环境持续优化，创新投入力度稳步加大，创新产出能力大幅提升，创新成效进一步增强，科技创新的经济贡献日益突出。

到 2015 年，湖南省科技创新驱动发展成效显著，区域创新能力已居全国第 11 位，比“十一五”末前进了 4 位；综合科技进步水平指数为 54.29%，增幅居全国首位；全省专利综合实力跻身全国十强；全省具备基本科学素质的公民比例实现“翻一番”目标。虽然湖南区域创新能力飞速增长，但也存在着不少问题与挑战。因此，对于湖南省各地州市来说，如何立足自身实际，充分利用自身的地区优势与国家政策，加快提升区域创新能力，发挥比较优势，抓好特色优势领域的技术集成创新和引进消化吸收再创新，持续推动重点领域成果应用和产业化，将科技优势最大限度地转化为发展优势，促进本地经济发展，对全省有效发挥现有科技资源优势，实现创新发展战略，提升区域创新能力，建设创新型湖南，实现由科技大省向科技强省转变具有重要的现实意义和理论价值。

二、区域创新评价指标体系的建立与湖南各二级指标的统计分析

为了保持研究成果的连续性和可比性，本书继续沿用《2016 湖南创新发展研究报告》中的区域综合创新能力评价指标体系。这些创新指标体系分为三个层次。第一个层次反映区域综合创新能力，通过计算创新总指数实现；第二个层次反映区域创新环境、创新投入、创新产出和创新绩效四个领域的发展情况，通过计算分领域指数实现；第三个层次反映构成创新能力各方面的具体发展情况。通过上述四个领域所选取的评价指标实现，本书共选取了 21 个评价指标，这些指标是考虑区域创新发展的特殊性，根据中国创新指标体系框架调整变换得到的。为便于后文的说明，将各指标用英文大写字母进行说明。本书各指标的权重相同，这样便于计算，以减小由于权重的差异而引起的判断误差（见表 3–1）。

表 3–1　区域综合创新能力评价指标体系

一级指标	二级指标	计量单位	权数
1. 创新环境	1.1　A. R&D 人员占平均从业人员数的比重	人/万人	1/5
	1.2　B. 人均 GDP	元/人	1/5
	1.3　C. 互联网用户数	万户	1/5
	1.4　D. 教育支出占公共财政支出的比重	%	1/5
	1.5　E. 规模以上工业企业办科教机构数	个	1/5
2. 创新投入	2.1　F. 规模以上工业企业每万人 R&D 人员全时当量	人年/万人	1/5
	2.2　G. R&D 经费内部支出占 GDP 比重	%	1/5
	2.3　H. 规模以上工业企业 R&D 经费内部支出/R&D 人数	万元/人	1/5
	2.4　I. 规模以上工业企业 R&D 经费占主营业务收入的比重	%	1/5
	2.5　J. 规模以上工业企业办科教机构数所占比重	%	1/5
3. 创新产出	3.1　K. 全部 R&D 项目（课题）数	项	1/6
	3.2　L. 每万名 R&D 人员有效发明专利数	件/万人	1/6
	3.3　M. 规模以上工业企业新产品开发项目数	项	1/6
	3.4　N. 新认定的总的商标数	件	1/6
	3.5　O. 每万名 R&D 人员技术合同成交金额	亿元/万人	1/6
	3.6　P. 发表论文数	篇	1/6

续表

一级指标	二级指标	计量单位	权数
4. 创新绩效	4.1 Q. 规模以上工业企业新产品销售收入占主营业务收入的比重	%	1/5
	4.2 R. 单位高新技术企业产品出口额	万美元/个	1/5
	4.3 S. 单位 GDP 能耗	吨标准煤/万元	1/5
	4.4 T. 劳动生产率	万元/人	1/5
	4.5 U. 高新技术产业对经济增长的贡献率	%	1/5

（一）创新环境

该领域主要反映创新驱动发展所必备的人力、财力等基础条件的支撑情况，以及政策环境对创新的引导和扶持力度，共设五个评价指标，分别为：A——R&D 人员占平均从业人员的比重（人/万人）、B——人均 GDP（元）、C——互联网用户数（万户）、D——教育支出占公共财政支出的比重（%）、E——规模以上工业企业办科教机构数（个）。

R&D 人员占年平均从业人员的比值反映出湖南省就业人员的综合素质和人力创新资源的情况，2015 年湖南省各地州市 R&D 人员占年平均从业人员的比值如图 3–1 所示。由图 3–1 可以看出，比值从高到低的排名依次为：长沙、常德、湘潭、岳阳、衡阳、益阳、株洲、郴州、邵阳、娄底、永州、怀化、张家界、湘西。比值排名第一的长沙远远高于其他地州市的 R&D 人员占年平均从业人员的比值，达到了每一万从业人员中有 833 个科技活动人员，是比值排名最后的湘西的 17 倍。由此得出，R&D 人员占年平均从业人员的比值存在地区差异。

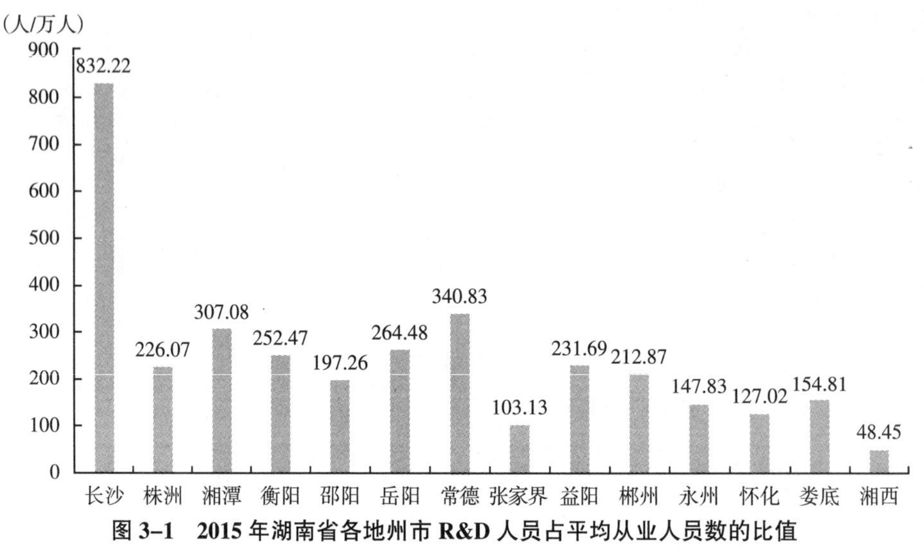

图 3–1　2015 年湖南省各地州市 R&D 人员占平均从业人员数的比值

人均 GDP 常作为衡量经济发展状况的指标，是最重要的宏观经济指标之一，可以反映出一个国家或地区的经济实力，也可以反映出经济增长与创新能力发展之间相互依存、相互促进的关系。因此，人均 GDP 可以作为衡量区域创新环境的指标之一。2015 年，湖南省各地州市人均 GDP 的比较如图 3–2 所示。从图 3–2 中可以看出，14 个地州市人均 GDP 的排名由高到低依次为：长沙、湘潭、株洲、岳阳、常德、郴州、衡阳、娄底、益阳、张家界、永州、怀化、邵阳、湘西。除了长沙人均 GDP 较高，达到了 115443 元/人外，其他地区人均 GDP 较为均衡。

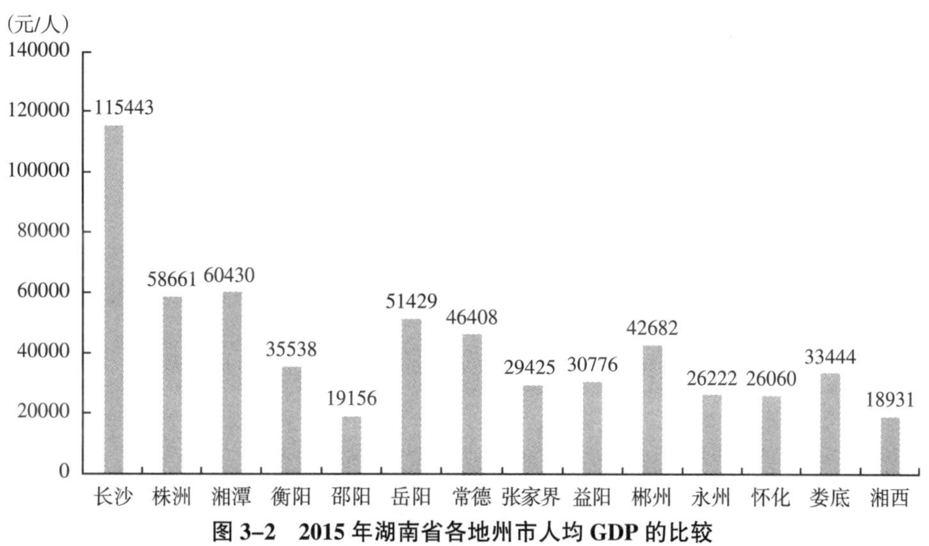

图 3–2　2015 年湖南省各地州市人均 GDP 的比较

互联网用户数是通常用来衡量地区创新环境的一个指标，可以反映社会利用信息通信技术来创建、获取、使用和分享信息及知识的能力以及信息化发展对社会经济发展的推动作用。由图 3–3 可以看出，2015 年湖南省 14 个地州市互联网用户数的排名依次为：长沙、常德、衡阳、岳阳、株洲、邵阳、郴州、永州、怀化、湘潭、娄底、益阳、湘西、张家界。其中互联网用户数排名第一的长沙远远多于排名第二的常德，说明长沙的信息化较为发达。排名位于前三的长沙、常德、衡阳分别为 180.26 万户、85.12 万户、76.96 万户，占湖南省 2015 年全省互联网用户数的 38.12%。排名后三位的益阳、湘西、张家界分别为 42.93 万户、30.07 万户、23.82 万户，占湖南省 2015 年全省互联网用户数的 10.78%。

教育支出占公共财政支出的比重是衡量一个地区教育水平的基础线，是创新环境的一个衡量指标，教育支出对全社会创新投入和创新活动的开展具有带动和导向作用，该指标反映政府对教育的支持力度以及对重点、关键和前沿领域的规划和引导作用。2015 年，湖南省 14 个地州市教育支出占公共财政支出的比重如图 3–4 所示。由图 3–4 所知，2015 年湖南省 14 个地州市教育支出占公共财政支出的比重排名依次为：永州、邵阳、郴州、怀化、湘西、益阳、长沙、娄底、衡阳、张家界、岳阳、常德、株洲、湘潭。从总体上看，湖南省 14 个地州市的教育支出占财政支出的比重差距不是很大。

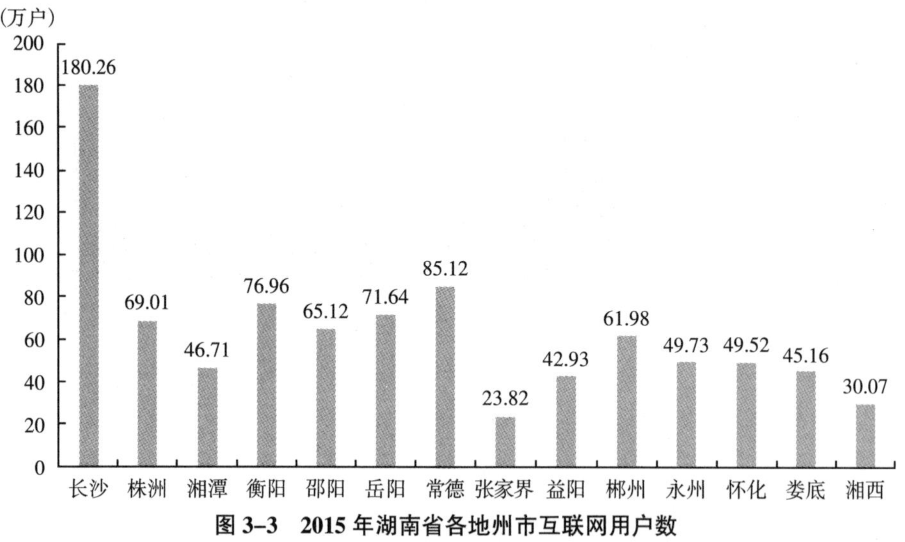

图 3-3　2015 年湖南省各地州市互联网用户数

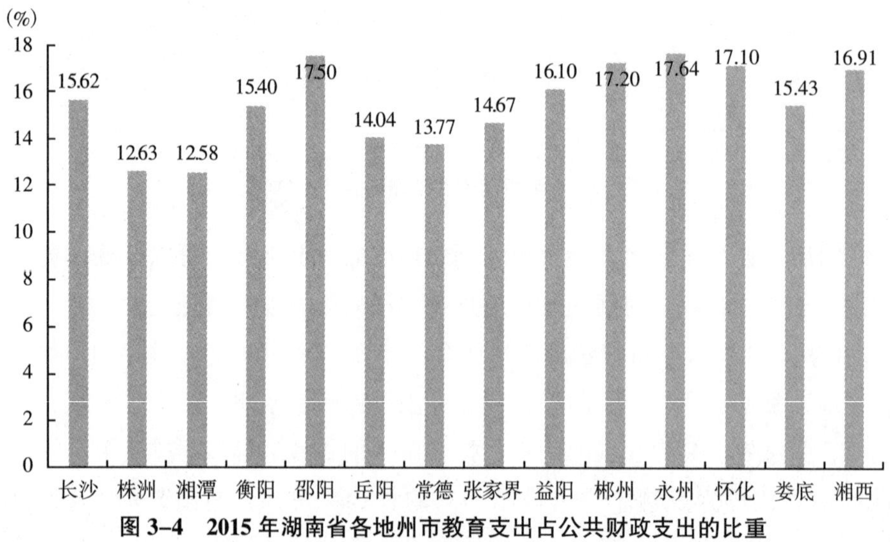

图 3-4　2015 年湖南省各地州市教育支出占公共财政支出的比重

规模以上工业企业办科教机构数是创新环境的一个重要指标，该指标从侧面反映了企业的创新环境情况。由图 3-5 可以看出，2015 年湖南省各地州市规模以上工业企业办科教机构数的排名依次为：长沙、岳阳、郴州、衡阳、株洲、永州、常德、邵阳、益阳、湘潭、娄底、怀化、湘西、张家界。排名第一的长沙规模以上工业企业办科教机构个数远远多于排名第二的岳阳的个数，是排名在最后的张家界的 35 倍左右。湖南省各地州市规模以上工业企业办科教机构数较多的三个地州市分别为长沙、岳阳、郴州，占湖南省全省的 55.52%，排名靠后的三个地州市分别为怀化、湘西、张家界，仅占湖南省全省的 3.57%。由此可见，2015 年湖南省各地州市规模以上工业企业办科教机构数存在严重的地区性差异。

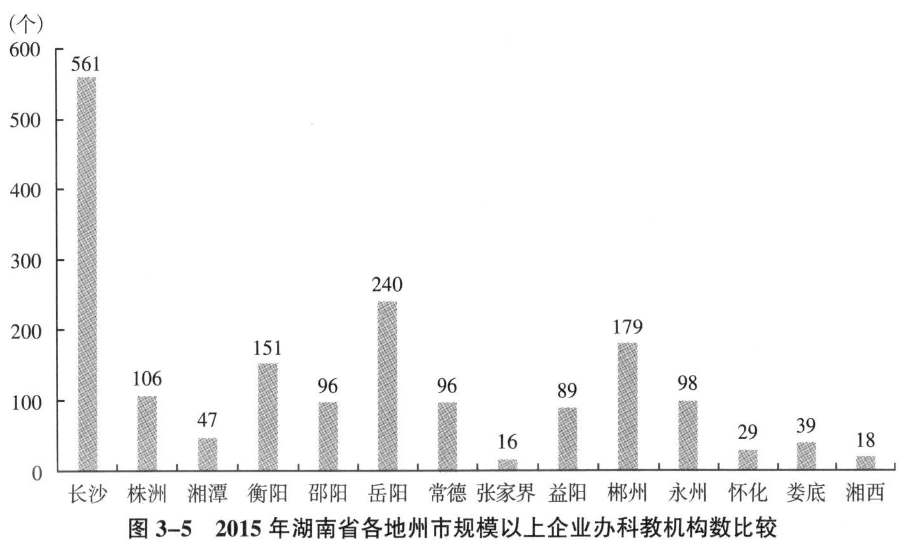

图 3–5 2015 年湖南省各地州市规模以上企业办科教机构数比较

（二）创新投入

该领域通过创新的人力财力投入情况、企业创新主体中发挥关键作用的部门（即研发机构）的建设情况以及创新主体的合作情况来反映国家创新体系中各主体的作用和关系。由于缺乏创新的人力和财力投入指标且研发是当前我国创新的最重要环节，因此这里的投入指标用研发投入指标代替。该领域共设五个评价指标，分别为：F——规模以上工业企业每万人 R&D 人员全时当量（人年/万人）、G——R&D 经费内部支出占 GDP 比重（%）、H——规模以上工业企业 R&D 经费内部支出/R&D 人数（万元/人）、I——规模以上工业企业 R&D 经费占主营业务收入比重（%）、J——规模以上工业企业办科教机构数所占比重（%）。

规模以上工业企业每万人 R&D 人员全时当量是规模以上工业企业 R&D 人员全时当量与规模以上工业企业 R&D 人员之比，每万人 R&D 人员全时当量反映的是自主创新人力的投入规模和强度，是衡量创新投入的一个指标。R&D 人员包括企业、科研机构、高等学校的 R&D 人员，是全社会各种创新主体的 R&D 人力投入合力。由图 3–6 可知，2015 年湖南省 14 个地州市规模以上工业企业每万人 R&D 人员全时当量排名为：益阳、郴州、湘潭、长沙、邵阳、岳阳、娄底、常德、衡阳、株洲、怀化、张家界、永州、湘西。除了益阳的比重较为领先外，其他地区的比重都较为均衡。

R&D 经费内部支出占 GDP 比重是用来衡量创新投入的一个指标，又称为 R&D 投入强度，是反映一个国家或地区科技投入水平的核心指标，也是我国科技中长期科技

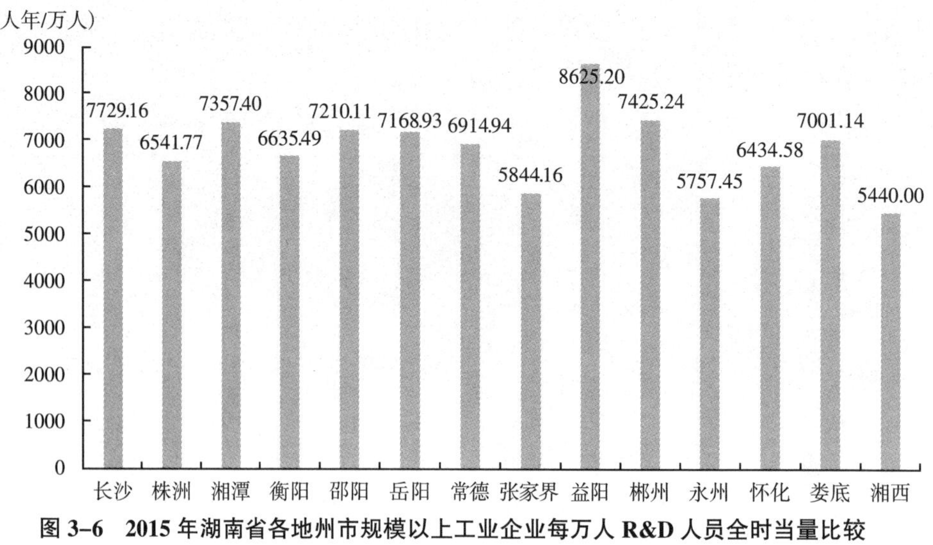

图 3-6　2015 年湖南省各地州市规模以上工业企业每万人 R&D 人员全时当量比较

发展规划纲要中的重要指标。由图 3-7 可知，2015 年湖南省各地州市 R&D 经费内部支出占 GDP 比重的排名为：株洲、长沙、岳阳、常德、湘潭、益阳、娄底、郴州、邵阳、衡阳、怀化、永州、张家界、湘西。排名第一的株洲约为排名最后的湘西的 16.45 倍，由此可见，2015 年湖南省各地州市的 R&D 投入强度极度不平衡，存在严重的地区性差异。

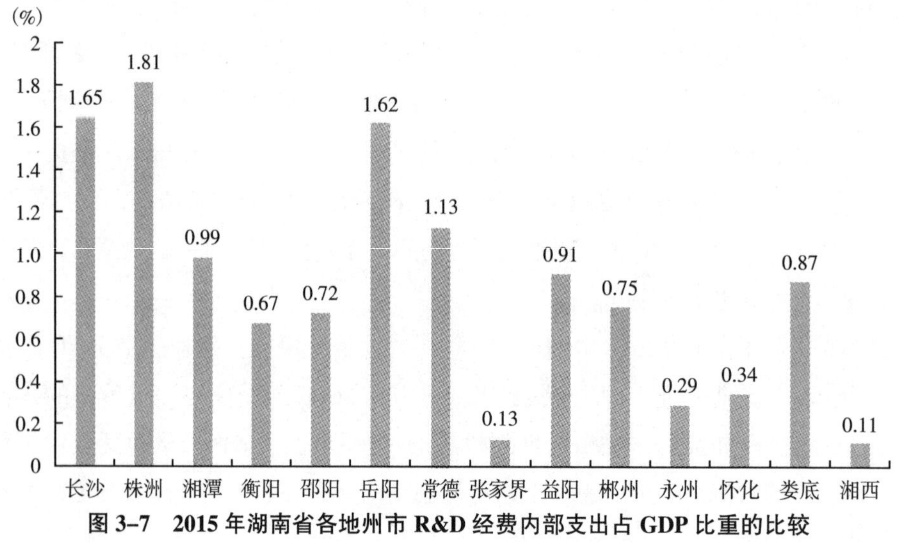

图 3-7　2015 年湖南省各地州市 R&D 经费内部支出占 GDP 比重的比较

规模以上工业企业每个 R&D 活动人员的 R&D 经费内部支出是用来衡量创新投入的一个指标，在一定程度上可以代表一个地区的创新能力，用来反映一个地区在加强原始创新能力上所做的努力。由图 3-8 可以看出，2015 年湖南省各地州市规模以上企业每个 R&D 活动人员的 R&D 经费内部支出的排名为：岳阳、常德、娄底、株洲、怀化、郴州、益阳、湘潭、衡阳、张家界、长沙、邵阳、湘西、永州。由此看来，排名前三的岳阳、常德、娄底的每个 R&D 活动人员的 R&D 经费内部支出相差不大，其余各地州市规模以上工业企业每个 R&D 活动人员的 R&D 经费内部支出差异也不是很大，但是从排名第一的岳阳与排名最后的永州相差为 31.48 万元/人来看，相差还是较大的，即可以看出 2015 年湖南省各地州市的原始创新能力局部来看分布差异不大，但是就湖南省全省而言，其原始创新能力差异较大。

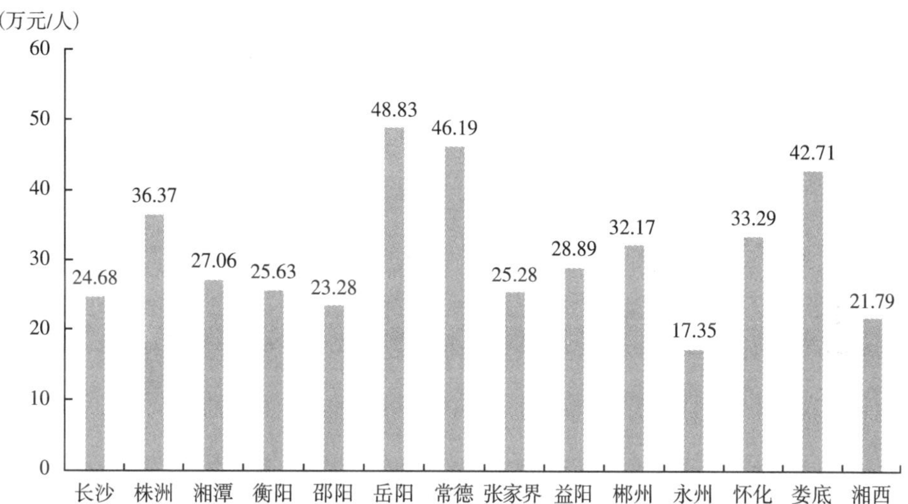

图 3-8　2015 年湖南省各地州市规模以上工业企业每个 R&D 活动人员的 R&D 经费内部支出比较

企业是创新互动的主体，而工业企业又在企业创新活动中占主导地位。规模以上企业 R&D 经费与规模以上工业企业主营业务收入之比反映了创新活动主体的经费投入情况，是衡量一个地区创新投入的指标。由图 3-9 可以看出，2015 年湖南省各地州市

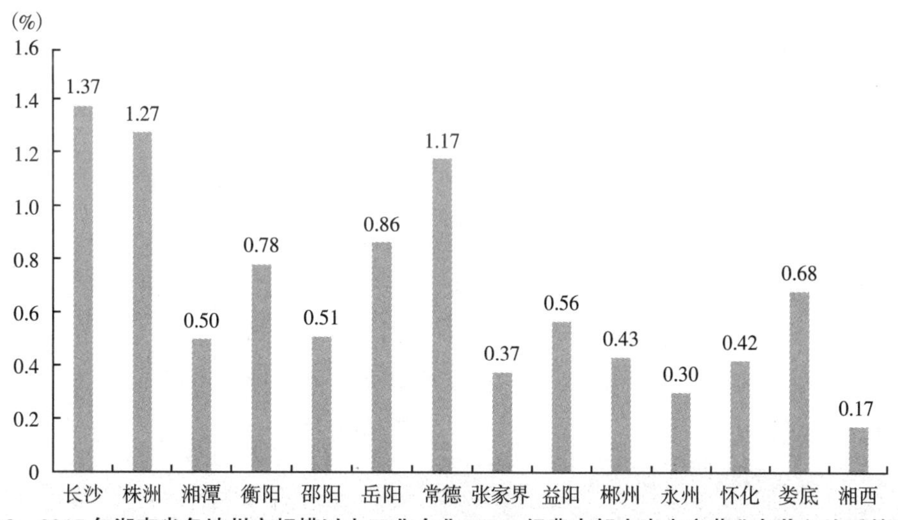

图 3-9　2015 年湖南省各地州市规模以上工业企业 R&D 经费内部支出占主营业务收入比重的比较

规模以上企业 R&D 经费占主营业务收入比重的排名为：长沙、株洲、常德、岳阳、衡阳、娄底、益阳、湘潭、邵阳、郴州、怀化、张家界、永州、湘西。规模以上企业 R&D 经费与规模以上工业企业主营业务收入比值排名第一的长沙是排名最后的湘西的 8.06 倍。由此可见，2015 年湖南各地州市创新活动主体的经费投入是具有明显的地区差异的。

规模以上工业企业办科教机构数所占比重是规模以上企业办科教机构数与规模以上企业数之比。企业办科教机构指企业自办（或与外单位合办），管理上同生产系统相对独立（或者单独核算）的专门科技活动机构，主要任务是从事科技活动，该指标从侧面反映了企业持续开展科技活动的能力，是衡量创新投入的指标。由图 3–10 可以看出，2015 年湖南省各地州市规模以上工业企业办科教机构数所占比重排名为：长沙、岳阳、郴州、衡阳、永州、张家界、常德、益阳、邵阳、株洲、湘西、娄底、湘潭、怀化。规模以上企业办科教机构数与规模以上工业企业数比值排名第一的长沙与排名第二的岳阳仅相差 2.02%，排名第三的郴州与第四的衡阳只相差 0.64%，由此可见，湖南省 2015 年各地州市规模以上工业企业办科技机构数所占比重的地区差异化整体不是很大。

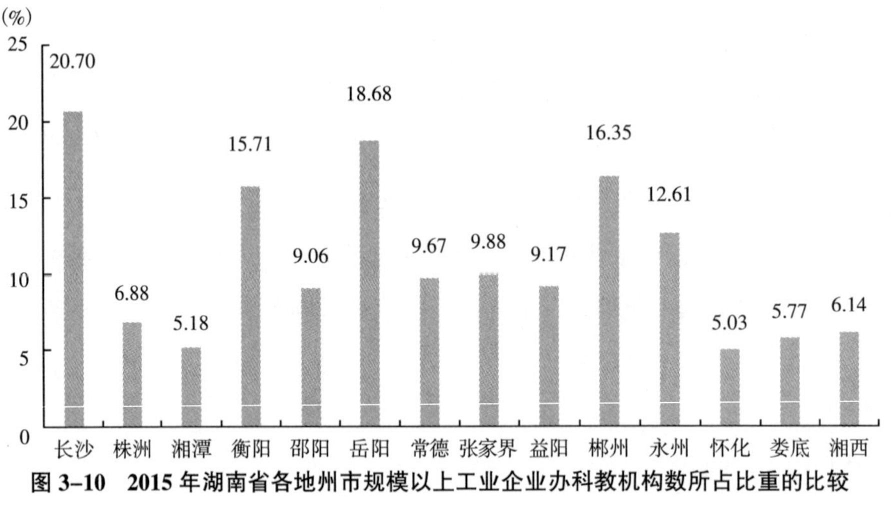

图 3–10　2015 年湖南省各地州市规模以上工业企业办科教机构数所占比重的比较

（三）创新产出

该领域通过论文、专利、商标、技术成果成交额反映创新中间产出结果，该领域共设六个评价指标，分别是 K——全部 R&D 项目（课题）数（项）、L——每万名 R&D 人员有效发明专利数（件/万人）、M——规模以上工业企业新产品开发项目数（项）、N——新认定的总的商标数（件）、O——每万名 R&D 人员技术合同成交金额（亿元/万人）、P——发表科技论文数（篇）。

R&D 项目（课题）数是指研发活动项目的数量，是衡量地区创新产出的一个指标，该指标反映了研发活动的产出水平和效率。由图 3-11 可以看出，2015 年湖南省各地州市全部 R&D 项目（课题）数排名为：长沙、株洲、常德、岳阳、衡阳、湘潭、郴州、益阳、邵阳、永州、怀化、娄底、湘西、张家界，R&D 项目（课题）数排名第一的长沙是排名最后的张家界的 180.38 倍。由此可见，湖南省 2015 年的 R&D 活动项目主要集中在某些地级市，导致地区差距比较大。

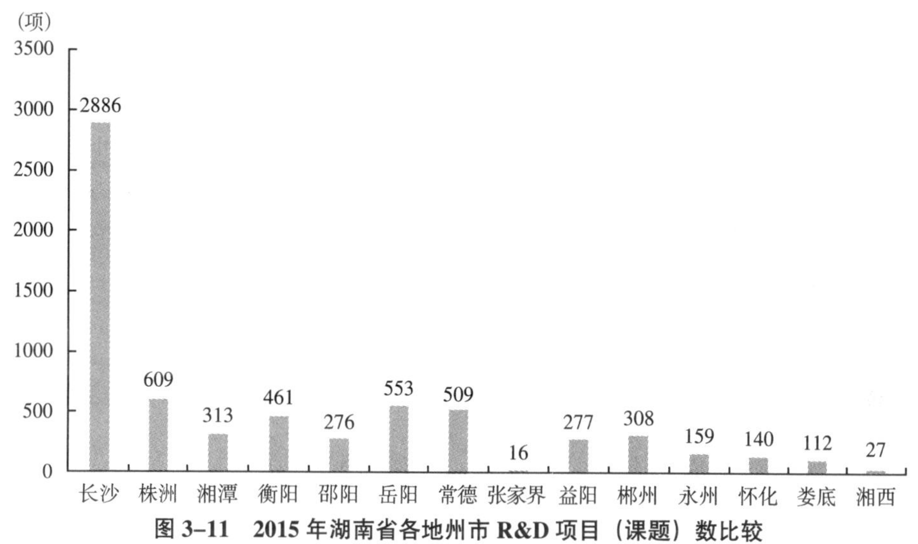

图 3-11 2015 年湖南省各地州市 R&D 项目（课题）数比较

有效发明专利数是在专利授权之后持续缴费的专利。该指标指按 R&D 人员全时当量平均的专利授权数量。本指标体系中的专利授权数指国内职务专利授权数，专利授权数是创新活动中间产出的又一重要成果形式，同时也是反映研发活动的产出水平和效率的重要指标。2015 年，湖南省各地州市每万名 R&D 人员有效发明专利数如图 3-12 所示。从图 3-12 中可以看出，有效专利数由高到低排名依次为：张家界、株洲、常德、长沙、湘西、株洲、怀化、湘潭、永州、衡阳、益阳、岳阳、娄底、邵阳。排名第一的张家界每万名 R&D 人员有效发明专利数遥遥领先于其他地州市。

新产品开发是指从研究选择适应市场需要的产品开始到产品设计、工艺制造设计，直到投入正常生产的一系列决策过程。从广义而言，新产品开发既包括新产品的研制，也包括原有的老产品的改进与换代。新产品开发是企业研究与开发的重点内容，也是企业生存和发展的战略核心之一。企业新产品开发的实质是推出不同内涵与外延的新产品，是衡量创新产出的一个指标。2015 年，湖南省各地州市规模以上工业企业新产品开发项目数如图 3-13 所示。可以从图 3-13 中看出，湖南省各地州市规模以上工业企业新产品开发项目数由高到低排名依次为：长沙、株洲、衡阳、常德、岳阳、湘潭、益阳、邵阳、郴州、永州、娄底、怀化、湘西、张家界。对比发现，湖南省 2015 年的规模以上工业企业新产品开发项目主要集中在某些地级市，两极分化较为严重。

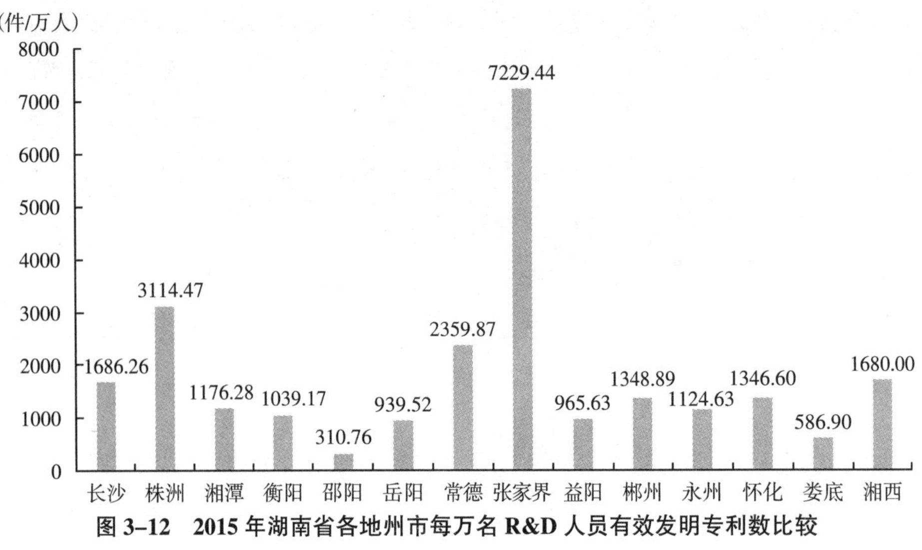

图 3–12 2015 年湖南省各地州市每万名 R&D 人员有效发明专利数比较

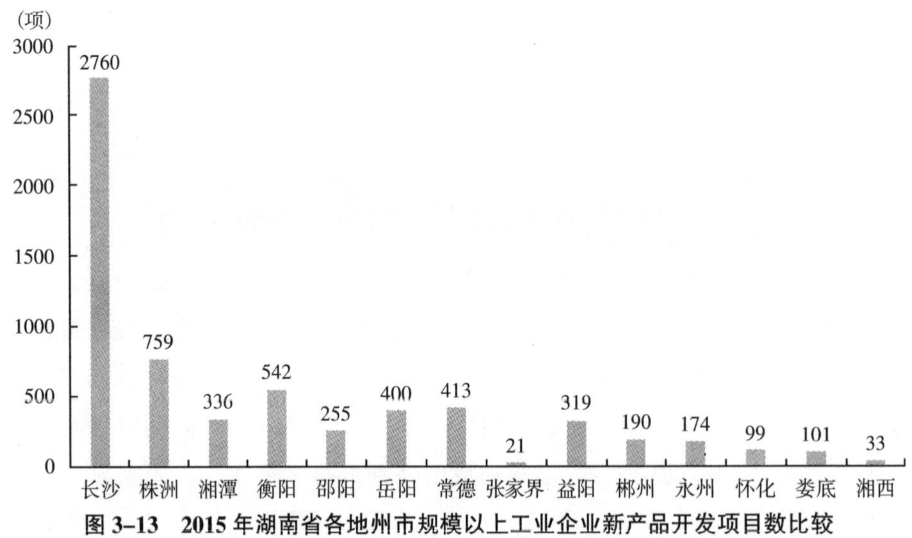

图 3–13 2015 年湖南省各地州市规模以上工业企业新产品开发项目数比较

商标拥有量指企业拥有的在国内外知识产权部门注册的受知识产权法保护的商标数量。该指标在一定程度上反映出企业自主品牌的拥有情况和自主品牌的经营能力，是创新产出的一个指标。受数据来源限制，该指标的数据为 2015 年的规模以上工业企业和大中型工业企业的新认定的总的商标数之和。由图 3–14 可以看出，2015 年湖南省各地州市新认定的总的商标数排名依次为：长沙、株洲、衡阳、岳阳、常德、湘潭、益阳、邵阳、郴州、永州、怀化、娄底、湘西、张家界。新认定的商标数最多的长沙是商标数最少的张家界的 188.09 倍，通过对比发现，湖南省企业自主品牌的拥有情况和自主品牌的经营能力的地区性差异还是比较大的。

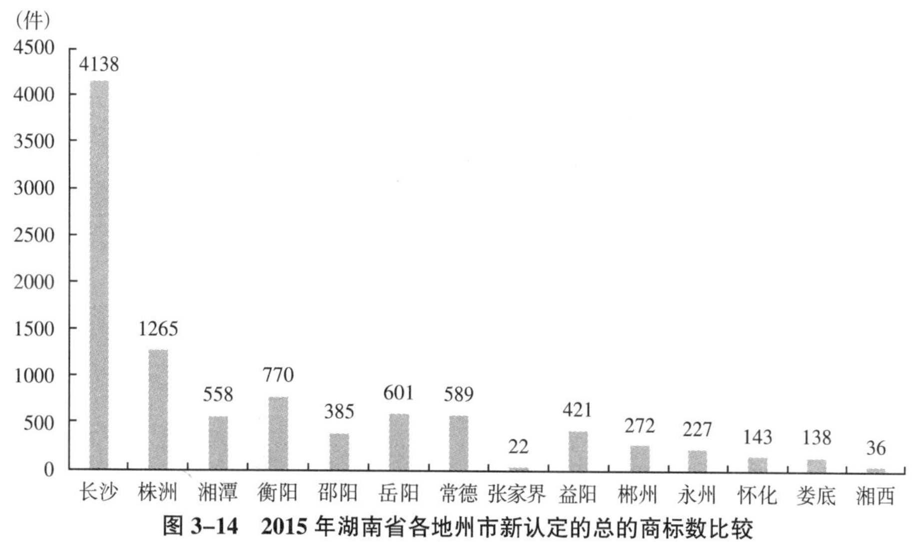

图 3-14 2015 年湖南省各地州市新认定的总的商标数比较

技术合同成交额指全国技术市场合同成交项目的总金额。该指标指每万名科技活动人员平均的技术合同成交金额，反映了技术转移和科技成果转化的总体规模。由图 3-15 可以看出，2015 年湖南省各地州市每万名 R&D 人员技术合同成交额排名为：怀化、郴州、株洲、益阳、常德、衡阳、张家界、永州、邵阳、长沙、湘潭、娄底、湘西、岳阳。仅有排名第一的怀化达到了每万名 R&D 人员技术合同成交额超过 10 亿元，益阳、常德、衡阳、张家界、永州和邵阳每万名 R&D 人员技术合同成交额均在 2 亿~4 亿元，而排名靠后的湘西和岳阳每万名 R&D 人员技术合同成交额均未达到 1 亿元。由此可见，2015 年湖南省各地州市每万名 R&D 人员技术合同成交额也存在着地区

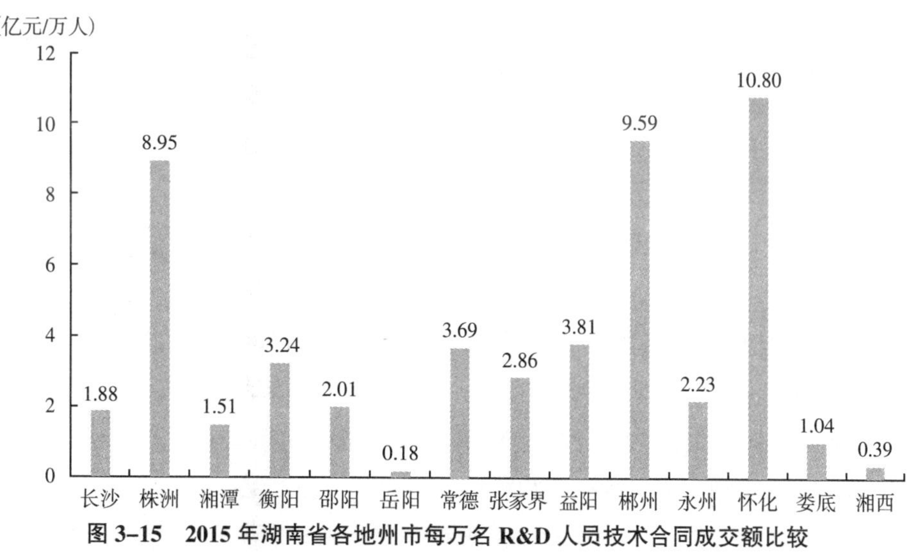

图 3-15 2015 年湖南省各地州市每万名 R&D 人员技术合同成交额比较

差异。

科技论文是指企事业单位立项的由科技项目产生的、并在有正规刊号的刊物上发表的学术论文，科技论文是创新活动中产出的重要成果形式之一。该指标反映出研发活动的产出水平和效率。由图 3-16 可以看出，2015 年湖南省各地州市发表论文数排名为：长沙、郴州、常德、益阳、衡阳、湘潭、永州、怀化、株洲、邵阳、岳阳、娄底、湘西、张家界。论文发表数排名第一的长沙是排名最后的张家界的 8.83 倍。由此可见，2015 年湖南省各地州市发表论文数具有地区差异。

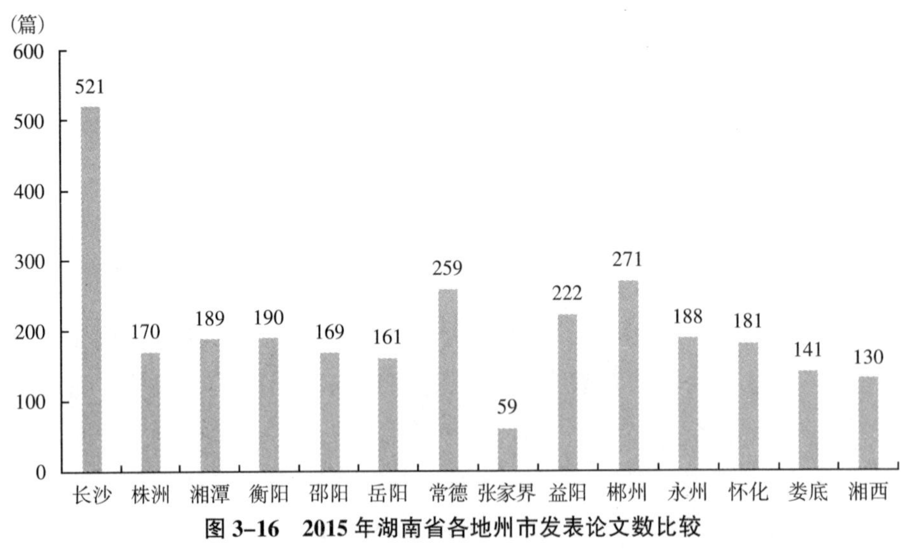

图 3-16　2015 年湖南省各地州市发表论文数比较

（四）创新绩效

该领域通过产品结构调整、产品国际竞争力、节约能源、经济增长方面，反映创新对经济社会发展的影响，该领域共设五个指标，分别为：Q——规模以上工业企业新产品销售收入占主营业务收入的比重（%）、R——单位高新技术企业产品出口额（万美元/个）、S——单位 GDP 能耗（吨标准煤/万元）、T——劳动生产率（万元/人）、U——高新技术产业对经济增长的贡献率（%）。

新产品销售收入是指企业在主营业务收入和其他业务收入中销售新产品实现的收入，是反映企业创新成果，即将新产品成功推向市场的指标。该指标用于反映创新对产品结构调整的效果，是衡量创新成效的一个指标。新产品的销售对提高经济效益具有一定作用，并且在一定区域或行业范围内具有先进性、新颖性和适用性。从图 3-17 可以看出，2015 年湖南省各地州市规模以上工业企业新产品销售收入占主营业务收入的比重排名由高到低依次为：长沙、岳阳、常德、衡阳、株洲、娄底、郴州、湘潭、益阳、张家界、怀化、永州、邵阳、湘西。排名前四的长沙、岳阳、常德、衡阳分别为 32.47%、29.93%、27.58%和 26.08%，相差不是很大，排名靠后的永州、邵阳、湘西分别 3.78%、3.73%、3.24%，差异不大。排名第一的长沙为排名最后的湘西的 10 倍。由此对比可以看出，2015 年湖南省各地州市规模以上工业企业创新成果具有明显的地域差异。

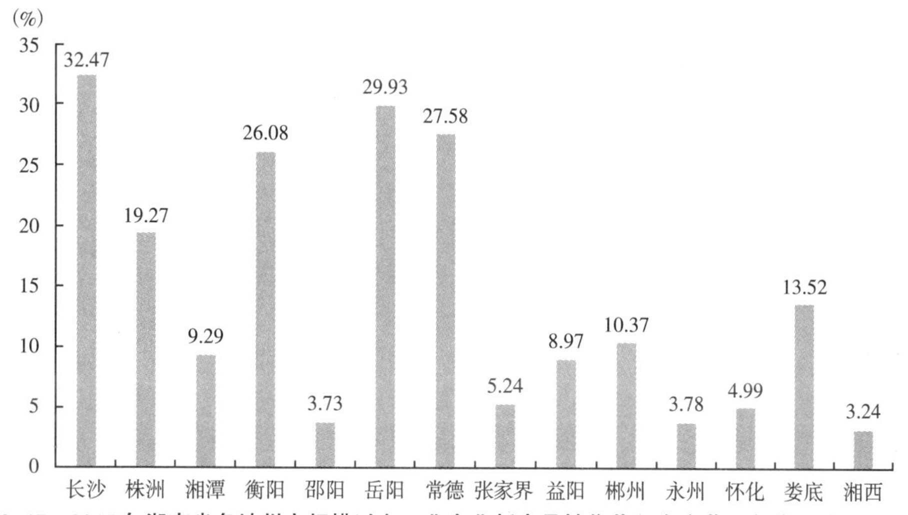

图 3–17　2015 年湖南省各地州市规模以上工业企业新产品销售收入占主营业务收入的比重比较

单位高新技术企业产品出口额是高新技术产业出口收入与高新企业数目之比。高技术产业与创新具有互动关系。该指标通过高技术产品出口的变化情况，反映创新对产业国际竞争力的影响效果。该指标的数据口径为规模以上工业企业。从图 3–18 可以看出，2015 年湖南省各地州市单位高新技术企业产品出口额排名依次为：株洲、长沙、郴州、衡阳、湘潭、益阳、湘西、邵阳、娄底、常德、永州、岳阳、怀化、张家界。由图 3–18 可知，湖南省 2015 年各地州市的单位高新技术企业产品出口额具有明显的地区差异。

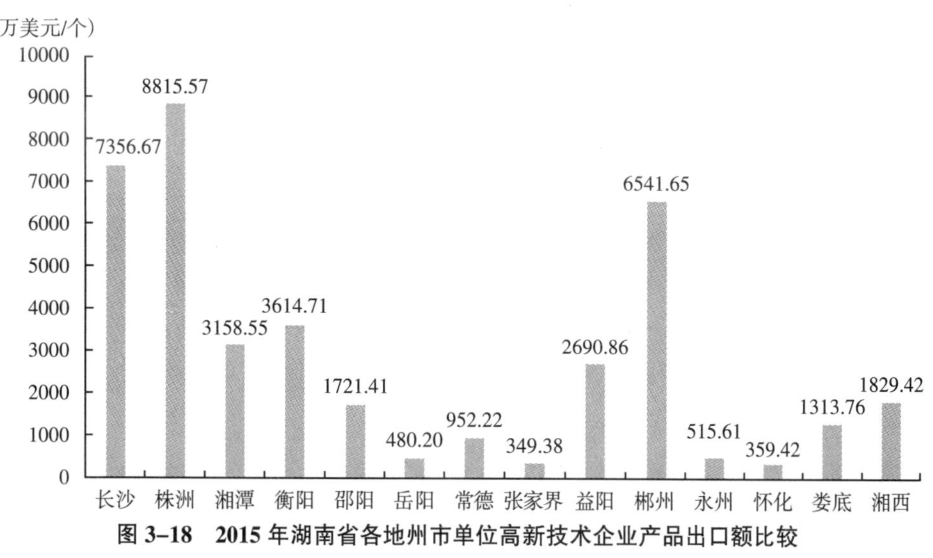

图 3–18　2015 年湖南省各地州市单位高新技术企业产品出口额比较

单位 GDP 能耗指每产出万元国内生产总值（GDP）所消耗的以标准煤计算的能源。节约能源是企业技术创新的目的之一，创新是节约能源的途径和保障，对节约能源起决定性因素。该指标反映创新对降低能耗的效果，该指标越小表明创新对降低能耗的效果越明显，是衡量创新成效的一个指标。从图 3-19 可以看出，2015 年湖南省各地州市单位 GDP 能耗效率排名依次为：长沙、张家界、湘西、永州、怀化、株洲、衡阳、常德、邵阳、益阳、郴州、湘潭、岳阳、娄底。由分析可以看出，2015 年湖南省各地州市单位 GDP 能耗除了娄底、岳阳、湘潭较高外，其他地州市差别不大。

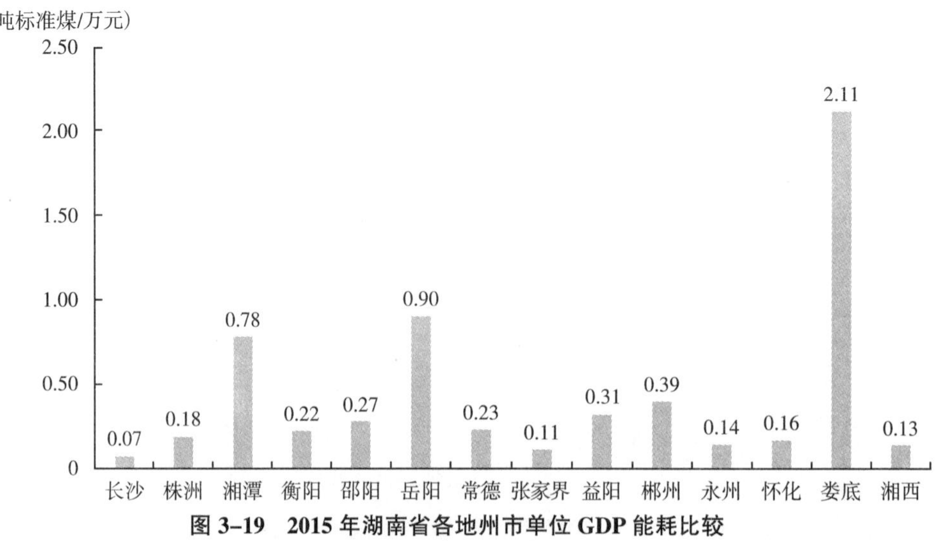

图 3-19　2015 年湖南省各地州市单位 GDP 能耗比较

劳动生产率指一定时期内工业总产值与年平均从业人员之比。创新是影响劳动生产率的重要因素，提高劳动生产率是企业创新的目的之一。该指标反映创新对工业经济发展的促进作用，是衡量创新成效的一个指标，数据口径为规模以上工业企业。从图 3-20 可以看出，2015 年湖南省各地州市劳动生产率由高到低的排名依次为：常德、长沙、怀化、郴州、湘潭、张家界、衡阳、岳阳、娄底、益阳、永州、湘西、株洲、邵阳。劳动生产率排名第一的常德与排名第二的长沙相差不大，其他地州市发展较为均衡。

高新技术产业对经济增长的贡献率指广义技术进步对经济增长的贡献份额，是地区高新技术产业增加值的增量与地区 GDP 增量之比，即扣除了资本和劳动力之外的其他因素对经济增长的贡献，是衡量科技竞争实力和科技转化为现实生产力的综合性指标。用高新技术产业对经济增长的贡献率反映创新对国民经济发展的促进效果，是衡量创新成效的重要指标。从图 3-21 可以看出，2015 年湖南省各地州市高新技术产业对经济增长的贡献率由高到低排名依次为：长沙、益阳、永州、郴州、邵阳、湘潭、株洲、岳阳、常德、湘西、娄底、怀化、衡阳、张家界。高新技术产业对经济增长的贡献率排名第一的长沙是最后一名张家界的 51.41 倍，由图 3-21 可知，湖南省 2015 年各地州市高新技术产业对经济增长的贡献率存在明显的地区差异。

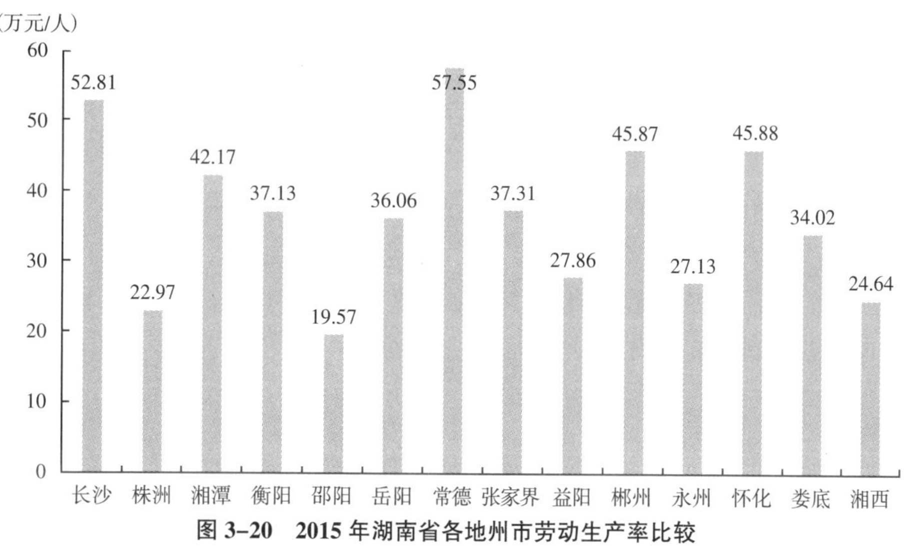

图 3-20　2015 年湖南省各地州市劳动生产率比较

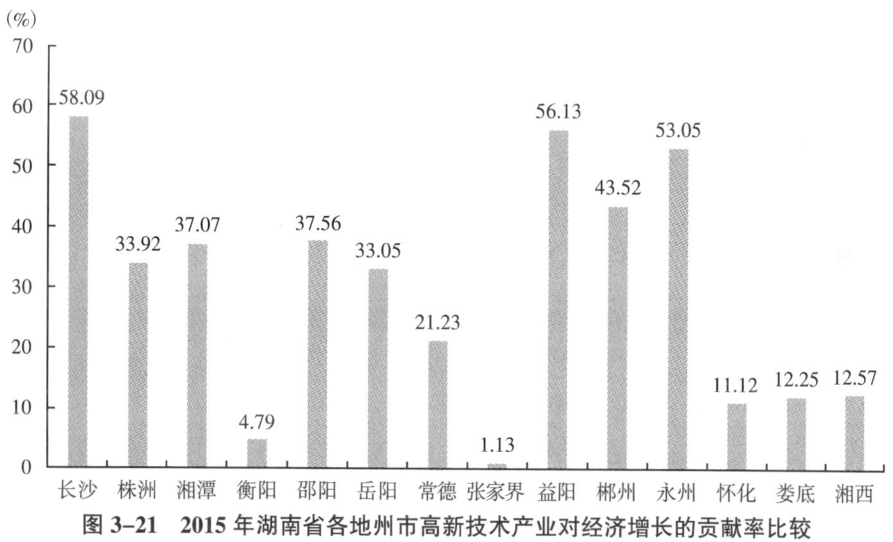

图 3-21　2015 年湖南省各地州市高新技术产业对经济增长的贡献率比较

三、湖南省各地州市 2015 年区域创新发展综合能力评价

本次评价运用主成分分析法计算各地州市的得分进行排名（见表 3-2），先将各地

州市在每个指标下的原始数据进行标准化处理，消除原始数据的量纲不同对评价结果的影响，再将每个变量下各地州市的数据均除以这个指标中的最大值，因为标准化处理后的数据有正有负，则得到的结果也必有正有负，因为同时加减一个数并不会改变其相对位置，即再根据每个指标的各地州市的得出结果按这组结果的大小同时加上一个正数，进而可得到全部都是正数的值，这些正数就是每个地州市在各指标下的相对位置，即为这个地州市就这个指标在湖南省的排名。根据指标体系中给出的权重算出二级指标的各地州市的相对位置，最后根据二级指标在指标体系中的权重计算出 2015 年湖南省 14 个地州市创新发展总的相对位置，就得到各层次的结果进行比较分析。由上述方法可得到各地州市在各指标的排名（见表 3-2）。再根据主成分分析法原理，运用 R 软件计算出各主成分所对应的特征值、贡献率、累计贡献率与各地州市在一级指标下的得分。

表 3-2　2015 年湖南省各地州市在各创新指标中的排名

地州市	A	B	C	D	E	F	G	H	I	J	K	L	M	N	O	P	Q	R	S	T	U
长沙	1	1	1	7	1	4	2	11	1	1	1	4	1	1	10	1	1	2	1	2	1
株洲	7	3	5	13	5	10	1	4	2	10	2	2	2	6	3	9	5	1	6	13	7
湘潭	3	2	10	14	10	3	5	8	9	13	6	7	6	7	11	6	8	5	12	5	6
衡阳	5	7	3	9	4	9	10	9	5	4	5	9	3	5	6	5	4	4	7	7	13
邵阳	9	13	6	2	7	5	9	12	8	9	9	13	8	4	9	10	13	8	9	14	5
岳阳	4	4	4	11	2	6	3	1	4	2	3	11	5	2	14	11	2	12	13	8	8
常德	2	5	2	12	7	8	4	2	3	7	4	3	4	3	5	3	3	10	8	1	9
张家界	13	10	14	10	14	12	13	10	12	6	14	1	14	14	7	14	10	14	2	6	14
益阳	6	9	12	6	9	1	6	7	7	8	8	10	7	8	4	4	9	6	10	10	2
郴州	8	6	7	3	3	2	8	6	10	3	7	5	9	9	2	2	7	3	11	4	4
永州	11	11	8	1	6	13	12	14	13	5	10	8	10	10	8	7	12	11	4	11	3
怀化	12	12	9	4	12	11	11	5	11	14	11	6	12	10	1	8	11	13	5	3	12
娄底	10	8	11	8	11	7	7	3	6	12	12	12	11	12	12	12	6	9	14	9	11
湘西	14	14	13	5	13	14	14	13	14	11	13	14	13	13	13	13	14	7	3	12	10

由表 3-2 可以看出，各地州市按照本报告的得分方法得出的排名情况与原始数据的排名情况一样，即本书的得分排名方法是可行的。进一步地，根据主成分分析法原理，运用 R 软件计算出各主成分所对应的特征值、贡献率、累计贡献率与各地州市在一级指标下的得分，再根据一级指标在指标体系中的权重计算出每个地州市的综合得分得到排名，如表 3-3 所示。

表 3-3　各一级指标得分和综合得分及其排名

地州市	创新环境		创新投入		创新产出		创新绩效		综合	
	得分	排名	得分	排名	得分	排名	得分	排名	得分	排名
长沙	4.37	1	4.09	1	4.43	1	3.74	1	4.25	1
株洲	3.39	5	3.37	3	3.78	2	3.02	4	3.39	2
湘潭	2.71	7	2.27	9	3.04	6	2.76	5	2.70	7
衡阳	3.56	4	2.73	7	3.54	4	2.25	9	3.02	5
邵阳	2.2	8	2.19	10	2.29	8	2.6	7	2.32	9
岳阳	3.94	2	3.81	2	3.57	3	2	11	3.33	3
常德	3.74	3	3.37	4	3.34	5	2.22	10	3.17	4
张家界	0.6	13	1.53	11	0.61	14	1.51	14	1.06	14
益阳	1.85	10	2.85	5	2.52	7	3.07	3	2.57	8
郴州	3.02	6	2.76	6	2.21	9	3.13	2	2.78	6
永州	2.05	9	1.46	12	1.86	10	2.71	6	2.02	10
怀化	1.23	12	1.34	13	1.27	12	1.74	13	1.40	12
娄底	1.55	11	2.47	8	1.46	11	1.9	12	1.85	11
湘西	0.43	14	0.75	14	1.09	13	2.34	8	1.15	13

由表 3-3 可以看出，长沙在创新环境、创新投入、创新产出、创新绩效这四个一级指标中排名均位于全省第一，在总得排名中仍居于全省第一；株洲加大了对创新投入和创新环境的重视，全市互联网普及率为 64.5%，科技教育的财政支出比 2014 年增长 2.7%，这两项指标和 2014 年相比，排名有所提高，在综合排名中也提升到全省第二的位置；湘潭在创新产出中排名在全省的中间位置，位于第六名，在创新环境这个一级指标中排名位于全省第七，与 2014 年相比有很大进步，在创新绩效中排名第五，综合排名与 2014 年相比有些波动，位于全省第七；衡阳在创新投入中排名全省第七位，在创新环境和创新产出中均排名第四，在创新绩效中排名全省第九，在综合排名与 2014 年相比有较大进步，位于全省第五；邵阳在创新产出和创新绩效中排名均位于全省的中间位置，排名分别为第八和第七，在创新投入中的排名相对靠后，位于全省第十，在创新环境中排名第八，综合排名为全省第九；岳阳在创新环境、创新投入中均名列前茅，排名第二，在创新产出中也位于前三名，在创新绩效中相对落后，位于全省第十一，与 2014 年相比综合排名有所上升，位于全省第三；常德在创新产出中排名第五，在创新环境中排名第三，在创新投入中排名第四，在创新绩效中排名处于全省后面，排名第十，在综合排名中位于全省第四，与 2014 年相比有较大进步；张家界在创新投入中排名全省十一，在创新产出和创新绩效中均排在全省第十四，其在综合排

名中排在第十四；益阳在创新绩效中排名全省前三，在创新投入中排名第五，在创新产出和创新环境中相对落后，分别为第七名和第十名，综合排名位于全省第八；郴州在创新绩效中排名第二，在创新环境和创新投入中均排名第六，在创新产出中排名第九，综合排名与 2014 年相比有所退步，排名位于全省第六；永州在创新绩效中排名第六，在创新环境中排名第九，在创新投入和创新产出中排名相对落后，分别为第十二名和第十名，在综合排名中排名全省第十；怀化在创新环境、创新投入、创新产出、创新绩效中的排名均处于全省后面的位置，分别为全省第十二、第十三、第十二、第十三，在综合排名中位于全省第十二名；娄底在创新环境中排名全省第十一，在创新投入中排名全省第八，在创新产出和创新绩效指标中排名位于后面，排名分别为第十一和第十二，在综合排名中位于全省第十一；湘西在四个一级指标中排名均处于全省后面位置，在创新绩效和创新产出中分别排第八和第十三，在创新环境和创新投入中均处于全省最后位置，在综合排名中也处于全省第十三名。

四、湖南省各地州市 2015 年创新发展努力程度综合评价

为了消除区域资源和禀赋差异对区域创新发展综合能力的影响，我们构建了区域创新发展努力指数来测度各地州市推进创新发展的努力程度。具体方法是用创新发展各三级指标报告期数据（2015 年）除以基期数据（2014 年），得到各三级指标指数，再按照创新指标体系中各三级指标在二级指标体系中的权重加权得到各地州市的二级创新指标指数；用同样的方法，把各二级指标按照相应的权重求和，得到四个一级指标的指数，最后把四个一级指标指数求加权和，得到各区域创新发展总指数，并把该总指数称为“努力指数”，它可以反映各地州市在推进区域创新发展进程中的努力程度。各地州市每个二级指标指数、一级指标指数和总指数如表 3-4 和表 3-5 所示。由表 3-5 中的总指数可以得出，各地州市的努力程度排名依次为：张家界、怀化、邵阳、永州、衡阳、益阳、株洲、常德、郴州、长沙、岳阳、娄底、湘西、湘潭。

表 3–4 湖南省 14 个地州市二级指标努力指数及其总指数

地州市	A	B	C	D	E	F	G	H	I	J	K	L	M	N	O	P	Q	R	S	T	U	总指数
长沙	4.49	1.07	1.20	0.99	1.22	1.04	0.75	0.97	0.91	1.17	0.10	0.01	0.64	18.81	0.79	0.02	1.09	7.08	0.12	1.21	0.53	8.17
株洲	3.73	1.07	1.20	0.89	1.13	0.85	1.06	1.30	1.03	1.10	0.24	0.01	0.57	28.75	1.64	0.07	1.36	4.71	0.23	1.03	1.25	9.60
湘潭	3.70	1.08	1.14	0.94	0.82	0.88	0.56	1.05	0.59	0.83	0.07	0.02	0.54	13.61	0.70	0.04	1.11	4.58	0.78	1.78	0.53	6.57
衡阳	16.53	1.08	1.20	1.01	1.86	1.13	1.02	0.93	1.29	1.93	0.16	0.02	0.67	15.40	0.85	0.04	2.33	3.16	0.30	2.06	–0.26	10.08
邵阳	25.63	1.09	1.20	1.03	0.85	1.05	1.48	1.21	1.36	0.78	0.40	0.01	0.64	6.88	2.05	0.16	0.67	8.76	0.35	3.47	1.16	11.71
岳阳	8.84	1.07	1.24	0.88	1.18	1.07	0.99	1.12	0.93	1.24	0.43	0.01	0.83	7.24	0.48	0.10	0.99	6.25	1.11	2.27	1.30	7.61
常德	13.99	1.07	1.17	0.98	0.98	1.00	1.12	1.50	1.02	0.93	0.54	0.03	0.73	9.98	0.95	0.20	0.96	3.99	0.38	4.08	2.35	9.18
张家界	58.32	1.09	1.26	0.90	1.14	0.84	1.62	1.15	1.60	1.07	0.67	0.01	0.66	1.47	0.40	3.47	1.34	4.13	0.18	4.56	0.15	16.98
益阳	17.83	1.08	1.26	1.00	1.51	1.06	1.51	1.05	1.41	1.45	0.36	0.02	10.3	10.79	0.66	0.28	0.94	4.45	0.46	2.51	1.28	9.95
郴州	15.92	1.07	1.23	0.94	0.70	1.10	1.22	1.05	1.19	0.70	0.25	0.01	0.46	8.50	0.65	0.35	1.05	4.74	0.47	3.47	0.72	8.82
永州	21.25	1.08	1.27	0.96	0.89	1.16	1.01	0.90	0.79	0.81	0.20	0.01	0.66	1.57	1.08	0.28	1.07	4.21	0.18	3.19	4.34	10.25
怀化	20.70	1.07	1.26	0.96	1.21	0.91	1.25	1.62	1.18	1.16	0.25	0.02	0.99	4.77	1.68	0.20	1.20	24.47	0.21	5.25	–4.77	12.85
娄底	12.30	1.06	1.12	0.88	0.89	1.06	0.80	0.90	0.90	0.97	0.30	0.01	0.98	5.11	1.32	0.15	0.82	1.96	1.36	2.56	2.27	7.28
湘西	9.07	1.08	1.18	1.01	1.06	0.99	0.30	0.95	0.40	0.99	0.03	0.02	0.89	1.89	1.96	0.13	1.81	4.43	0.17	4.73	1.66	6.79

表 3-5　湖南省 14 个地州市一级指标努力指数及其总指数

地州市	创新环境	创新投入	创新产出	创新绩效	总指数	排名
长沙	1.80	0.97	3.40	2.01	8.17	10
株洲	1.60	1.07	5.21	1.71	9.60	7
湘潭	1.54	0.78	2.50	1.76	6.57	14
衡阳	4.34	1.26	2.86	1.63	10.08	5
邵阳	5.69	1.18	1.69	2.88	11.71	3
岳阳	2.64	1.07	1.52	2.38	7.61	11
常德	3.64	1.11	2.07	2.35	9.18	8
张家界	12.54	1.26	1.11	2.07	16.98	1
益阳	4.53	1.30	2.19	1.93	9.95	6
郴州	3.97	1.05	1.70	2.09	8.82	9
永州	5.09	0.93	1.63	2.60	10.25	4
怀化	5.04	1.22	1.32	5.27	12.85	2
娄底	3.25	0.93	1.31	1.80	7.28	12
湘西	2.68	0.73	0.82	2.56	6.79	13

五、提升区域创新发展综合能力的突破点

通过将 2014 年湖南省各地州市一级指标得分的排名与 2015 年湖南省各地州市综合排名进行对比，为提升区域创新发展综合能力的突破点，本书提出以下建议。

长沙的各一级指标排名和综合排名与 2014 年相比仍为全省第一，说明全市的区域创新发展能力极强，对创新环境的培养和创新投入都极为重视，其创新绩效和创新产出也颇有成就。株洲在创新绩效上略有退步，应该加强对高新技术产业的重视，增强企业自主创新能力，加快高新技术企业产品的出口和销售，提高高新技术产业对经济增长的贡献率，提高工业生产总值。湘潭在创新投入中稍有退步，政府应当多鼓励规模以上工业企业办科教机构，完善创新创业政策体系，提高规模以上工业企业的 R&D 经费占主营业务收入的比重。衡阳的区域创新发展在各方面都有所进步，但在创新绩效这个指标上仍有很大的上升空间，如提高劳动生产率等。邵阳可以通过政府增加财政科技拨款、R&D 经费支出的投入，多方筹措资金用于科技教育，提高科技教育支出占公共财政支出的比重。岳阳在创新绩效这个指标上排名略微靠后，可以通过强化企业创新主体地位，积极推进高新技术产业的发展，扩大高新技术产品的生产，进一步

推动高新技术产业结构的优化升级。从整体情况上看，常德在区域创新发展上取得了进展，但在创新绩效上可以进一步优化，可以加大科技投入，夯实创新平台，加快落实国家在转型升级方面的政策措施，促进传统产业转型升级。张家界的区域创新发展在创新环境、创新投入、创新产出和创新绩效上都有待提高，可以巩固旅游优势，调整优化内部结构，推进关键环节和重点领域的改革，提高对外开放合作水平，加大招商引资力度。益阳在创新环境方面有待加强，可以加大对科技创新的投入，强化产学研对接，跟踪引进高新技术成果，加强各企业，尤其是规模企业、高新技术企业与高校、科研院所的对接，促进企业的升级换代。郴州在创新环境、创新产出上可以进一步提高，培育创新企业，打造创新驱动战略实施主体，完善创新体系，推进产业技术创新成果的转化。永州可以加强创新环境的投入，加大对 R&D 活动的整体投入，加快培育和发展战略性新兴产业，为经济发展提供新动力。怀化可以加强对创新环境和创新产出的投入，可以强化企业创新的主体地位，加强核心关键技术攻关，深化产学研合作，加大对 R&D 经费支出的投入，增大 R&D 经费占主营业务收入的比重。娄底在创新环境和创新绩效上稍有不足，可以提升高新技术产业总量，倡导企业自主创新，增强核心竞争力，以提高传统产业为重点，推进技术革新改造。湘西科技创新能力不足，创新力度不够，政府可以实施优惠政策鼓励企业创新，突破发展，建立和完善创新创业服务平台，也可以继续发挥地区优势，加快旅游创意产业的发展。

区域经济是湖南省经济发展的一大特色，“十二五”时期是全省飞速发展的时期，奠定了区域创新发展坚实的基础。两型建设取得新成效，长株潭两型试验区建设取得重要进展，阶梯电价、水价、气价、排污权交易等改革初见成效。全省单位地区生产总值能耗累计降低 21%，单位工业增加值用水量累计降低 51.6%，主要污染物排放明显减少；区域发展呈现新格局，省域四大板块实现国家战略全覆盖。长株潭地区生产总值占全省比重达 42%以上，核心增长极作用进一步增强。湘西地区基础设施全面改善，特色经济发展迅速，地方财政收入年均增长 22.8%，扶贫开发成效明显。湘南地区进出口年均增长 45.5%，实际利用外资年均增长 20.8%，承接产业转移示范效应加速显现。洞庭湖生态经济区建设全面铺开，水域生态修复等重大工程加快推进。随着全面建成小康社会这一要求的深入，对于区域经济创新发展的要求也在不断提高，如何对结构进行优化，如何展开合理布局，如何又快又好地发展区域经济，这一系列问题成为推动湖南经济全面、协调、可持续发展中不容忽视的关键环节之一。未来全省的创新发展有以下几个目标：

第一，总体目标为全省综合创新能力进入全国前 10 位，建设一批世界一流的科研机构、研究型大学和创新型企业，涌现一批有突出贡献的科学大师，成为新一轮产业和科技革命的重要供给源、创新要素和创新文化的集聚中心、在相关重大关键领域领跑全球的创新枢纽和创新高地，全面建成科技强省。

第二，到2020年，综合创新能力显著提升，科技强省建设取得重要进展。自主创新能力显著增强；创新型经济格局初步形成；创新体系协同高效；产业链、创新链、资金链、人才链、服务链有机衔接，创新资源开放共享水平大幅提高，建成统一开放的公共服务平台，企业的技术创新主体作用进一步强化；长株潭国家自主创新示范区建设取得重大突破，军民融合深入发展，环洞庭湖、湘西、湘南、湘中等区域创新特色更加凸显，对“一核三极四带多点”的发展战略形成有力支撑；体制机制改革取得突破进展。

第三，到2030年，跻身全国创新型省份前列。经济增长动力实现由要素驱动向创新驱动转变；在全国率先研发和掌握一批颠覆性、标志性、对全省有巨大带动作用的高新技术，并转化形成一批高水平成果；造就一支具有国际领先水平的高层次创新人才队伍；形成开放包容的创新创业生态，符合创新驱动发展要求的政策法规更加健全，公民科学素养明显提升，“敢为人先”的湖湘文化不断丰富和发扬，尊重知识、崇尚创新的理念和价值导向深入人心。

根据各地级市的绩效评价结果分析以及区域创新发展目标定位，从各地级市的区域发展共性，提出以下突破点：

（一）加强创新平台建设

从评价结果来看，排名在前的地州市创新综合能力更强，而仅有个别方面突出的地州市很难进入前列。长沙排名第一，其创新综合能力稳居榜首，创新环境、创新投入、创新产出及创新绩效也居于较高水平。排名第二至第四的岳阳、株洲、常德在各方面也有很好的表现，在创新投入和创新绩效方面也居于全省前列。排名靠后的怀化、湘西、张家界在创新环境、创新投入方面明显不足，创新产出能力受到限制，虽然其个别能力有所提高，但无益于整体创新能力的上升。总体来说，湖南省区域创新能力呈现不平衡的态势。

任何创新活动都是在一定平台条件下产生的，良好的平台条件是催生创新成果的温床，也是区域创新系统发展的重要基石。因此，为了改善区域创新能力发展不平衡的局面，应当加强创新平台建设，进一步推进产学研结合，突出关键技术攻关，提高自主创新能力。开发人力资源，健全人才激励体制，推进人才队伍建设，激发创新活力，建立有效的科技成果转化平台。

建设高水平创新研发平台。对接国家“十三五”创新研发平台的总体布局，力争在超级计算机、超级稻、新材料等领跑领域组建国家实验室等国家级战略综合性平台；在重点领域建设一批国家重点实验室等科学研究类平台以及国家技术创新中心、国家工程（技术）研究中心、国家制造业创新中心、国家工程实验室等国家技术创新类平台；争取一批国家重大科研基础设施和基础支撑类平台落户湖南。对符合相关政策规定的新承接国家科技重大专项关键任务和新认定的国家重点实验室等重大研发类平台，省级财政在科技相关专项资金中安排不低于1000万元的支持。优化省级科研基地和创新平台布局，培育一批骨干型省级重点实验室、工程（技术）研究中心、省级制造业创新中心和工业设计中心。

从湖南省各地级市创新平台建设现状来看，长沙市拥有普通高校51所，拥有科学研究开发机构96个；株洲普通高校11所，省级工程（技术）研究中心24个，国家级企业重点实验室4个、省级9个；湘潭共有普通高校10所，年末全市共有国家级重点实验室6家、省级重点实验室29家，省级工程技术研究中心17家，国家级、省级创新型企业17家，建成机电技术、先进矿山装备制造、专利信息服务、工业设计服务等公共技术服务平台5家；湘西全州有普通高校3所，全州共建成省级重点实验室3家，省级工程技术研究中心4家，高新技术创业服务中心1家，科技孵化器2个，产品检测实验室1个，法定计量检定机构1个，特种设备检验机构1个；怀化全市有普通高校3所，拥有省级工程（技术）研究中心2个；张家界全市有普通高校2所，全市（产品检测）实验室1个，法定计量检定机构1个，特种设备检验机构1个；邵阳有普通高等学校3所，省科技厅认定的高新企业59家；衡阳全市共有法定计量检定机构8个，特种设备检验机构8个，国家可持续发展实验区1个；永州有国家工程研究中心2个，省级重点实验室1个；常德有普通高校5所，省级工程技术研究中心9个，省级重点实验室3个，院士工作站8个；岳阳建有国家工程技术研究中心1个，省级工程技术研究中心12个，市级工程技术研究中心58个，年末新增产品检测实验室1个，总数达9个，其中国家产品质量监督检验中心1个，全市共有法定计量技术机构7个，特种设备检验机构1个；益阳全市高新技术企业达到103家。从以上数据来看，长沙的普通高校数量较多，其次为株洲、湘潭、常德，其他各市的普通高校均在其以下；国家级省级实验室是区域创新的重要实现平台，目前除长沙、湘潭有一定数量的国家级省级实验室外，其他各市的实验室数量较少或还处于发展阶段，就规模以上企业办科教机构来看，湘西、怀化、张家界、娄底的数量较少。高校越多表明该地区对教育的投入越多，培养科技型人才的能力越强，科技创新能力对经济增长的贡献力度越大，要重视高等院校的内涵建设，提升高等院校实力，加强高校重点工程中心和重点实验室建设，使之成为知识创新和高层次人才培养基地，为企业创新和社会科技进步提供技术和人才支撑。

综上所述，加强建设区域创新平台，一是需要加快布局和建设一批创新研发平台。积极帮助有能力的企业设立研发中心、研发平台，合作研发或引进一批产业发展急需的关键技术和装备，提高企业自主创新水平。积极争取国家在湖南布局建设一批科技重大基础设施、国家工程研究中心、工程实验室和国家地方联合创新平台，加速推进省级工程研究中心、工程实验室和各等级企业技术中心的布局和建设。二是完善科技成果对接和转化平台。建立全省统一的科技信息交流与交易平台，及时更新科技成果库和技术需求库，让企业及时了解高校和科研院所的科研成果和技术力量，也让高校和科研院所及时掌握市场动态和技术需求。三是建设公共技术服务平台。在整合现有资源的基础上，积极组建跨领域的基础性研究实验平台和中试平台。推动科技资源开放共享，建立高校、科研院所、企业的科研设施和仪器设备向社会开放的合理运行机制，加大国家和省级重点实验室、工程实验室、工程（技术）研究中心、检测中心等向企业开放的力度，将资源开放共享作为绩效考核的重要指标。

（二）加大教育和科技投入，健全科技创新投入机制

目前，湖南省财政科技拨款、R&D 经费支出两项指标在全国只处于中游位置，这就要求政府进一步加大政府财政资金的投入，多方筹措资金用于科技教育。

优化财政科技投入。建立财政科技投入稳定增长机制，持续加大财政科技投入，优先保障科技创新重点支出。省市两级财政科学技术经费占同级公共财政支出的比重不得低于同期全国平均水平，各县市区财政科学技术经费占同级公共财政支出的比重应逐步提高。建立省直各部门、各市州政府协调联动的投入决策机制和统一的省级科技计划综合管理平台。围绕经济社会发展的重大需求，依托湖南省科技创新特色优势，提升资源聚焦度，构建重大科技工程全省统筹实施机制，有效整合各地各部门科技资源，建成覆盖重点产业全产业链的创新链，在重大战略领域实施重点突破。优化财政科技资金投入方式，对基础性、前沿性、战略性、公益性、共性技术及人才培养主要实行事前资助支持方式，对市场导向类项目主要实行后补助（中间补助）支持方式，对科技中介服务主要实行政府购买服务和考核评估后补助支持方式，推行科技创新券制度。发挥财政资金杠杆作用，综合运用基金投入、风险补偿、保费补贴、绩效奖励等多种投入形式，吸引社会资本支持科技创新与成果转化。完善科技财政资金评价制度、科技计划项目监督评估机制、科研信用管理制度，建立健全科技报告制度和创新调查制度。

健全多元化投入体系。着力构建企业为主体，高校、科研院所、政府和社会各方广泛参与的产学研协同创新体系，推动形成多元化的社会研发投入体系。积极探索试点科技创新领域政府和社会资本合作方式，完善高新技术企业所得税减免和研发费用税前加计扣除工作机制，引导企业加大研发投入力度。

（三）强化企业技术创新主体地位

培育科技型企业。坚持分类指导、精准扶持，实行“一企一策”和定制化联系帮扶。引导和支持各类企业设立研究院、创新创业学院等新型研发机构，打造具有全球竞争优势的领军型龙头企业。整合开发类科研院所科技资源，建立自身优势特色突出的市场化、专业化研发机构。培育极具成长潜力的科技型中小微企业，支持民营企业加大研发投入，鼓励民营企业设立研发机构。实施高新技术企业培育计划，完善对高新技术企业的申报辅导、资质维持、专利管理等服务。对接湖南省产业发展，引导高校、科研院所与企业建设一批产学研合作的重大产业技术创新联盟，促进本地技术和成果就地转移转化。

增强企业创新决策话语权。充分发挥企业家、研发人员在编制科技发展规划、产业发展规划、产业政策中的作用。引导和支持行业领军企业编制产业技术发展规划和技术路线图，建立高水平研发平台，实施重大科技项目，开展基础性、前沿性创新研究。

强化企业创新的制度保障，强化省属国有企业创新发展的绩效考核与评估。按照规定完善企业研发费用计核办法，精简优化企业研发费用税前加计扣除政策的办理流程。

（四）优化区域创新体系布局，打造区域经济增长极

加快推进长株潭国家自主创新示范区建设。推动长株潭国家自主创新示范区、湘江新区、两型社会综合配套改革试验区“三区联动”，打造全省创新驱动发展的核心区、引领区。积极培育发展创新型产业集群，建设“长沙·麓谷创新谷”“株洲·中国动力谷”和“湘潭智造谷”，引领全省产业转型升级发展。发挥长株潭国家自主创新示范区的先行先试优势，集聚创新要素，推动区域协同发展，形成一批可复制、可推广的改革措施。

构建各具特色的区域创新驱动发展格局。按照“一核三极四带多点”战略布局，结合各市州特色，建设一批国家级、省级区域创新中心。完善环洞庭湖地区现代农业技术支撑体系，加强水安全和水生态领域的技术研发与推广应用。加速培育湘南创新发展增长极，突出绿色化、智能化和生态化发展方向，打造有色金属精深加工、装备制造、电子信息和资源循环利用等创新型产业集群。推动湘西、湘中地区生态文明建设与科技精准扶贫有机结合，大力发展生态农业、生物医药、智能农业装备、特色旅游和文化创意等创新型产业集群。

强化县域经济发展的科技支撑。建设科技成果转化示范县，组织实施县域技术创新引导项目，推广应用一批先进适用科技成果。探索建立省、市、县三级有效衔接、共同推进的工作机制，提升基层科技基础条件和创新能力，强化县市吸纳创新成果、

社会资本的功能。

壮大长株潭核心增长极。依托长株潭两型试验区、自主创新示范区和湘江新区等国家级平台，加快发展高新技术、先进制造、现代服务业等优势产业，强化科技研发、金融服务、信息服务、文化创意等高端服务功能，引导高端产业集聚，促进产业链、创新链、服务链、资金链加速融合，建设全国先进制造业中心和现代服务业区域中心，打造长江中游城市群核心引领区。

培育岳阳、郴州、怀化增长极。岳阳增长极，全面参与长江经济带建设，依托长江黄金水道和城陵矶港，加快推进航道畅通、枢纽互通、江海联通和关检直通，推进长岳经济走廊建设，加快临港产业发展，建成全省能源基地、石化基地和长江中游区域性航运物流中心。郴州增长极，全面对接珠三角、东盟，依托湘南承接产业转移示范区和中国国际矿物宝石博览会等开放平台，推进湘粤（港澳）合作试验区建设，建成承接产业转移的新增长点。怀化增长极，全面对接成渝城市群，辐射大西南，依托区域性交通枢纽和生态优势，加快商贸物流、生态经济发展，建成五省边区生态中心城市。

（五）引领和促进大众创业、万众创新

打造创新创业载体。整合部门资源，打造一批特色鲜明、功能齐全的双创示范基地，布局一批便捷开放的众创空间和“星创天地”，扶持一批双创社区和特色小镇。支持发展众创、众包、众扶、众筹等新模式，引导社会资本参与新型孵化载体建设和运营，促进孵化与投资、创新与创业相结合。

健全创新创业全过程服务体系。建设公开统一的创业云公共服务平台。支持发展创业苗圃、孵化器、加速器等专业服务机构，实施科技企业孵化器倍增计划和系统升级计划，加强硬件建设，形成覆盖科技创新企业成长各阶段的孵化载体。完善科技企业孵化器建设用地政策，利用新增工业用地开发建设科技企业孵化器，可按一类工业用地性质供地。

完善创新创业政策。最大限度地取消企业资质类、项目类等审批审查事项，消除行政审批中部门互为前置的认可程序和条件。深化商事制度改革，简政放权、简化审批流程，实施“五证合一”等改革。加大创新产品和创新服务的政府采购政策支持力度，逐步推行科技应用示范项目与政府采购相结合的模式，促进创新产品和服务的研发及应用。

建设创业创新公共服务平台。实施大众创业、万众创新行动计划，构建低成本、便利化、全要素、开放式服务平台。积极培育创客空间、创新工场等新型孵化模式，构建一批功能完善的众创空间示范基地。推动创业服务中心、生产力促进中心、大学

科技园、中小企业创业基地等孵化机构优化运营模式，转型为投资促进型、培训辅导型、专业服务型、创客孵化型众创空间和星创天地。建立综合创业创新信息平台，集成和共享科技成果、人才、资金、政策和社会需求信息。依托创业创新资源密集区域，推进国家、省级双创示范基地建设。发挥政府创业投资引导基金作用，构建创业服务与创业投资相结合、线上与线下相协调的服务体系。

推进众创、众包、众扶、众筹。依托互联网服务载体，拓宽创业创新与市场资源、社会需求对接通道。推进专业空间、网络平台和企业内部众创，加强创新资源共享合作。推广研发创意、制造运维、知识内容和生活服务众包，推动大众参与线上生产流通分工。营造公共机构支持、企业个人互助的众扶环境，共助创业者成长。稳健发展实物众筹、股权众筹和网络借贷，提供快速、便捷的线上融资服务。

弘扬创业创新文化。发掘湖湘文化创业创新基因，树立崇尚创业创新价值导向，营造全社会创业创新浓厚氛围。保护企业家精神，宽容失败，包容创新对传统利益格局的挑战，完善风险补偿，增强创业信心。丰富创业形式和内容，鼓励开展创业论坛、创业培训、创新沙龙等活动，办好湖南创新创业大赛、湖南青年创新创业大赛、湖南大学生“挑战杯”等赛事。

（六）推动重点领域体制机制改革

深化科研项目资金管理改革。为进一步创新省财政科研项目和经费管理，形成充满生机活力的科技管理和运行机制，充分调动广大科研人员的积极性和创造性，结合湖南省的实际情况，可以从以下方面改进。第一，改进省级财政科研项目资金管理，调整科研经费开支范围，简化预算编制科目，改进科研资金管理方式。第二，强化财政政策支持力度，绩效支出、劳务费预算不设比例限制，创新财政资金支持方式。第三，下放省属高校、科研院所管理权限，下放预算调剂权限，下放差旅费、会议费管理权限，下放科研仪器设备采购权限，自主规范管理横向经费，完善科研经费内部报销规定。第四，明确职责，依法理财，强化项目承担单位法人的主体责任，规范资金管理，明确主管部门的工作职责，确保政策落地。

健全创新评价机制。推进高校和科研院所绩效分类评价，把技术转移和科研成果对经济社会的影响纳入评价指标。优化各类人才评价机制，将科技人员从事成果转化和服务、创办领办企业业绩纳入人才评价体系。积极推行第三方评价，探索建立政府、社会组织、公众等多方参与的评价机制。探索建立各类人员的尽职免责机制，鼓励创新，宽容失败。

强化成果转化激励。加大科技成果转化与产业化支持力度，建立和完善科技成果转化项目库，深化产学研合作，引导高校院所的研发创新融入产业、深入企业。建立以知识价值为导向的分配制度，提高科研人员的工资收入，增加绩效奖励比例。推进成果使用权、处置权、收益权改革，建立健全科技成果、知识产权评估、归属和利益分享机制，探索建立公益性较强的成果推广激励机制。完善促进国有和国有控股企业、高校及科研院所成果转化的股权和分红激励制度。加强技术合同认定登记管理，对技术交易双方及服务机构实行后补助。

促进科技金融结合。鼓励引导社会资本参与设立天使基金（种子基金）、风险投资基金，支持早中期、初创期科技型中小微企业发展。建立健全支持科技贷款、科技创业投资的风险补偿机制。在长株潭国家自主创新示范区推动投贷联动试点。鼓励和支持银行设立科技贷款专营机构，开展知识产权质押、股权质押贷款等业务。支持符合条件的银行发行金融债专项用于科技型企业发展。发展服务企业创新活动的担保机构。支持保险机构创新科技保险产品，支持其在湘开展贷款保证保险、专利保险等试点。引导保险资金投资创业投资基金。支持省技术产权、股权交易所开设“科技创新专板”，为非上市科技企业提供产（股）权登记、托管、评估和交易、融资等服务。利用众筹等互联网金融工具，拓宽科技成果转移、转化的市场化融资渠道。

（七）推动四大板块协调发展，改善区域创新环境

推进长株潭地区率先发展。加快推进长株潭一体化发展，推进三市城市群规划、基础设施、产业发展、公共服务、要素市场、环境保护等发展一体化，推进公交、健康、社保“一卡通”。加快三市轨道交通建设。整合三市技术、人才、创新平台等资源，促进产业协同发展、企业协同创新、环境协同治理。强化城市群核心引领，推进长株潭城市群扩容提质、经济转型，支持长沙申报国家级临空经济示范区，推进株洲、湘潭老工业基地调整改造，提升综合竞争力。

扶持大湘西地区加快发展。全面落实武陵山片区区域发展和脱贫攻坚、西部大开发、革命老区建设、湘西地区开发等扶持政策。加快推进精准脱贫、交通通达、生态保护、重点城镇、农村公共服务、教育均衡发展等工程建设，深入实施“双千”产业扶贫项目，支持特色优势产业做大做强，努力缩小与全省发展的差距。

推进湘南地区开放发展。加强与广东自贸区、前海深港现代服务业合作区对接，完善产业规划和布局。以衡阳、永州为支点，推进湘桂经济走廊建设。围绕三市优势产业，加大技术引进和项目建设力度，促进示范区转型升级、绿色发展和创新发展，把湘南示范区建设成为中部地区承接产业转移的大平台、跨区域合作的引领区、加工贸易的集聚区和转型发展的试验区。

推进洞庭湖地区生态发展。着力推进水环境综合治理，加快建设高标准农田和现代农业基地，发展岳阳绿色化工、常德现代装备制造和益阳船舶制造、绿色食品加工

产业。推进环湖公路网、滨湖生态城镇体系建设，打造环湖生态文化旅游圈。努力建成全国大湖流域生态文明建设试验区和全省“五化同步”发展先行区。

参考文献

[1] 湖南省统计局. 湖南省统计年鉴 2016 [M]. 北京：中国统计出版社，2016.

[2] 湖南省 2016 年国民经济和社会发展统计公报 [EB/OL]. http：//www.hntj.gov.cn/tjfx/tjgb_3399/hnsgmjjhshfztjgb/201703/t20170307_621755.html.

[3] 周频，甘泗群，黄跃等. 创新型国家建设中的政府作为——基于 WIPO 全球创新指数 2016 的视野 [J]. 中国软科学，2016（s1).

[4] 长江经济带蓝皮书：长江经济带发展报告（2011~2015）[M]. 北京：社会科学文献出版社，2016.

[5] 国家创新指数报告 2015 [EB/OL]. http：//www.cssti.cn/xxgk/tjsj/zxtjbgnj/201607/t20160728_956172.html.

[6] 湖南创新发展研究院. 2016 湖南创新发展研究报告——创新驱动与湖南“十三五”发展 [M]. 北京：经济管理出版社，2016.

[7] 中共湖南省委湖南省人民政府关于贯彻落实创新驱动发展战略建设科技强省的实施意见 [EB/OL]. http：//www.changsha.gov.cn/xxgk/szfgbmxxgkml/szfgzbmxxgkml/skjj/fg gw_425/bmwj_427/201612/t20161214_1783077.html.

[8] 陈礼平，刘贻石. 长江经济带建设中湖南的战略定位与发展思路研究 [J]. 财经界（学术版），2016（33).

[9] 吕可文，李晓飞，赵黎晨. 中部六省区域创新能力的评价与分析 [J]. 区域经济评论，2017（2)：99-106.

[10] 周忠民. 湖南省科技创新对产业转型升级的影响 [J]. 经济地理，2016，36（5)：115-120.

[11] 周忠民，卿文洁等. 湖南省科技经费投入的现状、问题及政策建议 [J]. 湖南财政经济学院学报，2016，32（4)：12-19.

[12] 刘曙光，田丽琴. 区域创新发展的模式与国际案例研究 [J]. 世界地理研究，2001，10（1)：20-23.

[13] 唐厚兴. 区域创新系统创新绩效分析与评价 [D]. 南昌：江西财经大学，2006.

（本章主要执笔人：刘东海　刘原园　曾世宏）

产 业 篇

第四章

长江经济带产业转移与湖南创新承接对策

一、引　言

长江经济带建设是我国主要的区域发展战略和贯通发展“一带一路”构想的重要支撑点，是形成区域联动、促进经济一体化发展的强大动力。2014 年，国务院发布的《关于依托黄金水道推动长江经济带发展的指导意见》将“东中西互动合作的协调发展带”作为推动长江经济带发展的战略定位，明确指出要“立足长江上中下游地区[①]的比较优势，统筹人口分布、经济布局与资源环境承载能力，发挥长江三角洲地区的辐射引领作用，促进中上游地区有序承接产业转移，提高要素配置效率，激发内生发展活力，使长江经济带成为推动我国区域协调发展的示范带”。长江经济带九省二市的发展水平和要素禀赋等差异较大，利用综合立体交通走廊由东向西有序转移优势错位的产业，实现深层次的差异化分工合作，无疑是有效缩小区域发展差距、合理配置生产要素的重要环节。对于湖南来说，积极融入长江经济带，既是共同打造新经济支撑带的时代使命，也是实现产业转型升级、培育创新发展动力的重要机遇。2015 年，湖南省人民政府《关于依托黄金水道推动长江经济带发展的实施意见》将转型升级创新区作为湖南融入长江经济带的发展定位，提出要“加大产业合作承接，推动优势产业融入全球产业链，促进传统产业转型升级”。

首先，通过对长江经济带下游地区产业转移潜力态势进行分析我们发现，上海、

① 根据经济地理联系，将长江经济带划分为上、中、下游地区，上游地区包括重庆市、四川省、贵州省、云南省，中游地区包括安徽省、江西省、湖北省、湖南省，下游地区包括上海市、江苏省、浙江省。

江苏和浙江的轻纺工业、原料工业、装备制造业以及高技术产业的竞争力均出现了不同程度的减弱。从高技术产业来说，上海、江苏和浙江的废弃资源综合利用业均具有明显的转移潜力态势，上海、浙江的医药制造业呈现出转移潜力态势，而化学纤维制造业具有明显的转移潜力态势。其次，通过湖南产业转移承接能力的省际对比，我们发现，湖南产业转移承接综合能力较强，资源优势和生态环境优势处于最优区位，市场优势、产业配套优势和科技创新优势处于次优区位。再次，基于前文进一步分析了湖南省产业转移承接的优势、劣势、机遇与挑战。内部优势与劣势方面，湖南具有良好的区位优势、发达的交通体系、丰富的各类资源和完善的产业配套，但存在对外开放力度不够、科技创新能力偏弱和城镇化发展落后的问题；外部机遇与挑战方面，湖南需把握中部崛起、“一带一路”等政策扶持机遇、长江经济带的开放合作机遇以及商圈辐射和产业投资机遇，同时也面临着中上游地区发展竞争压力和产业同构现象以及长江经济带区域合作对接阻力等挑战。最后，为湖南创新承接长江经济带下游的产业转移提出对策建议：湖南应从推动科技创新、拓展开放空间以及构筑人才高地三个方面提升产业承接能力，并且可重点争取与现有产业结构协调、推进结构优化及技术进步、有利于生态保护及生态平衡的产业转入，如节能环保、医药制造、航空航天装备、新能源汽车等产业。

二、长江经济带下游地区产业转移潜力态势分析

位于长江下游的上海市、江苏省以及浙江省，是连通海外、内陆战略枢纽区域和带动经济腹地发展的重要辐射地带。由于经济活动不均匀性以及资源要素的稀缺性等因素，长江经济带下游地区的部分产业存在竞争力下降、资源短缺制约地区经济发展的问题，具有一定的转移趋势。因此，本书以 2011 年和 2015 年为时间节点，以长江经济带下游两省一市为分析单元，并以长江经济带为参照区域，运用偏离—份额分析法[①] 分析确定长江经济带下游地区的产业转移潜力态势，经济数据采用规模以上工业总产值（消除通货膨胀后的实际价格）。由于统计口径存在差异，本书对相关工业分类进行必要的合并处理，以兼顾分析数据的可得性以及分析结果的有效性分析，为便于说明，将最终整合的工业产业进行重新编号，分析结果如表 4–1 所示。

① 偏离—份额分析法把区域的经济变化看成是一个动态的过程，以其所在大区或整个国家的经济发展为参照区，将自身经济总量在某一时期的变动分解为份额分量、结构偏离分量和竞争力偏离分量，可通过此找出区域具有相对竞争优势的产业部门，而不具有竞争优势的部门则呈现产业转移潜力态势。具体推导过程及计算公式可参见史春云等的《国外偏离—份额分析及其拓展模型研究述评》以及高洪深的《区域经济学》。

表 4–1　2011~2015 年沪、苏、浙产业偏离—份额分析表

产业代号及具体名称	上海市			江苏省			浙江省		
	N_i	P_i	D_i	N_i	P_i	D_i	N_i	P_i	D_i
I_1 农副食品加工业	14.7	13.5	–26.5	126.8	116.9	62.9	41.8	38.5	–57.5
I_2 食品制造业	24.3	30.2	–44.5	24.2	30.0	17.0	22.0	27.4	–39.1
I_3 酒、饮料和精制茶制造业	10.0	8.4	–36.1	37.6	31.5	–25.0	22.4	18.8	–45.0
I_4 烟草制品业	33.4	4.1	9.7	19.9	2.5	–4.2	16.0	2.0	4.2
I_5 纺织业	19.3	–11.3	–41.2	283.7	–165.8	20.3	286.9	–167.7	–167.2
I_6 纺织服装、服饰业	21.8	18.9	–62.1	152.2	132.2	–113.8	72.6	63.0	16.2
I_7 皮革、毛皮、羽毛及其制品和制鞋业	7.1	3.5	–7.3	29.6	14.6	21.5	62.6	31.0	–78.8
I_8 木材加工和木、竹、藤、棕、草制品业	4.0	2.6	–10.1	64.9	42.4	31.3	21.5	14.0	–33.0
I_9 家具制造业	12.1	10.9	–20.0	9.8	8.9	0.9	29.3	26.4	–15.7
I_{10} 造纸和纸制品业	13.8	–5.5	–18.7	59.4	–23.7	5.6	55.2	–22.0	–20.8
I_{11} 印刷和记录媒介复制业	9.1	19.4	–31.5	16.7	35.5	17.0	15.1	32.1	–35.2
I_{12} 文教、工美、体育和娱乐用品制造业	7.4	45.0	–15.0	38.6	235.7	–85.6	21.1	128.9	14.3
I_{13} 石油加工、炼焦和核燃料加工业	81.5	–106.0	–79.2	93.2	–121.2	49.1	87.2	–113.5	–40.9
I_{14} 化学原料和化学制品制造业	124.9	–11.6	–159.7	585.6	–54.6	104.1	226.7	–21.1	–140.0
I_{15} 医药制造业	22.2	29.3	–24.3	90.5	119.4	40.3	42.3	55.8	–41.5
I_{16} 化学纤维制造业	2.1	–4.2	–0.3	109.6	–217.6	145.7	226.7	–449.9	–175.1
I_{17} 橡胶和塑料制品业	41.1	82.9	–131.5	104.8	211.3	–202.8	30.2	60.8	261.4
I_{18} 非金属矿物制品业	26.7	19.3	–53.1	155.3	112.2	–44.7	88.2	63.7	–141.3

续表

产业代号及具体名称	上海市			江苏省			浙江省		
	N_i	P_i	D_i	N_i	P_i	D_i	N_i	P_i	D_i
I_{19} 黑色金属冶炼和压延加工业	89.6	-140.8	-76.9	451.1	-708.7	147.6	110.8	-174.0	31.0
I_{20} 有色金属冶炼和压延加工业	24.6	-12.4	-37.2	146.9	-74.2	68.8	105.6	-53.4	-24.6
I_{21} 金属制品业	45.3	16.9	-78.9	205.6	76.4	-10.0	105.1	39.1	-117.7
I_{22} 通用设备制造业	128.3	-10.7	-168.5	282.0	-23.4	165.3	193.0	-16.0	-171.0
I_{23} 专用设备制造业	62.0	1.9	-116.6	191.1	5.9	81.0	64.5	2.0	-29.2
I_{24} 交通运输设备制造业	248.3	67.6	-224.2	375.3	102.1	-52.3	192.5	52.4	-112.2
I_{25} 电气机械和器材制造业	107.0	7.9	-148.3	580.9	43.0	-60.1	249.7	18.5	-138.0
I_{26} 计算机、通信和其他电子设备制造业	300.7	81.3	-593.8	727.2	196.7	-456.4	106.6	28.8	-46.3
I_{27} 仪器仪表制造业及其他制造业	33.2	-22.3	-67.2	119.4	-80.3	137.8	70.8	-47.6	-86.0
I_{28} 废弃资源综合利用业	2.1	-0.1	-5.3	13.9	-0.6	-22.5	16.4	-0.7	-19.6
I_{29} 电力、热力生产和供应业	76.0	-56.5	-112.3	176.3	-131.2	42.6	186.9	-139.1	-13.6
I_{30} 燃气生产和供应业	7.9	23.6	-5.4	11.8	35.2	-14.6	8.8	26.1	1.3
I_{31} 水的生产和供应业	2.4	1.3	-1.0	4.7	2.7	-0.2	5.8	3.2	-3.8

注：相关价格均采用以 1978 年为基期的实际价格。
资料来源：各省统计年鉴。

表 4–1 中，N_i 为份额分量，表示某地区 i 产业按参考区总经济增长率应产生的增长额。P_i 为结构偏离分量，表示某地区 i 产业按参考区 i 产业经济增长率计算的增长额与按参考区总经济增长率计算的增长额的差值，若 $P_i>0$ 则说明 i 产业具有结构性优势，反之则说明 i 产业处于产业结构劣势。D_i 为竞争力偏离分量，表示某地区 i 产业按实际经济增长率实现的增长额与按参考区 i 产业增长率计算的增长额的差值，若 $D_i>0$ 则说明 i 产业竞争力高于参考区水平，反之则说明 i 产业竞争力低于参考区水平。$PD_i=P_i+D_i$ 为总偏离量，若 $PD_i>0$ 说明 i 产业具有一定的综合优势，反之则说明综合优势较弱。基于计算结果将上海、江苏、浙江竞争力低于参考区水平，具有转移潜力态势的产业进行分类归纳，如表 4–2 所示。

表 4–2　竞争优势较弱的沪、苏、浙产业分类

分类标准	地区	具有转移潜力态势的产业
A 具有转移潜力态势 $PD_i>0$，$P_i>0$，$D_i>0$	上海	I_{12}，I_{15}，I_{30}，I_{31}
	江苏	I_3，I_5，I_{12}，I_{17}，I_{18}，I_{21}，I_{24}，I_{30}，I_{31}
	浙江	I_9，I_{15}
B 具有较明显的转移潜力态势 $PD_i<0$，$P_i>0$，$D_i<0$，$\vert P_i\vert<\vert D_i\vert$	上海	I_1，I_2，I_3，I_6，I_7，I_8，I_9，I_{17}，I_{18}，I_{21}，I_{23}，I_{24}，I_{25}，I_{26}
	江苏	I_4，I_{25}，I_{26}
	浙江	I_1，I_2，I_3，I_7，I_8，I_{11}，I_{18}，I_{21}，I_{23}，I_{24}，I_{25}，I_{26}，I_{31}
C 具有明显的转移潜力态势 $PD_i<0$，$P_i<0$，$D_i<0$	上海	I_5，I_{10}，I_{13}，I_{14}，I_{16}，I_{19}，I_{20}，I_{22}，I_{27}，I_{28}，I_{29}
	江苏	I_{28}
	浙江	I_5，I_{10}，I_{13}，I_{14}，I_{16}，I_{20}，I_{22}，I_{27}，I_{28}，I_{29}

从表 4–2 可以发现，根据分类标准 A，上海有 4 类产业，江苏有 9 类产业，浙江有 2 类产业具有一定的综合优势，结构性优势强，但竞争力已经开始减弱，可考虑将处于价值链底端环节的产业转移，重点发展处于高端环节的产业；根据分类标准 B，上海有 14 类产业，江苏有 3 类产业，浙江有 13 类产业综合优势较弱，虽然结构性优势强，但竞争力不足，应有计划地进行产业转移；根据分类标准 C，上海有 11 类产业，江苏有 1 类产业，浙江有 10 类产业综合优势较弱，不但处于结构性劣势，而且竞争力不足，应尽快进行产业转移。

进一步分析，长江经济带 31 个工业行业可大致划分为 4 个大类：轻纺工业、原料工业、装备制造业以及高技术产业，如表 4–3 所示。轻纺工业是典型的劳动密集型产业，劳动力资源的数量及成本是其产业布局的重要决定因素；原料工业具有原材料导向性，是基于资源密集型产业基础之上的资本密集型产业；装备制造业属于劳动、资本以及技术密集的混合型产业，是区域经济发展的核心动力；高技术产业属于技术密集型产业，是区域创新驱动、转型发展的关键。

表 4–3 长江经济带工业产业分类及特点

产业分类	产业特点	主要产业
轻纺工业	劳动密集	I_1 农副食品加工业，I_2 食品制造业，I_3 酒、饮料和精制茶制造业，I_4 烟草制品业，I_5 纺织业，I_6 纺织服装、服饰业，I_7 皮革、毛皮、羽毛及其制品和制鞋业，I_8 木材加工和木、竹、藤、棕、草制品业，I_9 家具制造业，I_{10} 造纸和纸制品业，I_{11} 印刷和记录媒介复制业，I_{12} 文教、工美、体育和娱乐用品制造业，I_{17} 橡胶和塑料制品业
原料工业	资源加工、资本密集	I_{13} 石油加工、炼焦和核燃料加功能业，I_{14} 化学原料和化学制品制造业，I_{18} 非金属矿物制品业，I_{19} 黑色金属冶炼和压延加工业，I_{20} 有色金属冶炼和压延加工业，I_{29} 电力、热力生产和供应业，I_{30} 燃气生产和供应业，I_{31} 水的生产和供应业
装备制造业	资本、劳动、技术密集	I_{21} 金属制品业，I_{22} 通用设备制造业，I_{23} 专用设备制造业，I_{24} 交通运输设备制造业，I_{25} 电气机械和器材制造业，I_{27} 仪器仪表制造业及其他制造业
高技术产业	技术密集	I_{15} 医药制造业，I_{16} 化学纤维制造业，I_{26} 计算机、通信和其他电子设备制造业，I_{28} 废弃资源综合利用业

结合表 4–2 和表 4–3 分析发现，上海、江苏和浙江的轻纺工业、原料工业、装备制造业以及高技术产业的竞争力均出现了不同程度的减弱。上海轻纺工业、原料工业以及装备制造业的综合优势较弱，具有明显的转移潜力态势；江苏轻纺工业、原料工业具有一定的综合优势，但部分产业竞争力有所下降，呈现出转移潜力态势；浙江轻纺工业、装备制造业综合优势较弱，竞争力不足，具有较明显的转移潜力态势。从高技术产业来说，上海、江苏和浙江的废弃资源综合利用业均具有明显的转移潜力态势，上海、浙江的医药制造业呈现出转移潜力态势，而化学纤维制造业具有明显的转移潜力态势。

三、湖南产业转移承接能力省际对比

区域的产业转移承接能力反映了一个地区在既定时期和环境条件下所具备的承接转移产业的相对综合实力，在长江经济带内部比较湖南与中上游其他地区承接产业转移能力的大小时，应建立一套具有科学性、综合性和代表性的评价指标体系以进行科学评价。首先，要考察承接地对转移产业的吸引凝聚能力，资源要素、市场状况以及政策制度是吸引凝聚外来产业的重要因素。其次，要考察承接地对转移产业的接纳支撑能力，较为完备的产业配套是产业落地后得以存续的关键。最后，还要考察承接地对转移产业的持续发展能力，可分为促进经济高效发展的科技创新和保障社会协调发展的生态环境两个方面。本书基于以上定义与分析，结合学术界对产业转移承接能力评价的相关研究，以产业转移承接能力为评价目标，以吸引凝聚能力、接纳支撑能力、持续发展能力为评价准则，选取若干相对应的指标建立层次评价体系，由于各地区承接产业转移的政策制度具有趋同性且难以量化，故不计入指标体系。因此，产业转移承接能力评价指标体系具体如表 4–4 所示。由于评价指标体系各一级指标的下属指标可能具有相关性导致信息反映有重复，本书运用主成分分析法① 测算各一级指标的得分，再以相等权重计算产业转移承接综合能力，这样能保证信息的完整性与客观性。

表 4–4 产业转移承接评价指标体系

准则层	一级指标	二级指标
吸引凝聚能力	资源优势	土地经济密度（–）、土地成交单价（–）、人均能源生产量、人均发电量、人均水资源量、就业人口、每十万人高等教育学校平均在校生人数、百元工资销售产值
	市场优势	城镇居民人均可支配收入、农村居民人均可支配收入、产品销售率、社会消费品零售总额、社会消费品零售总额增长率、外贸进出口总额相当于生产总值的比例、主营业务收入利润率
接纳支撑能力	产业配套优势	第二和第三产业占地区国内生产总值比重、人均固定资产投资额、年末金融机构存款余额、公路网密度、货物周转量、邮电业务量
持续发展能力	科技创新优势	公有企事业单位专业技术人员占就业人口比重、R&D 经费投入强度、R&D 人员全时当量占就业人口比重、R&D 项目数、专利申请授权数、新核准注册商标
	生态环境优势	万元 GDP 能耗（–）、万元 GDP 废水排放量（–）、亿元 GDP 二氧化硫排放量(–)、工业固废综合利用率、生活垃圾无害化处理能力、森林覆盖率、自然保护区面积占土地面积比重

注：带（–）指标表示负向指标，即得分越低优势越大，采用负数法进行方向一致性处理。考虑到数据量的问题，本书将上游地区两省一市的数据纳入计算范畴；虽然上游地区仍具有较强的承接国内外产业转入的能力，但基于长江经济带内部产业转型升级的研究目的，在此不做分析。

资料来源：《中国统计年鉴》《中国能源统计年鉴》《中国劳动统计年鉴》《中国工业统计年鉴》《中国科技统计年鉴》《中国环境统计年鉴》以及各省统计年鉴。

（一）资源优势

相关资源要素的丰富性与价廉性有助于节省生产成本，是反映承接地对转移产业的吸引凝聚能力的重要因素，该指标下共设八个二级评价指标，各指标 2015 年具体数据如表 4–5 所示。A_1 为土地经济密度，反映地区经济发展程度与集中水平。土地经济密度大的地区往往已具有较合理化与高级化的产业结构，因此，土地经济密度是衡量产业承接地资源优势的负向指标，本书用区域国内生产总值与区域土地面积的比值计算土地经济密度。A_2 为土地成交单价，反映地区的土地成本，是衡量产业承接地资源优势的负向指标。本书用土地购置面积与土地成交价款的比值来计算土地经济密度。A_3 为人均能源生产量，反映地区的能源资源状况，本书用地区能源生产总量与地区总

① 主成分分析法是利用降维的思想，把具有相关性的多指标转化为几个互不相关的综合指标的多元统计方法，这些综合指标尽可能地反映原来指标的信息，解决了指标间信息重叠的问题，简化了原指标体系的结构。具体推导过程及计算公式可参考何晓群的《多元统计分析》。

人口的比值来计算人均能源生产量。A_4为人均发电量，反映地区的电力资源状况，本书用地区总发电量与地区总人口的比值来计算人均发电量。A_5为人均水资源量，反映地区的水资源状况。A_6为就业人口，反映地区劳动力资源的数量。A_7为每十万人高等教育学校平均在校生数，反映地区劳动力资源的质量。A_8为百元工资销售产值，反映相同工资水平下的劳动生产能力，也反映相同产值水平下的劳动力成本。

表 4-5　2015 年长江经济带中上游地区产业转移承接资源优势指标数据

地区	A_1	A_2	A_3	A_4	A_5	A_6	A_7	A_8
	土地经济密度（万元/平方千米）	土地成交单价（元/立方米）	人均能源生产量（千克标准煤/人）	人均发电量（千瓦时/人）	人均水资源量（立方米/人）	就业人口（万人）	每十万人高校平均在校生数（人）	百元工资销售产值（元）
安徽	1570.42	2654.13	1623.15	3356.12	1495.30	4342.10	2309	1373.95
江西	1002.06	2716.57	516.18	2150.68	4394.50	2615.78	2654	1262.53
湖北	1589.68	3270.81	898.15	4000.34	1740.90	3658.00	3038	1152.86
湖南	1364.24	2051.90	728.05	1937.20	2839.10	3980.30	2215	1203.57
重庆	1910.47	3314.05	1416.32	2253.89	1518.70	1707.37	3017	840.01
四川	620.86	3130.19	1376.38	3815.21	2717.20	4847.01	2312	844.47
贵州	596.22	1393.05	4266.71	5141.64	3278.70	1946.65	1819	544.35
云南	355.41	1770.25	2338.91	5383.80	3959.30	2942.49	1766	449.71

资料来源：《中国统计年鉴》《中国能源统计年鉴》《中国劳动统计年鉴》及各省统计年鉴。

运用主成分分析法计算出各地区的资源优势综合得分后，根据自然断点法划分为 3 个等级，如图 4-1 所示。从图 4-1 可以看出，安徽、湖南、四川、贵州、云南均具有较好的资源优势，江西、湖北资源优势处于中等水平，而重庆资源优势较弱。其中，

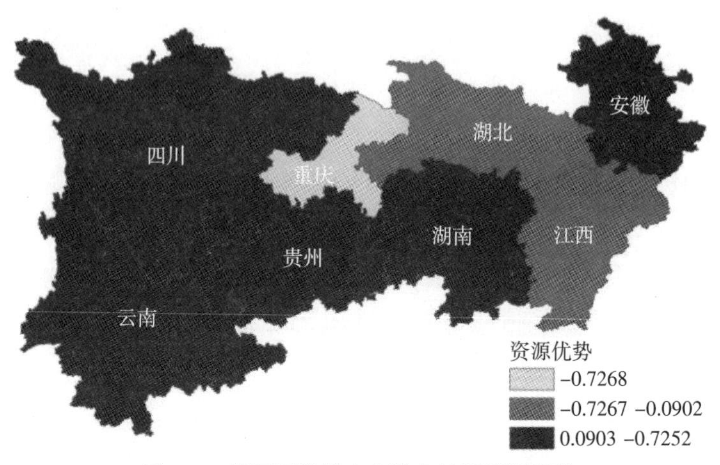

图 4-1　长江经济带中上游各地区资源优势

湖南资源优势显著，较为低廉的土地成本和丰富的水资源以及优质优量的劳动力资源对转移产业具有很大的吸引凝聚能力。

（二）市场优势

需求量大、有增长潜力的市场有利于利益最大化目标的实现，是反映承接地对转移产业的吸引凝聚能力的重要因素，该指标下共设七个二级评价指标，各指标 2015 年具体数据如表 4–6 所示。B_1 为城镇居民人均可支配收入，反映地区城镇居民的消费能力。B_2 为农村居民人均可支配收入，反映地区农村居民的消费能力。B_3 为产品销售率，反映产品在市场的销售状况。B_4 为社会消费品零售总额，反映地区市场规模。B_5 为社会消费品零售总额增长率，反映地区市场扩大潜力。B_6 为外贸进出口总额占 GDP 比重，反映地区外贸依存度情况。国际贸易有利于扩展市场范围，促进分工深化和生产率提高，因此，进出口总额占 GDP 比重是衡量承接地市场优势的重要指标。本书用地区进出口总额与地区国内生产总值的百分比计算进出口总额占 GDP 比重。B_7 为主营业务收入利润率，反映地区市场获利情况。

表 4–6 2015 年长江经济带中上游地区产业转移承接市场优势指标数据

地区	B_1	B_2	B_3	B_4	B_5	B_6	B_7
	城镇居民人均可支配收入（元）	农村居民人均可支配收入（元）	产品销售率（%）	社会消费品零售总额（亿元）	社会消费品零售总额增长率（%）	外贸进出口总额占 GDP 比例（%）	主营业务收入利润率（%）
安徽	26936	10821	97.30	8908.0	12.0	13.81	5.12
江西	26500	11139	99.48	5925.5	12.0	15.72	6.42
湖北	27052	11844	96.30	14003.2	12.5	9.61	5.69
湖南	28838	10993	97.80	12024.0	12.1	6.33	5.11
重庆	27239	10505	97.87	6424.0	12.5	29.37	6.75
四川	26205	10247	96.55	13877.7	12.0	10.69	5.62
贵州	24580	7387	90.99	3283.0	11.8	7.25	7.42
云南	26373	8242	79.44	5103.2	10.2	11.22	4.74

资料来源：《中国统计年鉴》《中国工业统计年鉴》及各省统计年鉴。

运用主成分分析法计算出各地区的市场优势综合得分后，根据自然断点法划分为三个等级，如图 4–2 所示。从图 4–2 可以看出，江西、重庆具有较好的市场优势，安徽、湖北、湖南、贵州以及四川市场优势处于中等水平，而云南市场优势较弱。其中，湖南有一定的市场优势，具有城乡居民消费能力强、市场销售状况好、市场规模及增长潜力大等特点，对转移产业具有较大的吸引凝聚能力。

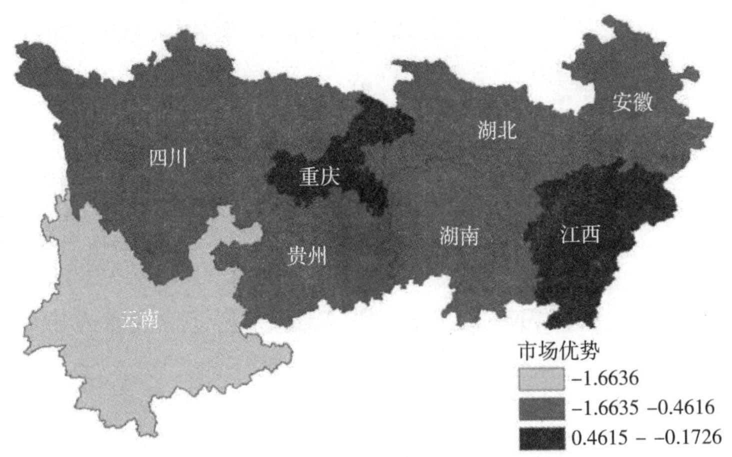

图 4-2　2015 年长江经济带中上游各地区市场优势

（三）产业配套优势

良好的基础设施、投资环境等产业配套有助于转移产业在承接地的融入与扎根，是反映承接地对转移产业的接纳支撑能力的重要因素，该指标下共设六个二级评价指标，各指标 2015 年具体数据如表 4-7 所示。C_1 为第二和第三产业占地区 GDP 比重，反映地区产业配套设施状况。第二和第三产业占比较大的地区各方面配套设施相对成熟与完善，因此，第二和第三产业占地区 GDP 比重是衡量承接地产业配套优势的重要指标。C_2 为人均固定资产投资额，反映地区固定资产建设完成情况和投资能力，本书用固定资产投资额与总人口的比值计算人均固定资产投资额。C_3 为年末金融机构存款余额，反映地区金融发育水平和资金供给能力。C_4 为公路网密度，反映地区公路建设

表 4-7　2015 年长江经济带中上游地区产业转移承接产业配套优势指标数据

地区	C_1	C_2	C_3	C_4	C_5	C_6
	第二和第三产业占地区 GDP 比重（%）	人均固定资产投资额（元）	年末金融机构存款余额（亿元）	公路网密度（千米/平方千米）	货物周转量（亿吨公里）	邮电业务量（亿元）
安徽	88.84	39690.76	34482.90	1.33	10402.25	823.46
江西	89.40	38081.69	25042.97	0.94	3753.48	620.07
湖北	88.80	45392.86	40896.52	1.36	5674.13	965.75
湖南	88.47	36923.34	36220.61	1.12	3895.53	906.66
重庆	92.68	47574.41	28778.80	1.71	2709.53	554.56
四川	87.76	31113.97	60117.72	0.65	2387.44	1297.59
贵州	84.38	31007.08	19438.64	1.06	1379.00	515.16
云南	84.91	28470.27	25035.09	0.62	1500.27	792.58

资料来源：《中国统计年鉴》《中国工业统计年鉴》及各省统计年鉴。

水平，本书用公路里程与地区土地面积的比值计算公路网密度。C_5为货物周转量，反映物流设施建设水平。C_6为邮电业务量，反映地区信息传递水平。

运用主成分分析法计算出各地区的产业配套优势综合得分后，根据自然断点法划分为三个等级，如图 4–3 所示。从图 4–3 可以看出，安徽、湖北、重庆具有较好的产业配套优势，江西、湖南、四川的产业配套优势处于中等水平，贵州、云南的产业配套优势较弱。其中，湖南有一定的产业配套优势，良好的金融发育水平和资金供给能力、发达的交通运输水平对转移产业具有较好的接纳支撑能力。

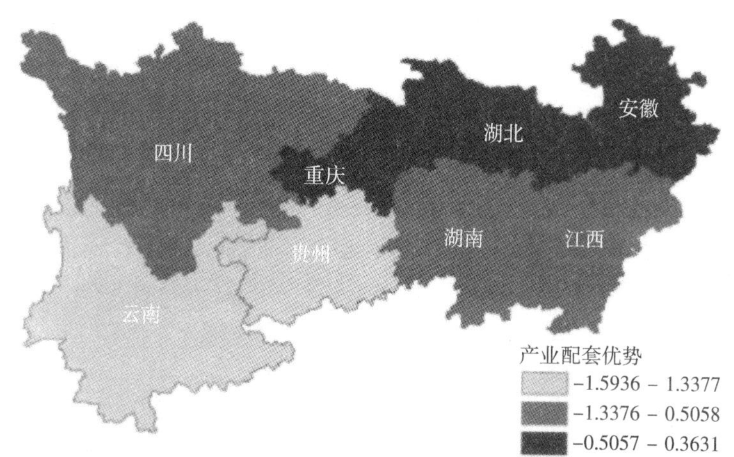

图 4–3　2015 年长江经济带中上游各地区产业配套优势

（四）科技创新优势

科技创新有利于产业不断成长和经济持续增长，是反映承接地对转移产业的持续发展能力的重要因素，该指标下共设六个二级评价指标，各指标 2015 年具体数据如表 4–8 所示。D_1为公有企事业单位专业技术人员占就业人口比重，反映地区的专业技术人员投入力度。D_2为 R&D 经费投入强度，反映地区对科技创新的资金投入力度。D_3为 R&D 人员全时当量占就业人口比重，反映地区对科技创新的人员投入强度。D_4为 R&D 项目数，反映地区的科技创新活跃度。D_5为专利申请授权数，反映地区的科技创新中间产出情况。D_6为新核准注册商标数，反映地区企业自主品牌拥有数量和经营能力。

运用主成分分析法计算出各地区的科技创新优势综合得分后，根据自然断点法划分为三个等级，如图 4–4 所示。从图 4–4 可以看出，四川、湖北具有较好的科技创新优势，安徽、湖南、重庆的科技创新优势处于中等水平，江西、贵州、云南的科技创新优势较弱。其中，湖南具有一定的科技创新优势，较高的科技创新活跃度以及自主品牌经营能力对转移产业具有较好的持续发展能力。

表 4-8　2015 年长江经济带中上游地区产业转移承接科技创新优势指标数据

地区	D_1	D_2	D_3	D_4	D_5	D_6
	公有企事业单位专业技术人员占就业人口比重（%）	R&D 经费投入强度（%）	R&D 人员全时当量占就业人口比重（%）	R&D 项目数（项）	专利申请授权数（件）	新核准注册商标数（个）
安徽	1.93	1.96	0.31	46455	59039	48570
江西	2.79	1.04	0.18	25100	24161	32036
湖北	2.18	1.90	0.37	56218	38781	45516
湖南	2.50	1.43	0.29	43373	34075	51095
重庆	2.81	1.57	0.36	30181	38914	51577
四川	2.36	1.67	0.24	56338	64953	75105
贵州	3.40	0.59	0.12	16912	14115	19352
云南	2.77	0.80	0.13	23446	11658	33271

资料来源：《中国科技统计年鉴》。

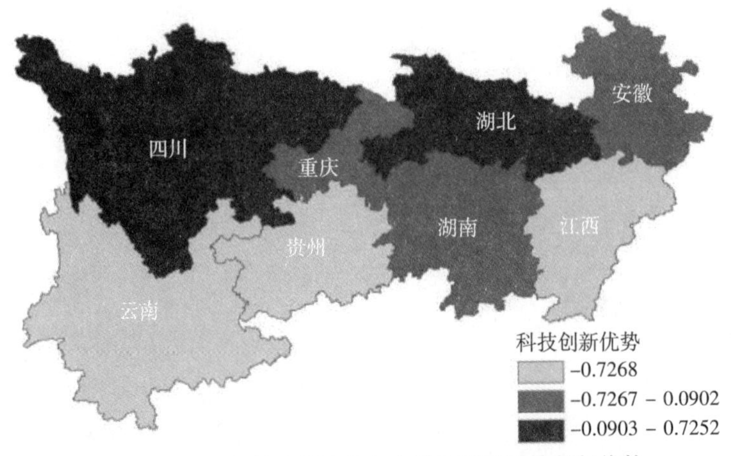

图 4-4　2015 年长江经济带中上游各地区科技创新优势

（五）生态环境优势

生态环境有助于资源永续利用、社会协调发展，是反映承接地对转移产业的持续发展能力的重要因素，该指标下共设七个二级评价指标，各指标 2015 年具体数据如表 4-9 所示。E_1 为万元 GDP 能耗，反映地区的能源资源利用效率。只有高效利用能源资源才能在发展经济的同时有效地保护生态环境，因此，万元 GDP 能耗是衡量承接地生态环境优势的负向指标。E_2 为万元 GDP 废水排放量，反映地区的水环境压力。水污染会加剧水资源短缺，威胁健康，影响工农业生产，因此，万元 GDP 废水排放量是衡量承接地生态环境优势的负向指标。E_3 为亿元 GDP 二氧化硫排放量，反映地区的大气环境压力。二氧化硫是一种主要的空气污染物，对健康具有极大危害，因此，亿元 GDP

二氧化硫排放量是衡量承接地生态环境优势的负向指标。E_4 为工业固废综合利用率，反映地区的工业固体废弃物资源化水平，本书用工业固体废物产生量与工业固体废物综合利用量的百分比计算工业固废综合利用率。E_5 为生活垃圾无害化处理能力，反映地区的环境治理能力。E_6 为森林覆盖率，不仅能反映地区的森林资源丰富程度及实现绿化的程度，还能反映地区生态、气候和水土的自我养护能力。E_7 为自然保护区面积占土地面积比重，反映地区的生态状态。自然保护区是具有典型性、代表性的生态系统的区域，是生态环境的天然本底和生物物种的天然储存库，因此，自然保护区面积是衡量承接地生态环境优势的重要指标。

表 4-9 2015 年长江经济带中上游地区产业转移承接生态环境优势指标数据

地区	E_1	E_2	E_3	E_4	E_5	E_6	E_7
	万元 GDP 能耗（吨标准煤）	万元 GDP 废水排放量（吨）	亿元 GDP 二氧化硫排放量（吨）	工业固废综合利用率（%）	生活垃圾无害化处理能力（吨/日）	森林覆盖率（%）	自然保护区面积占土地面积比重（%）
安徽	0.5604	12.75	21.82	89.95	17187	27.53	3.27
江西	0.5047	13.35	31.58	57.24	9740	60.01	7.35
湖北	0.5551	10.62	18.66	67.54	10480	38.40	5.65
湖南	0.5352	10.87	20.60	66.42	19633	47.77	6.18
重庆	0.5133	9.53	31.55	85.24	5750	38.43	10.05
四川	0.5550	11.37	23.88	44.79	13505	35.22	17.12
贵州	0.9472	10.74	81.21	60.89	5320	37.09	5.07
云南	0.7604	12.73	42.86	50.99	3909	50.03	7.50

资料来源：《中国统计年鉴》《中国工业统计年鉴》及各省统计年鉴。

运用主成分分析法计算出各地区的生态环境优势综合得分后，根据自然断点法划分为三个等级，如图 4-5 所示。从图 4-5 可以看出，安徽、湖北、湖南和重庆具有较好的生态环境优势，江西、四川的生态环境优势一般，贵州、云南的生态环境优势较弱。其中，湖南具有显著的生态环境优势，能源资源利用效率高、环境压力小、环境治理能力强等特点对转移产业具有较好的持续发展能力。

（六）产业转移承接综合能力

将长江经济带中上游各地区的资源优势、市场优势、产业配套优势、科技创新优势以及生态环境优势加权求和后，根据自然断点法划分为三个等级，如图 4-6 所示。从图 4-6 可以看出，安徽、湖北、湖南、重庆具有较好的产业转移承接综合能力，江西、四川的产业转移承接综合能力一般，贵州、云南的产业转移承接综合能力较弱。其中，湖南具有很强的产业转移承接综合能力，其各方面的优势均处于长江经济带中上游的好或较好水平。

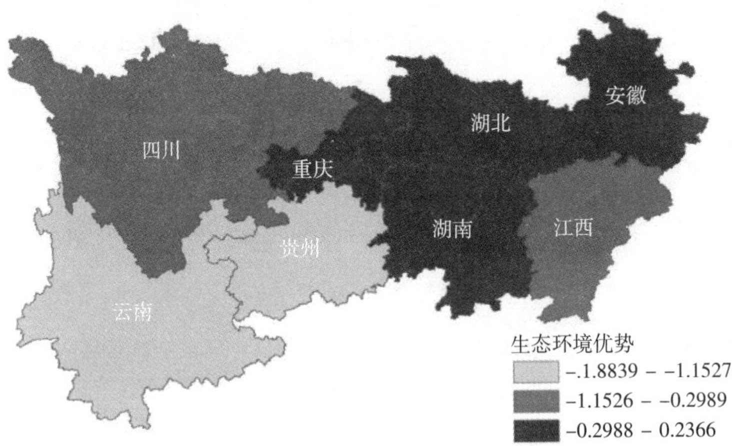

图 4-5　2015 年长江经济带中上游各地区生态环境优势

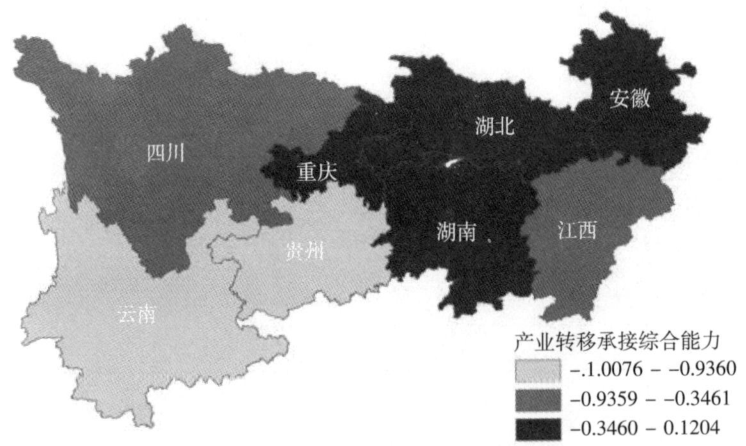

图 4-6　2015 年长江经济带中上游各地区产业转移承接综合能力

四、湖南承接长江经济带下游产业转移的 SWOT 分析

（一）湖南承接长江经济带下游产业转移的优势（Strengths）分析

一是良好的区位条件。湖南处于东南腹地，长江中游，北接湖北，东靠江西，南与广西、广东为邻，西同重庆、贵州接壤，既是东部沿海地区和中西部地区的过渡带，也是长江开放经济带和沿海开放经济带的结合部。作为内陆开放的前沿，上下游连通、江河湖联动的战略支点，湖南有着巨大的区位优势。

二是发达的交通体系。湖南是全国综合性交通枢纽，基本形成水、路、空、铁高级立体交通网络。航空建有 6 个机场，开通了直达国内外 83 个大中城市的 158 条航线。铁路有沪昆、京广、焦柳三大铁路干线，京广高速、沪昆高速两大高速干线贯穿全省。公路通车里程 23.8 万千米，其中高速公路通车里程 6080 千米。水路方面，形成了以洞庭湖为中心，“一纵五横”为主干，沟通全省、通达长江的航道网，其中城陵矶港是国家一类口岸，长江八大良港之一。

三是丰富的各类资源。自然资源方面，矿产资源具有种类多、分布广的特点，已发现各类矿产 141 种，占全国 83%，探明储量的矿种居全国前十位的有 66 种；水资源具有地表水径流量大、地下水资源充足的特点，天然水资源 2682.8 亿立方米，地表水 1419.3 亿立方米，地下水 350.4 亿立方米。劳动力资源方面，劳动力数量充足且生产能力较强。2015 年，就业人口达到 3980.30 万，百元工资销售产值达到 1203.57 元，均位列长江经济带中上游地区前三名。

四是完善的产业配套。园区平台方面，湖南积极建设各类产业园区，拥有 7 家国家级高新区，16 家省级高新区，长沙高新区、株洲高新区位于千亿园区行列，形成了环长株潭城市群、湘南承接产业转移示范区、大湘西地区和环洞庭湖生态经济圈四大功能板块；物流运输方面，全省共有 153 家物流企业通过国家标准评估认定，跨境物流、电商物流、快递物流、冷链物流等新业态探索前行，初步形成以物流园区为载体，专业物流为特色，与交通干线有效衔接，覆盖周边、辐射全国的物流网络体系。

（二）湖南承接长江经济带下游产业转移的劣势（Weaknesses）分析

一是对外开放力度不够。从进出口来看，湖南进出口总额 1829.1 亿元；进出口总额占 GDP 比重（外贸依存度）仅为 6.33%，排名最末且与排在首位的重庆存在 4 倍以上的差距；从外联引资来看，湖南实际利用外资总额以较快的速度逐年增长，2015 年湖南实际利用外资 115.64 亿美元，比 2014 年增长了 12.65%。虽然从外资利用总额及增长率来看，湖南具有较高水平，但实际使用外商直接投资占 GDP 比重（外资依存度）仅有 0.49%，远低于全国 5%左右的水平。

二是科技创新能力偏弱。“十二五”期间，湖南加大科技创新资金投入，R&D 经费投入强度从 2010 年的 1.16%增长到 2015 年的 1.43%，但与长江经济带中上游部分地区相比还有一定差距，2015 年 R&D 经费投入强度与排名靠前的安徽（1.96%）、湖北（1.90%）分别相差 0.53 个百分点和 0.47 个百分点。除此之外，R&D 人员投入力度、R&D 项目数和专利申请授权数等指标均处于中等水平。

三是城镇化发展落后。从整体来看，2015 年末全省城镇人口首次超过农村人口，而全国城镇化率早在 2011 年已经突破 50%的关口。分州市来看，超过省平均水平的只有长沙、株洲、湘潭、岳阳四市，其余 10 个州市城镇化率都低于平均水平，其中，邵阳和湘西仅有 41.95%和 41.13%。

（三）湖南承接长江经济带下游产业转移的机遇（Opportunities）分析

一是政策扶持机遇。随着中部崛起、“一带一路”等战略的实施，国家提供了一系列政策优惠和资金支持，长江中游城市群规划出台后，更是大力支持区域内城乡统筹发展、基础设施互联互通、产业协调发展、生态文明共建、公共服务共享、深化对外开放。在区域协调发展，打造新经济支撑带的浪潮下，湖南将充分享受相关政策的扶持。

二是开放合作机遇。随着长江经济带和长江中游城市群的不断推进，作为长江经济带重要节点的环洞庭湖生态经济区、社会两型改革试验区和自主创新示范区的长株潭城市群和国家级承接产业转移示范区的湘南地区，可依托黄金水道更好地融入长江流域开放开发，促进上中下游协调发展，对接“一带一路”战略。

三是产业投资机遇。湖南作为国内市场半径最短、交通最佳的中心地区之一，具有庞大的市场规模和极为可观的增长潜力。湖南加上周边的四省一市一区，近 4 亿人口占全国将近 1/3 的份额，“3 小时高铁经济圈”覆盖的市场占全国人口的一半以上，商圈辐射潜力和产业投资价值显著。

（四）湖南承接长江经济带下游产业转移的挑战（Threats）分析

一是中上游地区发展竞争压力。长江中上游各省市纷纷加大开放开发力度，区域竞争激烈。除湖南外，产业转移承接综合能力较强的安徽、湖北和重庆均出台了各项积极的扶持政策。如湖北在 2012 年发布了《湖北长江经济带“十二五”规划》，并且在 2017 年发布的《湖北省国民经济和社会发展第十三个五年规划纲要》中对推进长江中游城市群建设、全面对接“一带一路”战略、优化开放发展环境等提出了详细的规划和要求。

二是中上游地区存在产业同构化现象。长江经济带中上游各省市“十二五”规划中的产业定位和主要发展方向，大部分都出现“先进制造业”“战略性新兴产业”等字眼，产业发展的主要方向大都包含新能源、新材料、先进装备制造等，存在诸多雷同。事实上，各省市产业结构优化应避免陷入腾笼换鸟、随波逐流的误区，只有立足自身比较优势实现错位发展，有侧重点地找准创新发展新动力，才能取得较好的协同共进的效果。

三是长江经济带区域合作对接阻力。受地方利益最大化的绩效考核制度、地理位置就近原则等影响，各地区首要考虑区域内产业合作与转移，地区之间存在竞争机制较强的非合作博弈，从而形成了一定的产业对接、要素合作壁垒，阻碍一体化发展。如江苏省内南北经济存在一定差异，2005 年至今，出台了《关于加快南北产业转移的意见》(2005)、《关于支持南北挂钩共建苏北开发区政策措施的通知》(2006)、《关于促进苏中与苏北结合部经济相对薄弱地区加快发展的政策意见》(2013) 等大力促进苏南企业向苏北转移的政策文件，建立了众多苏南、苏北共建产业园区等对接扶持项目。

五、湖南创新承接长江经济带下游产业转移的对策建议

承接长江经济带下游地区的产业转移，是实现湖南产业转型升级、培育创新发展动力的重要途径。现基于前文对长江经济带下游产业转移潜力态势的测算，以及对湖南产业承接能力等现实情况的分析，现对湖南创新承接长江经济带下游产业转移提出对策建议：

（一）推动科技创新

一是建设科技创新基地，打造长株潭自主创新核心增长极。坚持创新驱动与区域协同发展的原则，推进建设长株潭自主创新示范区，依托长沙“创新谷”、株洲“动力谷”和湘潭“智造谷”辐射带动全省科技创新发展。二是推动重点领域创新突破，全面提升自主创新能力。一方面要加快建设重大创新平台，加强前沿技术和应用基础研究，实现关键领域原始创新突破；另一方面要培育科技型企业，强化企业创新主体地位和主导作用，加强颠覆性技术创新。三是优化科技创新体制机制，营造良好创新生态。营造有利于科技创新的市场环境，清除不利于科技创新的制度规则与行业标准，完善科技决策机制及成果转化制度，建立普惠性政策支持体系及资源共享与交易服务平台。

（二）拓展开放空间

一是主动融入“一带一路”、全面参与长江经济带建设。通过深化国内外产能合作、促进产业园区开放合作拓展发展空间，将外部资源内部化，打造内陆开放新高地。二是建设产业承接基地，积极吸引产业转移。坚持以开放促承接、以承接促发展的原则，努力把湘南、娄邵产业承接示范区建设成湖南对外开放的“桥头堡”，积极承接具有成本优势的产业转移。三是优化开放发展环境。一方面要夯实开放开发平台，加快岳阳城陵矶水运口岸、长沙和张家界航空口岸体制升级，推进全省统一电子口岸实体

平台建设和长沙跨境贸易电子商务服务平台建设；另一方面要营造开放制度环境、完善开放服务体系。有效发挥综合保税区特殊功能和独有作用，推进投资、贸易、金融、综合监管等领域制度创新，建立有利于合作共赢并同国际贸易投资规则相适应的体制机制，完善法治化、国际化、便利化的营商环境。

（三）构筑人才高地

一是完善人才管理制度。把握人才管理体制机制改革方向和重点，推动人才管理部门简政放权，保障和落实用人单位人才选用的自主权，建立有利于各类型、各层次人才成长发展的培养、评价、流动、激励、吸引、使用、保障制度。二是优化人才开发政策。围绕实施创新引领、开放崛起战略，制定实施更加积极、开放、有效的人才政策，深入推进长株潭高层次人才聚集工程等重大人才工程和项目，加快造就一批能够支撑引领经济社会发展的急需紧缺人才。三是提升人才服务水平。要大力推动人才服务创新，加快形成多样化的人才服务系统，为各类型、各层次人才发展提供市场化、社会化、专业化服务。

（四）产业承接重点类型选择

湖南承接长江下游产业转移的重点产业类型选择，一方面要综合考虑自身承接能力与产业升级发展规划，另一方面要把握下游地区具有转移潜力态势，同时自身比较优势也显著的产业。湖南产业转移承接综合能力较强，具有土地、劳动力等资源优势，废弃资源综合利用等生态优势，可在承接产业转移过程中发挥和保持成本及规模优势的同时促进资源循环永续利用。虽然湖南科技创新方面处于次优区位，但有航空航天领域处于领先水平的国防科大，拥有多个国家和省级重点实验室、产值突破千亿大关的医药产业，也可在这些产业类型方面形成一定的比较优势。因此，面对下游地区具有转移潜力态势的产业，湖南可重点争取与现有产业结构协调、推进结构优化及技术进步、有利于生态保护及生态平衡的产业转入，如节能环保、医药制造、航空航天装备、新能源汽车等产业。在当前长江经济带建设的不断推进和其他地区的加速发展的环境背景下，湖南需要积极融入区域发展战略，通过承接下游地区的产业转移加速区域产业结构优化升级步伐，加快工业产业向新型工业化的转型，实现跨越式发展。

参考文献

［1］国务院. 国务院关于依托黄金水道推动长江经济带发展的指导意见［EB/OL］. http：//www.gov.cn/zhengce/content/2014-09/25/content_9092.htm.

［2］湖南省人民政府. 湖南省人民政府关于依托黄金水道推动长江经济带发展的实施意见

[EB/OL]. http：//www.hunan.gov.cn/zw/zfgb/54042/2015nd1q_58633/szfwj_40043_1/201506/t20150624_1760118.html.

[3] 藤堂伟，胡森林，侯路瑶. 长江经济带产业转移态势与承接的空间格局 [J]. 经济地理，2016（5）：92-99.

[4] 展宝卫. 产业转移承接力建设概论 [M]. 济南：泰山出版社，2006.

[5] 苏华，胡甜甜，黄麟堡. 中国各区域产业承接能力的评价 [J]. 统计与决策，2011（5）：41-43.

[6] 孙威，李文会，林晓娜等. 长江经济带分地市承接产业转移能力研究[J]. 地理科学进展，2015（11）：1470-1478.

[7] 刘友金等. 中部地区承接沿海产业转移：理论与政策 [M]. 北京：人民出版社，2016.

[8] 湖南省 2016 年国民经济和社会发展统计公报 [EB/OL]. http：//www.hunan.gov.cn/sj/njgb/201703/t20170309_4064444.html.

[9] 湖南省人民政府. 湖南省贯彻《中国制造 2025》建设制造强省五年行动计划（2016~2020 年）[EB/OL]. http：//www.hunan.gov.cn/2015xxgk/fz/zfwj/szfwj/201511/t20151118_1912441.html.

[10] 湖北省人民政府. 湖北长江经济带"十二五"规划 [EB/OL]. http：//gkml.hubei.gov.cn/auto5472/auto5473/201208/t20120809_389589.html.

[11] 湖北省人民政府. 湖北省国民经济和社会发展第十三个五年规划纲要 [EB/OL]. http：//gkml.hubei.gov.cn/auto5472/auto5473/201606/t20160614_848034.html.

（本章主要执笔人：叶文忠　刘俞希）

第五章

长江经济带制造服务化与湖南制造业创新发展对策

一、引　言

随着全球经济由工业型经济向服务型经济转变，及信息技术发展对经济的深入影响，越来越多的制造业企业认识到“顾客满意”的重要性。它们不仅关注实物产品的生产，而且更加关注产品价值的实现，提供“产品+服务”的解决方案，即实现制造服务化。Vandermerwe（1988）最先提出制造服务化的概念，指出制造服务化是指企业以顾客为中心，提供更加完整的“包”，包括物品、服务、知识、自我服务和知识等。制造服务化是制造业与服务业融合发展的一种新型商业模式，是将企业价值链由以制造为中心向以服务为中心转变的过程。这些服务包括价值链上游的研发与设计下游的售后服务、产品的全生命周期管理及系统解决方案。从产业链角度来看，制造服务化表现为价值创造由产业链中间的制造环节向两端的服务环节不断攀升的过程。

《中国制造 2025》明确提出积极发展服务型制造和生产性服务业。加快制造与服务的协同发展，推动商业模式创新和业态创新，促进生产型制造向服务型制造转变。大力发展与制造业紧密相关的生产性服务业，推动服务功能区和服务平台建设。支持有条件的企业由提供设备向提供系统集成总承包服务转变，由提供产品向提供整体解决方案转变。鼓励优势制造业企业“裂变”专业优势，通过业务流程再造，面向行业提供社会化、专业化服务。支持符合条件的制造业企业建立企业财务公司、金融租赁公司等金融机构，推广大型制造设备、生产线等融资租赁服务。

由工业和信息化部、国家发展改革委、中国工程院共同牵头制订的《发展服务型制造专项行动指南》指出发展服务型制造是制造业转型升级的重要方向。制造业企业通过创新优化生产组织形式、运营管理方式和商业发展模式，不断增加服务要素在投入和产出中的比重，从以加工组装为主向“制造+服务”转型，从单纯出售产品向出售“产品+服务”转变，有利于延伸和提升价值链，提高全要素生产率、产品附加值和市场占有率。

二、长江经济带制造业服务化的现状分析

（一）中国制造业服务化现状

借助投入产出表利用投入产出分析法分析制造业对生产性服务的依赖程度，揭示制造业与服务业之间的关系，进而分析服务投入对制造业的影响，以及制造服务化进程。生产性服务业主要包括分销服务业、生产服务业和通信服务业等，生产性服务业的发展对于制造业的升级提效有着重要的作用。

制造业对生产性服务的依赖度可以用直接消耗系数（投入系数）表示，其经济学含义为生产单位 j 产品直接消耗的 i 产品的数量，用公式表示为：

$$a_{ij}=x_{ij}/X_j \tag{5-1}$$

式（5-1）的含义是用 j（制造业）产品部门的总投入（X_j）去除该部门生产经营中所直接消耗的第 i（服务业或生产性服务业）产品部门的产品或服务的数量（x_{ij}）（i，j=1，2，3，…，n）。依赖度指在某个行业的生产中，某些产品的投入系数占全部产品投入系数的比重。用公式表示为：

$$d_{ij}=a_{ij}\Big/\sum_i a_{ij} \tag{5-2}$$

其中，$\sum_i a_{ij}$ 表示生产 j 产品直接消耗的全部中间投入的数量。d_{ij} 是衡量 j 产业对 i 产业的依赖程度。d_{ij} 越大说明在 j 产业的生产过程中来自 i 产业的投入所占的比例越大，因此说明 j 产业对 i 产业的依赖程度越大。我国制造业对服务业和生产性服务业投入的依赖程度的分析结果如表 5-1 所示。

由表 5-1 可知，2002~2015 年，中国的制造业对服务业投入的依赖程度在 10.68%~17.22%波动，呈现出先下降后上升再下降的态势，在上升的阶段由 2007 年的 10.68%上升到 2012 年的 14.06%，只上升了 3.38 个百分点，并且总体趋势是下降的。制造业

表 5-1　制造业对服务业和生产性服务业投入的依赖程度

单位：%

年份	2002	2005	2007	2010	2012	2015
服务业	17.22	14.44	10.68	11.77	14.06	12.29
生产性服务业	16.04	13.03	9.71	10.76	13.35	9.28

对生产性服务业投入的依赖度在 9.28%~16.04%波动，与对服务业投入依赖度有着相一致的波动趋势，在上升的阶段由 2007 年的 9.71%上升到 2012 年的 13.35%，只上升了 2.64 个百分点，同时总体趋势也是下降的。与发达国家的依赖度（20%~30%）相比较显得很低，说明中国的制造业服务化程度不够。中国制造业对服务业投入和生产性服务业投入的依赖度偏低主要是由于中国制造业处于国际产业链分工的低端环节、服务的内部化严重而外部化发展不足所导致的。国际代工的发展模式使得中国制造业企业只专注于组装、加工和生产制造环节，生产过程所需要的像研发、市场营销、法律服务、品牌经营等具有较高价值的生产性服务主要又属于公司外部提供，对本土生产性服务需求较少，因此降低了制造业对生产性服务业的依赖度；此外，中国服务业尤其是生产性服务业内部化现象严重是制约中国生产性服务业发展和专业化水平提高的重要原因。中国企业“大而全”“小而全”的思想、市场制度不健全等原因使得生产性服务业内部化现象严重，这影响了生产性服务业专业化的发展，导致其发展水平较低，对制造业的支撑力不强。

（二）长江经济带制造业对服务业投入依赖度分析

同样，长江经济带制造业对服务业投入的依赖度如表 5-2 表示。

表 5-2　长江经济带制造业对服务业投入依赖度

单位：%

地区	2002 年	2007 年	2012 年
上海	18.60	22.87	16.41
江苏	13.23	10.55	10.28
浙江	13.00	11.66	12.63
安徽	17.63	18.50	14.73
江西	19.15	18.27	9.74
湖北	17.85	19.05	12.07
湖南	23.70	9.89	17.79
贵州	23.00	21.64	20.56
四川	23.27	17.31	10.17
重庆	17.22	12.56	13.24
云南	22.92	24.02	15.68

由表 5-2 可以发现，在 2002 年、2007 年和 2012 年这三个年份里，长江经济带各省的制造业对服务业投入的依赖度呈现出不同的波动趋势，波动幅度有大有小，如上海、安徽、湖北、云南是先上升后下降的波动情况，江苏、江西、贵州、四川在这三年为逐年下降，而浙江、湖南、重庆是先下降后上升。并且 2002 年的依赖度普遍高于 2012 年，江苏和浙江的波动幅度较小，其他省份的波动幅度较大。这些现象说明长江经济带制造业对服务业投入依赖度不高，制造业服务化不够。

（三）长江经济带制造业对生产性服务业依赖度分析

长江经济带制造业对生产性服务业依赖度分析如表 5-3 表示。

表 5-3　长江经济带各省市制造业对生产性服务业依赖度

单位：%

地区	2002 年	2007 年	2012 年
上海	17.63	22.19	15.68
江苏	12.98	9.60	9.86
浙江	12.58	10.57	12.26
安徽	16.88	17.54	14.36
江西	18.43	16.77	9.45
湖北	17.74	15.18	11.26
湖南	23.01	8.64	16.38
贵州	21.78	19.96	19.96
四川	20.43	16.11	9.54
重庆	16.04	11.48	12.71
云南	22.26	22.06	14.98

由表 5-3 可知，长江经济带各省市在 2002 年、2007 年、2012 年这三个年份里的制造业对生产性服务业投入依赖度的波动呈现多样性，有递减、先增后减也有先减后增的情况。通过对比发现，各省市制造业对生产性服务业投入的依赖度的波动趋势与制造业对服务业投入的依赖度基本一致。各省市在各个年份的制造业对生产性服务业依赖度的数据与对服务业依赖度的数据相差不大。以上说明我国制造业对服务业投入依赖度偏低主要是对生产性服务业投入依赖度偏低所致。

从省份的角度分析发现，下游的制造业对生产性服务业投入依赖度水平较稳定，除了上海外变化范围大部分在 3%左右，各行业发展趋于平衡，江苏、浙江整体水平偏低，江西、安徽整体居中，上海整体偏高；中游的制造业服务化水平则非常不稳定，湖北整体呈现出下降的趋势，由 17.74%下降到 15.18%，接着又下降到 11.26%。而湖南的变化是13个省市中最为明显的，由整体偏高的23.01%变为整体偏低的8.64%，然后大幅度反弹上升到16.38%，变动高达14.37%；上游成渝经济区制造业服务化水平由分散变为聚集。

通过对2012年各省市制造业对生产性服务业细分行业投入依赖度分析（见表5-4），可知批发零售业、运输邮政业、金融保险业、房地产业四大行业稳定在前四，且依赖度系数都较高，因此取各省市制造业对生产性细分行业中的前四大细分行业的投入依赖度进行分析。

表5-4　2012年各省市制造业对生产性服务业前四大细分行业投入依赖度

单位：%

地区	批发零售业	运输邮政业	金融保险业	房地产业
上海	5.26	2.48	2.34	3.37
江苏	1.62	2.69	1.78	2.44
浙江	4.35	2.24	2.73	1.27
安徽	7.25	3.12	1.69	1.74
江西	4.83	2.45	0.69	0.47
湖北	3.57	2.82	1.95	1.60
湖南	9.36	3.35	1.63	0.74
贵州	7.24	5.88	3.58	1.96
四川	2.92	1.42	2.32	0.96
重庆	4.20	3.62	2.32	1.21
云南	6.04	3.00	2.24	1.57
平均值	5.15	3.01	2.12	1.58

由表5-4可知，各省市制造业对批发零售业的依赖度平均值最高，而且大部分省市在2002年、2007年和2012年间呈现出逐年递减的趋势。究其原因，中国制造业处于价值链低端，以加工贸易为主的发展模式使得外商投资企业在销售产品时，一般利用海外母公司的渠道和出口给海外批发商两种渠道进行，因此对本土批发零售贸易的需求较少。

这可能还与中国买卖市场格局的变化以及信息技术的持续发展有关。经过几十年的发展改革，中国商品流通流域发生了深刻的变化，原来的卖方市场已逐渐演变成为买方市场，生产商、批发零售商、消费者的力量对比发生了一定的变化，作为中间商的批发零售商受到来自生产商、消费者多方势力的挤压。而随着信息技术的不断发展和网络经济时代的来临，人们获取信息的能力和条件已大为改善，采集信息已不再是批发零售商的优势，中小生产企业也能很轻易地借助网络平台寻找到目标客户。这也使得大量生产企业绕过中间环节直接与顾客交易以实现成本的节约和价格的降低。此外，竞争的加强可能导致贸易部门的效率提高，也可能导致贸易投入的比重下降。

制造业对运输邮政业投入依赖度平均值位居第二，这主要体现为中国制造业工业化进程中的重型化倾向，随着国民生产总值的增长，社会需要更方便、更完善的运输网来满足多方面的运输要求。

制造业对金融保险业投入依赖度大部分排在第三，虽然排名比较靠前，但是总体水平不高，这主要是由于我国金融市场建设明显滞后，金融保险部门为制造业所提供的服务种类较少，往往只局限于传统的存贷款业务。目前，中国银行业仍然以四大国有银行为主体，中小银行发展不充分，四大国有银行的高度垄断难以为制造业企业提供满意的金融服务，尤其是私营企业和中小企业，它们更是难以从国有银行中获得金融服务。与国外种类繁多的金融服务、金融创新相比，我国的金融创新发展滞后，创新动力不足，企业融资渠道单一，直接融资能力不强，从而导致制造业部门使用的金融保险服务投入较为单一。

房地产、租赁和商务服务业投入水平不高，这可能与我国大多的制造业企业拥有自己的厂房有关。住宿餐饮业是传统的服务性行业，其需求一般以消费需求为主，随着经济的发展、人民生活水平的提高和人均收入的提高，其消费需求在收入中所占的比重会降低，因此导致制造业对住宿餐饮业的投入依赖度较低。

科学研究事业是衡量一个社会和企业创新能力的重要指标，而在长江经济带各省市的制造业对科学研究事业投入依赖度的分析中，对科学研究事业依赖度水平非常低，且有些省份还呈现逐年下降的趋势，这说明这些省的科研投入不足、创新能力不够。

三、湖南推进制造服务化的现实产业基础

（一）湖南省制造业分行业对生产性服务业投入依赖度分析

由于2007~2012年制造业对生产性服务业投入依赖度总体趋势上升，且上升幅度很大，因此不能简单地以各细分行业对生产性服务业投入依赖度在这两年间的上升程度来衡量服务化程度，应将每年各细分行业的依赖度相对制造业对生产性服务业投入依赖度更大来衡量服务化程度是否上升。

取2007年和2012年湖南省制造业细分行业对生产性服务业的投入依赖度数据，并将它们分为轻工业（食品制造及烟草加工业、纺织业、纺织服装鞋帽皮革毛皮羽毛

（绒）及其制品业、木材加工及家具制造业、造纸印刷及文教体育用品制造业）、资源加工业（石油加工、炼焦及核燃料加工业，化学工业，非金属矿物制品业，金属冶炼及压延加工业，金属制品业）、机械电子制造业（通用、专用设备制造业，交通运输设备制造业，电气机械及器材制造业，通信设备、计算机及其他电子设备制造业，仪器仪表及文化、办公用机械制造业，工艺品及其他制造业）。我们进一步分析湖南省制造业各行业对生产性服务业投入的依赖度，如表 5–5 所示。

表 5–5 湖南省制造业分行业对生产性服务业投入依赖度

单位：%

	2007 年	2012 年
制造业	**8.64**	**16.38**
食品制造及烟草加工业	14.63	16.09
纺织业	10.02	14.66
纺织服装鞋帽皮革毛皮羽毛（绒）及其制品业	19.43	16.51
木材加工及家具制造业	10.04	15.49
造纸印刷及文教体育用品制造业	6.55	16.17
轻工业	**12.21**	**15.77**
石油加工、炼焦及核燃料加工业	2.29	12.27
化学工业	8.11	19.52
非金属矿物制品业	7.22	16.22
金属冶炼及压延加工业	4.81	15.22
金属制品业	5.81	17.55
资源加工业	**5.56**	**16.01**
通用、专用设备制造业	10.16	32.83
交通运输设备制造业	10.79	15.99
电气机械及器材制造业	8.42	17.22
通信设备、计算机及其他电子设备制造业	7.15	12.45
仪器仪表及文化、办公用机械制造业	9.53	19.31
工艺品及其他制造业	12.38	21.37
机械电子制造业	**9.80**	**17.11**

由表 5–5 数据可知，湖南省制造业对生产性服务业投入依赖度为 2007 年的 8.64%、2012 年的 16.38%，轻工业对生产性服务业投入依赖度为 2007 年的 12.21%、2012 年的 15.77%，轻工业对生产性服务业投入依赖度相对制造业是呈下降趋势的，且轻工业的细分行业相对轻工业大部分行业是呈下降趋势的。资源加工业对生产性服务业投入依赖度为 2007 年的 5.56%、2012 年的 16.01%，相对制造业也是呈下降趋势的，资源加

工业细分行业相对资源加工业大部分细分行业是呈下降趋势的。机械电子制造业对生产性服务业投入依赖度为2007年的9.80%、2012年的17.11%，相对制造业是呈上升趋势的，通用、专用设备制造业，电气机械及器材制造业，仪器仪表及文化、办公用机械制造业相对机械电子制造业是呈上升趋势的。

（二）湖南省推进制造服务化的产业基础

制造服务化的重点行业是装备制造业和电子信息产业。对于装备制造业服务化转型的路径有三条：①大力发展融资租赁服务。②发展整体解决方案，除为客户提供自产主体设备外，还提供成套设备（包括系统设计、系统设备提供、系统安装调试）和工程承包（包括基础设施、厂房、外围设施建设）等，同时向客户提供专业化的维修改造服务，即由设备的制造厂商提供设备的维修、检修、升级、改造，并向客户提供专业化远程设备状态管理服务，对客户装置实施全过程、全方位、全天候的状态管理。③发展供应链管理服务，为每一位客户量身定制一步到位、全方位的运输解决方案，对于电子信息产业，服务化的方向主要是提供包括“硬件+软件+知识”的智能信息处理和智慧生活服务方案。

由上面的分析可知，机械电子制造业对生产性服务业投入依赖度相对制造业整体行业是呈上升趋势的，而机械电子制造业中的细分行业大部分为装备制造业，装备制造业是为满足国民经济各部门发展和国家安全需要而制造的各种技术装备产业的总称，是工业化中后期经济发展的支柱产业。提供的是投资类产品，包括系统、主机、零部件和技术服务，具有技术密集、资金密集、知识密集和附加值高、成长空间大、带动作用强等特点。

“十二五”期间，湖南省装备制造业产业规模、发展质量、产业效益取得了不同程度的提升，产业结构和转型升级步伐加快，装备制造业对国民经济和社会的发展、对其他行业技术升级起到了积极作用。

湖南省工程机械产业行业地位全国第一。2015年，全省工程机械产业全年实现主营业务收入1450.99亿元，占全国总量的27.60%；完成规模工业增加值352.56亿元，完成新产品产值646.67亿元，完成产品出口交货值80亿元，产品销售率为96.20%，实现利润29.52亿元，实现利税58.09亿元，湖南已成为全国工程产业最大的生产基地。工程机械产业创新能力逐步提升。湖南省拥有中联、三一重工、山河、江麓、铁建重工五个国家级企业技术中心，一家国家级混凝土工程技术研究中心，龙头企业年研发资金投入超过销售收入的5%。湖南已研发出具有世界领先水平的3600吨级履带吊车、1000吨级全路面汽车起重机、300吨级电动矿用自卸车、（TBM）大型全断面隧道掘进机和碳纤维臂架混凝土泵车等工程机械高端技术装备。

湖南轨道交通装备产业有 80 多年的发展历史，是中国规模最大的轨道交通装备产业集聚地，先后获批国家轨道交通装备高新技术产业化基地、国家创新型产业集群试点、国家战略性新兴产业区域集聚发展试点，产业链条完整，产业优势明显，整体处于全球产业链、价值链中高端。随着我国铁路和城市轨道交通的快速发展，湖南省轨道交通装备产业规模不断扩大，2015 年，全省轨道交通装备制造业完成规模工业增加值 212.73 亿元，同比增长 10.90%；完成新产品产值 486.56 亿元，同比增长 17.80%。全年实现主营业务收入 777.47 亿元，同比增长 22.6%；实现利润 70.62 亿元，同比增长 24.90%。"十二五"期间，湖南省轨道交通装备产业主营业务收入年平均增长率约为 21.50%。湖南省轨道交通装备产业创新能力大幅提升，产品覆盖了轨道交通装备产业的所有领域，交流传动电力机车、铁路敞车及机车电机的市场占有率居全国第一；轨道交通行业机电零配件产品在全国市场占有率达到 60%~80%，交传货运重载干线机车、城轨车辆、铁路货车国内市场占有率分别达到 40%、25%和 10%以上；国际市场大幅度提升，国际地位进一步夯实。湖南省轨道交通装备产业拥有 3 家国家级工程技术（研究）中心、4 家国家级企业技术中心、2 个国家级重点实验室、6 个企业博士后工作站等科研中心。在电力机车、城轨车辆、铁路货车等领域掌握了国内领先的核心技术。中车株洲电力机车有限公司是世界上唯一研制基于超级电容储存电能技术作为主动力能源的"储能式电力牵引轻轨车辆"制造商，掌握了世界高端 A 型地铁车辆设计、制造技术和中低速磁悬浮列车制造技术。具有自主知识产权的产品比重达 74%，共获得专利 722 多项，荣获国家专利金奖 1 项。

湖南省电工电器装备产业经过近 70 年的建设与发展，经济总量逐年增长，中小型电力装备具有较好的配套能力，输变电装备、新能源装备在国内处于领先地位，并形成了一定的生产规模和能力。2015 年，全省电工电器装备产业全年实现主营业务收入 1745.69 亿元，全国排名第 11 位，同比增长 13.80%；实现利润 84.20 亿元，同比增长 39.1%；完成规模工业增加值 494.05 亿元，同比增加 13.20%；完成新产品产值 465.59 亿元，同比增长 49.90%。湖南省以拥有自主知识产权的特高压输变电成套装备、智能电网用成套装备、新能源发电装备等为代表的电工电器装备已经达到国际领先水平。行业拥有湘电股份、衡阳特变、长高集团三家国家级企业技术中心和湘电风能海上风力发电技术与检测国家重点实验室、中电 48 所国家光伏技术研究中心，行业内企业研制出的 5 兆瓦海上风电整机、1000 千伏特高压变压器、电抗器、隔离开关等产品填补了国内空白，已形成完整的整机制造技术。

四、湖南省制造服务化存在的问题及突破点

（一）湖南省制造服务化存在的问题

由前面的分析可知，近年来湖南省制造服务化水平有上升的趋势，但根据张予川（2016）在长江经济带制造业服务化梯度推进路径研究的结果显示，湖南的服务化水平梯度为低投型（即服务化水平较低、中间投入总量低）。这是由于服务化的边际投入小于总产值的边际产出，即服务化投入对制造业总产值具有促进作用，此时应当增加边际投入，使得边际投入等于边际产出，逐步向高产型转移，如果相对于产出而言投入增长率更大，那么直接向高质型推进。在湖南生产性服务业和制造业的互动相互关系中，主要是制造业促进生产性服务业的发展，而生产性服务业由于起步晚、发展水平低，对制造业的促进作用还很小。在湖南未来的转方式、调结构过程中，必须加快生产性服务业的发展，实现两大产业间的互动升级。

（二）湖南省制造服务化的突破点

一方面应打破核心技术制约，另一方面应着力提升现代服务业。首先，产业要从“劳动密集型”向“知识密集型”转移，提高创新能力，加大研发投入，组织实施“重点突破计划”，攻克制约产业发展的关键材料、核心零部件和装备，研发具有自主知识产权的核心技术，制定国际认可的技术标准，同时，大力发展功能设计、结构设计、形态及包装设计等工业设计产业。其次，要实现产品功能拓展，充分利用互联网、物联网、云计算、大数据等新一代信息技术，发展制造业的新型服务形态，加大产出服务化投入，推动生产性服务业高效发展，促进生活性服务业功能升级，从而延伸产业价值链。再次，实施品牌发展战略，大力发展自主品牌，以产业聚集区、工业园区、新型工业化基地等为重点，开展品牌示范区建设，推动技术突破和升级，充分发挥产学研的力量，打造电子信息、高端装备、汽车、家电、纺织服装等世界级制造业集群，建设具有国际先进水平的长江口造船基地和长江中游轨道交通装备、工程机械制造基地。最后，努力实现制造业的智能化和绿色化，在提高生产能力的同时重视环境保护。

在推进制造服务化的过程中，首先，重视对顾客需求信息以及市场环境变化的了解，关注行业发展趋势以及同行竞争对手经营方式的变化，企业高层需要及时主动地调整经营理念，积极推动服务化战略。其次，在推动服务化过程中，按照目标确定、

分析论证、设计内容、执行实施等步骤，确立服务化流程，使得服务化战略得到有效执行。再次，服务化战略的实施，需要在组织结构、组织环境等方面进行调整，特别是技术研发能力的不断提高，保障服务化战略的实施。最后，在实施过程中逐渐总结完善，形成系统的服务化实施蓝图以及路线图。

五、湖南省推进制造服务化的创新发展对策

（一）推动服务型制造业发展

引导和支持轨道交通装备、工程机械、电力、节能环保等领域优势企业延伸服务链条，从主要提供产品制造向提供产品和服务转变，由提供设备向提供系统集成总承包服务转变，由提供产品向提供整体解决方案转变。鼓励制造业企业增加服务环节投入，发展个性化定制服务、全生命周期管理、网络精准营销和在线支持服务等。鼓励优势制造业企业“裂变”专业优势，通过业务流程再造，面向行业提供社会化、专业化服务。支持有条件的企业建立财务公司、金融租赁公司等金融机构，推广大型制造设备、生产线等融资租赁服务。

（二）推动装备制造业与生产性服务业融合发展

要提高装备制造企业的服务意识。服务经济的发展迫使企业向服务型模式转变，对于装备制造业来说也要主动适应这一趋势。装备制造企业一是要紧紧围绕客户需求，跳出中低档装备产品的怪圈，通过提供服务组合更好地满足客户需要；二是积极进行技术创新与信息系统的应用，以便高效利用企业资源提供服务，实现盈利能力；三是促进装备制造业与生产性服务业建立战略联盟，发挥装备制造业与生产性服务业网络产业链的协同作用；四是放松政府管制，制定有利于装备制造业服务化的产业政策。

（三）加快发展生产性服务业

生产性服务业多为知识密集型、技术密集型行业，作为中间投入品，通过这种方式，知识和技术得以进入生产过程，从而提高生产过程的营运效率、经营规模及其他投入要素的生产率。企业通过购买生产性服务活动，引入新技术、知识，使企业可以专门致力于产品开发、研究设计、市场营销及售后服务等创造性活动，提高企业的核心竞争能力。生产性服务企业在提供服务的过程中与客户互动学习，进一步强化自身

的创新能力，并通过为客户提供服务又传递给客户。

大力发展面向制造业的信息技术服务业，提高制造业信息应用系统的方案设计、开发和综合集成能力。鼓励互联网企业无缝对接制造企业，运用新一代信息技术提供产品、市场的动态监控和精准营销服务。加快发展研发设计、技术转移、创业孵化、知识产权、科技咨询等科技服务业，发展壮大第三方物流、节能环保、检验检测认证、电子商务、服务外包、融资租赁、人力资源服务、售后服务、品牌创建等生产性服务业，提高对制造业转型升级的支撑能力。

（四）建设完善公共服务平台

加强经济预警预测平台建设，引导企业及时规避化解市场风险。以服务产业园区、产业集群为重点，加强创新、创业、投融资、信息、技术、物流、市场等各类公共服务平台建设。建立制造业企业对外投资和工业产品出口公共服务平台，每年重点支持5~10家工业领域“走出去”服务平台和服务机构建设。完善中小企业公共服务网络，引进和培育一批优质服务机构，全面提高服务水平。支持行业龙头企业牵头建立产业联盟。大力发展面向制造业企业的电子商务服务平台，帮助湖南名企名品拓展网络市场。着力激发社团活力，充分发挥行业协会、异地商会等社会中介组织的作用。

（五）推动智能服务创新

大力发展以在线监测、远程诊断和云服务为代表的智能服务，推动风电、环保、节能等领域龙头骨干企业创新经营模式，改造业务流程，积极应用新型传感技术、网络技术和数据分析处理技术，实现装备产品的适时定位、远程监控、在线诊断等服务系统创新。大力培育发展大规模个性化定制、远程运营维护等新模式新业态，鼓励支持有条件的大型装备制造企业向具有系统总集成、设备总成套、工程总承包能力的解决方案提供商转型。

（六）加快创新人才培养

加快高端化、复合型人才的培养和引进，加大服务型制造领域人才的培养力度，建设“经营管理人才+专业技术人才+技能人才”的服务型制造人才发展体系。支持制造业企业与研究机构加强合作，开展有针对性的人才培训。探索通过服务外包、项目合作等形式，提升人才的国际视野与专业能力。拓宽人才引进渠道，加大国际高端人才引进力度，不断强化对高端人才的服务能力。

（七）开展创新示范推广

统筹社会组织、研究机构和制造业企业等多方资源，推动“服务型制造万里行”主题系列活动。开展示范企业、示范项目和创新模式案例总结和经验推广。鼓励各级地方政府加大推广和支持力度，结合发展实际开展试点示范工作，发挥示范引领作用，增强产业支撑能力和辐射带动能力。整合汇集服务型制造专家资源，建立服务型制造专家库，深入产业园区和重点企业开展巡访、咨询和诊断服务，不断深化企业和社会对服务型制造的认识。

参考文献

[1] 黄群慧，霍景东. 中国制造业服务化的现状与问题——国际比较视角［J］. 学习与探索，2013（8）：90-96.

[2] 简兆权，伍卓深. 制造业服务化的路径选择研究——基于微笑曲线理论的观点［J］. 科学学与科学技术管理，2011（12）：137-143.

[3] 张予川，石雨晴，沈轩. 长江经济带制造业服务化梯度推进路径研究［J］. 科技进步与对策，2016（18）：51-58.

[4] 姚小远. 论制造业服务化——制造业与服务业融合发展的新型模式［J］. 上海师范大学学报（哲学社会科学版），2014（6）：60-71.

[5] 周大鹏. 制造业服务化对产业转型升级的影响［J］. 世界经济研究，2013（9）：17-22+48+87.

[6] 黄群慧，霍景东. 全球制造业服务化水平及其影响因素——基于国际投入产出数据的实证分析［J］. 经济管理，2014（1）：1-11.

[7] 魏作磊，李丹芝. 中国制造业服务化的发展特点——基于中美日德英法的投入产出分析［J］. 工业技术经济，2012（7）：24-28.

[8] 綦良群，赵少华，蔡渊渊. 装备制造业服务化过程及影响因素研究——基于我国内地30个省市截面数据的实证研究［J］. 科技进步与对策，2014（14）：47-53.

[9] 黄群慧，霍景东. 产业融合与制造业服务化：基于一体化解决方案的多案例研究［J］. 财贸经济，2015（2）：136-147.

[10] 吕林，刘芸，朱瑞博. 中国（上海）自由贸易试验区与长江经济带制造业服务化战略［J］. 经济体制改革，2015（4）：70-76.

[11] 刘建国. 制造业服务化转型模式与路径研究［J］. 技术经济与管理研究，2012（7）：121-124.

[12] 刘斌，魏倩，吕越，祝坤福. 制造业服务化与价值链升级［J］. 经济研究，2016（3）：151-162.

[13] 周大鹏. 制造业服务化演化机理及发展趋势研究［J］. 商业研究，2013（1）：12-21.

（本章主要执笔人：曹休宁　彭　松）

第六章

长江经济带互联网产业发展现状与湖南创新发展对策

一、引 言

互联网经济是在互联网的基础上发展而来的经济活动之和，其引领全球信息技术革命，加速向经济社会各领域渗透融合，不断催生新产品、新业务、新模式、新业态，世界各国纷纷推出互联网发展战略以释放数字红利。中国政府高度注重以互联网为代表的新兴技术与产业的深度融合发展。习近平总书记强调，我国经济发展进入新常态，新常态要有新动力，互联网在这方面可以大有作为。2015 年以来，国务院发布《“互联网+”行动指导意见》明确了推进“互联网+”，促进创业创新、协同制造、现代农业、智慧能源、普惠金融、公共服务、高效物流、电子商务、便捷交通、绿色生态、人工智能等若干能形成新产业模式的重点领域发展目标任务，成为我国“互联网+”顶层设计。中国政府先后出台《关于深入实施“互联网+流通”行动计划的意见》《国务院办公厅关于推进线上线下互动加快商贸流通创新发展转型升级的意见》《关于深化制造业与互联网融合发展的指导意见》《“互联网+便捷交通” 促进智能交通发展的实施意见》《推进“互联网+政务服务”，开展信息惠民试点的实施方案》《关于加快推进“互联网+政务服务”工作的指导意见》等系列举措，充分发挥互联网在生产要素中的优化配置和集成作用，将互联网的创新成果深度融合到经济社会各个领域之中，形成以互联网为基础设施和实现工具的经济发展新形态。

二、互联网经济的特征与发展趋势

（一）互联网经济内涵和本质特征

1. 互联网经济的内涵

互联网经济是一种新的经济形态，在形态上主要是知识经济，在运行方式上主要是以网络为载体，在经济模式上是虚拟经济和实体经济的结合。互联网经济时代下经济主体的生产、交换、消费等经济活动，以及政府、金融机构的经济行为都依赖网络，主要是指依赖网络获得大量的经济信息，从而进行发展决策和预测。需要指出的是，互联网经济并不是“高技术”公司的某种简单集合。互联网经济包括从互联网产生收入的任何公司。例如，传统的电信公司产生的一部分收入被计算在互联网经济中，因为这些公司通过每一公里铜芯的、同轴的和光纤的线路传输 IP 电话。不过并不能把上述公司的全部收入都计算在互联网经济之内，甚至思科公司的收入也并不能 100%地算入互联网经济，因为并非它所提供的全部网络装置都适用于互联网。

2. 互联网经济的本质特征

（1）互联网经济是基于免费的商业模式，以用户为中心的经济。传统经济强调“客户（顾客）是上帝”，这是一种二维经济关系，即商家为付费的人提供服务。然而，在互联网经济中，不管是付费还是不付费的人，只要使用你的产品或服务，那就是上帝。因此，互联网经济崇尚的信条是“用户是上帝”。生活中我们可以发现很多商家的 APP 注册都是免费的，如聊天、搜索、电子邮箱、杀毒软件，不仅不要钱，而且质量特别好，甚至倒贴钱吸引人们来用。正是因为互联网经济是基于免费的商业模式，用户才显得如此重要。互联网时代是一个消灭信息不对称的时代，是一个信息透明的时代。有了互联网，游戏规则变了，因为消费者鼠标一点就可以比价，而且相互之间可以方便地在网上讨论，因此消费者掌握的信息越来越多，于是变得越来越精明，变得越来越具有话语权。

（2）互联网经济直接联通终端，降低交易成本。互联网实现了由生产终端到消费终端的直接连线，降低了商品的交易成本，促使市场交易更加方便快捷。共享性和全球化的时代特征使得人才、技术、资本等资源能在世界范围内优化配置。互联网技术的发展日新月异，以此为基础的互联网经济不断创新。互联网经济能有效地防止传统经济中对有形资源、能源的过度消耗。在时间和空间上都可节省资源，从而实现经济发展的良性循环。互联网经济就是生产和销售数字化产品，它打破了传统观念中时间和空间的限制，汇合物流、资金流、信息流，形成高度发达的市场经济。

（3）互联网经济存在多种开放平台生态。一是以电商金融为核心的开放平台生态，如阿里巴巴以电商开放为中心，利用数据分享战略、无线开放战略等搭建“云数据服务+电商+开发者”开放平台，积极向移动端应用发展，拓展金融、社交、物流、在线地图、O2O 等业务融合。投资围绕泛文娱领域的文化娱乐体育方向、商业服务领域的电子商务及生活服务领域的本地生活和汽车交通等业务。二是以信息搜索为基础的开放平台生态，如百度开放平台基于技术开放优势，推动轻 APP 开放平台战略和 LBS 平台化等战略，依托搜索逐步形成应用分发、安全、金融、地图、电商平台体系，着力打造以搜索为入口，流量为核心的闭环生态。投资主要集中在 O2O 和汽车交通领域，多数是为自家业务承载服务。此外，领先互联网企业基于资金、技术、渠道优势不断拓展、布局创新业务生态。电商巨头企业京东聚焦智能硬件创新，提供从资金、芯片、分发渠道、云存储到数据分析的一系列支撑，着力拓展新型业务生态。

（二）中国互联网经济的发展现状

2016 年，我国的互联网经济占 GDP 的比重为 6.9%，截至 2016 年 12 月，我国互联网网民规模已达到 7.31 亿人，互联网普及率为 53.2%，较 2015 年底提升了 2.9 个百分点。其中，我国青少年网民规模在 2015 年底已达到 2.87 亿人，互联网普及率高达 85.3%，高出同期全国整体互联网普及率 35 个百分点。2015 年，我国青少年网民平均上网时长为 26 小时/周，与网民总体基本持平，其中非学生与大学生的青少年网民群体显著高于全国网民及青少年网民群体。在互联网应用的普及率方面，青少年网民也在搜索引擎、网络音乐、网络游戏和微博等娱乐及社交属性较强的类别上明显高于整体网民的水平。以“90 后”和“00 后”为主的青少年网民群体在互联网时代展现出了更为广泛、活跃的参与热情。以互联网经济为重要组成部分与关键驱动要素的信息经济，正成为拉动经济增长和加速产业转型升级的核心动力，当前我国信息经济尤为活跃。2015 年，中国信息经济总量达到 18.6 万亿元，同比名义增长超过 17.5%，显著高于当年 GDP 增速，占 GDP 的比重达到 27.5%，同比提升 1.4 个百分点。中国信息经济对 GDP 增长的贡献不断增加，2015 年中国信息经济对 GDP 的贡献已达到 68.6%，接近甚至超越了某些发达国家的水平。互联网正加速向经济社会各领域渗透融合，深刻改变着基础业务逻辑，不断催生新产品、新业务、新模式、新业态。从技术创新层面看，互联网以跨界融合突破为标志，与制造、能源、材料、生物等技术加速交叉融合，引领新一轮科技革命。

（三）互联网经济与传统经济对比

传统经济是互联网经济产生和发展的基础，互联网经济是传统经济发展到较高阶段的产物，互联网经济的发展离不开传统经济的支持。互联网经济并非独立于传统经济之外、与传统经济完全对立的纯粹的“虚拟”经济。首先，传统经济是互联网经济发展的基础。互联网经济即使再发达，也不能脱离传统经济而独立存在。它是其发达的物质经济、现代金融和互联网技术相融合的结果。脱离了传统经济，互联网经济就成了无水之源、无本之木。同时，传统经济领域的经济法则，如等价交换、利润最大化等仍适用于互联网经济，价值规律仍起作用。互联网经济的发展实际上是传统经济在知识经济时代焕发出的新的生命力。互联网使得各种有效信息得以快速传播和获取，降低了传统经济形态中的交易成本，这就使得过去因经营成本过高或达不到规模效益的企业开始盈利，而由于网络技术的应用也会延长部分产业的成长周期，使得传统产业更具有生命力。

当然，互联网作为传统经济发展的新一代产物，必然和传统经济有着不同的特点。市场需求方面，在传统工业经济条件下，需求主要为同质性需求，即以某种商品大规模、排浪式消费为主。而在互联网经济条件下，个性化、多样化消费渐成主流，需求更多表现出异质性，每个消费者都可以在互联网上根据自己的个人偏好选择相对应的产品。生产要素方面，工业经济的构成单元是原子，互联网世界构成的基本介质是比特。工业经济时代生产要素为各种资源，同时这些生产要素是有限的，人类经济发展一直被互联网时代所依赖需要的要素就是数据，而数据是无限大、取之不尽用之不竭的，在使用的同时是在不断生成的。工业经济时代的经济学是一种稀缺经济学，而互联网时代则是富饶经济学，数据成为企业竞争的最为宝贵的资源。对于中国经济已经进入高成本时代而言，互联网经济的要素低成本化的意义更为重大。创新方面，传统工业经济条件下，创新主要以供给方为提高生产效率而进行的技术革新为主，作为原创技术创新，速度较为缓慢。互联网经济条件下，创新主要以满足消费者多样化、个性化需求而推行的商业模式创新、产品创新为主，消费者需求的动态变化带动创新速度的加快，并以满足消费者极致化的体验为出发点。互联网经济中这种创新使得企业更容易进入、退出市场，在较短的市场内获得市场势力，同时也面临较多潜在进入者的竞争，导致其更不易保持市场势力，市场结构表现为动态的竞争性垄断特点。市场范围方面，传统工业经济条件下，铁路、电力等技术的发展极大地促进了跨区域、跨国家的经济活动，拓宽了市场广度；互联网经济条件下，多样性需求刺激了更多利基产品的生产，形成长尾市场，拓宽了市场深度。生产方式方面，“福特式”是传统工业经济时代典型的生产方式，以标准化、规模化生产为主要特征，企业利用规模经济来降低成本（见表 6-1）。

表 6–1 互联网经济与传统工业经济对比

	传统工业经济	互联网经济
市场需求	同质性需求	异质性需求
生产方式	标准化、规模化基础上的规模化生产	个性化、差异化基础上的定制化生产
	规模经济显著	范围经济显著
进入壁垒	高进入壁垒	低进入、退出壁垒
市场范围	交易成本高，信息不对称	交易成本低、信息相对充分
	区域性、全球性市场	市场范围进一步扩大
分工	行业间分工、行业内分工为主	产品内分工进一步深化和细化
企业组织	大企业、纵向一体化	网络组织
市场结构	寡头、垄断为主	竞争性垄断、可竞争性市场
竞争策略	价格竞争、数量竞争	差异化竞争、质量竞争
创新	速度较慢、以生产技术创新为主	速度较快、以满足客户需求为主
代表性行业	汽车、石油、铁路	电子商务、搜索引擎等，互联网金融、3D 打印等

资料来源：赵立昌. 互联网经济与我国产业转型升级［J］. 当代经济管理，2015（12）：54–59.

（四）大数据时代互联网经济的发展规律

互联网经济发展离不开大数据、云计算以及移动互联网。互联网经济下公司的实质是数据驱动发展。互联网公司，本质上都是数据公司。大数据能够提供商品或服务的供需信息，包括消费者的偏好特征、需求空间异质性特征以及供给者的能力特征和空间分布特征等。互联网经济的优势是升级消费与优化供给，有利于化解产能过剩、降低交易成本、减少对能源资源的消耗，具有广阔的发展前景，也是温室气体约束下世界经济发展转型的一种必然选择。大数据并不是新出现的概念，它之前在物理学、天文学、自动化等学术领域，以及金融、通信等相关行业已经存在相当长的时间。近年来，随着网络经济的快速发展，大数据开始得到越来越多的关注。这些大数据主要来自互联网渗透进人们日常生产、生活等方面使用网络留下的印迹，如浏览网页、网上购物等。大数据技术旨在从庞大的数据中提取出有价值的数据信息。随着发展，大数据可能会在未来成为最大的商品，数据的大量使用将会使大数据变成一个大产业。大数据产业实现盈利的关键，在于提高大数据的信息含量和价值。大数据产业的成长有利于互联网经济的发展。

1. 大数据降低了互联网经济的交易成本

基于互联网技术的交易不同于实体经营，卖家只需要在电子商务平台上申请网上商店，然后做好自身网店的宣传并提供货物即可，手续简单、方便快捷。卖方只需要在电子商务平台中申请网上商店，做好网站宣传，安排适当的人从事网上咨询答疑工作，即可开始产品销售。相对实体经营，网上商铺的手续相对简单，建设周期短而且见效快。卖方省去了开设实体商店的房租费、装修费、水电费和人工费用，经营成本得到较大的降低。作为交易的另一方，买方可以利用电子商务平台和大数据分析，查询到自己需要的产品或者服务，全面了解产品的详细信息、产品的销售情况以及购买者的评价。商户利用云计算能够较为全面地掌握一个产品的真实情况，使得买家足不出户就能通过移动互联网提供的电子商务平台买到自己满意的产品，采用这种模式对购买者来说，也降低了其购物成本。

2. 大数据提高了互联网经济的交易效率

传统的商业模式中，陌生的交易双方要达成一笔交易，需要经过较为复杂的过程，买家要考察产品的质量、产品的售后服务和商家的实力信誉，卖家要考察买家的付款能力和诚信情况。两者之间信息不透明，存在诸多风险。所以，在交易利润相近的情况下，许多交易往往都发生在熟悉的双方之间。这样可尽可能地规避陌生交易的风险。但在互联网经济中，大部分交易都是发生在两个陌生个体之间，而且还是在不太熟悉的互联网中进行，交易风险成为不可回避的问题，这成为双方达成交易的巨大障碍。大数据在互联网经济中广泛应用，解决了交易双方不信任的问题，不但节约了交易时间，还大大提高了交易双方的效率。卖方利用大数据来分析市场，分析行业发展趋势，有针对性地生产适销对路的产品，减少盲目投资带来的风险。同时，卖方还可以通过大数据分析，准确地掌握顾客的商品喜好，有针对性地开展宣传和营销，节约了广告费用，提高了广告效果。此外，大数据还可以提供买方在互联网中的购物经历，分析买方的购买能力和信誉情况。另外买方可以通过大数据快速检索到自己需要的产品，了解产品的情况，掌握其他用户的评价，评估卖方的信用和售后服务能力。这些信息的掌握能够打消陌生交易双方的顾虑，促进交易快速达成，提高了交易效率。

3. 大数据拓宽了互联网经济的交易空间

传统交易由于受信息不灵通和地域限制的影响，用户对许多产品也没有过多的选择，只能被动地接受当地的商品。但互联网的普及、电子商务的发展以及互联网经济中大数据的应用，则完全打破了这一时空限制。利用大数据，商家可以实时分析市场，掌握市场动态，把握经济规律，抓住各种商机，利用电子商务平台，可以把自己的商品销往全球任何需要的地方，大大拓展了销售区域。同时，电子商务平台开店的要求并不高，我国现在也大力鼓励大众创业，所以只要有好的产品和服务都可以开设网上商铺，这些都大大增加了商户和商品的数量。对于消费者来说，大数据的应用给消费者提供了更多的产品和服务，海淘网的发展还让消费者足不出户就能买到国外的产品，这让交易的空间也进一步拓展。

4. 大数据改善了互联网经济中用户的交易体验

在互联网经济高速发展的今天，互联网和大数据技术能够使企业直接知晓单个用户的行为，在单个用户层面进行信息传播，营销已进入个体层面。通过大数据，企业可以收集用户的偏好和行为习惯并加以分析，进而有针对性地向用户终端推送相关营销信息。采用这种模式推送的信息都是用户经常关注的比较感兴趣的内容，不会像以前群发的垃圾广告和广告电话让人反感。基于大数据应用，企业发掘了潜在用户，进行个性化的营销。在这种模式下，用户收到自己感兴趣的营销内容的推送，感觉像是自己的私人定制，容易对营销的产品产生兴趣进而发生交易行为。整个过程中，大数据大大改善了用户的交易体验，促进了互联网经济的发展。

（五）互联网经济发展趋势：分享经济的兴起

分享经济是指利用互联网等现代信息技术整合、分享海量的分散化闲置资源，满足多样化需求的经济活动总和。互联网（尤其是移动互联网）、宽带、云计算、大数据、物联网、移动支付、基于位置的服务（LBS）等现代信息技术及其创新应用的快速发展，使分享经济成为可能。分享经济的出现是互联网经济发展的必然趋势。分享经济对中国经济意义重大，当前中国经济发展已经步入新常态，人口红利逐渐消失，资源环境约束趋紧，转型发展需求迫切。劳动者、企业家、消费者等微观主体自发博弈互动，打破原有的商业模式、重构相互关系，最终形成符合新的、低交易成本要求的新商业模式，也即完成对原有商业模式的颠覆或者说是“破坏式创新”。近年来，中国分享经济快速成长，创新创业蓬勃兴起，本土企业创新凸显，各领域发展动力强劲，潜力巨大。同时，在分享经济发展过程中也面临行业自我完善、信用体系建设、市场监管机制等方面的问题。整体上，中国分享经济仍处于发展初期，未来具有更大的发展空间。

2016 年，我国分享经济市场交易额约为 34520 亿元，比上年增长 103%。分享经济融资规模约 1710 亿元，同比增长 130%。参与分享经济活动的人数超过 6 亿人，比上年增加 1 亿人左右。同时，我国分享经济中提供服务者人数约为 6000 万人，比上年增加 1000 万人；分享经济平台的就业人数约 585 万人，比上年增加 85 万人。未来几年分享经济仍将保持年均 40%左右的高速增长，到 2020 年分享经济交易规模占 GDP 比重将达到 10%以上，到 2025 年占比将攀升到 20%左右。未来十年我国分享经济领域有望造就 5~10 家巨无霸平台型企业。到 2020 年分享经济提供服务者人数有望超过 1 亿人，其中全职参与人员约 2000 万人。

分享经济给中国带来了难得的重大机遇，对于贯彻落实新的发展理念、培育新经济增长点、以创新驱动推进供给侧改革、建设网络强国、构建信息时代国家新优势等都将产生深远影响。发展分享经济对中国的转型发展和实现中华民族伟大复兴的中国梦具有重要的现实意义和特殊意义。

三、长江经济带互联网经济发展现状

(一) 长江经济带互联网经济发展排名

1. 网民规模和互联网普及率排名

互联网的产业发展离不开互联网的应用和普及，本章通过搜集长江经济带沿线的11个省市的网民数、互联网普及率以及网民规模增速三个方面的数据对11个省市的互联网发展进行排名。从表6-2可以看出，随着各省市对“互联网+”行动的不断推进，长江经济带各省市的互联网普及率均有所提升，其中增长最快的是江西省，较2015年增长了5.9个百分点，湖南省互联网普及率增长了4.7个百分点，在11个省市中排名第四；由于各地经济水平、互联网基础设施建设的发展水平不同，互联网普及程度存在明显差异。显然各省市互联网发展水平和当地经济发展水平显著相关，经济高度发展的上海、浙江等地区互联网普及率最高，而经济发展水平相对较低的西南地区，如贵州、云南等互联网普及率相对较低，湖南省2016年普及率为44.40%，处于中游位置。

表6-2 网民规模及互联网普及率排名

省份	网民数（万人）	2016年12月互联网普及率（%）	2015年12月互联网普及率（%）	网民规模增速（%）	普及率排名
上海	1791	74.10	73.10	1	1
浙江	3632	65.60	65.30	1	2
江苏	4513	56.60	55.50	2.20	3
重庆	1556	51.60	48.30	7.60	4
湖北	3009	51.40	46.80	10.50	5
江西	2035	44.60	38.70	15.70	6
湖南	3013	44.40	39.90	12.20	7
安徽	2721	44.30	39.40	13.60	8
四川	3575	43.60	40.00	9.70	9
贵州	1524	43.20	38.40	13.20	10
云南	1892	39.90	37.40	7.40	11

资料来源：中国互联网络信息中心. 中国互联网络发展状况统计报告［R］. 2017.

2. 大数据发展指数排名

从前文我们已经了解到大数据的发展是互联网产业进步的基石之一，庞大的数据信息是互联网产业赖以生存的生产要素。表 6-3 对长江经济带 11 个省市进行了大数据发展指数的排名，通过六个一级指标多方面地对各省市的大数据发展进行考察，从整体排名来看，作为经济发展快速的上海和江浙地区的大数据发展指数最高，湖南省作为中部地区，人才状况指数由于省内存在多所高等院校而排名适中，但其他五个方面的指数由于经济发展状况、基础设施建设以及政策方面的因素相对于中南部省份较低，还有较大的进步和发展空间。

表 6-3　长江经济带各省市大数据发展指数排名

排名	省市	总指数	一级指标					
			政策环境	人才状况	投资热度	产业发展	创新创业	网民信心
1	上海	69.14	65.14	83.53	72.05	53.88	64.74	77.85
2	江苏	66.13	58.78	74.13	53.07	59.66	77.74	73.31
3	浙江	64.48	77.49	68.55	64.13	40.65	69.21	82.24
4	贵州	57.73	77.93	50.19	43.23	54.48	56.78	90.00
5	重庆	54.65	62.16	54.68	37.10	56.19	60.31	67.84
6	四川	54.28	61.22	69.53	33.89	37.65	66.70	66.02
7	湖北	50.13	60.01	64.61	31.73	32.95	63.43	55.87
8	安徽	47.12	39.81	55.89	27.02	39.67	67.42	51.41
9	湖南	45.47	44.20	57	24.35	49.22	50.58	48.23
10	江西	42.81	37.68	44.92	35.81	47.14	42.31	50.09
11	云南	41.28	42.70	35.54	39.13	51.93	39.04	38.84

资料来源：《2017 年中国大数据发展报告》。

（二）长江经济带互联网产业发展测度

国家信息化测评中心在 2001 年公布了我国的信息化评价指标体系，为衡量地区信息化发展水平提供了较为科学的方法。对互联网发展水平的测量主要集中在与其相关的信息化测度方面，本书将从互联网产业环境、互联网产业基础、互联网产业技术和互联网产业效果四个方面对长江经济带和湖南省互联网产业现状进行描述。

1. 互联网产业环境

本章从经济环境和消费环境两方面入手来研究互联网产业环境，显然发展环境越良好，对互联网产业的培育和发展越有利。

（1）经济环境。对长江经济带互联网产业经济环境的描述采用 GDP 这一指标来衡量，如图 6-1 所示，长江经济带近十年的 GDP 总量整体上涨明显，从 2005 年的

80178.22 亿元上升至 2016 年的 332905.90 亿元，是 2005 年的四倍多，年均增长 13.92%，但涨幅波动较大，2008 年之前上涨势头较猛，受全球经济危机影响，2009 年增长幅度开始下滑，近三年的涨势逐渐减弱，最近一年开始有回升的趋势。

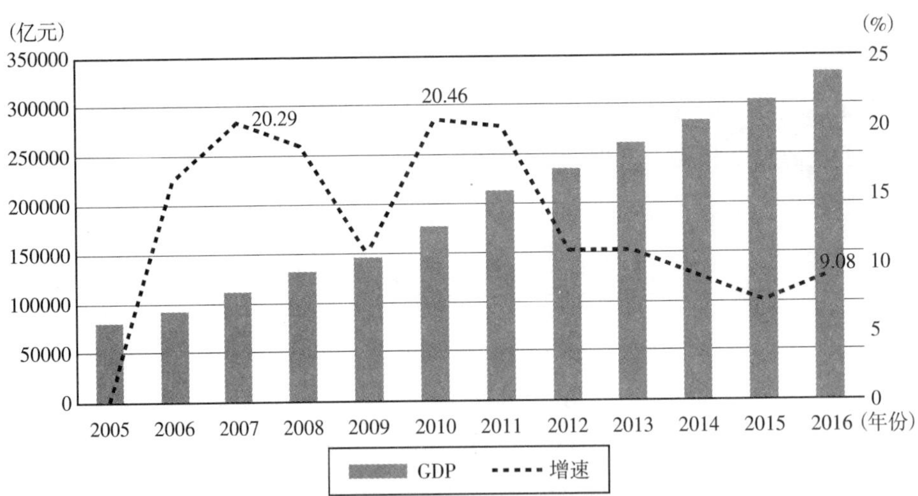

图 6-1　长江经济带 2005~2016 年 GDP 总量及变化

从沿线各省来看（见图 6-2），长江经济带各省 GDP 总量呈历年上涨态势，江苏、浙江排名前两位，湖南省、四川和湖北处于中游位置，贵州、云南相对较少；增长幅度上，贵州和湖南分别以年均增幅 17.51%、15.32%排名前两位，上海、江苏相对较少。

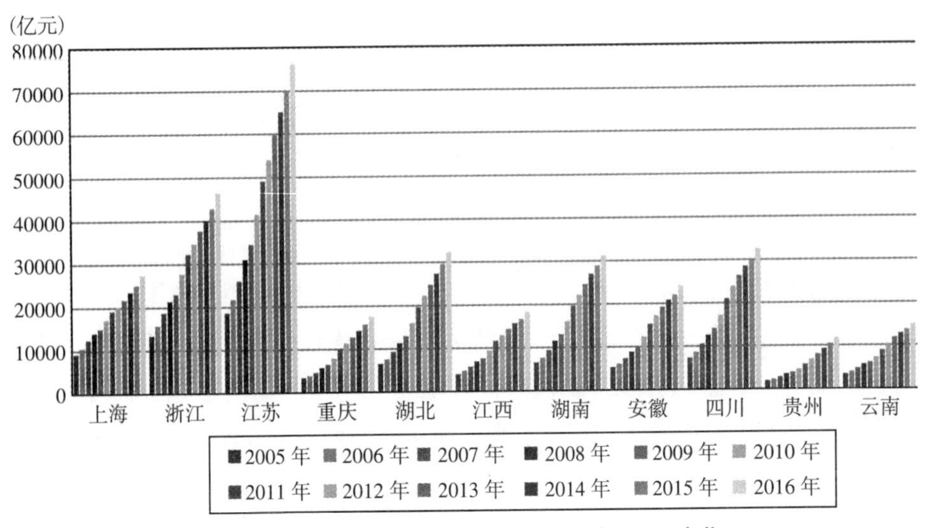

图 6-2　长江经济带各省市 2005~2016 年 GDP 变化

（2）消费环境。互联网产业消费环境采用人均电信业务费用来衡量，用电信业务总量与人口年末比值反映，长江经济带人均电信业务费用从 2005 年的 728.31 元上升到

2015 年的 1696.98 元，居民用于互联网产品和服务的支出增长了约两倍，年均增长 8.83%，如表 6–4 所示。

表 6–4　长江经济带 2005~2015 年人均电信业务量

年份	电信业务总量（亿元）	年末人口（万人）	人均电信业务量	
			绝对值（元）	增长率（%）
2005	4087.77	56127.13	728.31	—
2006	5324.52	56325.70	945.31	29.80
2007	6957.07	56571.01	1229.79	30.09
2008	8367.69	56857.60	1471.69	19.67
2009	9704.08	57137.21	1698.38	15.40
2010	11858.39	57345.56	2067.88	21.76
2011	4651.34	57587.32	807.70	–60.94
2012	5158.79	57851.54	891.73	10.40
2013	6324.23	58160.01	1087.38	21.94
2014	7461.63	58425.58	1277.12	17.45
2015	9972.50	58766.18	1696.98	32.88

资料来源：《中国统计年鉴》（2005~2015）。

2. 互联网产业基础

互联网产业基础有赖于固定资产投入量的多少，固定资产投入量越大，表明产业自身发展潜力越大，发展基础越好。

互联网产业固定资产投入的大小采用信息传输计算机服务和软件业全社会固定资产投资这一指标衡量。长江经济带整体在互联网产业上的固定资产投资呈上升趋势，从 2005 年的 635.54 亿元上升到 2015 年的 2301.31 亿元，年均增幅 12.39%，但投入量在 2011 年经历了较大幅度的下滑，随后三年逐年上升，互联网产业给地区经济带来的影响已经开始显现，各地区开始陆续对互联网产业加大投入，其中湖南省以年均增速 15.51%排在第三位，如图 6–3 所示。

3. 互联网产业技术

互联网产业作为战略性新兴产业，需要依托强大的技术支撑和技术应用。

（1）发明专利数量。互联网产业对技术依赖强烈，技术的转化主要从现有的发明专利得来，因此选用长江经济带国内发明专利授权量作为衡量指标，长江经济带整体上发明专利授权量呈上升趋势，从 2005 年的 66561 项增加到 2015 年的 831592 项，年均增幅 25.81%，分别在 2007 年和 2011 年有所回落；分省来看，江苏和浙江是发明专利授权量的大省，排名前两位，安徽省则以 37.42%的年均增幅排名首位，湖南省以

22.49%的年均增幅位居 11 省的中游位置，如图 6-4 所示。

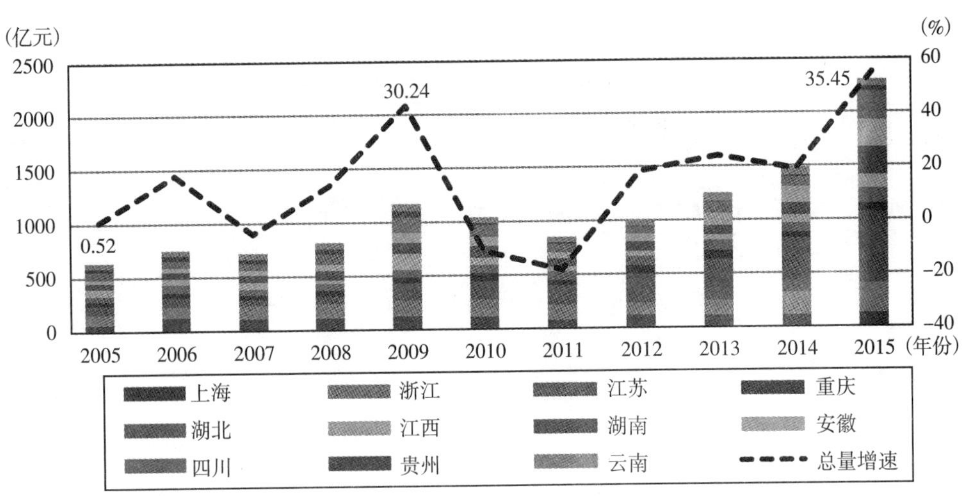

图 6-3 长江经济带各省市 2005~2016 年互联网产业固定资产投入情况

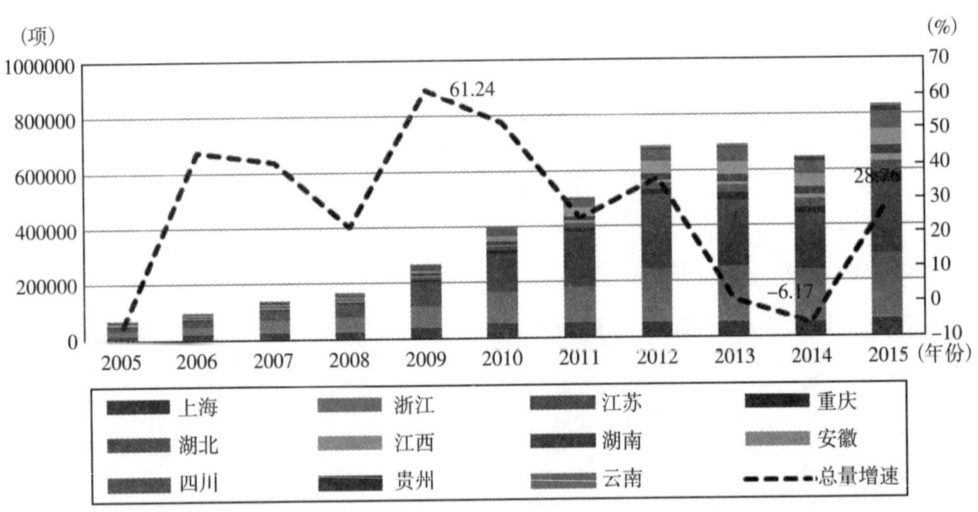

图 6-4 长江经济带各省市 2005~2016 年国内发明授权总量

（2）交换机容量。交换机容量指交换机最大同时服务用户的数量。分为固定交换机容量和移动电话交换机容量，而今主要用作商务用途的是移动电话设备，因此本章以移动电话交换机容量作为互联网相关的交换机容量测量标准，长江经济带移动电话交换机容量从 2005 年的 19279.73 万户上升至 2014 年的 85385.16 万户，年均增长 14.49%，但增长幅度从 2008 年后逐渐减缓，到 2015 年同比只增长 9.30%；分省来看，贵州、四川分别以年均增速 20.87%和 21.09%排名前两位，而湖南则以 14.17%的年均增幅处于中间位置，如图 6-5 所示。

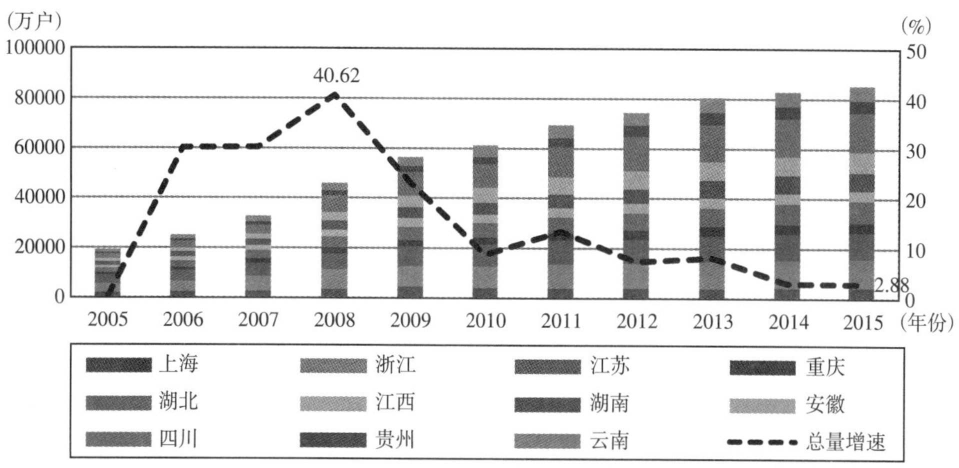

图 6-5　长江经济带各省市 2005~2016 年国内移动电话交换机容量

4. 互联网产业效果

互联网产业发展效果集中体现在互联网产业的投入经费和经济贡献情况，一个从投入端着手，另一个从产出端对互联网产业效果进行衡量。

(1) 投入科研与开发（R&D）经费。关于互联网产业的投入经费核算采用科研与开发（R&D）经费支出额来衡量，长江经济带总体科研与开发经费支出总额呈历年递增趋势，2005 年总计 1034.56 亿元，到 2015 年达到 6231.51 亿元，年均增速 18.14%，增长幅度呈缓慢下降趋势；分省来看，上海、江苏、浙江科研与开发经费支出排名靠前，但年均增速以湖南、安徽、湖北三省领先，其中湖南以年均增速 22.13%位于第一，如图 6-6 所示。

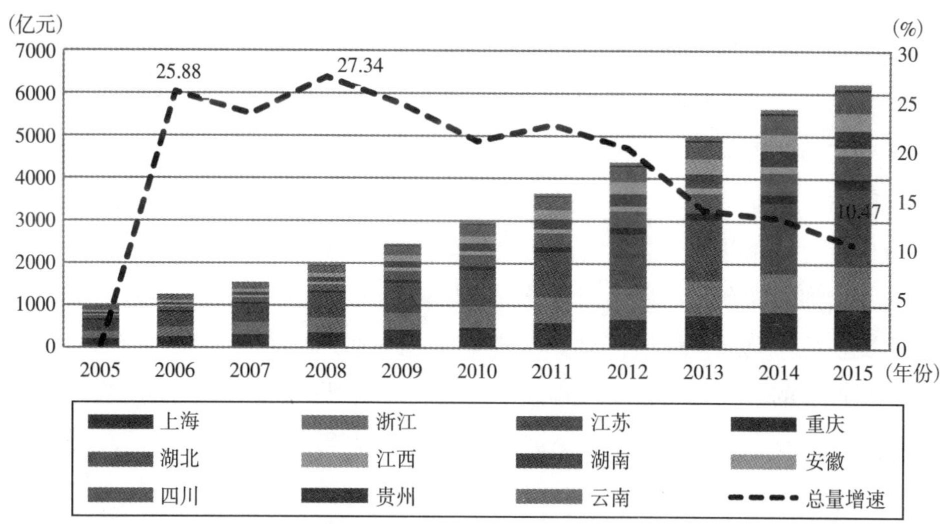

图 6-6　长江经济带各省市 2005~2016 年国内投入科研与开发（R&D）经费

（2）经济贡献。有关互联网产业的经济贡献，采用信息传输、计算机服务和软件业增加值来反映，长江经济带整体上互联网产业增加值保持较快增长，从 2005 年的 2926.84 亿元增加到 2014 年的 10169.66 亿元，年均增长 13.26%，但增速在 2009 年之前有所下降，2009~2011 年大幅上升后持续回落至增速 12.38%；各省来看，江苏、浙江在年均增速上保持领先，云南较其他各省更低，如图 6-7 所示。

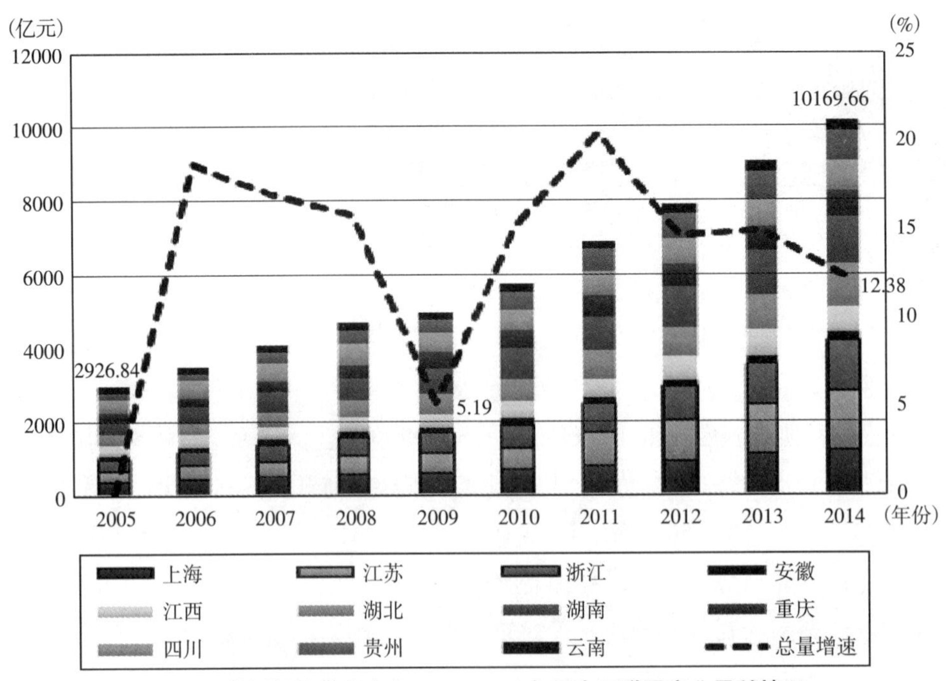

图 6-7　长江经济带各省市 2005~2014 年国内互联网产业贡献情况

长江经济带互联网产业发展，就发展环境而言，长江经济带整体上经济总量大，呈逐年上升趋势，为互联网产业的进一步发展提供经济支撑，居民对互联网产业形成明显的消费依赖，历年人均电信消费量逐年上升，为互联网产品和服务提供强大的消费潜力；就发展基础而言，长江经济带互联网产业固定资产投入直接影响其发展动力，但其本身也受国内经济景气度影响；就产业技术而言，国内发明专利授权量由增到减，从注重数量增加转变到专利质量的提升和成果转化，为互联网产业发展注入实质性技术支撑，交换机容量逐年递增，但省市差异明显；就发展效果而言，长江经济带整体上对互联网产业的研发经费投入逐年递增，增长幅度保持稳定，互联网产业发展保持常态化。

四、湖南发展互联网经济的利弊分析

（一）湖南发展互联网经济的有利条件

湖南发展互联网经济的有利条件主要包括政策规划、基础设施、电子信息、互联网文化和新型互联网产业等优势条件。主要表现在不断完善的建设规划与保障体系；地理空间与超算中心信息基础设施的建设；电子信息产业与移动互联文化产业的不断发展；新型互联网产业的逐渐集聚。对此概括为以下几个方面。

1. 建设规划与保障体系的不断完善

湖南省委、省政府先后出台了《数字湖南建设纲要》和《数字湖南规划（2011~2015年)》，确定了数字湖南建设的宏伟蓝图和行动指南。省委、省政府还成立了以省长为组长的数字湖南建设领导小组，加强对数字湖南建设的领导；2015 年《湖南“十三五”互联网经济发展研究报告》明确了互联网经济对于湖南省实现经济新增长的重要作用。省财政也表示从 2014 年起连续五年，每年将会投资 4 亿元用于移动互联网产业发展。

2. 地理空间与超算中心信息基础设施建设的加快推进

全省地理空间框架系统建设一期完成。国家超算长沙中心一期工程完成并提供服务。数字长沙地理空间框架建设是数字中国、数字湖南的组成部分，数字长沙地理空间框架还将通过建立地下三维地质数据库、三维地下管网、三维景观数据等，逐步建成全市统一的基础信息资源库和资源管理中心，实现数字长沙向智慧长沙的飞跃。国家超算长沙中心一期工程完成并提供服务。“国家超级计算长沙中心”2014 年 11 月 4 日在湖南大学揭牌正式运营，长沙超算中心将完全依托高校运营，坚持公益性与经营性相结合的原则，为社会和公众提供高性能的计算应用服务。宽带湖南项目建设全面启动，100%乡镇和 89%的行政村通宽带。在电子政务领域，覆盖全省的电子政务内外网络、网上政务服务和电子监察系统初步建成。民生领域信息化建设加快，逐步形成服务全社会的信息服务体系。基本建成“一体两翼”农业农村综合信息服务平台。

3. 电子信息产业与移动互联文化产业的蓬勃发展

湖南省电子信息产业在国际、国内经济不景气的形势下年均增长超过 30%，实现持续跨越式发展。信息化与工业化深度融合也取得明显成效，长株潭国家级“两化融合”试验区以及 13 个省一级的“两化融合”试验区发展顺利，通过信息化而推动工业经济转型升级成效显著，中小企业信息化管理服务体系开始建立。网络游戏发展迅速，手机网游的份额将进一步扩大，电视游戏成为新的市场关注焦点。近 5 年来，湖南文化产业年均增速超过 20%，2016 年占 GDP 比重达 8%。品牌效应加速扩大，新兴业态加速发展，重大项目加速推进。

4. 新型互联网产业的逐渐集聚

2014 年 9 月，长沙市政府印发《机器人产业发展三年行动计划》，到 2017 年末，实现工业机器人产业产能突破 100 亿元。在高新区信息产业园建设长沙北斗卫星导航产业基地，力争到 2020 年形成一个新的千亿级产业集群。湖南宇环智能装备有限公司已正式落户长沙经济开发区，它是集工业机器人等智能装备的研发、制造、销售于一体的高新企业技术，总投资 2 亿元，第一期工程 2015 年完工。2014 年 9 月，全球机器人企业四大巨头之一的德国库卡公司正式签约落户长沙。

（二）湖南发展互联网经济的不利条件

湖南发展互联网经济的不利条件可能包括：由于政府对互联网产业接受程度不高导致政策导向方面存在问题；互联网产业知识产权界定问题；由于湖南地域面积较广，区域经济社会发展还不是很均衡，即存在经济较为发达的“长株潭”城市群核心区域、长江经济带沿岸城市，也存在经济较为不发达的连绵贫困山区，这些地区交通、网络和现代信息通信技术等基础设施较为落后，人均收入水平较低、接受新鲜事物的思想观念比较保守，这些不利条件都会制约互联网经济的发展。

1. 政府协调机制、财税政策和电子政务等方面的问题

一是全省互联网经济规划协调机制还不完善，应更好地发挥市场的决定性作用，发挥好政府的主导作用。全省互联网经济在各市州发展不均衡，尤其是在西部地区的市州县发展比较弱，需要统筹协调推进发展。互联网经济在不同产业体现不一，有必要分类推进。在“十二五”规划期间完成了一批公共信息平台的建设，但部分平台的社会经济效益并不显著，应该让企业或行业有切实的需求后，由市场来提供服务，而不是由政府包办。需进一步探索互联网经济的政企 PPP 共同发展模式。此外，互联网文化产业发展的审批事项较多，有待简政放权。二是全省互联网经济发展的财税政策激励创新效果有待实践检验。不仅要为示范样板企业锦上添花，更要为小微企业和创业企业发展雪中送炭。省级层面要为创业创新小微企业制定更多的优惠政策，地市要依据实际出台支持意见。政府应积极面向大学和社区宣传已有的财税优惠政策，让更多的青年学子了解政府的创业帮扶政策。互联网金融发展愈发需要政策落地与支持，以解决中小企业融资难题。三是全省电子政务网站建设取得明显进步，满足了政府网站日常办公运行需求。但针对企业和公民个人的电子政务并没有真正实现“一站式”业务的在线受理办理，如公证、民政、计生、工商、税务、户籍、出入境办证需要到

政府部门办理，没有实现信息共享和业务对接，群众仍然感觉办事不方便。缺乏统一的政府大数据开放共享信息平台与政府信息公开门户网站。现在省、市、区的平台间数据难以共享。全省没有形成统一的公共采购行业和市场，地方垄断部门分割严重。

2. 产业集聚、电子商务和知识产权保护等方面的问题

一是湖南互联网产业集聚初步形成，但缺乏国际领军企业。长沙高新区已经聚集拓维信息、58 同城等 118 家互联网企业，然而 50%以上都是总部在北京和深圳的企业。湖南省产业政策发力于移动互联网初见成效，但还没有形成完整的产业链，没有完全发挥出湖南省文化传统产业优势。互联网产业园区在长株潭地区发展较快，但在其他市州发展较慢。各地州市有必要根据实际，加大对互联网集聚工作的支持力度。二是全省传统商贸企业正由线下转向线上，传统生产企业积极探索两化融合，但缺乏有影响的互联网湘商和在线品牌。全省互联网小微电商众多，而中小企业与农村电子商务意识不强。全省拥有一批著名的互联网湘军，但在本省创业成功的电子商务人才却仍是稀缺。全省还没有建设完成跨境电子商务园区，明显落后于广东省与浙江省等沿海省份。物流园区建设取得一定成绩，部分物流园区位于城区，影响了交通与物流效率，还没有出现全国性的物流企业。亟须加强物流企业发展，提供更为便捷的服务。尤其值得向江浙地区学习，通过物流企业的发展，降低物流成本。移动支付与互联网金融在湖南省发展迅猛，需因势利导加强互联网金融管理工作。三是企业知识产权保护问题在互联网经济发展中较为突出。政府及知识产权主管部门对动漫、游戏、影视、软件、书籍、网络文章等著作权的保护工作还存在不足。对品牌和专利权益保护不力，影响到企业应有的利润与市场地位。此外，互联网产业发展的行政审批事项较多，企业存在被寻租行为。文化行业存在众多管制监管，业务准入条件高。需放宽政府管制，做好权力减法，激活市场活力。

3. 信息消费、信息安全和惠民工程等方面的问题

一是 4G 新一代通信基础设施有待提升、互联网文化产品服务创新能力弱、扩大信息消费配套政策不健全、通信行业壁垒严重。例如，中国移动提供的家校通存在垄断行为。中小城镇和农村信息消费与信息服务水平有待提高。二是公众对惠民公益服务工程建设有更多期待。例如，交通卡并没有实现跨部门、跨区域通用服务，省会长沙交通违章已经实现上网交罚款，但只限于长沙银行一家。医院就诊卡无法实现医疗信息共享与检测结果共享。各大高校图书馆卡类众多不能通用，市民手中的卡仍然众多，没有真正实现一卡通。三是公众还面临着隐私泄露、信息安全认识不足等问题，这也导致信息消费不足。随着移动互联网的兴起，手机应用的普及，个人隐私随时随地可能被收集、利用和泄露，急需出台相关法规规章加强保护。

4. 政府、企业、公众在互联网经济中发挥作用的问题

政府层面：一是湖南省互联网经济发展协调机制还不完善。许多地市没有专项领导与协调小组。二是湖南省互联网经济发展的财税政策激励创新效果有待实践检验。省级层面要为创业创新微小企业制定更多的优惠政策，地市要依据实际出台支持的意见。三是针对企业和公民个人的电子政务并没有真正实现一站式业务的在线受理办理，缺乏统一的政府大数据开放共享信息平台与政府信息公开门户网站，群众仍然感觉办事不方便。企业层面：一是湖南互联网产业集聚初步形成，但缺乏在国际上的领军企业。二是湖南省传统商贸企业正由线下转向线上，传统生产企业积极探索两化融合，但缺乏有影响的互联网湘商和在线品牌。三是企业知识产权保护问题在互联网经济发展中更加突出。公众层面：一是信息消费的观念和意识有待进一步提升，特别是农村市场。二是公众对惠民公益服务工程建设有更多期待。如交通卡并没有实现跨部门、跨区域通用服务，没有真正实现一卡通。三是公众还面临着隐私泄露、信息安全认识不足等问题，导致信息消费不足。

五、湖南发展互联网经济的重点产业选择

湖南省现有产业中具有相对比较优势的产业主要集中在农业技术研发、高端装备制造、轨道交通、高性能计算机和软件开发与生物医药等领域，这些优势产业如何与“互联网+”高效融合，无疑关系到湖南省互联网经济发展的成败以及“互联网+”条件下产业竞争优势的有效发挥。通过制造业与“互联网+”相结合，让制造业主动拥抱互联网，将互联网创意和技术融入到制造业的每一个环节之中，着力提高制造业的智能化、信息化和服务化水平。促进移动互联网与特色农业融合发展，最终形成一二三产业全产业链融合发展的新型农业经营体系。利用浏阳烟花、醴陵陶瓷、芦淞服装等特色产业区域，扶持区域特色产业研发设计、销售运营、物流渠道等网络平台服务。通过“+互联网”的方式让传统产业融合发展，催生新的业态和新的新产业，让传统产业焕发新的生机，让新业态更有根基，发挥催化剂的作用，推动两者的跨越发展。除了这些传统优势产业外，传统的养老、休闲、护理、医疗等大健康产业，全域旅游、智能交通、住宿餐饮、现代物流与批发零售等服务业也应该充分利用分享经济模式加快转型升级。

（一）互联网+制造业

促进互联网与制造业的融合。制造业是湖南省工业体系中的主体产业和支柱产业，2016 年湖南省制造业占规模以上工业的比重超过 90%，制造业投资占全省投资总量达到 35%，湖南的先进装备制造、轨道交通装备已经成为中国制造业的战略要点，远销国外。近年来，我国整体制造业处于下滑状态，急需转型升级，改变现状，而互联网产业的快速发展为制造业走出困境提供了机会。与互联网、移动互联网融合，就是让传统的制造业主动拥抱新兴的互联网，让互联网渗入制造业全流程、众环节，在信息化程度、智能化水平以及服务化等级方面给予大力的提升，最终实现“互联网+”和制造业的高度融合。在当前的经济环境下，根据湖南的实际情况，“互联网+”对湖南省的工业、传统产业十分重要。深入探索融合发展的新思路、新模式，着力推进制造企业深度对接互联网企业，以服务型制造企业为目标推动生产型制造企业转型升级。在此之前，湖南少数传统制造业企业比如中联重科、三一重工等通过云计算、大数据、统计等进行数据建模分析，结合实际情况提出预案风险并得出问题的解决方式，在这方面已经开始实践了。在工程机械、环保、轨道交通、装备制造等领域，引导实力雄厚的企业进一步延伸服务的环节和链条，同时鼓励企业在服务环节加大投入，将个性化、专业化服务做精，将网络在线服务、精准营销的功能真正落实。

如今传统工业与互联网融合的一大重点就是加大以互联网为依托的平台经济建设。当前互联网的众筹、众投、众创等商业模式和开放的网络平台不断涌现，打破了传统模式的地域限制，提高了企业的研发效益，降低了企业的风险成本。如分享经济的兴起，ofo 共享单车、摩拜等企业利用共享平台，实现资源需求与供给的高效匹配，然而目前湖南的工业平台不仅渠道单一，且运行方式也很封闭，要重点支持和督促企业建立集成信息化平台，并利用信息网络平台与用户、生产商、供应商进行互动交流，扩大市场潜力和空间，实现资源共享以及有效配置。

（二）互联网+农业

推动互联网与农业产业化深度融合。湖南是典型的农业大省，互联网农业是指将互联网技术与农业生产、加工、销售等产业链环节结合，实现农业发展科技化、智能化、信息化的农业发展方式。农业互联网是经济信息时代一场深刻的农业生产力革命，顺应“互联网+”趋势，发展农业互联网，对构建新型农业经营体系、发展新兴业态、提高农业现代化的水平，推动我国的新型工业化、信息化、城镇化、农业现代化同步发展，具有十分重要的意义。

利用互联网的信息资源丰富、双向互动便捷等优势，构建跨越时间、空间、物理的资源共享与协同工作平台、农业生态环境监测管理平台以及电子商务扶贫平台，将农业科技服务系统实时化、精准化，快捷高效推广农业农村实用技术。在大田种植、畜禽标准化养殖、设施农业、高端特色畜牧业、农产品加工、森林防火、有害生物防治中，积极推进基于物联网的生产技术和基于互联网的管理技术的应用，建设具有远程诊断、远程监控、自动控制、射频识别、适应性分析等功能的农业生产管理信息系统，形成生产、加工、销售、服务一体化的完整产业链。积极利用互联网的技术和创意将农业产业的价值链、产业链、业务链进行整合，以此来重新构建新型的农业经营体系，促进移动互联网企业与农业产业化领域的龙头企业、特色基地的深度融合、对接，最大化发挥龙头企业的示范作用、特色基地的集聚作用。大力开展移动互联网与农业产业化示范试点，充分利用现有的从省到国家的现代农业示范区、生态农业园区、农产品加工园区和发展基础较好的农业科技园区以及循环经济园区等，通过完善基础设施设备，聚集产业要素，培育新型经营主体，突出品牌特色优势，最终建成一大批农业信息技术应用示范基地和现代农业示范区（园）。大力引进国内外著名互联网龙头企业与政府及地方企业合作，在县、乡、村建立运营体系，投资建设农村信息服务站，完善乡村配送体系，创新扶贫模式和农村代购服务，促进农民提高收入、增加就业、脱贫致富，实现新型城镇化。

（三）互联网+服务业

加强互联网与服务业的融合。随着“互联网+”行动计划深入实施，互联网对各行各业尤其是服务业的全面渗透开始加速，并逐渐成为服务业发展的新引擎。互联网+传统服务业不仅改变着人们的生活，也改变着传统服务业，促进了经济转型升级。与此同时，在移动互联网、互联网金融等方面又催生了一批优质企业。这些依托互联网生存的企业在自身快速成长的同时，也为中小企业提供了广阔的成长空间。在过去的服务业态中，用户往往只能被动地接受服务，通过服务商单方面提供的服务解决需求。这种服务由于信息不对称等原因以至于成本过高，解决能力低下，在“互联网+服务业”的时代背景下，由于信息鸿沟的缩短，用户可以开始主动寻求自己所想要的服务，而服务商也可以通过更加直接、更加互动的方式，主动挖掘用户的需求痛点，进行及时性的改进，使服务质量和便捷性的提高得到一个新的机遇。

六、湖南推进互联网经济发展的战略布局

湖南发展互联网经济的战略布局要体现广度和深度的统一。首先，要形成互联网平台的城乡一体化效应，做到互联网平台城乡全覆盖，这就需要加强湖南省互联网基础设施的建设。其次，形成互联网产业集聚效应，这就需要改造网络设备、电子信息产业链，培育互联网企业群体。最后，要形成互联网专业化平台效应，通过互联网产业外部性，实现互联网产业与其他产业的融合，打造信息服务平台。

（一）完善城乡互联网基础设施建设

加快发展第四代移动通信，推进城市百兆光纤工程和宽带乡村工程，大幅提高互联网网速，在全省推行三网融合，提高网络间的信息交互能力。完成长沙超算中心与地理空间二期项目。建立政府财政预算信息统一公开平台，建立湖南省政府公共采购中心，建设互联网经济发展竞争情报中心。加快智慧城市规划的顶层设计，保证信息公开共享的强制性，打破行政信息垄断与行业分割现状。以省级集中模式实现政府服务“一站式”管理。以城市为单元，建设统一的市政服务网站与移动应用系统，实现行政审批和网上办事“一站式”受理办理。2017 年基本建成集合金融、工商登记、税收缴纳、民政等信用信息的统一平台，实现资源共享。在惠民工程方面，促进“一卡通”或第三方移动支付在生活服务、公共交通、社会保障、医疗保障等领域的广泛应用，为市民提供水电煤气缴费、公交出行（ETC）、保险保障、远程医疗等服务。实施农村信息化民生服务工程，提升村民互联网经济意识、消费水平及生活质量。

（二）推进互联网制造产业集聚

大力推进芯片与终端设计制造、移动通信与网络设备、电子元器件及材料重点产业链的培育。支持高端人才、回湘人士、大学生和中小微企业创业。加快发展智能硬件、手机软件和信息服务业。发展互联网经济的企业群体，培育一批龙头骨干企业，引进一批互联网经济企业，孵化一批初创小微企业。

（三）推进互联网文化产业跨界融合

推动互联网技术与湖湘文化融合发展，鼓励数字出版等数字内容的原始创新。加快培育网络传媒内容和手机传媒内容新业态。创建网络产业国家自主创新示范区，建

设工业设计中心服务平台，发展文化创意产业。

（四）推进电商与物联网工程建设

推进湖湘商品在线化销售，让湖南省生产企业直接将产品销售给国内外消费者，提高经济运行效率和效益。壮大电商企业龙头，鼓励建立面向农村的电子商务综合信息服务平台，打造网上超市。通过网络平台，将湖南省的农业资源和生态资源优势化为旅游竞争优势。推动建设跨境电商产业园，大力推动现代物联网及现代物流工程建设。

七、湖南推进互联网经济发展的总体思路

依据互联网经济的发展规律，湖南推进互联网经济跨越式发展的总体思路应该包括以下方面：一是完成数字湖南规划发展目标；二是加大基础设施投资力度，改善边远贫困山区的交通、网络与通信等基础设施建设；三是加大互联网创新创业教育投入，增强农民和社区居民的互联网运用能力、增强大众的互联网创业活力；四是加强传统制造企业的信息化改造，增强线上线下的互动能力；五是优化互联网经济治理规制与公开竞争环境。

（一）完成数字湖南规划发展目标

信息基础设施完备升级，大幅提高互联网网速，推进三网融合，建设云计算服务平台。实现智慧城市信息共享与应用普及，政府服务民生和社会事业信息化水平显著提高，大幅提高农村信息化水平，大力推动乡村信息化建设。加强政府企业公民大数据信息共享应用，推进物联网应用与智慧城市建设。

（二）加大互联网基础设施建设力度

网络基础设施是互联网发展的基石。加强互联网领域的交流合作，必须推动基础设施的互联互通。加强合作，加快网络设施、通信设施建设的步伐，大力提升宽带水平，推动新一代移动通信技术的研发和推广，架设通达世界的信息高速公路。

（三）加大互联网创新创业教育投入，鼓励互联网创业

通过联合办学、定向培养、合作研发、继续教育等多种方式培养移动互联网人才，

建立和完善产学研用合作的人才培养模式，强化人才保障体系建设。招聘海内外知名人才来湖南发展，吸引湖南籍人才回流，鼓励本地高端人才资源向移动互联网产业集聚，对移动互联网领域的突出人才给予政策支持并加大奖励力度，鼓励本地移动互联网人才创新、创业，加强产业引导、培训，搭建产业发展公共服务平台，提供创新人才交流阵地。

（四）加强传统制造企业信息化改造

以湖南省先进装备制造、轨道交通基地和医药、食品等传统优势产业基地为重点，选择产业基地中的龙头企业，全面推进信息技术应用，提高产业群或产业链中企业的信息化水平。加强产业基地公共信息技术服务设施建设。按照政府扶持、多方投入、企业运作的方式，支持以行业协会、产业基地或龙头企业为依托，建设信息技术创新和服务平台，提供产品研发、检测和质量认证、信息技术支持、教育培训、电子商务等服务，促进湖南省产业基地整体创新能力和核心竞争力的提升。

（五）优化互联网经济治理规制与公开竞争环境

打破行业垄断，提倡互相准入。创造有利的法律环境，及时制定互联网经济发展的地方性法规，有力地保护消费者，建立良好的信用环境，加快建立各类信用记录，建立社会化信用体系。加大权益保护机制建设。充分发挥立法、执法、司法保护的作用，妥善处理互联网经济发展中的各种电子商务纠纷。加强网络经营行业自律建设，引导互联网经济的经营者合法守法经营。

参考文献

[1] 石群，罗家丽. 浅析互联网经济 [J]. 现代商业，2015（18）：57-58.

[2] Bourreau Marc，Kourandi Frago，Valletti Tommaso. Net Neutrality with Competing Internet Platforms [J]. Journal of Industrial Economics，2015，63（1）：30-73.

[3] 朱富强. 深刻理解互联网经济：特征、瓶颈和困境 [J]. 福建论坛（人文社会科学版），2016（5）：22-30.

[4] 中国信息通信研究院. 2017 年互联网发展趋势报告 [R]. 2017.

[5] 赵立昌. 互联网经济与我国产业转型升级 [J]. 当代经济管理，2015（12）：54-59.

[6] 安宇宏. 分享经济 [J]. 宏观经理管理，2015（11）：84.

[7] 国家信息中心分享经济研究中心. 中国分享经济发展报告 2017 [R]. 2017.

[8] 国家信息中心. 2017 中国大数据发展报告 [R]. 2017.

[9] 湖南省人民政府. 湖南“十三五”互联网经济发展研究报告 [R]. 2015.

[10] 段海燕，赵瑞君，佟昕. 现代装备制造业与服务业融合发展研究——基于“互联网+”的视

角［J］. 技术经济与管理研究，2017（1）：119–123.

［11］毕敏. “互联网+”助力湖南现代农业［J］. 湖南农业，2017（5）：35.

（本章主要执笔人：曾世宏　杨鹏）

第七章

长江经济带农业供给侧结构改革与湖南创新发展对策

一、引　言

民以食为天，食以粮为先，粮以地为本。农业是基础产业，农业的现代化是破解农业和农村发展难题，实现全面建成小康社会的关键。近几年来，我国在农业转方式、调结构、促改革等方面进行积极探索，为进一步推进农业转型升级打下一定基础，但农产品供求结构失衡、要素配置不合理、资源环境压力大、农民收入持续增长乏力等问题仍很突出，增加产量与提升品质、成本攀升与价格低迷、库存高企与销售不畅、小生产与大市场、国内外价格倒挂等矛盾亟待破解。必须顺应新形势、新要求，坚持问题导向，调整工作重心，深入推进农业供给侧结构性改革，加快培育农业农村发展新动能，开创农业现代化建设新局面。2017 年中央“一号文件”指出 2017 年农业农村工作，要全面贯彻中共十八大和十八届三中、四中、五中、六中全会精神，以邓小平理论、“三个代表”重要思想、科学发展观为指导，深入贯彻习近平总书记系列重要讲话精神和治国理政新理念、新思想、新战略，坚持新发展理念，协调推进农业现代化与新型城镇化，以推进农业供给侧结构性改革为主线，围绕农业增效、农民增收、农村增绿，加强科技创新引领，加快结构调整步伐，加大农村改革力度，提高农业综合效益和竞争力，推动社会主义新农村建设取得新的进展，力争农村全面小康建设迈出更大步伐。

长江经济带农业在我国农业发展总体格局中具有重要的战略地位。从发展现状来看，长江经济带 11 个省市不仅占有我国约 1/5 的土地面积和 1/3 的耕地面积，承载了全国 1/2 以上的农业增加值，而且其各省市包括我国的农业强市、农业强省和农业大省，是我国农业生产及农业经济发展的重要功能区。为了让这条重要的大通道步入可持续发展的新棋局，农业供给侧结构性改革不可或缺。目前，长江沿线的四川、重庆、湖北、江西、安徽、江苏、上海及浙江等地相继出台了落实供给侧改革的方案。

湖南省作为农业大省拥有“湖广足、天下熟”等美誉，却也存在一些问题，如“多而不专、多而不优、多而不特”“粗放经营、成本高、消耗大、污染重”“农业产业链条短、价值链低端、品牌不够强、功能拓展不深入”等。如何才能实现由农业大省向农业强省跨越，实现农业增效、农民增收、农村繁荣？推进湖南农业供给侧结构性改革显得尤为迫切。

二、长江经济带农业供给侧结构总体特征

长江流域主要位于亚热带季风区，气候温暖湿润，农业生产的光、热、水、土条件优越，长期以来是中国重要的农业生产区域。区内的成都平原、江汉平原、洞庭湖平原、鄱阳湖平原、江淮地区和太湖平原在中国九大商品粮基地中占据六席，大宗农产品生产在全国占有重要地位。

（一）主要农产品产量稳步增长

粮食产量的高低最能体现一国或一区的粮食生产能力，由表 7–1 可知，近年来，长江经济带的粮食产量呈增长状态，但所占全国粮食总产量的比重稍有下降。长江经济带的粮食总产量由 2011 年的 21697 万吨增长到了 2015 年的 23473 万吨，较 2011 年增长了 1776 万吨，占全国粮食总产量的 37.77%，较 2011 年比重下降了 0.21 个百分点。就其他农产品来看，棉花、烟叶、奶类产量分别由 2011 年的 157 万吨、221 万吨、327 万吨下降至 2015 年的 94 万吨、200 万吨、316 万吨，其中棉花、奶类比重也分别由 2011 年的 23.89%、8.58%下降至 2015 年的 16.77%、8.15%，而烟叶的比重则由 2011 年的 70.52%上升至 2015 年的 70.57%；油料、水果、油菜、禽蛋、水产品产量逐年增加，除了水果比重低于 30%以外，其余农产品比重均稳定在 30%以上；肉类产量明显增加，由 2011 年的 3474 万吨增至 2015 年的 3751 万吨，但所占比重有所下降，由 2011 年的 43.65%下降至 2015 年的 43.49%。总体来看，长江经济带仍是中国最重要的农业生产区域之一。

表 7-1 2011~2015 年长江经济带主要农产品产量情况

农产品种类	产量（万吨）					占全国比重（%）				
	2011 年	2012 年	2013 年	2014 年	2015 年	2011 年	2012 年	2013 年	2014 年	2015 年
粮食	21697	22369	22483	23024	23473	37.98	37.94	37.35	37.93	37.77
谷物	19515	20122	20204	20689	21076	37.57	37.31	36.55	37.12	36.83
稻谷	13125	13331	13276	13469	13693	65.30	65.27	65.20	65.22	65.76
小麦	3275	3390	3496	3633	3674	27.89	28.01	28.67	28.79	28.22
玉米	2882	3182	3192	3297	3413	14.95	15.47	14.61	15.29	15.19
豆类	628	632	614	643	659	32.89	36.53	38.51	39.55	41.44
薯类	1554	1615	1665	1692	1738	47.48	49.06	50.02	50.72	52.24
棉花	157	151	130	108	94	23.89	22.11	20.56	17.56	16.77
油料	1498	1547	1588	1625	1645	45.29	45.02	45.15	46.33	46.50
烟叶	221	240	235	209	200	70.52	70.58	69.51	69.85	70.57
水果	6351	6680	6909	7245	7619	27.89	27.77	27.53	27.71	27.83
油菜籽	1105	1146	1189	1216	1229	82.33	81.81	82.20	82.29	82.31
肉类	3474	3650	3714	3810	3751	43.65	43.52	43.51	43.76	43.49
猪肉	2550	2686	2752	2844	2755	50.47	50.28	50.10	50.15	50.22
牛肉	147	152	158	167	173	22.70	22.94	23.48	24.16	24.64
羊肉	86	88	90	94	98	21.90	21.95	22.08	21.86	22.23
奶类	327	315	310	318	316	8.58	8.12	8.48	8.27	8.15
禽蛋	861	878	883	891	921	30.61	30.67	30.70	30.79	30.69
水产品	2178	2324	2422	2541	2643	38.88	39.33	39.24	39.33	39.45
海水产品	565	593	607	635	652	19.44	19.54	19.34	19.26	19.13
淡水产品	1613	1731	1815	1906	1991	59.85	60.21	59.83	60.22	60.50

资料来源：《中国农村统计年鉴》（2012~2016）。

（二）农业经济产出总量逐年增加，结构调整稍有改进

由图 7-1 可知，长江经济带农业总产值呈增长趋势，总产值由 2011 年的 32185 亿元增长至 2015 年的 43113.70 亿元，较 2011 年增加了 10928.70 亿元，年均增长 7.60%；其占全国农业总产值的比例也大体呈上升趋势，由 2011 年的 39.59%上升到了 2015 年的 40.30%，较 2011 年比重上升了约 0.7 个百分点。

分产业来看，由表 7-2 可知，2015 年长江经济带分别实现种植业总产值约 22627.50 亿元、林业总产值为 2095.70 亿元、畜牧业总产值 5033 亿元和渔业总产值 11592.40 亿元，分别较 2011 年增长了 6360.40 亿元、687.20 亿元、1622 亿元和 1586.30 亿元。就各类产值占全国产值的比重来看，其中林业占比最高，2015 年长江经

济带林业总产值约占全国林业总产值的47.2%，相比2011年上升了2.1个百分点；畜牧业次之，占全国的46.3%，较2011年上升了1.2个百分点；再次是种植业，占全国的39.3%，相比2011年上升了0.6个百分点；排名最后的是渔业，占全国的38.9%，较2011年上升了0.1个百分点。

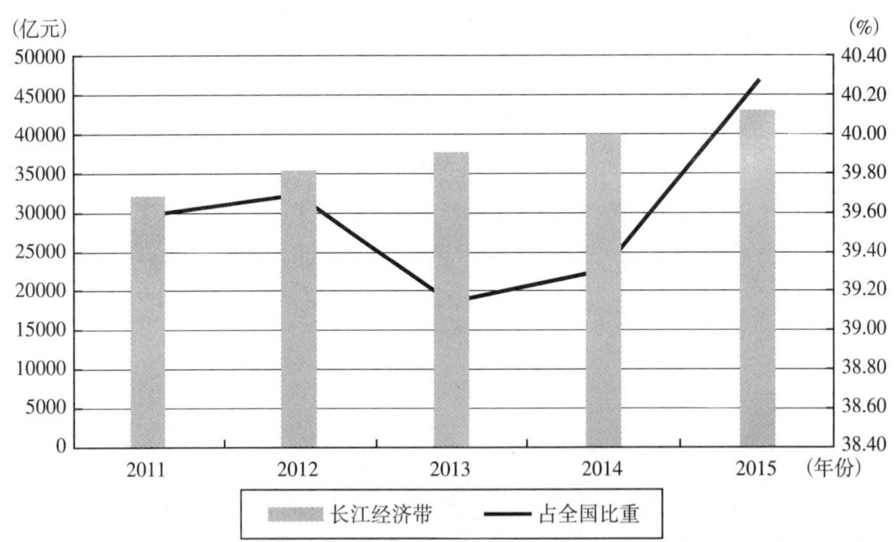

图7-1 2011~2015年长江经济带地区农林牧渔业总产值及占全国比重

表7-2 长江经济带各产业总产值及占全国比重

产业	2011年		2015年	
	总产值（亿元）	占全国比重（%）	总产值（亿元）	占全国比重（%）
种植业	16267.10	38.7	22627.50	39.3
林业	1408.50	45.1	2095.70	47.2
渔业	10006.10	38.8	11592.40	38.9
畜牧业	3411.00	45.1	5033.00	46.3

资料来源：《中国统计年鉴》(2012~2016)。

(三) 农产品国际贸易快速发展，进出口额和占全国比重均呈增长态势

农产品国际贸易量特别是农产品出口额是反映区域农业国际竞争力的重要指标。长江经济带地理类型多样、农业资源丰富，农产品出口在全国占据重要地位。由图7-2可以看出，2011~2015年，长江经济带农产品进口额大于出口额，且均呈逐年增长状态，分别由2011年的2881509万美元、1529015万美元增加到2015年的3636770万美元、2034221万美元，占全国的比重分别由2011年的31%、25%增长至2015年的36%、29%。

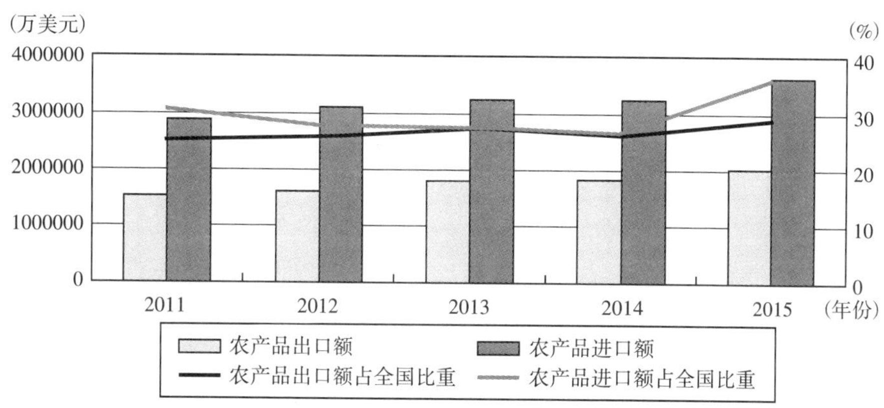

图 7-2 2011~2015 年长江经济带地区农产品进出口情况及占全国比重

(四) 耕地面积逐年减少

土地作为经济发展的重要场所，是经济发展的重要载体，且是人类生产和生活必需的物质基础，具有多方面的利用价值。在农业生产中，土地不仅是劳动对象，还是最好、最重要的劳动资料，没有土地就没有农业生产。由表 7-3 可知，长江经济带地区的耕地总面积呈递减趋势，2015 年，长江经济带地区的耕地总面积约为 4501.19 万公顷，约占全国耕地面积的 33.34%，其较 2009 年第二次全国土地调查减少约 20.49 万公顷，较 2013 年减少约 9.81 万公顷。从其他农业用地来看，除了园地以外，林地和草地面积也呈递减趋势。2015 年，长江经济带地区共有园地面积 567.90 万公顷，占全国园地面积的 39.65%，较 2009 年减少约 2.03 万公顷，较 2013 年则增加 9.30 万公顷；林地约 9877.71 万公顷，占全国的 39.04%，比重均高于耕地，较 2009 年减少约 46.13 万公顷，较 2013 年减少 12.59 万公顷；草地约 1124.10 万公顷，占全国的 5.12%，比重较低，较 2009 年减少约 730.29 万公顷，下降幅度较大，较 2013 年减少 0.50 万公顷，下降幅度很小。

表 7-3 2009 年、2013 年和 2015 年全国及长江经济带地区各类农地面积

单位：万公顷

地区	年份	耕地	园地	林地	草地
全国	2009	13538.50	1481.20	25395.00	28731.40
	2013	13516.30	1445.50	25325.40	21951.40
	2015	13499.87	1432.33	25299.20	21942.06
长江经济带	2009	4521.68	569.93	9923.84	1854.39
	2013	4511.00	558.60	9890.30	1124.60
	2015	4501.19	567.90	9877.71	1124.10

资料来源：2009 年数据来自全国及长江经济带 11 个省市第二次全国土地调查主要数据成果公报；2013 年和 2015 年数据分别来自《中国农村统计年鉴（2014）》、《中国农村统计年鉴（2016）》。

(五) 农业劳动力逐年减少，所占比重却逐年增加

长江经济带横贯我国东中西三大自然和经济区域，农村人口基数大。由《中国统计年鉴》(2016) 得知长江经济带 2015 年总人口为 58768 万，乡村人口为 26172 万，占总人口的 44.53%，占全国乡村人口的 43.37%。2011~2014 年，长江经济带地区的农业从业人口逐年减少，但目前总量规模仍然较大，占我国农业从业总人口的比重也呈逐年增长趋势。2014 年，长江经济带地区共有第一产业从业人员约 1.2 亿人，较 2011 年减少了 912.01 万人，但占全国第一产业从业总人口的比重却高达 52.88%，较 2011 年提高了 4.1 个百分点，是我国农业从业人口的主要分布区（见图 7–3）。

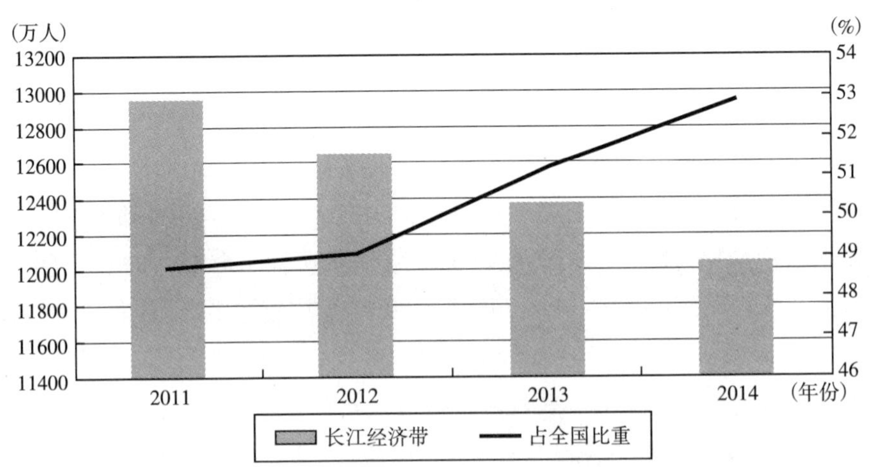

图 7–3　2011~2014 年长江经济带地区第一产业从业人口及占全国比重变化

(六) 农业发展的新业态不断涌现，多功能、现代化农业发展初具规模

长江经济带具有多样的地理类型、丰富的农业资源和巨大的消费市场。加之具有较好的经济基础和浓厚的商业文化，农业发展走在全国前列。近年来，长江经济带内农业发展的新业态不断涌现，多功能、现代化农业发展初具规模。涌现出大量以乡土取胜的农家乐、以规模取胜的种养大户、以技术取胜的现代农业园区、借网络旺销的“互联网+”农业，这些与传统小农经济、高原特色农业、山地精品农业、平原粮食生产、江湖养殖捕捞等一起，构成了长江经济带多样的农业图景，为新时期的农业发展方式转变、模式转型积累了经验。

三、长江经济带农业供给侧结构省际对比

长江经济带地区横跨我国东、中、西三大区域，农业发展条件、水平、优势和特色等都存在较明显的地域差异。

（一）农业种植结构省际对比

1. 粮食作物播种面积省际对比

2017 年中央“一号文件”提出：“按照稳粮、优经、扩饲的要求，加快构建粮、经、饲协调发展的三元种植结构。粮食作物要稳定水稻、小麦生产，确保口粮绝对安全，重点发展优质稻米和强筋弱筋小麦，继续调减非优势区籽粒玉米，增加优质食用大豆、薯类、杂粮杂豆等。经济作物要优化品种品质和区域布局，巩固主产区棉花、油料、糖料生产，促进园艺作物增值增效。饲料作物要扩大种植面积，发展青贮玉米、苜蓿等优质牧草，大力培育现代饲草料产业体系。”

粮食作物是指以收获成熟果实为目的，经去壳、碾磨等加工程序而成为人类基本食粮的一类作物。主要分为：谷类作物、薯类作物和豆类作物。由表 7–4 可以得知，长江经济带粮食作物播种面积首先是谷物播种面积最大，2011~2015 年，除了上海、浙江、重庆播种面积有所下降之外，其余省份均有所上升；其次是小麦，其中上海、湖南、重庆、四川、贵州、云南播种面积较 2011 年均有所减少，江苏、浙江、安徽、江西、湖北均有所增加；最后是玉米，除了上海、贵州播种面积较 2011 年有所下降之外，其余省市均有所增加；江苏、安徽的薯类播种面积较 2011 年有所减少，其余省市均有所增加；豆类总播种面积最小，上海、江苏、安徽、湖北、湖南、云南播种面积较 2011 年有所下降，其余省市均有所上升。

表 7–4　2011 年、2015 年长江经济带地区粮食作物播种面积省际对比

单位：千公顷

地区	谷物		小麦		玉米		豆类		薯类	
	2011 年	2015 年	2011 年	2015 年	2011 年	2015 年	2011 年	2015 年	2011 年	2015 年
上海	179	157	60	46	4	3	6	4	1	1
江苏	4927	5067	2112	2179	414	452	333	305	59	53
浙江	1033	1010	73	90	31	70	124	145	97	123
安徽	5485	5599	2383	2457	819	882	969	894	168	140
江西	3360	3393	11	12	26	30	154	165	136	147

续表

地区	谷物		小麦		玉米		豆类		薯类	
	2011 年	2015 年	2011 年	2015 年	2011 年	2015 年	2011 年	2015 年	2011 年	2015 年
湖北	3628	4001	1014	1093	550	688	191	148	304	318
湖南	4455	4515	40	29	327	348	171	161	253	268
重庆	1316	1262	138	70	467	471	225	241	718	731
四川	4787	4685	1259	1119	1363	1402	441	495	1212	1274
贵州	1829	1842	258	249	788	763	314	329	913	944
云南	3118	3266	438	433	1409	1517	575	550	634	672

资料来源：《中国农村统计年鉴》（2012~2016）。

2. 经济作物播种面积省际对比

经济作物又称技术作物、工业原料作物，指具有某种特定经济用途的农作物。广义的经济作物还包括蔬菜、瓜果、花卉、果品等园艺作物。由表 7-5 可以得知，长江经济带 11 个省市经济作物播种面积首先是油料播种面积最大，2011~2015 年，上海、江苏、浙江、安徽播种面积有所减少，江西、湖北、湖南、重庆、四川、贵州、云南播种面积有所增加；其次是棉花，除了重庆和云南由于光照等原因不适宜种植棉花之外，其余省市播种面积较 2011 年均呈减少状态；最后是糖料，江西、湖北、贵州、云南播种面积较 2011 年有所增长，其余省市均呈下降趋势；麻类总播种面积最小，且长江经济带 11 个省市播种面积较 2011 年均呈递减趋势。

表 7-5　2011 年、2015 年长江经济带地区经济作物播种面积省际对比

单位：千公顷

地区	油料		糖料		棉花		麻类	
	2011 年	2015 年	2011 年	2015 年	2011 年	2015 年	2011 年	2015 年
上海	9	5	0	0	3	0	0	0
江苏	552	476	2	2	239	94	1	0
浙江	196	146	11	10	22	14	0	0
安徽	878	772	5	5	350	233	9	7
江西	732	740	14	15	82	81	6	4
湖北	1430	1524	8	9	489	265	15	9
湖南	1296	1445	15	13	192	114	18	7
重庆	257	309	3	2	0	0	10	5
四川	1233	1298	19	14	16	10	34	30
贵州	536	591	12	27	2	2	1	1
云南	342	356	307	312	0	0	3	0

资料来源：《中国农村统计年鉴》（2016）。

3. 饲料作物播种面积省际对比

长江经济带地区 11 个省市青饲料播种面积差距显著。由图 7-4 可以看出，2011~2015 年，上海、浙江、江西、湖北、四川、云南播种面积大体呈下降趋势，其余省市则呈增长趋势。2015 年，青饲料播种面积最大的是湖南（212 千公顷），四川、云南、贵州三省介于 100 千~200 千公顷，其余省市均在 100 千公顷以下，播种面积最小的是上海（4 千公顷）。

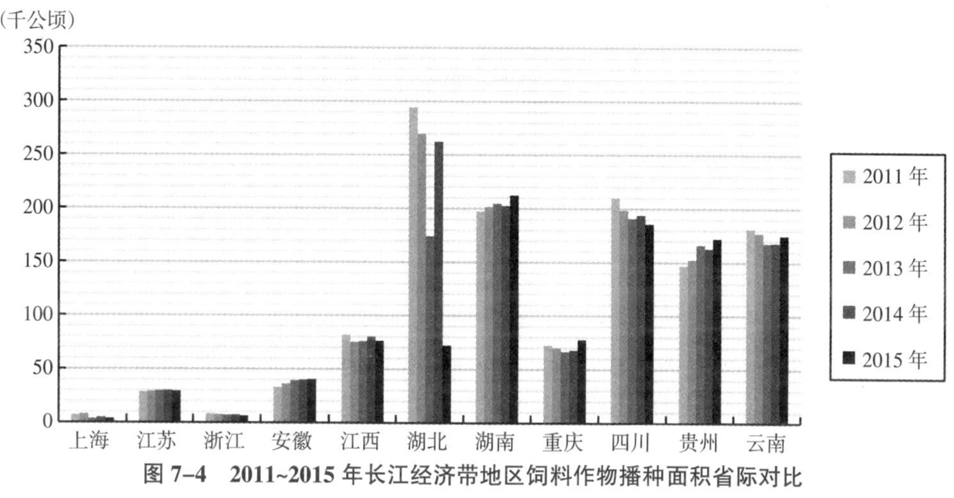

图 7-4　2011~2015 年长江经济带地区饲料作物播种面积省际对比

（二）粮食产量省际对比

由表 7-6 可知，2011~2015 年，长江经济带地区除了上海和浙江之外，其余省市粮食产量均呈增长之势，增长率最高的为贵州（34.56%），同时，安徽、湖北、贵州、云南四省增长率均高于全国平均水平。通过省际对比我们发现：江苏、安徽、四川、湖南四省 2015 年粮食产量均高于 3000 万吨，其中江苏产量最高（3561.30 万吨），湖北和江西两省介于 2000~3000 万吨，云南、贵州、重庆三省介于 1000 万~2000 万吨，浙江和上海两省均低于 1000 万吨，其中上海产量最低（112.10 万吨）。总体来说，江苏、安徽、四川、湖南、湖北、江西六省粮食产量均高于全国平均水平（2004.64 万吨），其余省市则均低于全国平均水平。

表 7-6　2011~2015 年长江经济带粮食产量省际对比

单位：万吨

地区	2011 年	2012 年	2013 年	2014 年	2015 年	增长率（%）
全国平均	1842.61	1901.87	1941.74	1958.15	2004.64	8.79
上海	122.00	122.40	114.20	112.50	112.10	-8.11
江苏	3307.80	3372.50	3423.00	3490.60	3561.30	7.66
浙江	781.60	769.80	734.00	757.40	752.20	-3.76

续表

地区	2011	2012	2013	2014	2015	增长率（%）
安徽	3135.50	3289.10	3279.60	3415.80	3538.10	12.84
江西	2052.80	2084.80	2116.10	2143.50	2148.70	4.67
湖北	2388.50	2441.80	2501.30	2584.20	2703.30	13.18
湖南	2939.40	3006.50	2925.70	3001.30	3002.90	2.16
重庆	1126.90	1138.50	1148.10	1144.50	1154.90	2.48
四川	3291.60	3315.00	3387.10	3374.90	3442.80	4.59
贵州	876.90	1079.50	1030.00	1138.50	1180.00	34.56
云南	1673.60	1749.10	1824.00	1860.70	1876.40	12.12

资料来源：《中国农村统计年鉴》（2012~2016）。

（三）农业经济省际对比

1. 第一产业增加值省际对比

由图 7-5 可以看出，2011~2015 年，长江经济带地区除了上海之外，其余省市第一产业增加值均呈逐年增长趋势，且省与省之间存在一定差距。2015 年，江苏、湖南、湖北、四川四省的第一产业增加值介于 3000 亿~4000 亿元，安徽和云南两省介于 2000 亿~3000 亿元，浙江、江西、重庆、贵州四个省市介于 1000 亿~2000 亿元，上海市低于 150 亿元。通过省际对比我们发现：贵州的增长幅度最快，增长率最高（125.91%），其次是云南（45.70%），重庆和江苏介于 30%~40%，湖北、江西、四川、安徽、湖南介于 20%~30%，浙江为 15.78%，而上海则有所下降（-12.10%）。

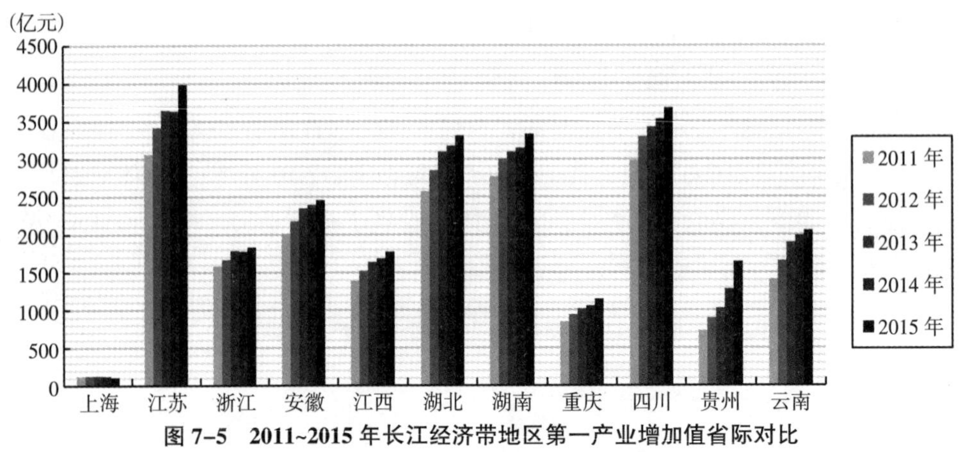

图 7-5　2011~2015 年长江经济带地区第一产业增加值省际对比

2. 第一产业结构比重省际对比

由图 7-6 可以看出，近年来，长江经济带地区除了贵州的第一产业结构比重呈增长状态之外，其他省市较 2011 年均有所下降，其中属湖南下降比重最大（-2.60%），其次是四川和安徽（-2%），湖北、江西、重庆介于-1%~-2%，云南、浙江、江苏、上海均低于-1%，贵州则上升了2.9%。从农业的经济贡献来看，长江经济带11个省市的差距较大。2015年，贵州第一产业增加值占地区生产总值的比重最高（15.60%）；云南次之（15.10%）；四川、湖南、安徽、湖北、江西介于10%~15%；重庆、江苏、浙江、上海四省均低于10%，其中属上海市最低（0.4%）。总体来说，除了重庆、江苏、浙江和上海以外，其他省份农业经济在国民经济中的比重均高于全国平均水平（8.42%）。

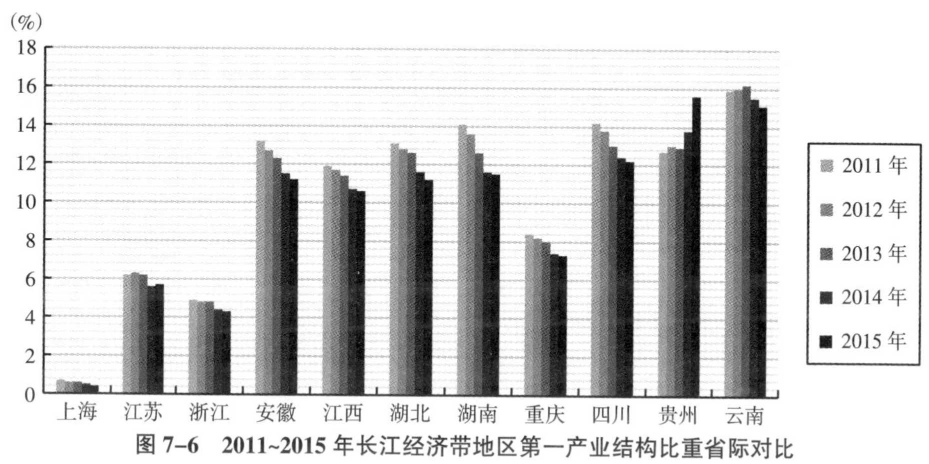

图7-6 2011~2015年长江经济带地区第一产业结构比重省际对比

3. 农林牧渔业产值省际对比

由表7-7可知，分产业来看，2011~2015年，长江经济带11个省市的林业产值均呈增长状态，而上海的农业产值，上海、浙江、江西的牧业产值以及上海的渔业产值较2011年均有所下降，其余省市的农业、牧业、渔业产值均呈增长状态。就各产业所占农林牧渔业产值比重来看，首先是农业所占比重最高，2015年，贵州农业产值比重高达64.72%，上海、江苏、湖南、重庆、四川、云南介于50%~60%，其余省份也均介于40%~50%；其次是牧业，重庆、四川、云南牧业产值比重介于30%~40%，上海、安徽、江西、湖北、湖南、贵州介于20%~30%，江苏、浙江介于10%~20%；最后是渔业，江苏、浙江渔业产值比重介于20%~30%，上海、安徽、江西、湖北介于10%~20%，其余省市均低于10%；林业产值比重最小，江西的林业产值比重为10.27%，其余省市均低于10%。

表7-7 2011年、2015年长江经济带地区农林牧渔业产值省际对比

单位：亿元

地区	农业		林业		牧业		渔业	
	2011年	2015年	2011年	2015年	2011年	2015年	2011年	2015年
上海	165	170	8	12	77	66	55	52
江苏	2641	3363	93	129	1191	1262	1060	1518

续表

地区	农业		林业		牧业		渔业	
	2011 年	2015 年	2011 年	2015 年	2011 年	2015 年	2011 年	2015 年
浙江	1152	1386	134	152	546	426	656	856
安徽	1715	2119	182	290	1084	1259	346	475
江西	918	1144	206	294	734	720	272	420
湖北	2299	2762	86	181	1206	1503	509	923
湖南	2392	2885	239	317	1426	1602	255	367
重庆	751	968	38	60	425	543	35	75
四川	2454	3079	130	206	2127	2516	147	211
贵州	655	1322	47	138	382	665	20	56
云南	1125	1806	246	317	808	1031	56	82

资料来源：《中国农村统计年鉴》(2012~2016)。

（四）农产品进出口额省际对比

由表 7-8 可知，2011~2015 年，长江经济带 11 个省市除了四川之外，其余省市农产品出口额呈增长趋势，农产品进口额除了浙江、云南有所下降之外，其余省市也呈增长状态。其中上海、江苏、浙江、安徽、重庆的农产品进口额大于出口额，其余省市则出口额大于进口额。就其各省市占全国进出口额比重来看，2015 年，浙江农产品出口额所占比重最高（7.20%），其次是云南（5.78%），再次是江苏（4.80%），上海、湖北介于 2%~3%，安徽、湖南介于 1%~2%，其余省市均低于 1%；上海农产品出口额所占比重最高（14.53%），其次是江苏（11.35%），再次是浙江（5.27%），安徽、重庆介于 1%~2%，其余省市均低于 1%。

表 7-8 2011~2015 年长江经济带地区农产品进出口额省际对比

单位：万美元

地区	农产品出口额					农产品进口额				
	2011 年	2012 年	2013 年	2014 年	2015 年	2011 年	2012 年	2013 年	2014 年	2015 年
上海	170042	176300	180121	193188	186390	930964	998779	1089995	1199913	1468765
江苏	281230	306667	316230	361738	336853	1071396	1092503	1052895	1032508	1146979
浙江	454533	471697	518581	361738	505390	536878	537408	518617	491052	532457
安徽	85331	95234	112389	120140	119995	89038	125538	174466	160865	160149
江西	29138	38234	47848	67575	61870	5528	9064	19336	22400	15532
湖北	143333	115188	188933	199498	179473	27401	32910	38767	37866	36579
湖南	62684	71180	88406	109414	104994	22317	37819	47081	39596	34209
重庆	22065	24427	36980	31393	31750	45557	90797	105014	55999	109593

续表

地区	农产品出口额					农产品进口额				
	2011 年	2012 年	2013 年	2014 年	2015 年	2011 年	2012 年	2013 年	2014 年	2015 年
四川	82099	79591	68949	74663	64842	32506	28228	42053	46094	44174
贵州	22040	29111	26852	31255	37050	39	436	543	1818	7406
云南	176523	205253	243198	289274	405613	119886	165785	160303	151556	80928

资料来源：商务部发布的相应年份最末月《中国进出口月度统计报告（农产品）》。

（五）农村居民可支配收入省际对比

由图 7–7 可以看出，2011~2015 年，长江经济带地区 11 个省市的农村居民可支配收入逐年增加，其中湖北、贵州、云南增长率均在 70%以上，浙江、江西、湖南、重庆、四川均在 60%以上，江苏在 50%以上，上海在 40%以上。通过省际对比我们发现：2015 年，上海、浙江农村居民可支配收入超过 20000 元/人，江苏、安徽、江西、湖北、湖南、重庆、四川介于 10000~20000 元/人，云南、贵州均低于 10000 元/人。总体而言，上海、江苏、浙江、湖北四个省市的农村居民人均可支配收入均高于全国平均水平（11421.7 元/人），其余省市均低于全国平均水平。

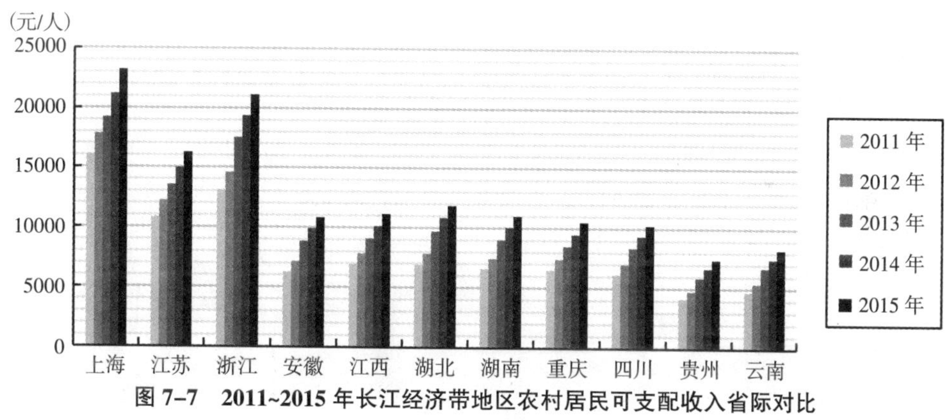

图 7–7 2011~2015 年长江经济带地区农村居民可支配收入省际对比

（六）耕地面积省际对比

由图 7–8 可知，2015 年，长江经济带地区除上海、湖南、四川耕地面积有所增加之外，其余省市较 2009 年呈递减趋势。湖北耕地面积较 2009 年减少 6.80 万公顷，面积减少最多，其次是江苏，减少 4.51 万公顷，云南、安徽介于 3 万~4 万公顷，贵州减少 2.57 万公顷，其余省市均低于 1 万公顷。

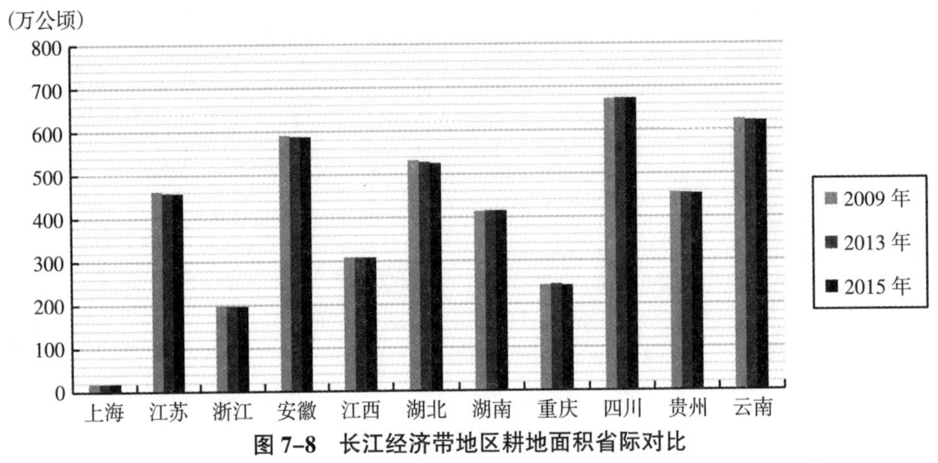

图 7-8　长江经济带地区耕地面积省际对比

(七) 第一产业从业人员省际对比

由图 7-9 可以看出，近年来，长江经济带除了上海、湖北、贵州第一产业从业人员有所增加以外，其余省市均呈减少状态。通过省际对比我们得知，2011~2014 年，江西第一产业从业人员下降最多，较 2011 年减少了 5.57 万人，安徽次之，减少了 5.81 万人，再次是江苏，减少了 3.04 万人，云南、湖南减少人员介于 2 万~3 万人，浙江减少人员 0.95 万人，减少人员最少。

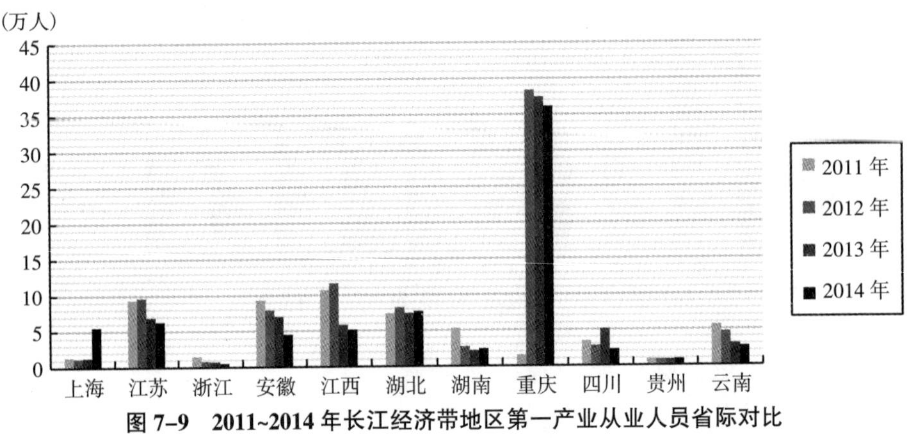

图 7-9　2011~2014 年长江经济带地区第一产业从业人员省际对比

(八) 农业生态与环境省际对比

1. 林业重点生态工程

林业重点生态工程，主要指生态景观林带、森林碳汇、森林进城围城三大林业重点生态工程。林业重点生态工程的建设是实现农业高产稳产、水利设施长期发挥功效、减轻自然灾害的重要保障和有效途径。由图 7-10 我们可以看出，2011~2015 年，长江经济带除了上海无林业重点生态工程建设之外，江苏、浙江、湖北、湖南大体呈递减趋势，其余省市则大体呈递增趋势。2015 年，长江经济带各省市共实现 797904 公顷的林业重点生态工程建设，云南的建设面积最大（241638 公顷），其次是四川（123683 公顷），重庆、湖北、江西、贵州四个省市介于 50000~100000 公顷，其余省市均低于 50000 公顷，浙江的建设面积最小（11051 公顷）。

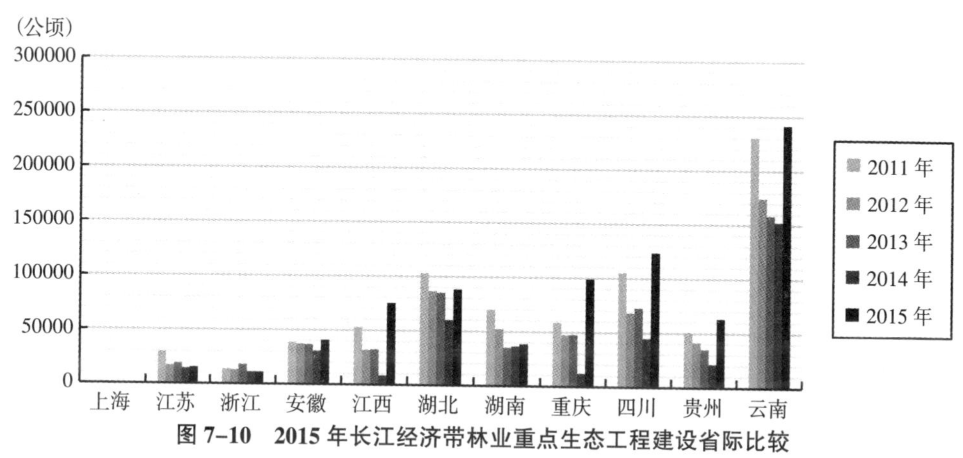

图 7-10　2015 年长江经济带林业重点生态工程建设省际比较

2. 水土流失治理面积

水土是人类赖以生存和发展的、不可替代的基本条件和基础资源。由图 7-11 可以看出，近年来，长江经济带各省市除了上海不存在水土流失治理情况之外，其中安徽水土流失治理面积总体呈递减趋势，其余省市均呈递增趋势。长江经济带 2015 年共实现 46831 千公顷水土流失治理，较 2011 年增加了 10687.10 千公顷，占全国水土流失治理面积比重的 40.53%。通过对比发现：四川和云南两省治理面积均超过 8000 千公顷，贵州治理面积为 6298 千公顷，湖北和江西两省介于 5000 千~6000 千公顷，浙江、湖南、重庆三个省市介于 3000 千~4000 千公顷，除上海无水土流失治理情况之外，安徽和江苏两省治理面积均低于 2000 千公顷，其中江苏最低（894 千公顷）。

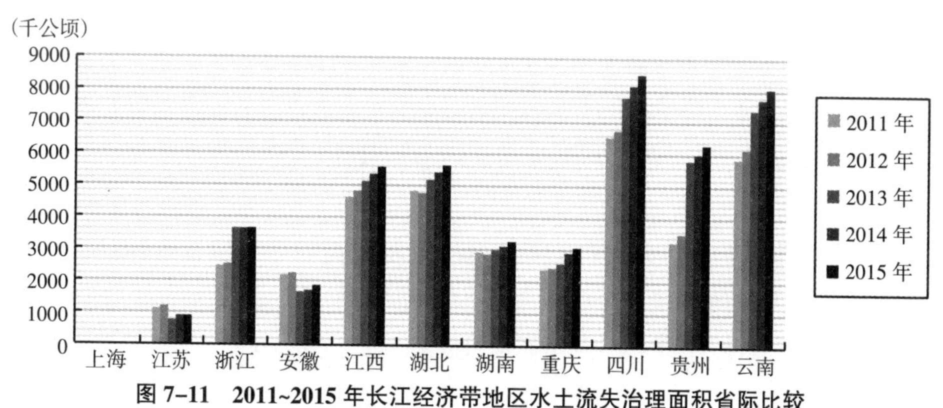

图 7-11　2011~2015 年长江经济带地区水土流失治理面积省际比较

3. 农用化肥、塑料薄膜及农药使用情况

2015 年，长江经济带 11 个省市共施用农用化肥 2163.20 万吨，较 2011 年增加了 12.60 万吨，占全国农用化肥施用量的 35.92%，其中安徽、湖北、江苏三省施用量均超过 300 万吨，四川、湖南、云南三省介于 200 万~250 万吨，江西和贵州介于 100 万~150 万吨，重庆、浙江和上海三个省市均低于 100 万吨；长江经济带 11 个省市共使用农用塑料薄膜 84.58 万吨，较 2011 年增加了 9.42 万吨，占全国农用塑料薄膜使用量的 32.49%，其中四川、江苏、云南、安徽四省使用量均在 10 万吨以上，而其余省市均在 10 万吨以下；长江经济带 11 个省市共使用农药 73.64 万吨，较 2011 年减少了 4.21 万吨，占全国农药使用量的 41.30%，其中湖南、湖北、安徽三省使用量在 10 万吨以上，其余省市均在 10 万吨以下（见图 7-12）。

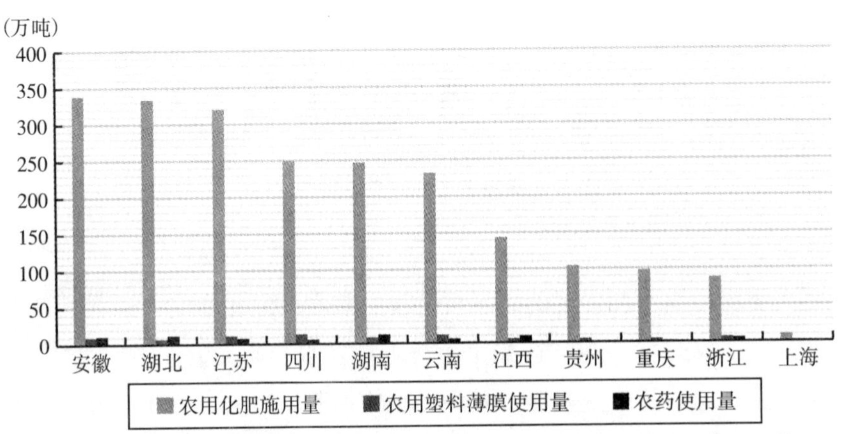

图 7-12　2015 年长江经济带地区化肥、塑料薄膜及农药使用情况省际比较

（九）农业技术省际对比

1. 农业植物新品种授权

农业植物新品种是现代农业建设的重要支撑和掌握农业发展主动权的关键，是推动农业发展最活跃的生产要素之一。1999~2015 年，长江经济带 11 个省市累计农业植物新品种授权 2379 件，占全国累计农业植物新品种授权的 38.01%，其中四川授权量最高（574 件），其次是江苏（482 件），云南和湖南介于 200~300 件，安徽、湖北、浙江三省介于 100~200 件，其余省市均低于 100 件（见图 7-13）。

2. 农业机械技术

农业机械技术作为农业增产的重要措施，是通过拖拉机等机械机具对土壤耕作进行机械化作业，不仅改变了传统的翻耕技术，而且得到了国家相关部门的大力推广。实施农业机械技术不仅能改善土壤的通透性，而且能降低土壤的密度从而有利于农作物的生长发育和存活。2015 年长江经济带 11 个省市共实现农业机械总动力 38121.60

万千瓦，较2011年增加了4038.50万千瓦，占全国农业机械总动力的34.12%，其中安徽农业机械总动力最高（6581万千瓦），其次是湖南（5894.10万千瓦），最低的是上海（119万千瓦）。共拥有大型拖拉机、小型拖拉机、排灌电动机122.13万台、538.45万台、615.09万台，分别占全国总量的20.11%、31.62%、47.21%，其中云南拥有大型拖拉机台数最多（31.76万台）、重庆最少（0.41万台）；安徽拥有小型拖拉机台数最多（214.67万台）、上海最少（0.30万台）；安徽同时拥有排灌电动机台数最多（118.99万台）、上海最少（1.36万台）（见表7-9）。

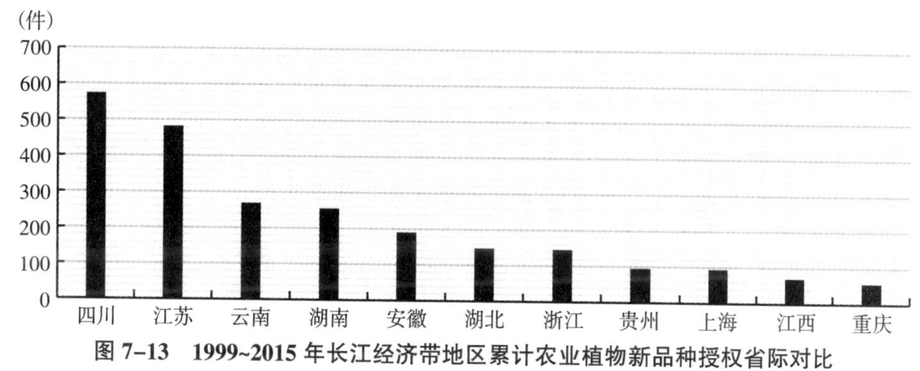

图7-13　1999~2015年长江经济带地区累计农业植物新品种授权省际对比

表7-9　2015年长江经济带地区农业机械化发展水平省际对比

省市	农业机械总动力（万千瓦）	大型拖拉机（万台）	小型拖拉机（万台）	排灌电动机（万台）
上海	119.00	0.75	0.30	1.36
江苏	4825.50	16.76	81.86	42.54
浙江	2360.70	1.26	11.86	83.07
安徽	6581.00	22.01	214.67	118.99
江西	2260.80	1.96	33.20	24.10
湖北	4468.10	16.84	113.81	73.73
湖南	5894.10	12.88	24.36	112.25
重庆	1299.70	0.41	0.84	77.27
四川	4404.50	13.22	10.45	39.83
贵州	2575.20	4.28	9.92	27.23
云南	3333.00	31.76	37.18	14.72

资料来源：《中国科技统计年鉴》（2016）。

3. 农业信息技术

农村宽带接入用户数可以用来衡量农村地区信息化发达程度。在农村相对闭塞的环境下，互联网的进入让其能更加有效、快速地与外面经济市场相联系，形成“互联网+农业”形式。由图7-14可以看出，2011~2015年，长江经济带地区11个省市农村宽带接入用户数逐年增加。2015年，长江经济带11个省市农村宽带接入用户数总计为2896.20万户，较2011年增加了1439.90万户，占全国总量的45.26%，其中江苏接入用户数最多（881.80万户），其次是浙江（503.60万户），四川介于400万~500万户，安徽、江西介于200万~300万户，湖南、湖北介于100万~200万户，其余省市均低于100万户，其中属上海接入用户数最少（2.40万户）。

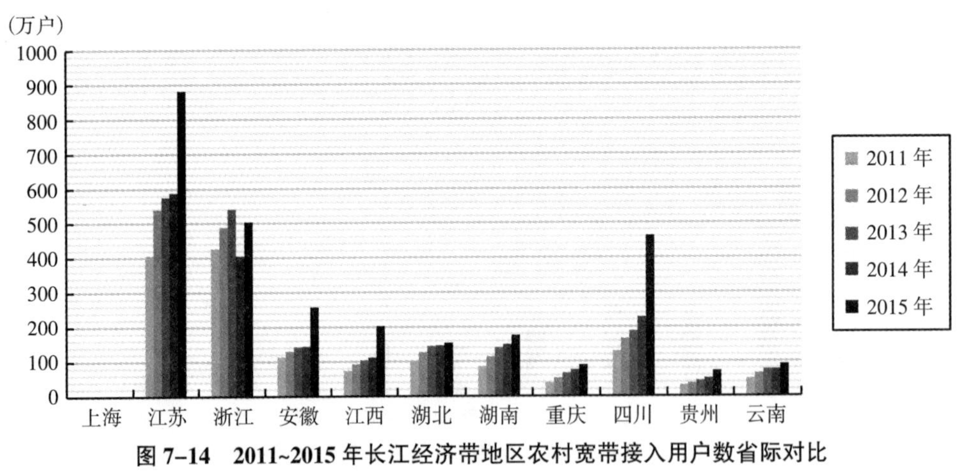

图7-14　2011~2015年长江经济带地区农村宽带接入用户数省际对比

四、湖南农业供给侧结构存在的主要问题

通过以上对长江经济带11个省市农业供给侧结构的对比及现实情况，发现湖南在农业供给侧结构方面存在以下几个问题。

（一）农业种植结构不优

全省粮食作物播种面积中谷物播种面积大，小麦、玉米、豆类、薯类播种面积小，2015年，谷物播种面积为4515千公顷，而小麦、玉米、豆类、薯类仅为29千公顷、348千公顷、161千公顷和268千公顷；经济作物播种面积中油料播种面积大，糖料、棉花、麻类播种面积小，油料播种面积为1445千公顷，而糖料、棉花、麻类仅为13千公顷、114千公顷、7千公顷。整体来看，粮食作物种植比例远远高于经济作物种植比例。

（二）农林牧渔业总产值增长较慢，农业产业结构不优

通过省际对比发现，第一，湖南农林牧渔业总产值增长较慢。2011~2015年，湖南

农林牧渔业总产值分别为 4508.20 亿元、4904.10 亿元、5043.60 亿元、5304.80 亿元、5630.70 亿元，虽呈逐年增长趋势，但在长江经济带 11 个省市中仅排名第九。第二，产业结构不优。全省农业产值比重大，高达 54.05%，而林业、牧业、渔业比重小，分别为 5.64%、28.45%、6.52%。

（三）农村居民可支配收入低

2011~2015 年，湖南省农村居民可支配收入分别为 6567 元/人、7440 元/人、9029 元/人、10060 元/人、10993 元/人，虽呈逐年增长状态，但均低于全国平均水平。如 2015 年，湖南省农村居民可支配收入较全国平均水平低 429 元/人；而较长江经济带 11 个省市中农村居民可支配收入最高的上海低 12213 元/人，可见相差悬殊之大。

（四）人均耕地面积少

2015 年，湖南耕地面积较第二次土地调查公报虽有所增加，但仅增加了 1.52 万公顷。从整个湖南土地资源的情况来看，人均耕地面积很少，平均每个劳动力人口的耕地面积为 2.8 亩，远远低于发达国家的人均水平，像某些发达国家如美国的人均耕地面积达到 410 亩，加拿大的人均耕地面积达到 810 亩，澳大利亚的人均耕地面积更是超过了 900 亩。从这些数据可以看出，湖南省和其他国家之间的差距。

（五）第一产业从业人员不断减少

2011~2014 年，通过省际对比，长江经济带地区除了上海、湖北、重庆、贵州以外，其余省市第一产业从业人员均不断减少，其中湖南较 2011 年减少 2.83 万人。随着农民外出就业规模扩大和农村精英阶层流失，农村特别是传统农区农业劳动力素质在不断弱化。湖南是劳务输出大省，每年输出的农村劳动力在 1200 万人左右，大批农村中青壮年劳动力转移进城就业，年轻一代农民返乡务农的意愿普遍偏低。2014 年，湖南农民工达到 1707.5 万人，占全部农村人口比重超过 40%，其中仅 0.5%从事第一产业。而留守下来的第一产业就业人员中，以妇女、儿童、老年人为主，整体素质呈现结构性下降，不少农村呈现出农村空心化、农业兼业化、农村人口老龄化趋势。

（六）资源环境污染严重

长期以来，湖南农业生产以扩面积、增产量、保供给为目标，普遍依靠“大水、大肥、大药”的种植方式，2011~2015 年，湖南农用化肥施用量、农用塑料薄膜使用量、农药使用量不断增加，加上城市和工矿业“三废”的不合理排放，湖南省农业面源污染和耕地重金属污染突出，导致耕地质量下降，产地环境恶化。耕地重金属污染面积达到 1420 万亩，占全省耕地总面积的 22.9%。全省约 25.8%的农田灌溉用水和 183%的农田受到不同程度的污染，对农产品质量安全构成了威胁。

（七）农业机械化发展水平与农业信息技术低

通过省际对比发现，湖南农业机械化与农业信息技术均偏低。就农业机械化发展水平来说，2015 年，湖南大中型拖拉机仅为 12.88 万台，在长江经济带地区中排名第五，较 11 个省市中大中型拖拉机最多的云南少 18.88 万台；湖南小型拖拉机仅为 24.36 万台，在长江经济带地区中排名第六，较小型拖拉机最多的安徽少 190.31 万台；湖南排灌电动机仅为 73.73 万台，在长江经济带地区中排名第五，较排灌电动机最多的安徽少 45.26 万台。就农业信息技术来说，湖南农村宽带接入用户数仅为 176 万户，在长江经济带地区中排名第六，较长江经济带 11 省市中农村宽带接入用户数最多的江苏少 705.80 万户。

（八）农业规模化程度不高

一是农业经营方式落后。2015 年，全省耕地流转累计面积 1380 万亩，仅占全省家庭承包耕地面积的 28.9%，家庭农场突破 3 万户，农民合作社达到 5.6 万家，入社成员 257.6 万户，仅占农户总数的 18.6%。全省仍有近七成的农田处于分散经营状态，农业经营方式主要以一家一户小规模家庭生产为主。二是农产品加工水平低。农产品的加工转化率只有 38%，低于 40%的全国平均水平，62%的农产品仍以鲜销为主。

五、湖南推进农业供给侧结构改革的创新发展对策

（一）优化产品产业结构，推进农业提质增效

做优粮食产业。湖南作为产粮大省，推进农业供给侧结构性改革并不是要放弃以市场需求为导向，而是要转变粮食生产方式，将粮食“大产业”做成“优产业”。一是要提升粮食品质。加快粮食品种更新换代，优化品种结构，扩大优质稻种植。加强粮食品牌建设，以优势企业为依托、优势品牌为核心，推动粮食品牌整合。二是要推进粮食多元发展。结合各地资源优势，积极发展大米之外的其他粮食品种，稳妥推进特色杂粮、高粱、马铃薯、红薯、豆类、饲料用粮等优质旱粮生产，满足市场多元化需求。

发展经济作物产业。因地制宜挖掘具有地域特色的经济作物，形成湖南特色产业优势。一是要稳步扩大高标准蔬菜基地，支持蔬菜标准化设施大棚建设，建设一批蔬菜重点县。加大低产茶园、柑橘品改力度，以特色现代农业产业园建设为抓手，推进油菜、油茶产业发展。二是在城市近郊区发展适应都市需求的特色水果、时鲜蔬菜、花卉、食用菌等产业。在山丘区扩大优质水果、生态茶叶、高山有机蔬菜、中药材等高效经济作物种植规模。

（二）提高农业经营水平，加快建立农业增效和农民增收的长效机制

建立保护农民权益的长效机制是农业绿色发展的根本。要进一步加大对农村人力资源的投入力度，切实把劳动力资源优势转变为人力资本优势。要培养新型职业农民，加强农业从业人员素质，实行免费的职业农民教育培训，提高其农业科技知识水平和经营管理能力，鼓励他们成为环境管理者和保护者。改善农业技术人员的工作环境和生活条件，鼓励高层次专业人才，包括农业科技人员、大中专院校毕业生积极投身农业现代化建设，从事农业生产和技术开发。此外，政府要建立、完善农业技术推广服务模式，突出公益性职能，以带动农业科技成果的转化和推广。要构建新型农业经营体系，发展农业适度规模经营，应坚持农民家庭经营主体地位，通过创新发展经营主体的联合、合作和产业化等提高其组织化和规模化水平，打造农业全产业链，有效降低成本，让农民能够更多地分享产业链增值收益；同时要加强对土地流转和规模经营的管理服务，真正让农业规模经营成果惠及广大农民。

（三）强化用途控制，严格耕地保护，稳定耕地数量

一方面要严格基本农田的规划管理。省、市、县各级都应根据保障粮食安全的要求，进一步建立健全基本粮食安全耕地储备体系，制定基本农田保护规划，并以法律法规和政府规章的形式确定下来，报上级国土、农业行政主管部门备案。另一方面要严格强调“耕地动态总量平衡”。耕地的总量平衡不单纯是数量上的占补平衡，还应突出耕地的质量平衡，也就是说，新开耕地必须要确保质量，才能达到耕地的动态总量平衡。城市建设、交通运输等非农业建设占用耕地，都应严格按照基本农田占用审批管理制度，在耕地占用审批上实行国土、农业双重管理，耕地占用的补充方案要经过农业、国土两家现场确认，新开耕地要严格按照《湖南省新开耕地质量标准》要求进行，搞好新开耕地的数量与质量验收，在保证耕地数量平衡的同时，确保质量相对平衡。

（四）培育新型职业农民，解决农业劳动力流失困境

加大对农村基础设施的资金投入并提供创业平台。首先，加大对农村各种设施的

资金投入。因为农村的社会生活环境与城市存在很大的差距，青年们对城市生活充满向往，城市的生活条件比农村好，自我发展机会更多。因此，加大对农村基础设施的资金投入，完善农村基础设施，如农村道路建设、农村教育建设、农村医疗保健设施建设等，通过提高农村各方面设施，改善农村整体风貌和生活条件，缩短城乡差距。其次，为农民回乡创业提供发展平台。2015 年，国务院办公厅发出了《关于支持农民工等人员返乡创业的意见》，要求加强统筹谋划，健全体制机制，整合创业资源，完善扶持政策，优化创业环境，以人力资本、社会资本的提升、扩散、共享为纽带，加快建立多层次、多样化的返乡创业格局，全面激发农民工等人员的返乡创业热情，创造更多就地就近就业机会，加快输出地新型工业化、城镇化进程，全面汇入大众创业、万众创新的高潮，加快培育经济社会发展新动力，催生民生改善、经济结构调整和社会和谐稳定新功能。因此，政府应抓紧制定扶持农民工返乡创业的具体政策措施，并鼓励农民工发展农产品加工业等农村第二、第三产业，生态农业和县域中小企业；积极为农民工返乡创业提供有利条件，提供在农村发展的平台，吸引他们回乡从事农业生产，为农业现代化发展提供劳动力的保障。

加强教育和培训，塑造新型职业农民。首先，加强农村基础教育，提升劳动力文化素质。加强农村基础教育是提高农村劳动力素质的基础。政府应加大在农村教育方面的投资力度，一方面完善农业基础教育经费的筹措渠道。财政拨款是农村基础教育的主要经费来源，但是在政府拨款的基础上还应积极创新方式，拓宽农业基础教育经费来源。另一方面不断加强教师队伍建设。农业基础教育发展主要依靠师资力量，以此提升农村劳动力的文化素质。通过基础教育建设，提升农业劳动力的自身素质，为农业科学技术的推广和应用起到促进作用。其次，提供农业科学技术培训，培养新型职业农民。一方面，政府可以通过建立专门的农民素质文化教育中心和农民技术培训机构，并邀请专业的农业专家作为指导教师，定期组织农民进行素质教育与技术培训。另一方面，也可以发挥高等院校在农民教育中的资源优势。可以通过知名专家、教授对农村劳动力实施专门的知识和技能教育，强化农业生产技术和农业经济管理方面的培训，充分发挥高等院校在农民职业教育中的资源优势。

（五）加强农业生态管理，促进农业资源的保护和可持续利用

保障农产品的质量安全，实现农业的绿色发展，是农业现代化的基本要求。必须大力发展生态农业，推广新理念、新技术、新产品，促进农业走向绿色高效发展之路。首先，要开展生态环境的修复治理，加强资源养护，确保生物安全和生态安全。必须坚守耕地保护红线，提升耕地质量，确保谷物基本自给、口粮绝对安全。通过耕地轮作休耕，节约高效利用资源，调整优化种植结构，增加紧缺农产品供给，满足多元化

消费需求，全面提升农业供给体系的质量和效率。要加大对重要水源涵养区、饮用水源区和水土流失重点预防保护区等山体的保护力度。严格林木采伐管理，强力推进山体修复、环境整治等工作。其次，要加大农村环境整治力度，全面提高农产品质量安全水平。一定要制定农业生态环境保护和建设规范，落实目标和任务要求，进行责任分工，大力推进农业资源污染防治，发展生态农业和绿色农业，降低化肥农药的使用量，提升农业生产废弃物的综合回收利用率，防治产生环境污染和破坏。以农业部"美丽乡村"创建为契机，深入开展生态绿色家园共建和乡村清洁工程，改善城乡人居环境，着力推进造林绿化，打造人与自然和谐共处的宜居秀美乡村。

（六）提高农机化结构调整力度，加强农机队伍培训

要按照发展"大农业、大农机"思路加快高科技含量机械的发展步伐。推动农机装备机构由中小型向大中型转变，重点发展大型拖拉机、节水灌溉机械等；由传统型装备向高新技术装备转变，由农业产中机械化向产前、产后机械化转变。进一步提高农机管理、技术推广人员的业务素质和农机手的操作技能水平，促进全省农机化水平又好又快发展，通过培训着力培养一支适应现代农业发展需要、知识结构合理、具有较高业务素质与服务能力的农机管理、技术推广、农机作业服务人员队伍。

（七）大力培育各农业经营主体，政府和市场合力提升产品质量

指导农民合作社发展。首先，加强金融机构对农民合作社的金融扶持。农民专业合作组织的融资方式，直接关系到合作社组织的发展状态。政府可以根据农民专业合作社自身需求的特点，利用当地金融机构针对当地合作社的经营特点开发出符合当地合作社经营的信贷产品。其次，农民合作社牵头发展生态旅游。如今生态旅游与网络营销都是较为新鲜的营销模式，两者可以并用以加大品牌宣传，实现销售额增长与农民经济组织增收的目的。最后，完善合作社的内部组织结构。当地农民专业合作社应该依法组织建立股东大会、监事会、理事会等职能部门。农民专业合作社每年应定期举办召开 1~2 次股东大会，股东大会上应对当年合作社的工作安排与预期效果给予通报，年终对一年的业绩给予总结。发生重大事务时，应召开临时股东大会，采用民主集中制进行决策。最大程度上规避合作社内部个别社员因为一己私利而做出有损合作社整体利益的决策。

充分发挥农业龙头企业的带动作用。建设农业产业化示范区，推进龙头企业集聚，进一步促进资源和要素的优化配置，以达到推动农业产业化深入发展，丰富农业生产经营组织方式的目的。具体来说，就是要在优势产区的基础上建立生产基地，把优势产业作为依托来发展农产品加工，把优势企业的生产要素当作核心聚合来吸引关联企

业的合作，进而形成一批规模大、竞争力强、带动面广的龙头企业聚集区。

创新家庭农场发展模式。一方面加强流转促进土地的适度集中。目前家庭农场的承包土地仍然处于零星分散的状态，对于不连片、不平整的土地要采取适当的集中措施。另一方面强化员工的学习和培训工作。家庭农场现阶段的局限性体现为农场员工素质普遍不高。要构建一个成功的、快步稳健发展的家庭农场，应该不断加强员工的学习和培训，从基础上提高家庭农场的运营效率，提高家庭农场运用现代化技术和现代化经营手段的能力。

因地制宜地发展优势农产品品种。对于农产品品种选择的问题，应结合湖南省的自然条件，因地制宜，选择不同的农产品，并且形成优势品种。针对不同品种的选择问题，可以选择引进优良品种。即对于其他地区已经研发出来的优良品种，通过结合当地地理环境因素进行分析，适当引进。这样不仅节省研发费用，减少损失，也可以学习先进技术，少走弯路，更有利于研制新品种。

引进先进设备，加强技术培训。首先，引进先进设备，巩固硬性条件。其次，培养一批高技术人员。湖南省部分地区经济条件落后，年轻人以及知识分子大多不愿意留在本地发展。因此，政府更应该通过各种渠道筛选、留住少部分农产品加工技术的知识分子，给予学习机会，培养他们向高级技术人员方向发展。最后，开展技术培训会。

政府应加强对农产品质量的监管工作。首先，政府可以组织建立和发展各地无公害农产品、绿色食品、有机食品基地建设，实现“三品”商品原料生产基地和加工营销基地，从源头上确保优质安全的农产品进入市场。其次，相关政府部门需建立农产品质量认证制度，为农产品进入市场提供“身份保证”和“同行资格”。最后，要积极开展农产品质量安全检测，从严把好关以形成农产品进入市场上的良好声誉。

参考文献

[1] 柳治国. 湖南现代农业发展模式的现状及对策［J］. 中南林业科技大学学报（社会科学版），2017（1）：58–61.

[2] 杨灿，朱玉林. 论供给侧结构性改革背景下的湖南农业绿色发展对策［J］. 中南林业科技大学学报（社会科学版），2016（5）：1–5.

[3] 邢利民，邹凤梧. 支持湖南农业供给侧结构性改革的思考［J］. 调查研究，2017（1）：55–57.

[4] 贾晋，申云. 农业供给侧改革——基于微观视角的经济学分析［M］. 成都：西南财经大学出版社，2016.

[5] 沈贵银. 关于推进江苏农业供给侧结构性改革的若干问题［J］. 江苏农业科学，2016（8）：1–4.

[6] 祝卫东. 关于推进农业供给侧结构性改革的几个问题［J］. 行政管理改革，2016：57–62.

[7] 孙克强，王晓娟. 长江经济带发展报告（2011~2015）［M］. 北京：社会科学文献出版社，2016.

[8] 林东川，梁善祥. 供给侧改革背景下四川省农业产业化发展研究 [M]. 成都：西南财经大学出版社，2016.

[9] 汪鹏. 基于供给侧改革视角下我国农业产业去产能过剩的对策研究 [D]. 成都：西南石油大学，2016.

[10] 张志杨. 农业产业结构调整与农民增收研究——以湖北省为例 [D]. 武汉：长江大学，2015.

[11] 杜鹏举. 我国农业技术创新存在的问题及对策 [J]. 甘肃农业科技，2016（11）：73-74.

[12] 魏国强. 关于加快农业供给侧结构性改革的思考 [J]. 种业导刊，2016（4）：5-8.

[13] 田燕秋. 创新发展推动农业供给侧结构性改革——对八师石河子市农业供给侧结构性改革调研的思考 [J]. 兵团党校学报，2016（5）：12-14.

[14] 顾益康. 浙江农业供给侧结构性改革的创新路径 [J]. 浙江经济，2016（6）：10-11.

[15] 邹进泰. 农业大省必须注重农业供给侧结构性改革 [J]. 理论热点，2016（4）：11-12.

[16] 李娜. 河北省农业供给侧结构性改革思考 [J]. 合作经济与科技，2016（5）：44-45.

[17] 和龙，葛新权，刘延平. 我国农业供给侧结构性改革：机遇、挑战及对策 [J]. 农村经济，2016（7）：29-33.

[18] 张首魁. 一二三产业融合发展推动农业供给侧结构性改革路径探讨 [J]. 理论专刊，2016（5）：68-71.

（本章主要执笔人：邓淇中 邹雨情）

第八章

长江经济带全域旅游现状与湖南创新发展对策

一、引　言

长江经济带旅游资源过分集中、旅游产业结构单一且严重失衡，很大程度上抑制了区域之间的旅游合作。长江经济带作为“一带一路”的重要纽带，要从根本上改善旅游发展环境，激发生态旅游发展动力，亟须从景点旅游模式向全域旅游模式转变。但有关全域旅游目前还没有统一的定义，主要有以下观点：①从旅游目的地角度来看，指的是旅游目的地各行业积极融入，各部门齐抓共管，居民共同参与，充分利用目的地全部的吸引要素，为前来旅游的游客提供全过程、全空间的体验产品，从而全面地满足游客的全方位体验需求（厉新建等，2013、2016）。②从空间角度来看，认为“空间域”是全域旅游的核心，是旅游从产业层面递进为空间层面，从抽象的产业关联到了形式的空间发展依托（郭毓洁、陈怡宁，2016）。③从产业角度来看，认为在旅游资源富集地区，以旅游产业为主导或引导，在空间和产业层面合理高效优化配置生产要素，以旅游产业来统筹引领区域经济发展，持续增强区域竞争能力的创新模式（杨振之，2016）。以上观点为本章全域旅游概念的诠释提供了良好的借鉴，我们认为全域旅游是旅游产业发展的一种方式，是不同于独立、自成体系的发展方式，是人与人之间、环境与景区之间、部门与部门之间、利益集团与利益集团之间、产业与产业之间、区域与区域之间相互联系、相互依赖的协同性发展方式与手段，是对资源开发的否定与超越。因此，应该从平衡性、协调性与可持续角度来理解全域旅游的发展。我们认为全域旅游是指通过一定的政府和社会经济组织形式与制度来协调，从而使之构成一个相互联系、相互依赖的有机整体的发展途径。在此意义上，全域旅游包括三个基本方面：一是区域旅游的整体化，旅游相关要素配置完备，破除区域之间体制壁垒与管理围墙，监督管理服务机构全覆盖，到处都是风景，从而满足消费者对人性旅游的需求；二是区域旅游的特色化，和旅游资源有效的保护性开发，旅游产品具有地域特色，与地域旅游产业特色相关的产业互为依赖，从而满足消费者对个性旅游的需求；三是区域旅游的市场化，旅游资源的开发应该以市场为原则，注重旅游相关参与者利益的协调，以及旅游消费者的收益与效用的平衡，从而满足消费者对体验旅游的需求。这三个方面既对立又统一，相互依赖、相互促进。

因此，国家将全域旅游作为旅游产业供给侧结构性改革的重要抓手，是推动长江经济带内需与投资增长的重要动力，也是推动长江经济带经济转型发展的重要途径。那么，就目前来看，全域旅游的发展到底怎么样？各区域发展的差距到底在哪儿？在湖南所倡导的“创新引领开放崛起”的背景下，全域旅游的战略选择又会是什么？如何去创新发展全域旅游呢？弄清楚这些对于长江经济带在旅游产业转型升级过程中，进行结构调整的同时，兼顾缩小地区经济差距，从而维持社会稳定，促进和谐社会发展，具有重要的现实意义。

二、长江经济带全域旅游发展现状分析

当全球进入“旅游时代”，旅游业作为区域经济的支柱产业，旅游业的动态备受关注。特别是在新常态背景下，旅游产业的发展也存在产能过剩与生产不足并存的状况。推进全域旅游发展，目前被认定为旅游业供给侧结构改革的最有效方式之一，对经济社会生态文化发展的诸多层面均具有实质性的作用。“十二五”期间，长江经济带旅游产业取得了飞跃发展。步入“十三五”时期后，用全域旅游发展思路引领长江经济带旅游产业发展，效果显著。其中，旅游创新要素投入增加，大力支持科技在旅游产业的应用；绿色旅游逐步被重视，大力支持青山绿水的建设；旅游共享达到新的高度，大力支持区域间统筹建设；旅游开放程度不断增加，大力支持旅游项目的建设。

（一）旅游收入与人次快速增加

2015 年，长江经济带全年实现旅游业总收入 5.0725 万亿元，旅游总人数 49.4408 亿人次，其中接待国内旅游人次 48.9767 亿，实现国内旅游收入 4.8874 万亿元，入境

旅游人数 0.49217 亿人次，实现国际旅游收入 269 亿美元；2016 年，长江经济带全年实现旅游业总收入 6.1842 万亿元，旅游总人数 57.5442 亿人次，其中接待国内旅游人次 57.0345 亿，实现国内旅游收入 5.9901 万亿元，入境旅游人数 0.53973 亿人次，实现国际旅游收入 299 亿美元①。2016 年是全域旅游理念贯彻的第一年，全域旅游的到来，为长江经济带的财政收入增长做出了积极贡献，特别是国内旅游收入与国内旅游人次的比重大幅上升，可知，全域旅游发展最早来自国内市场的肯定，而境外游客相对于国内游客来说对于全域旅游的认知相对较慢，因而入境旅游的发展相对于国内旅游发展相对较弱。从长江经济带发展环境来看，长江经济带具有“一带一路”的区位优势，为长江经济带旅游发展提供了难得的历史机遇，为长江经济带发展创造了良好的条件，在全域旅游理念与“一带一路”的双重配合下，长江经济带旅游将会更加快速发展。

如表 8-1 所示，长江经济带各省市旅游收入总值、旅游总人数以及境外接待游客人次、境外游客所带来的收入等在 2015 年与 2016 年有显著的差异，2016 年稳步上升，这为长江经济带全域旅游发展提供了良好的发展环境。2016 年，据国家旅游局初步统计，全国国内旅游人次同比增长了 11%，国内旅游总收入同比增长了 14%，接待入境旅游人次同比增长了 3.8%，国际旅游创汇同比增加了 5.6%。而长江经济带 2015 年与 2016 年相比，各省、直辖市国内旅游人次同比增长了 17.14%，国内旅游总收入同比增长了 22.87%，接待入境旅游人次同比增长了 9.09%，国际旅游创汇同比增加了 13.96%。通过对比不难发现，长江经济带旅游收入与旅游人次都保持高速增长，并且远远快于全国旅游收入与旅游人次的增长比例。表 8-2 为 2015~2016 年长江经济带 11 个省（直辖市）旅游增长率对比。

表 8-1　2015~2016 年长江经济带 11 个省（直辖市）旅游概况

地区	旅游总收入（亿元）		旅游总人次（万人次）		接待入境旅游游客（万人次）		接待国内游客（万人次）		旅游创汇收入（亿美元）		国内旅游收入（亿元）	
	2015 年	2016 年	2015 年	2016 年	2015 年	2016 年	2015 年	2016 年	2015 年	2016 年	2015 年	2016 年
上海	3500	3877.63	28369.58	30474.97	800.16	854.37	27569.42	29620	59.60	65.30	3004.73	3443.93
江苏	9050.10	10263.60	62238.70	68109.80	305	329.80	61900	67780	35.30	38	8769.30	9952.50
浙江	7139	8093	53512	58420	1012	1120	52500	57300	67.90	74.30	6720	7600
湖北	4308.76	4870	50980	57300	231.76	250	50668.24	57300	10.70	13.31	4206.02	4870
湖南	3712.90	4707.40	47226.10	56240.80	226.10	240.80	47000	56000	8.60	10.10	3660	4640.70
贵州	3512.82	5027.54	37600	53100	94.09	110.19	37500	53000	2.89	3.38	3541.38	5005.15
重庆	2251.31	2645.21	39167.63	45056.13	282.53	316.58	38885.10	44769.55	14.69	16.87	2149.15	2533.21

① 资料来源：各省（直辖市）旅游局。

续表

地区	旅游总收入（亿元）		旅游总人次（万人次）		接待入境旅游游客（万人次）		接待国内游客（万人次）		旅游创汇收入（亿美元）		国内旅游收入（亿元）	
	2015年	2016年	2015年	2016年	2015年	2016年	2015年	2016年	2015年	2016年	2015年	2016年
四川	6210.50	7705.50	59273.20	63308.80	273.20	308.80	59000	63000	11.80	15.80	6137.60	7600.50
云南	3281.79	4726.25	33419.27	43650.42	1075.32	1199.42	32343.95	42461	28.76	30.75	3104.37	4536.54
江西	3637.30	4993.29	38176.90	47095.28	176.90	181.90	38000	46913.40	5.70	5.80	3600.50	4954.50
安徽	4120.20	4932.40	44444.60	52685.40	444.60	485.40	44400	52200	22.60	25.40	3980.50	4763.60
总计	50725	61842	494408	575442	4921.70	5397.30	489767	570345	269	299	48874	59901

资料来源：作者根据2015年、2016年11个省市的统计年鉴的数据整理、计算而得。

表8–2　2015~2016年长江经济带11个省（直辖市）旅游增长率对比

单位：%

地区	接待游客环比增长率	旅游总收入增长率	国内旅游收入增长率	创汇收入增长率	接待境外游客增长率	接待国内游客增长率
上海	7.40	10.78	1.90	4.50	1.10	2.80
江苏	9.40	13.40	13.49	7.65	8.10	9.40
浙江	8.40	13.40	13.10	9.50	10.70	9.10
湖北	12.40	13.03	13.00	24.39	7.87	12.00
湖南	19.09	26.80	26.80	17.10	6.50	19.50
贵州	41.20	43.10	38.10	16.69	17.10	41.30
重庆	15.10	17.50	17.90	14.90	12.10	15.10
四川	6.81	24.10	23.80	33.90	13.00	7.70
云南	31.00	44.10	46.22	6.93	11.54	31.69
江西	22.11	37.27	37.60	5.60	2.80	22.20
安徽	18.54	19.70	19.70	12.40	9.20	17.70

资料来源：作者根据2015年、2016年《中国统计年鉴》和11个省市的统计年鉴的数据整理、计算而得。

（二）旅游规模不断扩大

2016年，长江经济带星级酒店、旅行社与旅游景区数量在不断增加，其中长江经济带星级酒店5166家、旅行社9368家、A级以上景区数量3334个、全域旅游基地202家。以上四个指标作为旅游经济发展规模的基础，四个指标数量的提升，会有利于游客对旅游服务的需求的实现；同时，四个指标质量的提升，会有利于资源的充分配置与利用。特别是全域旅游基地的创建，四个指标的提升为长江经济带旅游业全区域、全要素、全产业链发展，实现旅游业全域共建、全域共融、全域共享的发展模式，提供了强有力的改革动力。

2016年2月，全国首批全域旅游示范区创建名单一共262家，其中长江经济带一共 99 家，占全域旅游示范区创建比例为 37.89%。其中上海市 3 家、江苏省 8 家、浙江省 9 家、安徽省 11 家、江西省 11 家、湖北省 12 家、湖南省 13 家、重庆市 5 家、四川省 11 家、贵州省 11 家、云南省 5 家。2016 年 11 月，国家公布第二批全域旅游示范区创建名单 238 家，长江经济带占据 104 家，占全域旅游示范区创建比例为 43.37%。其中上海市 1 家、江苏省 20 家、浙江省 10 家、安徽省 11 家、江西省 7 家、湖北省 4 家、湖南省 18 家、重庆市 3 家、四川省 17 家、贵州省 7 家、云南省 6 家。通过全域旅游示范区的创建，至 2016 年底，全国全域旅游示范区创建名单数量已达到 500 家。其中参与评选的省、直辖市、自治区一共 32 个，按照比例分配来看，各省、直辖市、自治区平均比例应在 3.125%，而长江经济带一共涵盖 11 个省（直辖市），应占比例 34.375%，实占比例 40.4%。也就是说，目前长江经济带全域旅游示范区创建名单远高于全国平均水平，特别是江苏、湖南、四川三省发展速度较快，湖南数量远远居于榜首（见图 8–1）。

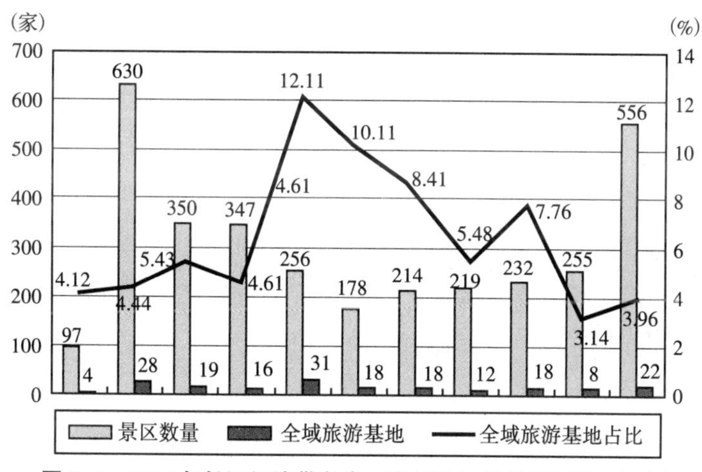

图 8–1　2016 年长江经济带各省（直辖市）旅游资源概况比例

开展国家全域旅游示范区创建工作，通过试点示范和引领带动，有利于各地因地制宜、突出特色、塑造品牌，形成各具特色、开放包容、共建共享的旅游发展新生态；有利于充分调动各方力量、整合资源、优化配置，开创大旅游发展新格局。因此，长江经济带通过较为广泛的创建全国旅游示范基地，有力地推动了长江经济带旅游业的发展。2016 年长江经济带星级饭店数量、A 级以上景区数量、旅行社数量、全域旅游基地如表 8–3 所示。

表 8-3　2016 年长江经济带旅游资源概况

地区	星级酒店（家）	A 级以上景区数量（个）	旅行社（家）	全域旅游基地（家）
上海	238	97	1518	4
江苏	681	630	345	28
浙江	722	350	409	19
湖北	541	347	1037	16
湖南	500	256	968	31
贵州	326	178	369	18
重庆	225	214	558	8
四川	482	219	1341	28
云南	685	232	844	11
江西	407	255	654	18
安徽	359	556	1325	22

（三）交通规划逐步形成

长江经济带规划提出“一轴、两翼、三极、多点”，“一轴”是指以长江黄金水道为依托，发挥上海、武汉、重庆的核心作用，以沿江主要城镇为节点，构建沿江绿色发展轴。“两翼”是指发挥长江主轴线的辐射带动作用，向南北两侧腹地延伸拓展，提升南北两翼的支撑力。南翼以沪瑞运输通道为依托，北翼以沪蓉运输通道为依托，促进交通互联互通，加强长江重要支流保护。“三极”是指以长江三角洲城市群、长江中游城市群、成渝城市群为主体，发挥辐射带动作用。“多点”是指发挥三大城市群以外地级城市的支撑作用。

据统计资料显示，直至 2015 年底，长江经济带铁路营运里程达 34638 千米，内河航道里程 90300 千米，高速公路里程 48124 千米，比 2012 年分别增加 6639 千米、1336 千米、12111 千米。继国家交通运输部发布《推动长江经济带交通运输发展 2016 年工作要点》后，长江经济带规划的提出将进一步促进交通规划的实现。如航道方面，继续加强长江干线航道建设，深化“深下游、畅中游、延上游、通支流”的方针，全面提升长江干线航道通过能力。如下游，重点实施 12.5 米深水航道延伸至南京工程；中游，在开展模型试验和综合论证的基础上，稳步推进武汉至安庆 6 米深、宜昌至武汉 4.5 米深航道整治与疏浚工程；上游，重点实施重庆至宜宾段航道整治工程；支流，积极支持加快合裕线、信江、赣江、汉江、沅江、湘江、乌江、嘉陵江、岷江等支流高等级航道建设。同时，不断扩大三峡枢纽通过能力，挖掘既有船闸潜力，做好三峡升船机试通航工作，完善三峡综合运输体系，研究建设三峡枢纽水运新通道和葛洲坝枢纽水运配套工程。铁路建设方面，继建成沪昆、郑徐等高速铁路，开工建设合肥至九江、赣州至深圳、连云港至徐州、张家界经吉首至怀化、贵阳至南宁、盐城至海安等铁路；航空运输方面，继续实施上海浦东机场、宁波机场扩建等项目，开工建设成都新机场、贵阳龙洞堡机场三期等项目。

因此，长江经济带交通规划的逐步形成，有利于将交通资源优势、城市资源优势以及区域资源优势结合起来，大力推进长江经济带全域旅游的实现，对巩固现有旅游市场，稳定长江经济带市场，助攻国内其他区域市场，开拓海外市场提供强有力的基础设施支持。

（四）公共服务体系不断升级

自从提出放管服改革后，长江经济带各省（直辖市）政府服务机构无论是对旅游公司或者是对旅游个体工商户都开始在其注册登记过程中推进“多证合一”，大幅降低了新进市场主体的负担，特别是长江经济带的江西省，甚至开始试点“一站式”审批和“一条龙”服务。改革前，江西省当地一家企业申请产业项目需要闯过 20 道审批关口、涉及 8 个部门、耗时 698 天。如今，企业申请项目由“长征路”缩短为“快车道”，只需 30 多天。高效率的政府公共服务体系有利于提升政府办事的信用度，有利于吸引旅游企业的投资，从而有利于实现旅游产品的开发，促进更多的更具有竞争力的旅游优质服务出现。

同时，为了让消费者权益得到更充实的保障，2017 年 7 月，率先在北京、上海、江苏、浙江、湖北、云南六省市启用全国监管平台二期工程功能模块工作，包括旅行社资质管理、团队管理、电子合同管理等内容，其中明确指出要建设全国旅游示范合同库、旅游电子合同库。业内人士认为，合同库的产生将为游客提供旅游合同验真功能，同时也有利于游客事后维权。

（五）智慧旅游不断推进

智慧旅游利用信息化的技术，把一些旅游资源进行整合，然后为广大游客量身定做，提供适需对路的旅游产品。如中国澳门 2012 年接待内地游客 1000 多万人，它的信息平台能够体现各省的具体人数及排名。但在国内许多旅游城市每年接待的游客数量远高于中国澳门的旅客人数，可他们分别都来自哪里、各有多少人，数据不清楚；连客源地构成情况、游客指向及发展趋势也不明朗。由此很难开发出具有针对性适销对路的旅游产品。2012 年，18 个城市入选首批“国家智慧旅游试点城市”，这 18 个城市分别是：北京、武汉、成都、南京、福州、大连、厦门、洛阳、苏州、黄山、温州、烟台、无锡、常州、南通、扬州、镇江和武夷山。18 个城市中，有 10 个城市隶属于长江经济带城市，比例高达 56%，其中江苏的南京、苏州、无锡、常州、南通、扬州、镇江7市名列其中，成为国家智慧旅游试点城市最多的省份。此后，被列入“第二批国家智慧旅游试点城市”的15个城市还有：天津、广州、杭州、青岛、长春、郑州、太原、昆明、贵阳、宁波、秦皇岛、湘潭、牡丹江、铜仁、龙岩。这15个城市中有6个隶属于长江经济带。其中，江苏省镇江市于2010年在全国率先创造性地提出“智慧旅游”的概念，开展“智慧旅游”项目建设，开辟“感知镇江、智慧旅游”新时空。智慧旅游的核心技术之一——“感动芯”技术在镇江市研发成功，并在北京奥运会、上海世博会上得到应用。因此，智慧旅游的发展不断地在旅游服务、旅游管理、旅游营销中得以体现。如智慧旅游从游客出发，通过信息技术提升旅游体验和旅游品质。游客在旅游信息获取、旅游计划决策、旅游产品预订支付、享受旅游和回顾评价旅游的整个过程中都能感受到智慧旅游带来的全新服务体验。

（六）旅游要素不断升级

旅游要素可以从旅游目的地和消费者角度来区分。旅游目的地的旅游要素包括旅游资源、旅游设施以及旅游服务。其中旅游资源包括自然风光、历史古迹、革命遗址、建设成就、民族习俗等，是经营旅游业的吸引能力；旅游设施，包括旅游交通设施、旅游住宿设施、旅游餐饮设施、旅游游乐设施等；旅游服务，是包括各种劳务和管理行为相结合的经营旅游业的接待能力。从消费者角度来看，旅游基本要素从“吃、住、行、娱、游、购”六方面着手。而随着旅游的动机要素越来越多，需要拓展与升级旅游要素。因此，在原来的旅游要素上，不断朝着“商、养、学、闲、情、奇”的方向发展。2015年，长江经济带城市上海、成都、杭州、昆明等联合其他区域11个城市组成会展旅游城市联盟，推出特色节庆旅游、文化演出旅游、精品文物旅游等定制旅游产品；杭州正在创建国民旅游休闲示范城市，将重点打造西湖历史文化体验游、精品民宿游、龙井茶文化旅游休闲示范区、运河水上观光游、香积素斋禅茶游等一批文化休闲体验产品；湖南、贵州、云南等地正在建设养生保健系列旅游产品创新区；安徽与其他4省共同组建婚庆旅游合作组织；还有国内的徽杭古道、唐诗之路、漠河找北、寻秘贵州等。长江经济带旅游要素的升级，不断引起国内乃至国际的关注。

（七）旅游宣传推广形式多样化

随着旅游对外开放程度的不断加深，长江经济带旅游从国内媒体宣传，不断与境外媒体合作，如 “Brew Studs”特别介绍了2016年12月正式开通的沪昆高铁沿线各主要城市，对于沪昆高铁时速、空间以及沪昆高铁沿线经过的城市都进行了宣传。不断加强国际合作，如张家界主动对接世界领先的韩国医学美容机构，打造张家界“购物天堂”“美容天堂”“美食天堂”新名片，加速张家界旅游消费的国际化进程，助推张家界更快走向世界；贵州推出“中俄合作·遵义·红色旅游国际对话”活动；云南2017年1月在澳大利亚悉尼成功举办云南旅游推荐会，宣传推介云南旅游、促进云南省与新西兰的旅游交流与合作；举办各种旅游推荐会，如湖南2017年借全国旅游工作会议在长沙召开，向全国各地旅游人士推荐美丽湖南；多语言旅游官方网站的建立，如重庆市旅游局官方外语网站已正式上线运营，包含繁体中文、英文和韩语三种语言的版本，游客也可通过登录重庆市旅游政务网在首页点击外语入口进行访问；省内城市联合营销，如四川成都、绵阳、广元、巴中、南充、泸州六市旅游部门负责人在广元签署了《联合营销大蜀道国际特色旅游线路的倡议书》，资源共享、信息共通、合作互赢。

（八）共建共享机制正逐步建立

随着《推动长江经济带发展的指导意见》发布，逐步设定了以上海为龙头，“三大两小”的城市群配置。“三大”跨区域城市群指的是长三角城市群、长江中游城市群、成渝城市群；“两小”区域性城市群是指滇中、黔中城市群。长江经济带发展规划使得成渝城市群成为与长三角城市群、长江中游城市群同等级别的跨区域城市群。

特别是2016年11月，沪昆高铁的开通，途经长江经济带的沿线城市贵阳、长沙、南昌、杭州、上海5座省会城市及直辖市，打通了高铁旅游时代。滇黔地区及时开展旅游交流与合作，并将石林、黄果树、张家界、西湖等高品质景区连成一线，不断加强区域市场合作。2017年5月，长江经济带中的湘、鄂、赣三省通过协定，拟建全国首个跨省全域旅游示范区。通过统一制定创建方案、统一申报国家立项、统一编制总体规划、统一制定营销规划、统一设计旅游形象标识、统一设计精品旅游线路、统一推进交通互通网络、统一建立“旅游一卡通”、统一举办大型品牌节会活动、统一组织大型招商引资活动，实现旅游资源共建共享的合作机制，为形成发展大格局，拓宽市场，拉动消费，促进旅游环境优化、产品升级，为长江经济带全域旅游合作走出第一步。

（九）厕所革命正在强势推进

随着消费者对旅游环境品质的提升，旅游厕所逐渐成为旅游生态环境、文化特色、优质服务以及综合效益的集中体现。特别是2017年国家旅游局发布了《厕所革命：技术与设备指南》《厕所革命：管理与服务导则》等指导性文本，并要求以全域旅游理念，从厕所革命科技创新的五大突破（高效节水、低碳排放、生态循环、智能系统、技术转化）、管理模式的五大探索（PPP模式、机制创新、互联网+、标准化引领、以人为本）、人文关怀的五大理念（家庭关怀、女性关怀、无障碍设施、环境关怀、员工关怀）、宣传引导的五大力量（爱岗敬业、志愿服务、政企联动、广泛动员、彰显特色）

重点推进人们在景区迫切需要解决的问题。2016 年是全域旅游推进与厕所革命落实的年度，江苏省苏州市共完成新建、改建、扩建厕所 401 座，并有 9 座厕所被中国环境协会评为全国“最美厕所”；浙江省完成新建改扩建厕所 3351 座；贵州省共完成新建和改造旅游厕所 1181 座，完成年度计划的 109.66%，并且景区厕所按照当地地质构造完成；江西完成改建厕所 16865 座，惠及人口 7.5 万人；湖南省崀山风景景区内新建和改建厕所 22 座，平均 3.7 平方千米就有一座旅游厕所。并且这些省市厕所的选址、设计风格、内部建设、如厕环境、标识牌、管理服务水平、人性化设计等方面均经过了精心考虑，让一座座厕所成为新的“景观”。

三、长江经济带全域旅游存在的问题及成因

长江经济带战略定位之一为生态文明建设的先行示范带。因此，随着旅游开发度的不断扩大，长江经济带旅游产业面临的竞争也愈加剧烈，问题也随之增加；与此同时，消费者的需求也趋向于个性化、体验化、多样化等多方面、多方向发展，长江经济带旅游如何提高高效率的旅游产品也是我们急需思考的问题。特别是“五大发展理念”提出后，人们对旅游的绿色发展提出了新要求。因此，对于长江经济带旅游发展的问题分析，本部分借鉴王慧英（2014）对我国东部地区进行的分析，运用 Tobit 模型发现开放程度、旅游产业比重、交通条件等外部经营环境变量对旅游效率有着显著影响；龚艳、张阳（2016）在长江经济带旅游发展效率分析的基础上，以 2001~2015 年长江经济带 11 个省（市）的旅游业投入和产出变量为依据，采用 DEAP2.1 软件进行测算，得到长江经济带旅游业综合效率变化情况，结果如表 8–4 所示。

通过时间演进和空间维度的变化，不难发现长江经济带旅游发展存在以下问题：

（一）旅游发展效率呈现较为明显的区域差异

长江经济带旅游业效率均值呈现三次先升后降的趋势，最高值与最低值之间的极差为 0.143。从上中下游区域来看，下游效率值最高，上游次之，中游最低，且下游投入要素的转换能力较强，旅游产业结构较为合理，对整个经济带旅游业的贡献率和带动作用明显。11 个省（市）的旅游效率呈先缩小后逐步扩大的趋势，其中上海、江苏、江西、湖南、重庆为效率发展良好地区；浙江、四川、贵州、云南为效率发展中等地区；安徽、湖北则为无效发展地区。

（二）旅游业全要素生产率在时空分布上存在区域差异

长江经济带全要素生产率均值除 2003 年、2008 年出现负增长（2003 年“非典”以及 2008 年次贷危机的特殊原因），其余年份皆呈现要素资源配置效率提升改进的特征，年均增长率超过 10%的是 2004~2007 年以及 2010~2012 年。上中下游三个区域的全要素生产率的发展轨迹基本与旅游效率一致，呈现下游最高、上游次之、中游最低的 U 形变化特点。11 个省（市）全部呈现增长态势，其中云南、江苏、浙江、四川等省份的年均增长速度较高。

（三）影响因素各变量对长江经济带各省旅游业效率的影响程度不同，差异也较大

经济发展水平和旅游产业结构对旅游业效率产生显著的正向作用，科技发展水平产生了负面影响，而交通便利程度和对外开放程度却针对不同省份产生不同影响。整体来看，对长江经济带上游影响程度较大的三个变量为交通便利程度、旅游产业结构和对外开放程度；中游为经济发展水平、交通便利程度和旅游产业结构；下游为交通便利程度、对外开放程度和科技发展水平。

表 8–4 长江经济带旅游业综合效率变化

地区/年份	2001	2002	2003	2004	2005	2006	2007	2008	2009	2010	2011	2012	2013	2014	2015	均值
上海	0.983	1	0.903	1	1	1	0.925	1	1	0.94	1	0.938	0.912	0.949	0.963	0.968
江苏	0.736	0.722	0.856	0.905	0.952	0.941	1	0.847	1	0.91	0.933	0.986	1	0.902	1	0.913
浙江	0.740	0.7	0.601	0.748	0.872	0.831	0.860	0.796	0.836	0.881	0.862	0.871	0.755	0.759	0.776	0.793
下游	0.820	0.807	0.787	0.884	0.941	0.924	0.928	0.881	0.945	0.910	0.932	0.932	0.889	0.870	0.913	0.891
安徽	0.566	0.583	0.462	0.608	0.610	0.656	0.658	0.446	0.556	0.775	0.610	0.660	0.599	0.533	0.545	0.585
江西	1	0.936	0.815	0.917	0.889	1	0.963	0.816	0.745	1	0.893	0.801	0.836	0.845	0.852	0.881
湖北	0.645	0.712	0.465	0.611	0.534	0.538	0.565	0.463	0.524	0.565	0.631	0.681	0.652	0.633	0.628	0.591
湖南	0.908	0.914	0.852	0.933	0.865	0.918	0.905	0.812	0.772	0.875	0.887	0.811	0.864	0.852	0.849	0.868
中游	0.718	0.786	0.649	0.767	0.725	0.778	0.748	0.634	0.649	0.809	0.755	0.715	0.738	0.723	0.719	0.732
重庆	1	0.957	1	0.898	1	0.853	0.978	0.911	0.912	0.944	0.933	1	0.945	1	0.956	0.953
四川	0.638	0.649	0.583	0.741	0.894	0.808	0.874	0.652	0.687	0.695	0.671	0.656	0.612	0.663	0.603	0.695
贵州	0.588	0.823	0.545	0.663	0.842	0.813	0.923	0.811	0.866	0.886	0.752	0.744	0.803	0.823	0.914	0.786
云南	0.722	0.789	0.635	0.872	0.748	0.915	0.799	0.701	0.741	0.828	0.691	0.598	0.607	0.552	0.623	0.721
上游	0.737	0.805	0.692	0.794	0.864	0.852	0.894	0.769	0.804	0.838	0.762	0.745	0.742	0.776	0.774	0.789
均值	0.779	0.799	0.709	0.815	0.843	0.851	0.857	0.761	0.799	0.852	0.816	0.799	0.749	0.784	0.802	0.804

长江经济带旅游业效率在上游、中游、下游之间存在明显的差异以及整体效率偏低的状况，究其深层次原因，可能为以下几个方面：

1. 区域一体化合作进度较慢

长江上中下游划分为：河源—湖北宜昌为上游；湖北宜昌—江西湖口为中游；江西湖口以下为下游，包括上海、江苏和浙江三省市。跨越东中西部，涉及区域广泛，但是长江经济带旅游资源沿长江水道分布相互之间有密切联系，旅游产品和市场互补性强，流域间、省市间要一体化发展，不仅是沿江各地政府发挥合作的先导作用，更需要国家层面统筹编制发展规划和制定相关配套政策。建立长江经济带部际联席会议制度，对区域旅游发展分工与合作等重大事项进行统筹协调，探索建立区域旅游联合、联动机制，实现联合促销、互推产品和互送客源。特别是沪昆高铁的开通，使旅游区域一体化急需提上议程。

2. 全域旅游的推广需进一步扩大

随着全域旅游的提出，所追求的不再停留在旅游人次的增长上，而是旅游质量的提升，追求的是旅游对人们生活品质提升的意义，追求的是旅游在人们新财富革命中的价值。而长江经济带沿线城市旅游资源丰富，有特色优势的旅游省市较多，对于全域旅游的全力推进具有强有力的优势，但是就目前的全域旅游示范基地的建设情况来看，虽然长江经济带无论从比例，还是从数量来说都较为靠前，但全域旅游示范基地在长江经济带区域的分布并不均衡，因此，需要全方位提升资源品质，形成区域统筹协调、社会共建共享、产业融合互补的格局，实现小旅游向大旅游的转变，有效地将长江经济带整体纳入全域旅游中将是一个艰巨而又漫长的过程。

3.“旅游+”功能发挥不显著

应对消费者多变的需求，“旅游+”功能具有较大的带动相关产业与集成旅游开发的优势。如长江经济带的下游浙江省，率先实行“旅游+小镇”的建设，并将其规划串联成线，形成沿江独特的旅游生态风景道。因此，长江经济带其他省（直辖市）应该借鉴浙江的发展，大力发展通过“旅游＋研学”，结合长江沿线的文化旅游资源，开展“读万卷书行万里路”的研学旅游；此外，还可根据各地旅游资源的特点，大力发展“旅游＋自驾车”、“旅游＋养生度假”、“旅游＋购物”等特色旅游产品和线路；“旅游＋农业”，发展以自然生态区、少数民族地区为代表的休闲乡村旅游；通过“旅游＋新型工业”，依托工业经济基础较好的长江三角洲、长江中游和成渝三大跨区域城市群，利用国家创新型城市试点的机遇，侧重发展工业旅游及旅游商品、用品及装备制造。

4. 旅游创新投入较少

尽管江苏省率先推行智慧旅游，但是长江经济带智慧旅游以及旅游创新发展相对仍较慢，特别是长江经济带中上游地带。如旅游景区互联网的覆盖、对于森林公园的灾情预警系统的建立、对旅游投诉以及应急事件的处理，都可以通过高科技的信息化处理，但是长江经济带整体信息化手段发展相对较慢；除了创新科技方面，还可以从长江经济带旅游创新模式着手，探索旅游产业新产品、新业态的产生，可以创新各种旅游投融资模式等，而这些在长江经济带中的创新投入都是相对比较少的。

四、湖南推进全域旅游发展的战略选择

湖南省位于长江中游，东临江西，西接重庆、贵州，南毗广东、广西，北与湖北相连，拥有丰富的自然资源与文化资源，但经济总量以及旅游发展相对滞后。如何很好地吸纳长江下游发达地区的经济与旅游辐射，连贯长江上游的旅游资源，实现旅游互补一体化，是湖南省旅游发展战略亟须思考的战略。李金早（2016）提出从景点模式走向全域旅游模式，为湖南省旅游融入长江经济带旅游提供了很好的思路与契机。推进全域旅游发展有利于湖南省发挥旅游业搭建平台、促进共享、提升价值的重要特殊功能，有利于推动湖南省旅游业与长江经济带相关领域产业融合发展的全地域、全领域、全业态的旅游发展方式；有利于实行长江经济带全域旅游规划、全域资源整合和全域文明创建的旅游发展战略。因此，对于湖南省全域旅游发展战略制定有必要进行分析探讨。

（一）加强区域合作，强化“一带四圈”

湖南省拥有 14 个地级行政单位（13 个地级市、1 个自治州）。如何全方面地将湖南省 14 个地级行政单位的旅游资源进行开发，提升旅游的核心竞争力和综合实力，如何立足“一带一部”区位优势，融入和对接“一带一路”战略、长江经济带战略和国家扶贫攻坚战略，是湖南省全域旅游发展最先需要选择的问题。因此，挖掘旅游资源特色，加强区域旅游合作，构建全域旅游发展“骨架”至关重要。

针对湖南省与六个省毗邻的特殊区位优势以及与全域旅游的目的是全面地满足游客的全方位体验需求的结合，只有将湖南省旅游资源分区域划分，才有利于旅游消费者从框架上识别湖南省旅游资源的特征，从而有利于吸收长江经济带以及全国各地乃至世界的旅游消费者。鉴于此，本章结合湖南省旅游“十三五”规划的内容，认为首先亟须围绕湖南自古有“惟楚有才，于斯为盛”的湖湘文化，打造文化旅游走廊框架。以长（沙）岳（阳）为核心的湖湘文化旅游走廊，发展湘江旅游“带”。湘江旅游带（岳阳市、长沙市、湘潭市、株洲市、衡阳市、永州市）重点发展文化体验、观光休

闲、商务会展、低空旅游、邮轮游船游艇旅游和滨江绿道旅游产品，将其打造成为充分体现湖湘文化和两型特色的滨江旅游休闲聚集带。其次，必须利用区位优势，加强区域合作。以张（家界）崀（山）桂（林）旅游走廊和郴（州）广（州）旅游走廊为重点突破，强化与鄂西、黔东、黔东南、桂北地区和成渝城市群的旅游合作，将湖南省的旅游“名片”向全国甚至世界推广。通过构建大湘西旅游圈（张家界市、湘西自治州、怀化市、邵阳市、娄底市）重点发展生态观光、休闲度假、民俗体验、文化考察、健身娱乐旅游产品，将其打造成为国际知名生态文化旅游目的地。再次，利用“八百里洞庭”美誉，带动环洞庭湖旅游。构建环洞庭湖旅游圈（岳阳市、常德市、益阳市），通过重点发展湖泊旅游度假、文化体验旅游和旅游装备制造，将其打造为国际知名湖泊型旅游目的地。接着，利用全民康养热潮，发展大湘南旅游圈（衡阳市、郴州市、永州市）。大湘南旅游圈，应强化与粤港澳、大桂林、赣南等地区的合作，重点发展休闲度假旅游，吸引珠三角游客，将其打造成为集自然观光、文化体验、生态度假、康体养生、生态宜居等功能为一体的生态文化休闲度假旅游目的地。最后，重点打造湖南省中心城市群，营造娱乐、消费、科技等多功能中心的长株潭旅游圈。长株潭旅游圈重点发展以文化旅游、商务旅游、休闲度假为特色的都市休闲旅游，将其打造成为我国中部地区重要的旅游集散服务中心、特色旅游商品及旅游装备制造生产基地和长江中游城市群旅游产业发展核心引领区。

（二）加强环境伦理导向，强化旅游功能区规划建设

以上一带四圈区域旅游发展布局后，则应抓住“带”与“圈”中的地级行政单位中最具有影响力的品牌打造，构建旅游功能区，以辐射整个湖南以及长江经济带甚至中国的旅游。如按照湖南省旅游“十三五”规划指示，将有 12 个旅游功能区建设（长株潭都市休闲旅游区、张家界国际生态旅游度假区、环洞庭湖湖泊度假旅游区、韶山红色经典旅游区、崀山生态文化旅游区、南岳祈福康养旅游区、凤凰文化体验旅游区、炎陵神农文化旅游区、九嶷山生态文化旅游区、东江湖休闲度假旅游区、雪峰山生态文化旅游区、梅山文化体验旅游区）。功能区的划分能够很好地明确湖南全域旅游发展战略，但是如何将 12 个功能区建设好，则是战略选择的重中之重。首先，全域旅游就是要建立人与自然和谐（包括旅游目的地居民与自然、旅游消费者与自然以及旅游目的地居民与旅游消费者之间关系的和谐）的环境友好型旅游。H. Leopold 认为应培养尊重自然、爱护生态、保育环境的伦理情操，倡导绿色旅游休闲理念。也就是说，湖南省全域旅游发展过程中功能区的建设要以绿色为核心，抓住旅游特色资源，降低资源耗散，考虑环境资源承载量、环境保护、各利益集团（居民、消费者、旅游企业、政府各部门）的利益分配，注重科技创新在旅游产业中的应用与旅游产业结构优化升级，

注重统筹城乡发展与节约集约用地等。其次，旅游功能区建设要采取延伸责任制导向。旅游功能区建设具有较长的周期性，延伸责任是延伸建设者的责任，希望通过旅游功能区整个生命周期的环境影响研究，使功能区建设者更加关注功能区的安全性能、环境友好性能、经济发展适应性能。通过功能区建设者责任促进旅游功能区得到优化与调控，促进湖南省全域旅游更好地融入长江经济带全域旅游建设。

（三）加强旅游品牌打造，强化旅游产品吸引力

通过表 8-3 我们得知，湖南省目前拥有 A 级及 A 级以上景区 256 家，景区数量在长江经济带区域相对具有优势，但颇具影响力的景区却相对甚少。如何打造旅游精品，树立旅游品牌文化，增强旅游产品吸引力，则是决定旅游景区是行业的领导者还是追随者甚至是牺牲者的关键。因此，参照湖南省“十三五”旅游规划中提出的打造三大世界遗产旅游目的地（武陵源、崀山两大世界自然遗产资源以及老司城世界文化遗产）、建设十大水上旅游产品（东洞庭、南洞庭、浏阳河、常德柳叶湖、岳阳洋沙湖、益阳赤山岛、岳阳青山岛、郴州东江湖、湘潭水府庙、沅水）、提升十大生态旅游景区（南岳衡山、城步南山、张家界环天门山、张家界大峡谷、宁远九嶷山、株洲神农谷、浏阳大围山、郴州莽山、通道万佛山、绥宁黄桑）、推进十大历史文化旅游项目（永顺老司城遗址、凤凰古城、长沙铜官窑遗址公园、常德城头山遗址公园、汨罗屈子文化园、武冈古王城、龙山里耶古城、洪江古商城、曾国藩故里、零陵古城）、开发十大古镇古村群落（湘江古镇群落、永顺芙蓉镇群落、凤凰古城群落、中方荆坪村古建筑群落、通道侗寨群落、龙山里耶古镇群落、江永古村群落、汝城热水村镇群落、永兴板梁古村群落、绥宁寨市古镇群落）、培育十大新业态旅游产品（长沙国际会展中心、仰天湖绿色养生城、株洲云峰湖主题公园、张家界国际养老健康新城、衡阳莱茵水畔养生度假小镇、韶山红色旅游融合发展示范区、郴州长鹿主题景区、长沙沩山黄鹤村航空小镇、株洲航空休闲谷、宁远航空生态城）的基础上，本章认为在湖南省全域旅游发展中的旅游产品品牌打造应以实现跨界融合创新，充分挖掘整合旅游资源，打造一批资源品位高、品牌形象优、核心吸引力强的旅游精品为目标，具体战略选择可以从以下几个方面着手：首先，坚持以绿色旅游为指导，依托旅游资源，完善旅游目的地旅游产品的配套建设。正如习近平主席（2005）首次提出的“绿水青山就是金山银山”，湖南全域旅游产品开发过程中更应坚持保护优先、合理利用的原则，通过提升、丰富旅游产品，降低旅游资源的耗散；通过完善旅游目的地体系建设，实现观光旅游向观光与休闲度假旅游并重转变，提升旅游配置；同时进一步整合旅游目的地周边的优质资源，深入挖掘其中的文化内涵，打造“自然+文化”的魅力旅游精品。其次，利用湖南省在长江经济带所处的交通区位优势，开发生态产品。湖南省地处长江经济带

的中游，而随着长江经济带下游经济的快速腾飞，当地居民经济状况日趋变好，对康养、度假、观光以及研学的需求越来越大，而湖南省拥有丰富的森林、山地、峡谷、溶洞、温泉、河流等生态环境资源，相较于长江经济带上游的旅游资源来说并不逊色，甚至在交通区位上更具有优势，因此，可通过“旅游 + 生态”发展旅游精品。再次，挖掘历史文化，宣扬民俗特色，提升旅游文化品牌的竞争力。湖南历史悠久，文化源远流长，人才辈出，据考古发掘和文字记载，在8000多年前，我们的先祖便在这里生息繁衍；并且，湖南省拥有41个民族，如何将历史文化、少数民族民俗传承，开发有历史记忆、地域特色、民族特色的旅游产品至关重要。最后，培育旅游产业发展新业态，延伸旅游产业价值链。随着城镇化进程的加快，城镇人口的增加所带来消费方式的转变，人们对于旅游的需要也在增加，特别是周末近郊游逐渐成为城镇居民的生活方式。面对如此旺盛的旅游需求，通过发挥“旅游+”的拉动、融合、催化、集成作用，培育新业态，创新新产品，延伸旅游产业价值链，打造特色旅游主题将成为旅游战略选择的新方向。

（四）加快旅游基础设施和公共服务体系建设

湖南应将旅游公共服务纳入社会公共服务体系，城市公共服务基础设施建设应充分考虑旅游发展的需要，树立旅居共享理念，不断完善旅游公共服务体系。推进旅游厕所革命，将全省旅游景区、旅游交通线路、乡村旅游点、旅游集散中心、旅游餐馆、旅游娱乐购物场所、旅游步行街区的旅游厕所纳入厕所革命的范围，按照轻重缓急、分期分步实施的原则，到2020年，共新建和改扩建厕所5000个，实现数量充足、干净无味、实用免费、管理有效的目标，使湖南旅游厕所建设管理整体走在全国前列。完善旅游交通设施，围绕《国家发展改革委关于印发综合交通网中长期发展规划的通知》中的五纵五横铁路网、七纵七横公路网、一纵五横水运网、一枢纽一干多支航空网，完善旅游交通设施。编制《湖南省旅游公路发展规划（2016~2020年)》及《湖南省旅游公路建设标准》，加快建设和完善旅游城市（村镇）之间、旅游城市（村镇）连接A级以上景区以及其他景区间的交通道路体系，抓好全省旅游交通“断头路”和瓶颈路的分批改造，优先支持武陵山、罗霄山贫困片区重点景区及乡村旅游点通景公路建设。强化旅游交通服务，加强旅游交通引导标识系统、自驾车（房车）营地以及停车场的建设，完善自驾游服务、公共交通中转和换乘服务，建立和完善连锁化的全省汽车租赁服务网络，实现全省主要交通枢纽与旅游目的地的零距离换乘。完善旅游咨询服务体系，建设以湖南省（长沙市）旅游咨询集散中心为核心，以各大交通枢纽、高速公路服务区及重点景区为节点的旅游咨询集散网络，鼓励旅游城市建设旅居共享的市民游客服务中心，逐步形成完善的四级旅游集散系统，推进咨询网点的信息化，完善旅游咨询、投诉、集散等旅游公共服务。

五、湖南推进全域旅游的创新发展对策

面对旅游发展的新业态、消费者的新需求，湖南旅游发展应以全域旅游为根基，把创新摆在发展全局的核心位置，创新规划理念、创新旅游产品、创新体制机制；同时吸纳长江经济带下游创新技术，辐射长江经济带上游旅游产业，积极培育新业态、新产品，打破产业、行业和地区壁垒，促进长江经济带的特色资源和消费需求与湖南省全域旅游发展有效对接，延伸产业链，拓展旅游业发展空间。基于此，湖南发展全域旅游的创新对策可以从以下几个方面着手：

（一）机制创新

发挥比较优势，聚焦县域谋划全域，补齐全域旅游发展短板。全域旅游并不意味旅游“百花齐放”，而是抓住旅游资源重点县，并立足于它的旅游资源优势，因地制宜地打造有竞争力的旅游产业。首先，应努力在旅游资源重点县打造旅游核心吸引物，加强旅游目的地规划建设，推动旅游业融合创新、区域旅游合作，全域旅游目的地社会治理和文明建设等方面实现新突破。其次，要简政放权，加快政府职能转变，着力强化各级政府在统筹协调、公共服务、市场监管、形象推广等方面的职能作用，保障旅游公共资源配置的公平公正。最后，坚持以市场为导向，充分发挥市场在资源配置中的决定性作用，提高旅游资源配置效率，为推进脱贫攻坚和补齐县域经济短板做出积极贡献。

（二）营销创新

坚持品牌引领、营销先行，从旅游客源地讲旅游目的地的故事。贴近旅游市场需求，统筹推进旅游客源地和旅游目的地建设，实现旅游市场细分化、旅游产品特色化、旅游营销专业化和旅游服务规范化。实施“锦绣潇湘”旅游品牌建设工程，全面系统整体推进“锦绣潇湘”核心品牌建设。以“锦绣潇湘·天下洞庭”“锦绣潇湘·南国雪峰”等区域旅游品牌为重点，按照区域联合、资源整合、优势互补、互利共赢的原则，健全完善区域旅游合作联盟，坚持品牌引领，实施重点项目带动，完善重大节会推进机制，做到统一旅游品牌、统一规划线路、统一产品开发、统一宣传促销、统一监管服务，实现区域无障碍旅游。

（三）产业融合创新

发挥旅游综合产业优势，主动融入国家战略，推动旅游业与新型工业化、新型城镇化、信息化、农业现代化的紧密结合，加速与第一、第二、第三产业的融合发展，建设旅游融合发展示范区和旅游产业园区。重点推进“旅游+城镇化”战略，加快推进“旅游+文化”、“旅游+美丽乡村”建设，培育全域旅游县和旅游特色强县，开展国家旅游示范基地和示范城市创建，加大历史文化名城（镇、村）保护力度，加强传统村落的保护和开发利用，打造特色旅游小镇和古城古镇古村群落，促进农村人口成规模地向旅游小城镇转移。

（四）产品创新

通过新业态培育，推进“旅游+”新的旅游方式，不断拓宽“文”“商”“养”“学”“闲”“情”“奇”等旅游发展新要素，加快培育旅游新业态和新产品。突出旅游住宿关键要素，以创建主题特色精品住宿示范点为突破口，巩固提升星级酒店管理服务水平，大力发展主题酒店、经济型酒店和商务酒店，积极培育汽车旅馆、房车营地、船屋、树屋、客栈、度假公寓、青年旅舍、集装箱旅馆等住宿新业态，以住宿新业态撬动旅游体验升级，引导游客从“跑得多”向“住得下”转变。大力发展文化创意产业基地、健康养生基地、研学旅行基地、体育旅游基地、探险旅游基地、旅游装备制造基地、科普旅游基地，积极培育自驾车房车营地、低空旅游、邮轮游艇、康养旅游、老年旅游、特色民宿、购物旅游、体育旅游、研学旅游、户外探险游、休闲度假等新业态产品。

（五）理念创新

通过加快智慧旅游建设，推进“旅游+互联网”，将智慧旅游理念纳入智慧城市建设，实施智慧旅游建设工程。湖南省应加强与长江经济带下游中的“智慧旅游”强省江苏省的对接，以进一步升级完善湖南旅游监管网，在全省涉旅企业推广应用监管结算平台，完成湖南省旅游数据中心、湖南旅游监管指挥中心、景区动态监测系统建设，同时建立旅游城市大数据合作联盟，完成建设旅游运行监管及安全应急管理联动指挥平台、旅游行业管理平台、旅游市场营销管理平台，实现在线游、在线行、在线购。重点建设长沙市、张家界市、衡阳市等智慧旅游城市。加快武陵源、南岳衡山、韶山、凤凰古城、崀山等智慧旅游景区建设，推进旅游企业的信息化建设。

参考文献

［1］厉新建，张凌云，崔莉. 全域旅游：建设世界一流旅游目的地的理念创新——以北京为例［J］. 人文地理，2013（3）：130–135.

［2］郭毓洁，陈怡宁. 全域旅游的旅游空间经济视角［J］. 旅游学刊，2016（9）：28–30.

［3］杨振之. 全域旅游的内涵及其发展阶段［J］. 旅游学刊，2016（12）：1–4.

［4］道格拉斯·诺思，罗伯斯·托马斯. 西方世界的兴起［M］. 北京：华夏出版社，1999.

［5］熊彼特. 经济发展理论［M］. 北京：商务印书馆，1990.

［6］张辉. 中国旅游发展笔谈［J］. 旅游学刊，2016（9）：15.

［7］李志飞. 全域旅游时代的变与不变［J］. 旅游学刊，2016（9）：26–28.

［8］厉新建，马蕾，陈丽嘉. 全域旅游发展：逻辑与重点［J］. 旅游学刊，2016（9）：22–24.

［9］吴必虎. 论旅游区的历史地理研究［J］. 华东师范大学学报（哲学社会科学版），1994（5）：73–75.

［10］戴学锋. 全域旅游：实现旅游引领全面深化改革的重要手段［J］. 旅游学刊，2016（9）：20–22.

［11］王兆峰. 基于产业集群的旅游产业结构升级优化研究［D］. 长沙：中南大学，2009.

［12］吕俊芳. 辽宁沿海经济带"全域旅游"发展研究［J］. 经济研究参考，2013（29）：52–57.

［13］李君轶，高惠君. 信息化视角下的全域旅游［J］. 旅游学刊，2016（9）：24–26.

［14］王慧英. 基于管理与环境视角的中国旅游效率研究［J］. 旅游科学，2014，28（5）：31–40.

［15］龚艳，张阳，唐承财. 长江经济带旅游业效率测度及影响因素研究［J］. 华东经济管理，2016，30（9）：66–74.

（本章主要执笔人：田银华　杨琴）

第九章

长江经济带生产性服务业创新发展现状与湖南对策建议

一、引言

面临经济下行压力加大、传统行业产能过剩、环境污染趋于严峻等共同性挑战，长江经济带各省市都有调整优化产业结构、全面实施创新驱动发展的共性任务。2016年3月，国家发展改革委、科技部、工业和信息化部联合发布的《长江经济带创新驱动产业转型升级方案》提出，要加快创新驱动促进产业转型升级，使长江经济带在创新能力、产业结构、经济发展等方面取得突破性进展，构建长江经济带现代产业走廊。为促进长江经济带创新发展、协调发展、绿色发展、开放发展、共享发展，根据长江经济带的区位特征、发展共性，国家提出将长江经济带打造为具有全球影响力的内河经济带、东中西互动合作的协调发展带、沿海沿江沿边全面推进的对内对外开放带、生态文明建设的先行示范带。在创新驱动促进产业转型升级的浪潮中，长江经济带也将迎来经济提质增效和绿色发展的新未来。创新发展是供给侧结构性改革的关键，也是建设长江经济带世界级产业集群的核心理念。长江经济带“一轴、两翼、三极、多点”的发展格局，为地处内陆地区的湖南推动开放发展，提供了非常好的机遇。湖南省位于长江经济带的中部，在长江经济带的建设过程中，湖南既是重要的农业生产基地、综合性原材料与矿业基地和劳动力供应基地，也是产业转移的前沿阵地和重要的交通枢纽，湖南正积极对接长江经济带发展，致力于挺直“龙腰”、打造长江经济带新增长极。

而服务经济是世界经济发展的主要趋势，生产性服务业的发展成为了现代经济增长的重要引擎和创新源泉。生产性服务业作为其他产业的中间投入，分为交通运输、仓储和邮政业、信息传输、软件和信息技术服务业、金融业、租赁和商务服务业、科学研究和技术服务和地质勘查业。生产性服务业以创新性为主要特征，在提升产业竞争力，推动区域经济内涵发展中发挥着重要作用。服务经济时代，生产性服务业作为全球化程度最高的产业，既是经济增长的重要引擎，也是主导国际价值链分工的关键因素。湖南应该通过取长补短的方式来改善和解决生产性服务业创新发展存在的问题，需要结合自身在长江经济带中所处的独特地理位置、资源禀赋等实际情况，响应国家创新驱动发展的战略，积极统筹创新资源配置，培养创新人才，不断推进生产性服务业创新发展，取得长江经济带地区生产性服务业发展的靠前位置，以便为转变经济发展方式、实现新型工业化道路提供有力支撑。

二、长江经济带生产性服务业创新发展取得的主要成就

（一）从业人员数量持续增加，吸纳就业能力不断提高

长江经济带横跨东中西地区，人口密集、劳动力充足，经济发展的就业压力较大。而生产性服务业具有弹性大、途径多等特点，成为吸纳劳动力就业的一个主要渠道。2011~2015 年，长江经济带生产性服务业得到快速发展，吸纳就业的能力不断增强，为经济社会的稳定发展提供了有力保障。

由表 9-1 可知，2011~2015 年以来，长江经济带生产性服务业城镇单位就业人员数逐年增加，由 2011 年的 714.1 万人增加到 2015 年的 1042.36 万人，增加了 328.26 万人。分行业来看，2015 年，交通运输、仓储和邮政业，金融业两大行业的从业人员高达 575.63 万人，占生产性服务业全部从业人员数量的比重为 55.22%，成为吸纳生产性服务业就业人员的主力军。科学研究和技术服务业、租赁和商务服务业两大行业的从业人员为 331.84 万人，占生产性服务业全部从业人员数量的比重为 31.84%，吸纳较多的生产性服务业就业人员。信息传输、软件和信息技术服务业尽管在从业规模方面不占优势，但作为新兴服务业吸纳就业人员的能力强，从业人员数量呈现稳定增长的趋势。

表 9-1　2011~2015 年长江经济带生产性服务业城镇单位就业人员数量变化情况

单位：万人

行业＼年份	2011	2012	2013	2014	2015
交通运输、仓储和邮政业	240.19	237.13	323.52	332.77	331.58
信息传输、软件和信息技术服务业	67.93	71.69	126.95	132.43	134.89
金融业	201.48	212.96	219.35	230.41	244.05
租赁和商务服务业	100.73	100.79	170.43	176.30	182
科学研究和技术服务业	103.77	114.14	123.02	149.85	149.84
生产性服务业合计	714.10	736.71	963.27	1021.76	1042.36

资料来源：《中国统计年鉴》。

（二）投资规模不断加大，创新后盾加强

长江经济带沿线省份在近几年内不断加快转变经济发展方式，加大经济结构调整力度，把生产性服务业的发展作为产业结构升级的一个重要组成部分，依靠投资引擎来发展生产性服务业，对生产性服务业投资的力度不断加大，促进了长江经济带经济发展方式的转变。

由表 9-2 可知，2011~2015 年长江经济带沿线省份对生产性服务业的固定资产投资规模不断增加，投资增速快且持续。具体而言，长江经济带生产性服务业固定资产投资由 2011 年的 13014.48 亿元持续增加到 2015 年的 28481.35 亿元，翻了一番。分行业来看，交通运输、仓储和邮政业，租赁和商务服务业的固定资产投资在 2015 年达到 23821.38 亿元，占生产性服务业总固定资产投资的 83.64%，成为生产性服务业固定资产投资的主要行业。信息传输、软件和信息技术服务业，科学研究和技术服务业的固定资产投资份额逐年上升，在 2015 年达到 4065.99 亿元，占生产性服务业固定资产投资的 14.28%，发展潜力很大。金融业虽然占据的份额较小，但在近 5 年其固定资产投资增长十分迅速，由 2011 年的 274.83 亿元上升到 2015 年的 593.98 亿元，翻了两番。

表 9-2　2011~2015 年长江经济带生产性服务业固定资产投资变化情况

单位：亿元

行业＼年份	2011	2012	2013	2014	2015
交通运输、仓储和邮政业	9939.23	11114.76	13144.28	16562.01	19644.72
信息传输、软件和信息技术服务业	851.38	980.8	1248.97	1485.59	2301.28
金融业	274.83	467.16	550.25	609.32	593.98
租赁和商务服务业	1300.95	2430.68	2219.47	3462.9	4176.66
科学研究和技术服务业	648.09	916.43	1025.36	1487.15	1764.71
生产性服务业合计	13014.48	15909.83	18188.33	23606.97	28481.35

资料来源：《中国统计年鉴》。

（三）企业数量持续增加，发展势头较强

长江经济带沿线省份大力发展生产性服务业，将其作为经济结构战略性调整、加快转变经济发展方式的重点发展产业，将发展生产性服务业与发展现代制造业相结合，使得生产性服务业企业数量迅速增加，形成了一批具有代表性的企业和支柱产业。

由表 9-3 可知，长江经济带生产性服务业法人单位数量由 2011 年的 631175 个增加到 2015 年的 1263492 个，增加将近一番。分行业来看，租赁和商务服务业、科学研究和技术服务业的法人单位数在 2015 年高达 882369 个，占生产性服务业法人单位数的 69.84%。交通运输、仓储和邮政业，信息传输、软件和信息技术服务业法人单位数也增加较快，在 2015 年达到 336402 个，占生产性服务业法人单位数的 26.62%，发展潜力较大。金融业法人单位数由 2011 年的 22849 个增加到 2015 年的 44721 个，翻了将近一番，作为新兴产业在未来发展的潜力十分大。

表 9-3　2011~2015 年长江经济带生产性服务业法人单位数变化情况

单位：个

行业＼年份	2011	2012	2013	2014	2015
交通运输、仓储和邮政业	96861	112458	112146	138364	162874
信息传输、软件和信息技术服务业	93865	113739	89784	122625	173528
金融业	22849	28619	32913	36876	44721
租赁和商务服务业	300597	344553	370446	490382	626017
科学研究和技术服务业	117003	138744	170272	211784	256352
生产性服务业合计	631175	738113	775561	1000031	1263492

资料来源：《中国统计年鉴》。

（四）人才培养数量逐年增加，创新动力强劲

劳动力是经济增长的基本要素，其数量的增加和素质的提高对经济增长产生重要影响。在知识经济时代下，创新驱动发展的实质是坚持人才驱动，经济的发展需要以知识创新为支撑，创新人才的培养成为重中之重。长江经济带实质上需要依靠人才来实现其崛起，沿线省份在近五年加大对自身教育的投入，改革高校教育模式，培养了一大批优秀的人才。

由图 9-1 可知，长江经济带普通高等学校毕（结）业生数在 2011~2015 年呈现明显的上升趋势，由 2011 年的 259.60 万人上升到 2015 年的 289.89 万人，为长江经济带的崛起培养了大量高端创新人才。

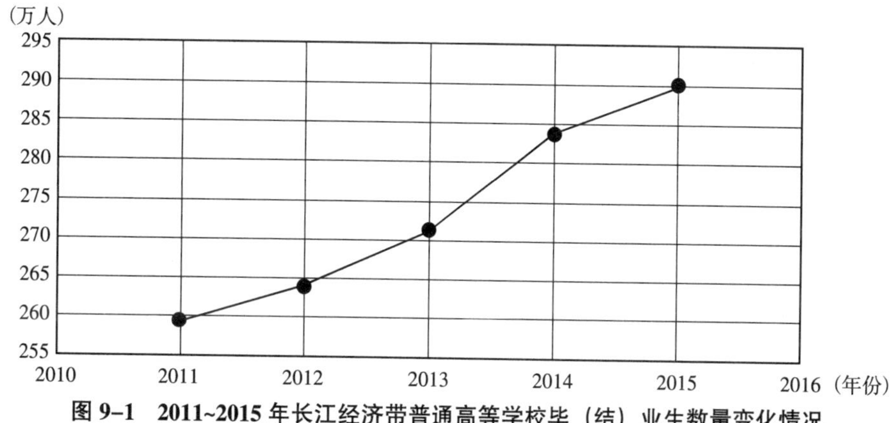

图 9-1　2011~2015 年长江经济带普通高等学校毕（结）业生数量变化情况

（五）信息技术普及力度加大，创新环境优化

技术创新是经济增长的根本驱动力，信息技术的发展为经济高效增长提供了一个较好的技术外部环境，也是生产性服务业创新发展的基础。互联网宽带接入用户数是衡量一个国家或地区信息化发达程度的主要指标。

由图 9-2 可知，长江经济带互联网宽带接入用户数在 2011~2015 年呈现明显的上升趋势，由 2011 年的 5984.10 万户增加到 2015 年的 11321.80 万户，总共增加了 5337.70 万户，将近翻了一番。尤其是在 2015 年互联网普及十分迅速，在一年内由 8038.60 万户增加到 11321.80 万户，增长率达到 40.84%。

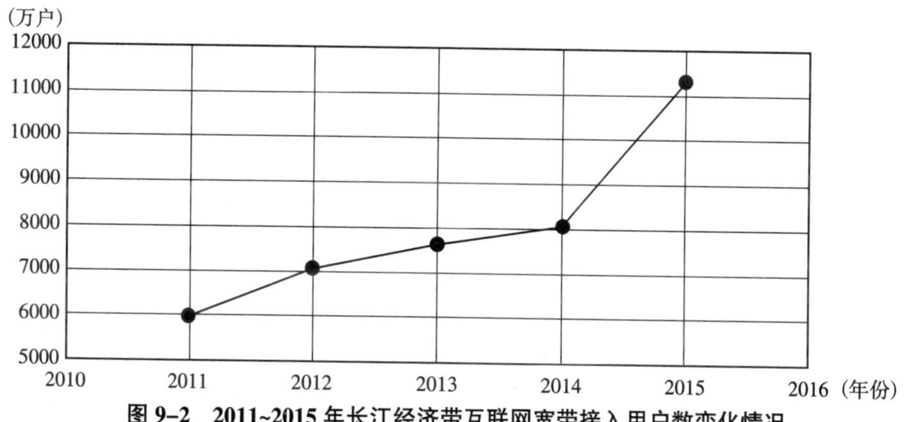

图 9-2　2011~2015 年长江经济带互联网宽带接入用户数变化情况

三、长江经济带生产性服务业创新发展能力的省际对比

（一）生产性服务业创新成果及能力的评价指标

1. 对比省市的选取

长江经济带横跨我国东中西地区，包括上海、江苏、浙江、安徽、江西、湖北、湖南、重庆、四川、云南、贵州 11 个省市。为了整体了解长江经济带生产性服务业创新发展的情况，我们选取这 11 个省市作为省际对比的主要对象。另外，还选取全国平均水平来作为比较的参照对象，以便更好地了解长江经济带各省市的生产性服务业与全国的发展差距。

2. 评价指标的选取

在参考国内外关于创新驱动发展、产业创新指标等研究成果的基础上，主要从创新投入、创新产出和创新环境三个方面来构建省际对比的指标体系，具体如表 9-4 所示。

表 9-4　长江经济带生产性服务业创新发展成果及能力省际对比的评价指标

一级指标	二级指标
创新环境	互联网宽带接入用户数
	普通高等学校毕（结）业生数
创新投入	生产性服务业固定资产投资
	生产性服务业新增固定资产投资
创新产出	生产性服务业法人单位数
	生产性服务业城镇单位就业人员数

（二）生产性服务业创新环境的省际对比

通过对生产性服务业创新环境指标中互联网宽带接入用户数、普通高等学校毕（结）业生数的对比，并与全国平均水平进行比较，找出近 5 年长江经济带生产性服务业在创新环境方面存在的省际差异。

1. 互联网宽带接入用户数的省际对比

互联网宽带接入用户数能够反映一个国家或地区的信息化发达程度，而信息化发达程度是生产性服务业创新发展的基础，该指标可以很好地反映一个地区生产性服务

业创新环境的优劣程度。

从图 9–3 中可以看出，2011~2015 年，长江经济带 11 个省市中大部分省市的互联网宽带接入用户数比全国平均水平高，其中江苏省、浙江省、湖北省、湖南省、四川省在 2011~2015 年的互联网宽带接入用户数在长江经济带中居于靠前位置，均高于全国平均水平。贵州省、云南省、江西省在 2011~2015 年的互联网宽带接入用户数较落后，均低于全国水平。

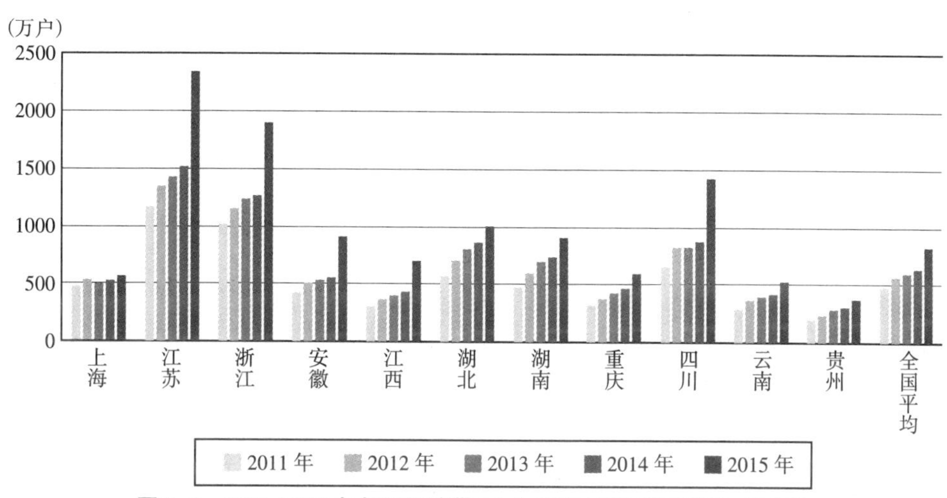

图 9–3 2011~2015 年长江经济带 11 个省市互联网宽带接入用户数

2. 普通高等学校毕（结）业生数的省际对比

普通高等学校毕（结）业生人数是反映一个国家或地区教育水平的重要依据，人才的数量和质量是创新创业的重要基础，是创新驱动发展的重要保障，而人才数量与质量的提高依赖于一个地区的教育水平。因此，该指标可以衡量一个地区生产性服务业的创新环境。

从图 9–4 中可以看出，2011~2015 年，江苏省、湖北省、四川省、湖南省、安徽省、浙江省、江西省的普通高等学校毕（结）业生人数在长江经济带各省市中居于靠前位置，均高于全国平均水平。而贵州省、云南省、上海市、重庆市的普通高等学校毕（结）业生人数处于落后位置，均低于全国平均水平。

（三）生产性服务业创新投入的省际对比

通过对长江经济带 11 个省市生产性服务业创新投入中固定资产投资、新增固定资产投资指标的对比，了解长江经济带生产性服务业创新投入方面的不足。并与全国平均水平作比较，了解长江经济带生产性服务业的发展状况，找出近 5 年长江经济带生产性服务业在创新投入方面存在的省际差异。

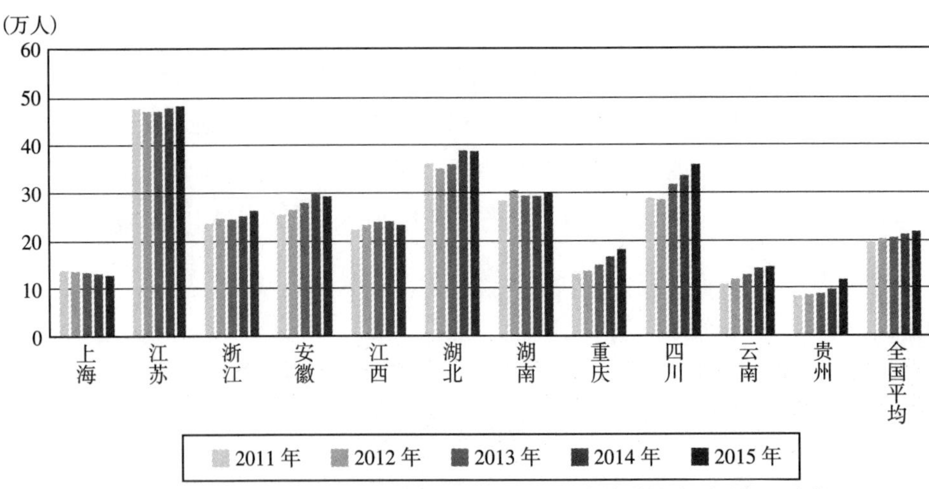

图 9-4　2011~2015 年长江经济带 11 个省市普通高等学校毕（结）业生数

1. 生产性服务业固定资产对比情况

固定资产投资是建造和购置固定资产的经济活动，即固定资产再生产活动。固定资产再生产过程包括固定资产更新（局部和全部更新）、改建、扩建、新建等活动。固定资产投资是社会固定资产再生产的主要手段。固定资产投资额是以货币表现的建造和购置固定资产活动的工作量，它是反映固定资产投资规模、速度、比例关系和使用方向的综合性指标。生产性服务业固定资产投资能反映长江经济带在生产性服务业创新投入方面的力度，能表明长江经济带各省市促进生产性服务业发展、建造和购置固定资产的活动情况。

从图 9-5 中可以看出，长江经济带 11 个省市对生产性服务业的固定资产投资力度参差不齐，江苏省对生产性服务业固定资产投资额最高，在 2015 年达到 4969.99 亿元，超出当年全国平均水平 2702.6 亿元。而江西省虽地处中部地区，但对生产性服务业的

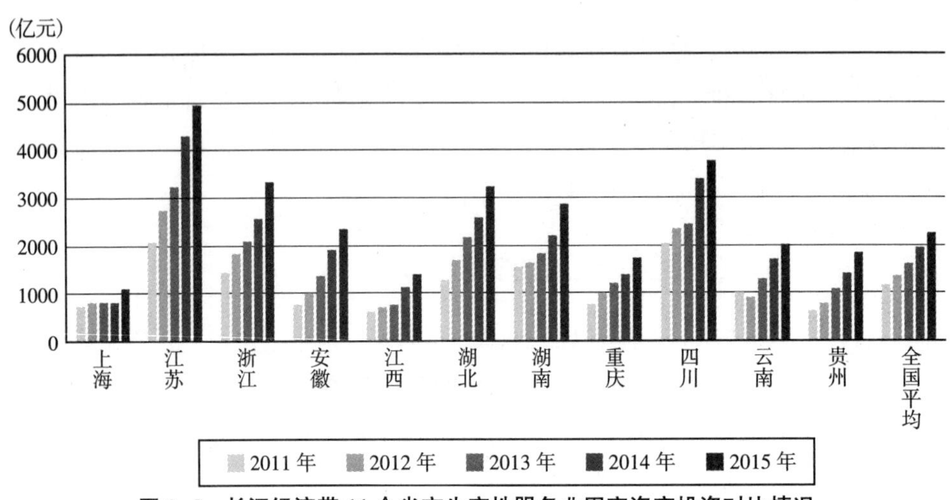

图 9-5　长江经济带 11 个省市生产性服务业固定资产投资对比情况

固定资产投资较少，2011~2015 年的生产性服务业固定资产投资均低于全国平均水平，创新投入不足，湖南省对生产性服务业的固定资产投资在近 4 年都低于湖北省，处于中等水平；西部地区的云南省、贵州省基础较为薄弱，生产性服务业创新发展缓慢，对生产性服务业的固定资产投资较少，在近 5 年里也均低于全国平均水平，投资力度有待进一步加强。

2. 生产性服务业新增固定资产投资对比情况

新增固定资产投资是在原有的固定资产投资的基础之上，由于技术改造项目投资新增加的固定资产投资。生产性服务业新增固定资产投资可以反映长江经济带 11 个省市对生产性服务业创新发展的重视程度，能够反映各省市对促进生产性服务业创新发展的基础性投入变化情况。

从图 9-6 中可以看出，江苏省在 2011~2015 年生产性服务业新增固定资产投资的数量分别为 1306.54 亿元、1626.68 亿元、2099.35 亿元、3403.6 亿元、4009.13 亿元，均高于当年全国平均水平。上海市、重庆市同为直辖市，且上海市处于东部沿海发达地区，但上海市的生产性服务业新增固定资产投资额比较少，重庆市相对于上海市而言增加较快。湖南省的新增固定资产投资水平较中部地区的湖北省而言较少，在 2011~2014 年均低于全国平均水平。而贵州省、云南省的生产性服务业新增固定资产投资都比较少，均低于全国平均水平，说明西部地区对生产性服务业的创新投入较少，对生产性服务业的重要性认识不足。

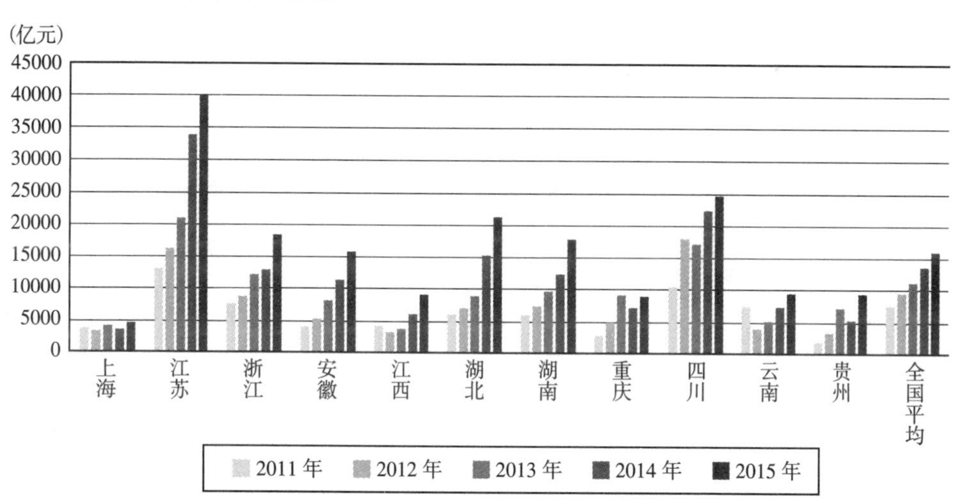

图 9-6　长江经济带 11 个省市生产性服务业新增固定资产投资对比情况

（四）生产性服务业创新产出的省际对比

通过对生产性服务业创新产出指标中的生产性服务业法人单位数、生产性服务业城镇就业人员数两项指标的省际对比，并与全国平均水平进行比较，找出近 5 年长江经济带生产性服务业在创新产出方面存在的省际差异。

1. 生产性服务业法人单位数的对比情况

生产性服务业法人单位数代表具有主体资格的从事生产性服务业的单位或机构的数量，其数量越多表明该地区生产性服务业越发达，创新产出效果越好。一般而言，政府对生产性服务业发展的支持力度越大，创新创业环境越好，从事生产性服务业的法人单位数量越多，生产性服务业创新发展的潜力越大。

从图 9-7 中可以看出，江苏省、浙江省和上海市三个省市在 2011~2015 年生产性服务业法人单位数均远远高于全国平均水平，在长江经济带中处于遥遥领先的地位。而贵州省、云南省生产性服务业法人单位数落后于全国平均水平，与江苏省、浙江省、上海市三省市相比差距十分大。而中部地区的安徽省、江西省、湖北省、湖南省生产性服务业法人单位数增长相对比较稳定，但增速不是特别大，发展潜力比较大。

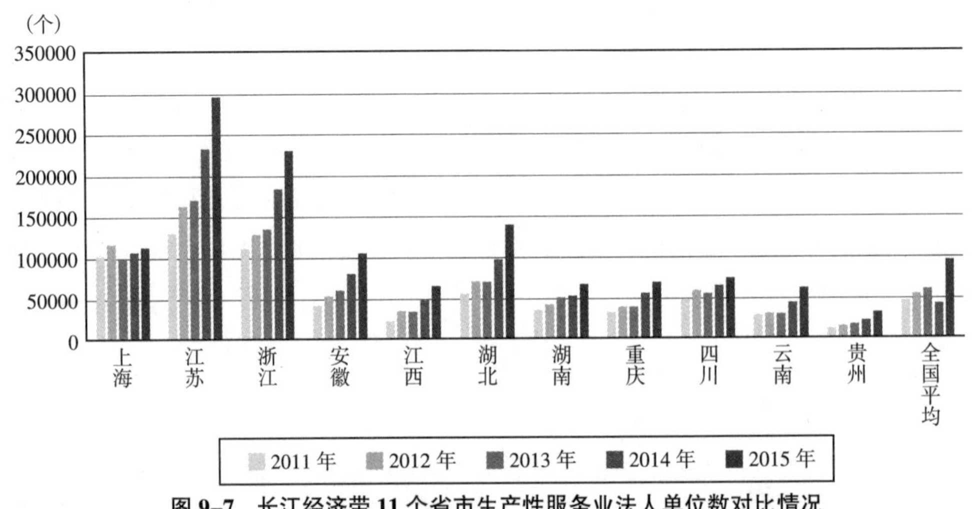

图 9-7　长江经济带 11 个省市生产性服务业法人单位数对比情况

2. 生产性服务业城镇单位就业人员数的对比情况

生产性服务业城镇单位就业人员数能够反映长江经济带生产性服务业劳动力资源的利用情况，同时能够反映长江经济带在生产性服务业的创新产出情况。某地区生产性服务业城镇单位就业人员数量越多，表明该地区生产性服务业厂商越多，则生产性服务业越发达，即创新产出越高。

从图 9-8 中可以看出，上海市、江苏省、浙江省三个省市在 2011~2015 年生产性服务业城镇单位就业人员数量在长江经济带各省市中占据前三的位置，均高于全国平均水平。而湖北省生产性服务业城镇单位就业人员数量在中部地区也处于靠前位置，湖南省略低于湖北省，但江西省、安徽省则较落后，低于全国平均水平。西部地区的四川省生产性服务业城镇单位就业人员数量较多，高于全国平均水平，而贵州省、云南省较少，远远低于全国平均水平。

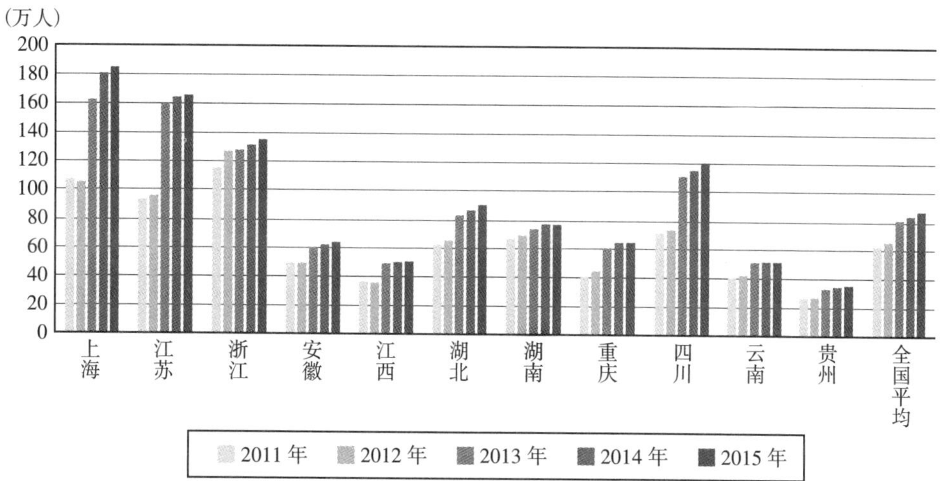

图 9-8　2011~2015 年长江经济带 11 个省市生产性服务业城镇单位就业人员数

四、湖南省生产性服务业创新发展的制约因素及未来目标定位

（一）湖南省生产性服务业创新发展的制约因素分析

1. 国内外竞争的压力大

全球金融危机致使世界大多数国家的经济增速放缓，全球经济增长率明显下降，世界经济复苏缓慢，贸易保护主义抬头，民族主义情绪加重，对国际市场的争夺日趋激烈。国内经济进入新常态，经济增长速度由高速转向中高速增长，竞争程度都在加大。国内外竞争压力大、经济发展的不确定性使得湖南省的生产性服务业的创新发展受到制约。总体上，湖南省经济总量不大，生产性服务业的创新能力不强，尤其是金融服务业的发展不足，与中部地区湖北省的差距仍较大。

2. 地区生产力水平差异明显

湖南省省域面积较大，有 13 个地级市、1 个自治州，各市州资源、环境、交通、产业基础等资源禀赋、要素配置结构发展条件差异较大，经济发展很不平衡，导致生产性服务业的地区间发展差距明显。湘中地区的工业化、现代化发展较好，生产性服务业创新发展的基础较好，而湘西地区的部分市州还处于初级工业化与传统农业并行的阶段，生产力水平较低，生产性服务业创新发展的产业基础条件尚欠缺。而湖南省的湘中、湘南、湘北、湘西地区在生产力发展水平、资源禀赋条件上的较大差异，给湖南省统一政策的制定和实施带来较大的困难。

3. 存在体制机制障碍

湖南省的许多地区以拼地价、拼税收优惠、拼补贴等来争夺投资，竞争达到了非常惨烈、白热化的程度。以市级行政单位为主体实施的行政区域内保护性经济政策以及其所形成的事实上的行政壁垒，阻碍了区域间的生产要素和产品的自由流动，影响了湖南省各市州之间的产业转移和产业升级优化，降低了地区间产业分工和协作的效率，导致生产性服务业发展较缓慢。有的地方政府为了保短期增长和就业指标，通过财政补贴、税收优惠和行政干预等措施，阻拦一些产业的转移进程。产业转移缓慢或不足带来的问题较多，其中最主要的是不利于湘西等落后地区城镇化水平的提高，导致生产性服务业创新发展受到阻碍。

4. 企业融资难

湖南省大部分企业融资难、人才欠缺、政策体系不完善等诸多瓶颈依然存在，制约着生产性服务业创业企业的长足发展。融资难是创业企业发展亟待突破的一大瓶颈，中小企业资金不足是自主创新中的最大阻力，主要靠“内部积累”的自有资金和银行贷款作为主要资金来源，极少数中小企业通过民间借贷进行创新筹资，银行贷款等外部融资渠道发挥作用不显著。资金的缺乏会给整个企业的运营造成巨大困难，也使得创业公司难以在研发上持续投资，并形成自己的技术优势，这将阻碍生产性服务业的创新创业发展。

（二）湖南省生产性服务业创新发展的目标定位

长江经济带各省市区要在符合国家总体战略定位的前提下，结合自身的地理位置、自然资源、基础条件、发展阶段，选取更加有效、更加可行的战略定位，更好地融入长江经济带建设。结合沿江流域的总体情况和自身的特色优势，湖南省要明确好生产性服务业创新发展在长江经济带中的目标定位。第一，形成完整的生产性服务业体系。针对湖南省生产性服务业创新发展存在的问题，通过政府和市场的双重手段形成完整的生产性服务业体系，给湖南省生产性服务业创新发展带来全面的保障。第二，培育形成一批龙头生产性服务业企业和集群，使得参与国内外竞争的能力增强。对于一个新兴的产业，品牌、知名企业与产业群的建立将起到引领示范作用，是带动生产性服务业不断前进的动力，湖南省生产性服务业创新发展将取得新突破。第三，依托黄金水道进行对外开放。湖南省生产性服务业创新发展取得重大成果，可以促进其对外开放，积极承接国内外地区的生产性服务业外包项目，基本形成陆海统筹、双向开放，与“一带一路”建设深度融合的全方位对外开放新格局。

五、湖南省生产性服务业创新发展的对策建议

（一）完善支撑体系，优化创新环境

随着互联网时代的到来，分享经济不断发展，生产性服务业的创新发展需要大力借助互联网的应用。而目前湖南省信息化建设地区差异严重，需要集中资金支持落后地区的互联网基础设施建设，为生产性服务业企业的发展提供一个良好的硬件配套设施。设立互联网技术人才创新创业基金，构建创新创业平台。重点围绕生产性服务业布局，建设互联网应用服务云计算数据中心，为生产性服务企业提供优质低价的公共云服务，提高中小企业的互联网应用能力。加快生产性服务业标准体系建设，提高物流、金融等领域的标准化水平，从而提高创新竞争力，促进生产性服务业规范、有序发展。规范信用机构发展，实施有效的信用奖惩机制，提高信用体系发展水平，降低生产性服务业企业交易成本，提高创新发展质量。加强生产性服务业统计调查方法和指标体系的研究，建立科学、统一的生产监管体系，加快建立以水运为基础，航空口岸物流为重点，铁路和水路联运为突破口的全方位、多层次、立体式的口岸物流平台，不断提高水运与铁路、公路、航空等其他运输方式的物流信息互联互通水平。制定生产性服务业统计调查制度和信息管理制度，为生产性服务业企业的经营和管理提供准确信息。积极融入长江经济带基础设施规划建设，以建设长江黄金水道为突破口，合力构建长江经济带综合立体交通走廊，形成通江达海、互联互通、辐射带动的交通运输格局。加强与长江经济带其他省市的沟通协调，做好设计方案、技术标准和建设时序衔接，打破区域分隔和生产性服务业垄断，逐步消除区域运输服务标准差距，构建统一开放有序的运输市场。加快物流体制改革，推进江海联运、铁水联运、公水联运有效衔接，大力发展直达运输，规范收费行为，降低物流成本。

（二）鼓励企业自主创新，建设自主创新机制

创新驱动发展战略的实施，提高了生产性服务企业创新的热情。但是，由于长江经济带目前的保护体系不完善，生产性服务企业的知识产权得不到很好的保护。湖南省政府应该完善生产性服务业的扶持措施和优惠政策，鼓励企业自主创新。同时，鼓励生产性服务业各个企业之间的技术创新联盟，集聚技术资源，促成以企业为主导的产业合作机制。借力新型城镇化，依靠长株潭“两型”试验区、国家自主创新示范区

和湘江新区国家级平台，推动先进的生产性服务业在长株潭城市群聚集，形成大量生产性服务业骨干企业和龙头企业，从而为生产性服务企业的创新发展提供技术、知识等指导，使长株潭城市群成为引领创新发展的强力引擎。结合长株潭自主创新示范区的实际特点，优化生产性服务业空间布局。在"长沙·麓谷创新谷"重点建设现代服务业集聚区，促进生产性服务业的集聚发展；在"株洲·中国动力谷"着重打造新能源汽车、高端动力装备制造产业密集区，促进配套的生产性服务业创新发展；在"湘潭智造谷"着力发展高端生产性服务业，形成生产性服务业集群，带动周边城市生产性服务业创新发展。同时，政府应该完善长株潭城市群承接国内外生产性服务业转移的园区、会展的平台功能，使得创新资源高度聚集、开放共享，形成长株潭自主创新现象，促进生产性服务行业形成自主创新品牌，从而形成长株潭城市群产业链、创新链、服务链、资金链协同互动的发展格局。激发大众创业、万众创新的活力，引导更多技术、资金、人才进入实体经济。政府应该重视产权保护体系的完善，严厉打击产品、专利的剽窃事件，提高企业自主创新的动力。全面落实商事登记制度改革，简化登记注册程序，减少审批环节，扩大开放领域，提高服务质量，大力发展民营经济、开放经济。出台鼓励企业创新的政策，提高企业创新的热情。减免生产性服务业企业创新支出税费，设立生产性服务业发展专项资金和引导资金，着重于生产性服务业企业的关键技术研发，提高生产性服务业自主创新的能力。通过兼并、联合、重组等方式，促进生产性服务业企业规模化、品牌化经营。通过培育一批具有自主知识产权、享誉国内外的大型生产性服务业企业或集团，树立一批国内著名、国际知名的生产性服务业品牌，从而带动生产性服务业整个行业的发展。

（三）加大投资力度，提供创新后盾

湖南省应该努力加快转变经济发展方式，加大经济结构调整力度，把生产性服务业发展作为产业结构升级的重点，依靠投资引擎来发展生产性服务业，不断加大对生产性服务业的投入力度。湖南省需要继续采取有效的措施加大生产性服务业领域资金投入力度，不断提高政府投入中生产性服务业的投资份额，扶持生产性服务业重点分行业项目。要进一步加大对生产性服务业创新的投入力度，积极引导社会资金投入，改善投资结构，减少重复投资，提高投资效率。同时，努力完善电子商务和物流网络体系的基础设施。政府应该鼓励市场化运作，形成透明和规范的市场准入制度，提升生产性服务业创新发展的综合质量。坚持政府投入为导向，金融信贷为支持，社会投入为主体的原则，建立多渠道、多层次的生产性服务业投资体系。加强对资金的引导，调动并吸引银行信贷资金、民间资金向生产性服务行业流动，为生产性服务业的发展提供资金保证。湖南省应该加大对生产性服务业集聚区建设的资金投入，制定税收、

用地等方面的优惠政策，鼓励中小企业发展生产性服务。

（四）拓宽投融资渠道，完善投融资机制

资金投入和金融支持是生产性服务业创新发展的两个重要因素，需要对资金进行充分的利用，为生产性服务业创新发展提供资金支持。湖南省可以有针对性地招商引资，引进有意向的战略投资者，并且鼓励生产性服务业企业在具备条件时上市，或进行项目融资。并可以考虑政府投资、民间资本募集以及引进外资，将资金有效地流向生产性服务业企业，并对资金进行优化和配置。为使社会资金更为广泛地投入生产性服务业，需要打破地区和行政壁垒，建立规范、公平的市场准入和退出机制。推动政府和社会资本合作（PPP）建设基础设施、公用事业等领域项目。湖南省可以依靠长江经济带产业投资基金和创业投资基金，鼓励保险等资金进入具有稳定收益的投资领域。与长江经济带其他省市共同发起设立城际铁路、环境治理等投资基金，按照市场规则规范化运作。探索创新金融产品，鼓励开展融资租赁服务。加强创业孵化基地建设，完善天使投资、创业投资等科技金融服务体系，激励科技人员、留学归国人员和大学生进行创新创业，孵化一批竞争力较强的生产性服务企业。同时，支持创新能力强、发展潜力大的生产性服务业创新创业团队，带动生产性服务业创新型中小企业发展。

（五）加快人才的培养和引进，积蓄创新力量

创新驱动发展的实质是要坚持人才驱动，生产性服务业作为知识和技术密集型产业必然离不开高素质人才的支持，其创新发展更加需要人才的培养和引进。湖南省生产性服务业创新发展需要加快创新型人才队伍建设，激发研发人员的创造性，吸引高端专业人才创新创业。但湖南省各地区人力资本水平参差不齐，需要充分利用长江经济带重要高校和科研院所集中地的优势，积极引进高素质人才，建设具有国际、国内影响力的生产性服务业创新研究基地、产学研结合的创新平台。同时，完善高等院校人才培养的机制，深化产学研合作，根据生产性服务业需求有针对性地培养人才，加强职业教育，提高劳动力的技术水平；完善社会保障体系、全方位服务体系，加大人才引进力度，坚持以事业吸引人才，以环境留住人才；合理引导劳动力外出就业，鼓励高校毕业生到本地就业，实现人才培养就业本地化，为生产性服务业的发展提供高技术人才。引导高校优化原有的学科结构，创新学科组织模式，探索校企联合培养模式，开设创业课程和培训基地，致力于生产性服务业领域紧缺人才、领军人才、青年拔尖人才的培养。政府应该建立健全人才引进的激励体制、优惠政策和社会保障体制，引进发达的国家或地区的生产性服务业技术和管理人才。联合服务性企业完善用人机制和薪酬体系，构建生产性服务业专门人才引进渠道，尤其注重引进具有创新能力的

人才。推进“引进海外高层次人才百人计划”“企业科技创新创业团队支持计划”“湖湘青年英才支持计划”和长株潭“万名人才计划”等重点人才引进培养计划，完善人才引进培养和评价激励机制，培养和聚集高端生产性服务业创新人才进行创新创业。

参考文献

[1] 刘军跃，王伟志，赵晓敏，王敏. 长江经济带生产性服务业集聚水平比较研究 [J]. 武汉理工大学学报，2015，28 (1)：82–87.

[2] 方创琳，周成虎，王振波. 长江经济带城市群可持续发展战略问题与分级梯度发展重点 [J]. 地理科学进展，2015，34 (11)：1398–1408.

[3] 王圣云，翟晨阳. 长江经济带城市集群网络结构与空间合作路径 [J]. 经济地理，2015，35 (11)：61–70.

[4] 徐硼，聂鹏. 区域生产性服务业竞争力评价 [J]. 企业改革与发展，2011 (3)：160–163.

[5] 甄峰，刘慧，郑俊. 城市生产性服务业空间分布研究：以南京为例 [J]. 世界地理研究，2008 (1)：24–31.

[6] 胡霞，魏作磊. 中国城市服务业发展差异的空间经济计量分析 [J]. 统计研究，2006 (9)：54–60.

[7] 彭迪云，李林. 中部地区生产性服务业发展的分工协作机制初探 [J]. 江西社会科学，2011 (5)：221–226.

[8] 陈建军，陈菁菁.生产性服务业与制造业的协同定位研究 [J]. 中国工业经济，2011 (6)：141–150.

[9] 吴传清，彭哲远. 长江经济带特大城市服务业发展水平及其影响因素研究 [J]. 区域经济评论，2015，31 (3)：125 134.

[10] 胡艳，朱文霞. 基于生产性服务业的产业协同集聚效应研究 [J]. 产经评论，2015 (2)：5–14.

[11] 陈晓峰，陈绍峰. 生产性服务业与制造业血统集聚的水平及效应 [J]. 财贸研究，2014 (2)：49–57.

(本章主要执笔人：张志彬　朱晴艳)

环境篇

第十章

长江经济带环境污染治理现状与湖南创新发展对策

一、引 言

改革开放30多年来，中国经济保持持续较快发展，2016年国内生产总值达到74.4万亿元，增长6.7%，位列世界前茅。然而，中国经济建设取得巨大成就的同时也付出了巨大的环境代价。中国正处于工业化阶段，且技术水平相对较低，经济增长很大程度上依赖于自然资源的大量投入和消耗，并伴随着大量污染物的产生和排放，长期如此便造成了经济发展和环境质量的严重失衡。鉴于此，“十三五”规划明确提出，未来五年“能源资源开发利用效率大幅提高，能源和水资源消耗、建设用地、碳排放总量得到有效控制，主要污染物排放总量大幅减少”。因此，如何实现这样的污染物减排目标就成为摆在我们面前亟待回答和解决的重大问题。中国政府继发布《大气污染防治行动计划》和《水污染防治行动计划》后，又于2016年印发《土壤污染防治行动计划》，这是贯彻落实科学发展观、构建社会主义和谐社会的重大举措；是建设资源节约型、环境友好型社会的必然选择；是推进经济结构调整、转变增长方式的关键所在。

在国家污染减排政策的实施推动下，2016年10月，国家正式印发《长江经济带发展规划纲要》（以下简称《纲要》），将长江经济带提升至国家战略发展地位。《纲要》提出在尊重自然规律以及河流演变规律的基础上，强化长江全流域生态修复，建立健全最严格的生态环境保护和水资源管理制度。然而，长江流域的环境问题日益突出。目前，长江经济带大气环境受到不同程度的污染，污染区域主要集中于城市，其沿岸主要城市空气质量达标天数比例范围为55.34%~87.94%，平均为64.2%。同时，长江经济带也是我国酸雨集中分布区，酸雨强度持续增强；而且据统计，从2000年以来，全国每年发生的水污染事件中，有将近60%的事故发生在长江经济带省市，其中又有约2/3的事故发生在中下游七省市地带。2015年，长江经济带的废水排放总量是全国废水排放总量的43.4%，其中约40.1%分布在东部城市的上海、江苏、浙江三省市，约35.5%分布在中部城市安徽、江西、湖北、湖南；化学需氧量排放量约是全国的36.5%。2004~2015年，累计共23个省份报告突发性水污染事件126起，其中以湖南省报告的最多；此外，长江流域还是中国防治水土流失的重点区域，近年来每年水土流失治理面积占全国的1/3。

湖南省地处长江中游地区，在对接“一带一路”和长江经济带战略的过程中，按照国务院批准的规划，国家将支持湘江新区打造“三区一高地”，即高端制造研发转化基地和创新创意产业聚集区，产城融合、城乡一体的新型城镇化示范区，全国“两型”社会建设引领区，建成长江经济带内陆开放高地，并且在《长江中游城市群发展规划》中将环长株潭城市群也列入其中。随着长江经济带战略的推进，湖南在发展的同时也遇到了许多环境污染问题。如湖南省是农业大省，而由于企业设备简陋、工业落后、技术含量低以及化肥农药的施用等因素导致在生产过程中排放出的“三废”进入农田，造成农业面源污染，对农作物的生产以及人体健康构成了极大的威胁；同时，湖南省的湘江流域和沅水流域形成了两条明显的酸雨带，且进一步造成土壤酸化等环境问题，以及包括洞庭湖在内的多条湖泊都存在一定程度的污染。因此，为了实现湖南省绿色发展的目标，通过创新治理污染问题的具体对策建议如下：第一，减少主要污染物排放。主要是推进水环境污染防治以及大气环境污染防治。第二，完善生态环境保护制度，建立归属清晰、权责明确、监督有效的生态文明制度。第三，防控危化物污染，加强化学品、危险废物、医疗废物、持久性有机污染物、放射性物品等规范化管理。第四，健全环境治理体系，建立覆盖所有固定污染源的企业排放许可制，建立交叉运用经济杠杆进行环境治理和生态保护的市场体系。第五，提升生态系统功能，开展大规模国土绿化行动，推进林业重点工程建设。

二、长江经济带环境污染治理的省际对比

（一）评价指标体系的选取

为了研究长江经济带各省市的污染治理水平，本章选取环境质量、污染治理和城

市绿化等指标作为一级指标，如表 10–1 所示。其中环境质量以化学需氧量排放量、二氧化碳排放量、氮氧排放量和烟（粉）尘排放量指标作为二级指标；污染治理以环境污染治理投资额占 GDP 比重、城市生活垃圾无害化处理率、城市污水处理率以及一般工业固体废物综合利用率指标作为二级指标；城市绿化以建成区绿化覆盖率、森林覆盖率以及人均公园绿地面积指标作为二级指标。

表 10–1　长江经济带污染治理指标体系

一级指标	二级指标	指标单位
环境质量	单位 GDP 化学需氧量排放量	吨/亿元
	单位 GDP 二氧化硫排放量	吨/亿元
	单位 GDP 氮氧化物排放量	吨/亿元
	单位 GDP 烟（粉）尘排放量	吨/亿元
污染治理	环境污染治理投资额占 GDP 比重	%
	城市生活垃圾无害化处理率	%
	城市污水处理率	%
	一般工业固体废物综合利用率	%
城市绿化	建成区绿化覆盖率	%
	森林覆盖率	%
	人均公园绿地面积	平方米

（二）环境质量

1. 单位 GDP 化学需氧量排放量

化学需氧量高意味着水中含有大量还原性物质，其中主要是有机污染物。化学需氧量越高，就表示江水的有机物污染越严重，这些有机物污染的来源可能是农药、化工厂、有机肥料等，如果不被处理，将会严重威胁到农作物以及水生植物的生长，甚至危害人体健康。2011~2015 年，湖南省化学需氧量排放总量大幅度下降，2011 年，湖南省化学需氧量排放总量高达 130.50 万吨，截至 2015 年底，湖南省化学需氧量排放总量降低至 120.77 万吨，与 2011 年相比下降了 7.5%，根据湖南省“十二五”规划，化学需氧量排放总量到 2015 年要控制在 124.40 万吨，这基本实现了“十二五”污染减排目标。就上中下游地区而言，如图 10–1 所示，中游地区的污染程度最为严重，2015 年，湖南省单位 GDP 化学需氧量排放量为 41.79 吨/亿元，在长江经济带各省市排名第二，仅次于江西省，相较于中游地区的其他各省市来说，湖南的单位 GDP 化学需氧量排放量整体来说也是相当高的，这主要是由于湖南是一个农业大省，控制农业源污染的工作不到位，而且湖南还拥有洞庭湖、湘江、沅江等流域，由于工业防治污染力度不够，其水质都出现了不同程度的污染。

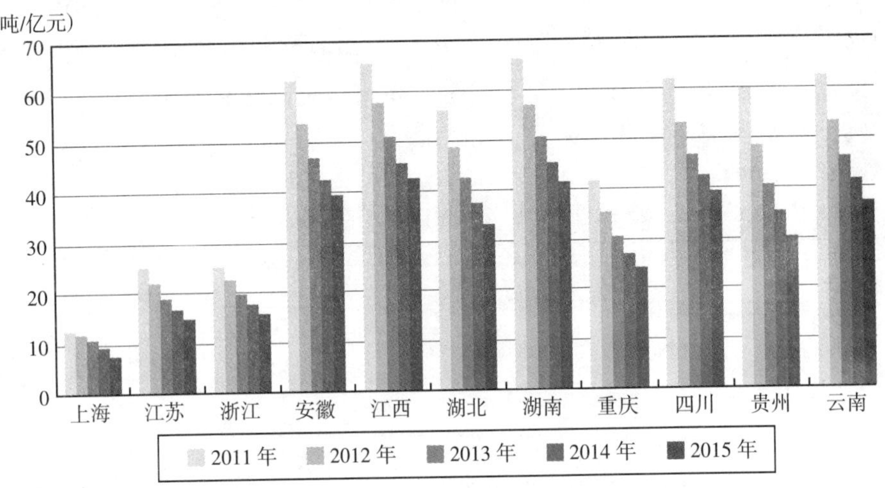

图 10-1 长江经济带各省市单位 GDP 化学需氧量对比情况

资料来源：国家统计局。

2. 单位 GDP 二氧化硫排放量

二氧化硫主要是由于人类对自然资源的过度开发产生的，尤其是化石燃料的燃烧、含硫金属矿石的冶炼和硫酸的生产等过程，而生产生活中产生的二氧化硫排放到空气中在光照和烟尘中的金属氧化物等作用下，该物质与氧气反应生成三氧化硫，三氧化硫溶于雨水后生成硫酸，从而形成酸雨。根据湖南省“十二五”主要污染减排任务，2015 年底，湖南二氧化硫排放总量为 59.56 万吨，相比 2010 年下降了 16.07%，超额完成了“十二五”减排任务。从图 10-2 中可以看出，2011~2015 年长江经济带各省市的

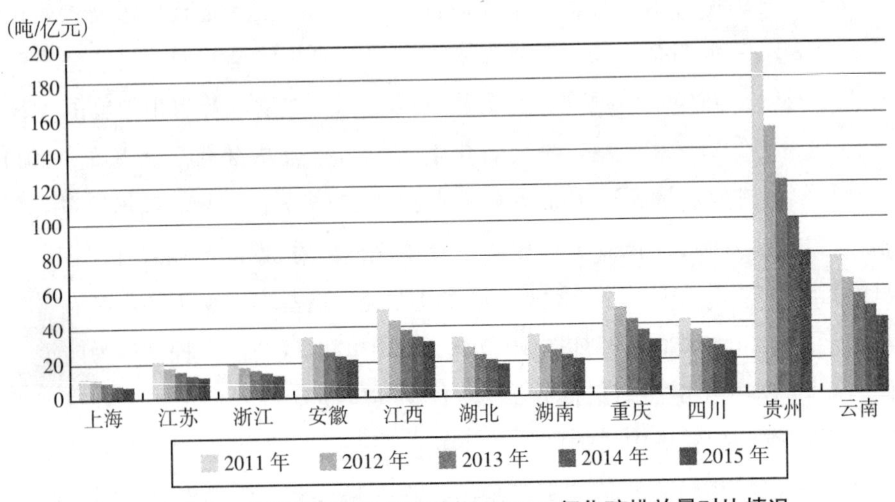

图 10-2 长江经济带各省市单位 GDP 二氧化硫排放量对比情况

资料来源：国家统计局。

单位 GDP 二氧化硫排放量呈逐年下降趋势。湖南省单位 GDP 二氧化硫排放量为 20.6 吨/亿元，在长江经济带各省中排名第七，只略低于同是中游地区的安徽省和江西省，但与单位 GDP 二氧化硫排放量最低的上海相比仍具有较大差距。

3. 单位 GDP 氮氧化物排放量

氮氧化物可形成霾，主要来源于电厂的烟气脱硝、燃煤锅炉的烟气脱硝、机动车尾气治理等方面，人类长期吸入氮氧化物可刺激肺部，危害人体健康。从图 10-3 可以看出，2011~2015 年，湖南省氮氧化物排放总量逐年下降。2015 年，湖南省氮氧化物排放总量为 49.69 万吨，较上年降低了 10.11%，较 2011 年降低了 25.44%，超额完成了“十二五”减排任务，这与湖南在火电机组脱销、机动车减排、新型干法水泥窑脱销等方面做出的努力有关。2015 年，单位 GDP 氮氧化物排放量最低的是上海市，仅为 11.96 吨/亿元。湖南省单位 GDP 氮氧化物排放量为 17.19 吨/亿元，比上海市高了 30.4 个百分点，在长江经济带各省市中排名第八，排放量仅高于下游地区的上海市、江苏省和浙江省这三个地区。可见湖南的单位 GDP 氮氧化物排放量相比于其他省市而言较为理想，但与下游地区相比，仍具有一定的差距。

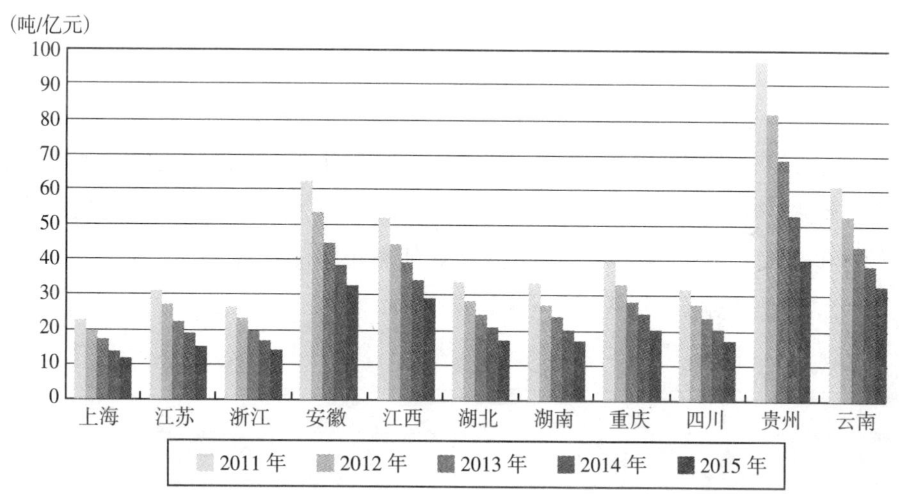

图 10-3　长江经济带各省市单位 GDP 氮氧化物排放量对比情况

资料来源：国家统计局。

4. 单位 GDP 烟（粉）尘排放量

烟尘的污染主要来源于钢铁、有色金属冶炼、火力发电、水泥和石油化工企业的生产过程，车辆和飞机的排气，以及垃圾燃烧、采暖锅炉和家庭炉灶排出的烟气等，对人体危害极大，粉尘更是会造成爆炸。从图 10-4 中可以看出，2015 年湖南省单位 GDP 烟（粉）尘排放量为 15.73 吨/亿元，相比于 2011 年降低了 19.5%，相比于 2014 年降低了 14.3%，这五年单位 GDP 烟（粉）尘排放量的年减排率为 3.7%，这说明控制烟（粉）尘的成效不太显著。就长江经济带各省市而言，湖南、湖北、重庆、四川的单位 GDP 烟（粉）尘排放量差不多，但明显高于上海、江苏以及浙江，这说明湖南仍需加大减少单位 GDP 烟（粉）尘排放量的力度。由于烟（粉）尘排放主要来源于工业生产过程，这将刺激湖南各企业进行生产技术创新，增强污染治理能力。

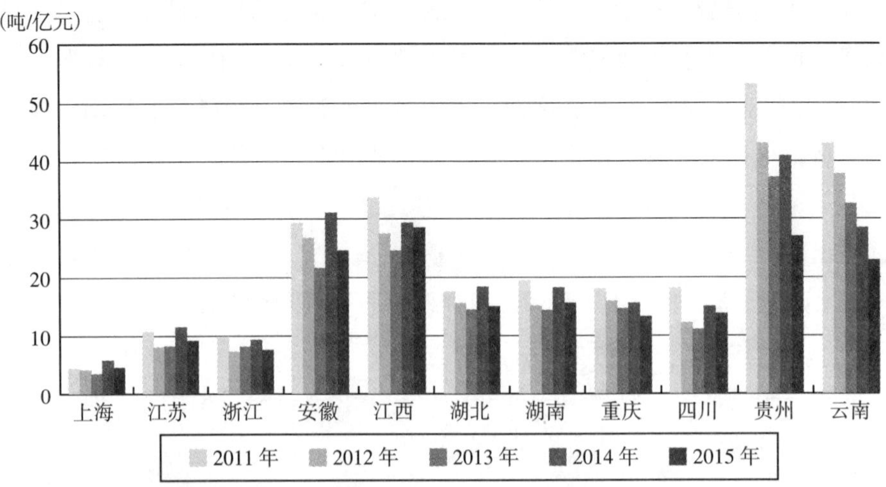

图 10-4　长江经济带各省市单位 GDP 烟（粉）尘排放量对比情况

资料来源：国家统计局。

结合图 10-1 至图 10-4 可以得到，长江经济带下游地区的 GDP 是较高的（见图 10-5），同时单位 GDP 化学需氧量排放量、单位 GDP 二氧化硫排放量、单位 GDP 氮氧化物排放量、单位 GDP 烟（粉）尘排放量又是处于较低水平的，说明这些地区在兼顾高产出和低污染上做得相对较好，值得其他省市借鉴，而湖南距离这些省市还有一定的差距，应持续创新，加大污染治理力度。

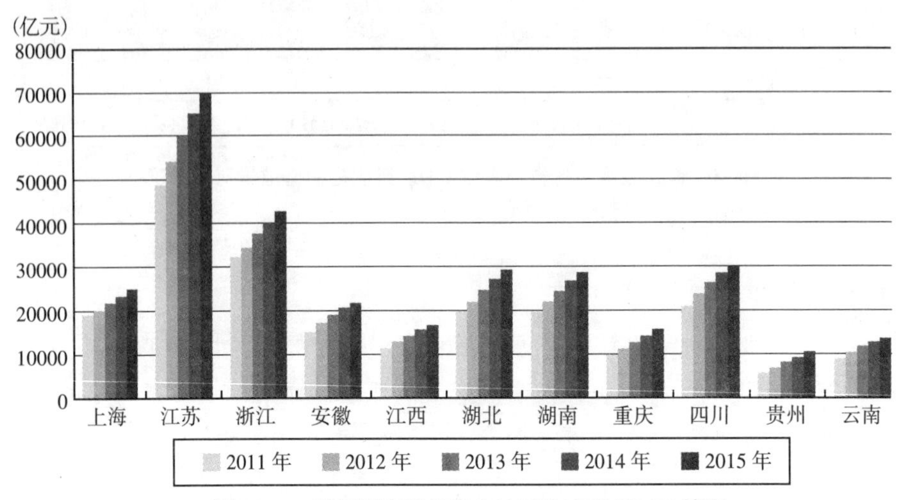

图 10-5　长江经济带各省市地区生产总值对比情况

资料来源：国家统计局。

（三）污染治理

1. 环境污染治理投资额占 GDP 比重

随着工业化和城市化的快速发展，长江经济带环境污染日趋严重，为了保障经济带生态环境安全，各省市陆续建立了较为完善的环境治理投资渠道，积极致力于增加环境污染治理投资，为防治环境污染注入了大量资金，使得环境污染状况得到有效控制。从表 10-2 中可以看出，长江经济带环境污染治理投资额呈逐年增加态势，投资总额由 2011 年的 2438.5 亿元增加到 2015 年的 3705.4 亿元，上涨了 51.95%，投资力度也在不断加大；通过对比长江经济带各省市的环境污染治理投资额，湖南于 2011 年投资 127.3 亿元，排名倒数第三，截至 2015 年，湖南的环境污染治理投资额增长至 537.6 亿元，排名跃升至第二名，相比于 2014 年上涨了 151.6 个百分点，相比于 2011 年上涨了 322.3 个百分点，五年间环境污染治理投资额平均增幅达到了 53.83%。湖南省的环境污染治理投资额不断加大，这与湖南省制定并且执行的一系列环保政策和环保措施有密切关联。

表 10-2　长江经济带各省市环境污染治理投资额

单位：亿元

年份	2011	2012	2013	2014	2015
长江经济带	2438.5	2855.2	3405.3	3573.9	3705.4
上海	144.8	134.1	187.6	250	220.3
江苏	575.8	657.1	881	880.6	952.5
浙江	238.7	375.4	390.4	474.2	439.7
安徽	267.5	330.2	506	428.7	439.7
江西	241.2	316.1	239.6	231.2	235.5
湖北	259.8	285.5	252.7	316.5	246.8
湖南	127.3	190.3	233.9	213.7	537.6
重庆	259.2	186.9	173.3	168.4	139
四川	140.1	178.3	234	288.2	216
贵州	64.9	68.9	109.7	170.4	137.5
云南	119.2	132.4	197.1	152	140.8

资料来源：《中国环境统计年鉴》。

然而，长江上中下游各省市的环境污染治理投资额存在较大差异。如图 10-6 所示，从投资总额来看，2015 年，环境污染治理投资额由高到低排名为：江苏、湖南、浙江、安徽、湖北、江西、上海、四川、云南、重庆、贵州；从投资力度来看，环境污染治理投资额占 GDP 比重由高到低排名为：安徽、湖南、江西、江苏、贵州、浙江、云南、重庆、上海、湖北、四川，其中湖北、重庆、四川均低于1%。

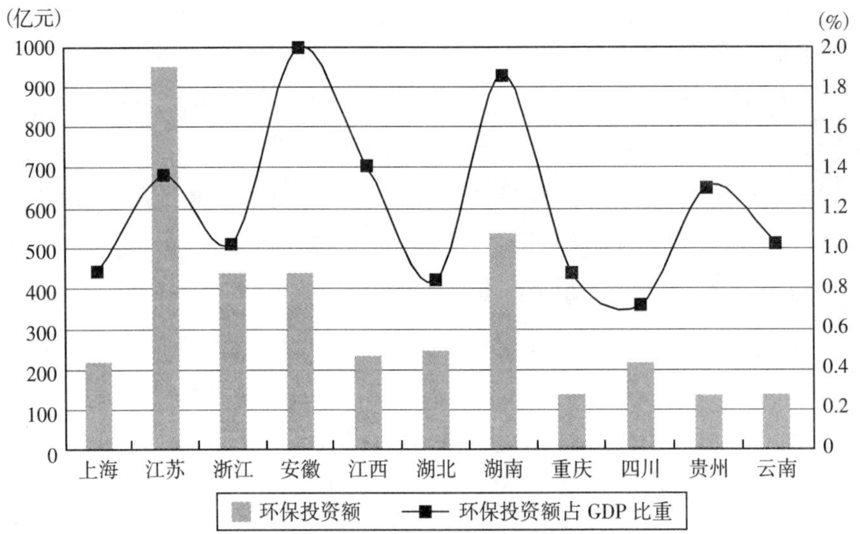

图10-6 2015年长江经济带各省市环境污染治理投资额占GDP比重对比情况

资料来源：《中国环境统计年鉴》。

2. 城市生活垃圾无害化处理率

城市生活垃圾焚烧在我国正处于比较快的发展阶段，堆肥质量和销售等因素制约了堆肥技术的进一步推广应用，而综合处理技术正越来越受到各界的高度重视。如表10-3所示，城市生活垃圾无害化处理率呈逐年递增趋势。截至2015年，全国的城市生活垃圾无害化处理率为94.1%，相比于2011年的79.7%上升了约15%。湖南的城市生

表10-3 长江经济带各省市城市生活垃圾无害化处理率

单位：%

年份	2011	2012	2013	2014	2015
全国	79.7	84.8	89.3	91.8	94.1
上海	61.0	83.6	90.6	100.0	100.0
江苏	93.8	95.9	97.4	98.1	100.0
浙江	96.4	99.0	99.4	100.0	99.2
安徽	87.0	91.1	98.8	99.5	99.6
江西	88.3	89.1	93.3	93.1	94.5
湖北	61.0	71.5	85.4	90.2	91.5
湖南	86.4	95.0	96.0	99.7	99.8
重庆	99.6	99.3	99.4	99.2	98.6
四川	88.4	88.3	95.0	95.4	96.8
贵州	88.6	91.9	92.2	93.3	93.8
云南	74.1	82.7	87.6	92.5	90

资料来源：国家统计局。

活垃圾无害化处理率为 99.8%，远远高于全国的城市生活垃圾无害化处理率，在长江经济带各省市中排名第三。就湖南省而言，相比于 2011 年 86.4%的城市生活垃圾无害化处理率，2015 年上涨了 13.4%，高于长江经济带大部分省市，但下游地区的上海、江苏、浙江均达到 100%，因此湖南仍需提高城市生活垃圾无害化的处理能力。

3. 城市污水处理率

如表 10–4 所示，全国的城市污水处理率呈逐年递增趋势，2011 年，全国的城市污水处理率还只有 83.6%，截至 2015 年增长至 91.9%，平均年增长率为 2.4%。通过长江经济带各省市的对比，城市污水处理率由高到低排名为：安徽、贵州、重庆、江苏、湖北、上海、湖南、浙江、云南、四川、江西，其中湖南排名第七。2015 年，湖南省城市污水处理率为 92.7%，相比于 2014 年上涨了 2.9 个百分点，相比于 2011 年上涨了 11.96%，而平均年增长率仅为 2.87%，只是略高于全国平均年增长率，说明湖南省污水设施建设较为滞后，距离安徽、重庆等省市仍然有一定的差距，这主要是由于资金短缺、处理设施陈旧以及缺乏有效的建设运行机制。

表 10–4　长江经济带各省市城市污水处理率

单位：%

年份	2011	2012	2013	2014	2015
全国	83.6	87.3	89.3	90.2	91.9
上海	84.4	91.3	87.1	89.7	92.9
江苏	89.9	90.7	92.1	93.5	93.9
浙江	85.1	87.5	89.3	90.7	92.0
安徽	91.1	94.5	96.2	96.2	96.7
江西	85.1	84.3	83.1	83.8	87.7
湖北	86.5	87.1	91.6	92.1	93.4
湖南	82.8	85.8	88.4	90.1	92.7
重庆	94.6	90.1	94.0	93.0	94.8
四川	78.3	83.6	83.2	85.4	88.5
贵州	90.7	91.4	94.0	94.8	95.2
云南	94.6	94.7	92.1	91.1	91.0

资料来源：《中国环境统计年鉴》。

4. 一般工业固体废物综合利用率

虽然一般工业固体废物生产量在不断增长，但国内一般工业固体废物处理能力也在同步提高，全国的一般工业固体废物综合利用率由 2011 年的 60.48%上升至 2015 年的 60.78%。如表 10–5 所示，2015 年，湖南省的一般工业固体废物综合利用率为 66%，相比于 2014 年提高了 2 个百分点，相比于 2011 年降低了 1 个百分点，也只是略高于全国平均水平；就长江经济带各省市而言，其一般工业固体废物综合利用率会有一个波动，但大体是上升的，其中下游地区的一般工业固体废物综合利用率较高，中上游地区较低，湖南省一般工业固体废物综合利用率在长江经济带各省市中仅排名第七；相比于同是中游地区的安徽和湖北来说，湖南仍需提高一般工业固体废物综合利用率。

表 10–5 长江经济带各省市一般工业固体废物综合利用率

单位：%

年份	2011	2012	2013	2014	2015	均值
上海	97	97	97	98	96	97
江苏	95	91	97	97	95	95
浙江	92	92	95	95	95	94
安徽	82	85	88	87	90	86
江西	55	55	56	57	57	56
湖北	79	75	76	77	68	75
湖南	67	64	64	64	66	65
重庆	78	82	85	86	86	84
四川	47	46	41	43	45	45
贵州	53	62	51	58	61	57
云南	50	49	52	50	51	51

资料来源：《中国环境统计年鉴》。

（四）城市绿化

1. 建成区绿化覆盖率

建成区绿化覆盖率指在城市建成区的绿化覆盖面积占建成区的百分比，在生态环境的评价中，它已经成为重要的评价指标。由表 10–6 所示，2011~2015 年，湖南省建成区绿化覆盖率逐年递增，2015 年，湖南省建成区绿化覆盖率为 39.7%，相比于 2014 年增加了 1.1%，相比于 2011 年增加了 2.9%。就全国来看，2011 年全国的建成区绿化覆盖率为 39.2%，截至 2015 年增长至 40.1%，虽然呈现出一定的波动，但大体是上升趋势，且略高于湖南省。通过长江经济带各省市的对比，建成区绿化覆盖率由高到低排名为：江西、江苏、安徽、浙江、重庆、湖南、四川、上海、湖北、云南、贵州，其中湖南省排名第六，与下游地区以及安徽、江西等省市仍有一定的差距，湖南省仍需扩大建成区绿化覆盖面积。

表 10–6　长江经济带各省市建成区绿化覆盖率

单位：%

年份	2011	2012	2013	2014	2015
全国	39.2	39.6	39.7	40.2	40.1
上海	38.2	38.3	38.4	38.4	38.5
江苏	42.1	42.2	42.4	42.6	42.8
浙江	38.4	39.9	40.3	40.8	40.6
安徽	39.5	38.8	39.9	41.2	41.2
江西	46.8	46.0	45.1	44.6	44.1
湖北	38.4	38.9	38.1	37.9	37.5
湖南	36.8	37.0	37.6	38.6	39.7
重庆	40.2	42.9	41.7	40.6	40.3
四川	38.2	38.7	38.4	37.5	38.7
贵州	32.3	32.8	34.5	34.0	35.9
云南	38.7	39.3	37.8	38.1	37.3

资料来源：国家统计局。

2. 森林覆盖率

森林覆盖率指一个国家或地区森林面积占土地面积的百分比，是反映一个国家或地区森林面积占有情况或森林资源丰富程度及实现绿化程度的指标。如图 10–7 所示，2008 年，湖南省森林覆盖率为 40.6%，截至 2015 年，湖南省森林覆盖率增加到 47.8%，上涨了 7.2 个百分比，而全国森林覆盖率为 16.55%，湖南省森林覆盖率远远高于全国平均水平。就长江经济带各省市而言，森林覆盖率由高到低排名为：江西、浙江、云南、湖南、重庆、湖北、贵州、四川、安徽、江苏、上海，湖南省排名第四，森林覆盖率处于较高水平。

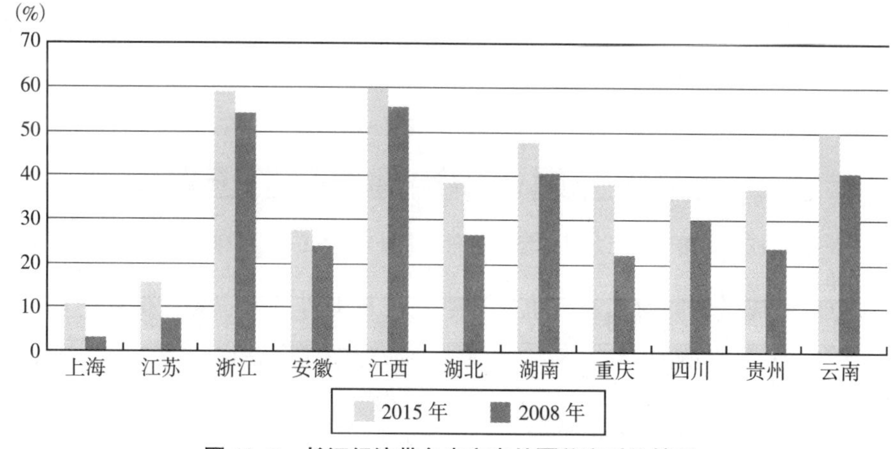

图 10–7　长江经济带各省市森林覆盖率对比情况

资料来源：国家统计局。

3. 人均公园绿地面积

人均公园绿地面积指城镇公园绿地面积的人均占有量，也是生态环境的指标之一。如表 10–7 所示，截至 2015 年底，湖南省人均公园绿地面积为 10 平方米，相比于 2014 年增加了 1 个百分点，相比于 2011 年增加了 13.64 个百分点。与全国平均水平相比，2015 年全国人均公园绿地面积为 13.4 平方米，高于湖南省，与 2011 年相比，全国人均公园绿地面积的增幅为 13.56%，略低于湖南省的增幅。就长江经济带各省市而言，人均公园绿地面积由高到低排名为：重庆、江苏、江西、安徽、浙江、贵州、四川、湖北、云南、湖南、上海，其中湖南排名第十，远低于全国水平，说明城市绿化品质还有待提升。

表 10–7 长江经济带各省市人均公园绿地面积

单位：平方米

年份	2011	2012	2013	2014	2015
全国	11.8	12.3	12.6	13.1	13.4
上海	7	7.1	7.1	7.3	7.6
江苏	13.3	13.6	14	14.4	14.6
浙江	11.8	12.5	12.4	12.9	13.2
安徽	11.9	11.9	12.5	13.2	13.4
江西	13.5	14.1	14.1	14.1	14
湖北	10.1	10.5	10.8	11.1	11
湖南	8.8	8.8	9	9.9	10
重庆	17.9	18.1	18	17	17
四川	10.7	10.8	11.2	11.3	12
贵州	7.3	9.4	11.4	12.5	12.9
云南	10.3	10.4	10.6	11	10.6

资料来源：《中国环境统计年鉴》。

三、湖南省环境污染治理存在的主要问题

在充分肯定成绩的同时，我们也应当看到，我国自然生态环境仍很脆弱，生态环境恶化的趋势还没有完全得到遏制，当前污染治理中还存在诸多矛盾和问题，生态治理任务依然艰巨。

（一）污染物排放量大，风险隐患多，饮用水安全保障压力大

湖南省污染排放总量大、强度高，废水排放总量在长江经济带各省市总排名第四，其中单位 GDP 化学需氧量排放量是长江经济带平均水平的 1.57 倍，而单位 GDP 烟（粉）尘排放量也达到了长江经济带平均水平的 1.13 倍。

1. 湖南省水污染问题严重

由于近几十年来湖南省的工业以及农业飞速发展，工业废水排放量大幅度增加，大量将化肥、农药、各类激素等应用于农田以及家禽家畜养殖过程中，废水往往也未经处理就直接排放，均对水环境造成很大的影响。湘江、洞庭湖、浏阳河等多条流域的水质均已出现不同程度的污染，造成饮用水安全问题，直接危害人体健康。同时，在城市被淘汰的产业失去了生存空间，将会转移到农村，进一步加剧农业源污染。一是区域性、结构性污染仍然存在，工业企业水污染物排放总量难以大幅削减。随着新扩改建项目的不断增多，水污染物排放总量近期内仍难做到增产不增污，工业水污染物对水体环境的影响仍然巨大。二是生活污水污染日益严重。随着农村城镇化进程的加快，居民生活污水逐年增多，给资源环境带来较大的压力。三是农村水源污染面广量大。不合理地使用农药、化肥以及畜禽养殖、秸秆腐烂等污染，随水土流失和农田退水进入水体，增加了水体中的污染物。

2. 湖南省大气污染问题严重

如表 10-8 所示，2016 年全省 14 个州市所在城市的空气质量平均达标天数比例为 81.3%，省会长沙达标天数比例仅 72.7%，低于全国 338 个地级及以上城市平均达标天数比例（见图 10-8），而轻度污染天数比例为 15.8%，高于全国平均水平；重度及以上污染天数比例为 0.6%，与全国平均水平基本持平。颗粒物是影响湖南空气质量的首要污染物，同时湖南省地处中南的酸雨污染严重区域，究其原因，这些都与工业排放颗粒物绝对量大、机动车急剧增长以及城市建设有密切关联。第一，工业排放颗粒物绝对量大主要源于湖南能源结构仍以燃煤为主，能耗水平高，产业结构不合理。第二，汽车尾气及汽车扬尘已成为湖南城市主要的大气污染源。第三，城市建设中生态理念的缺失是造成城市大气污染的深层次原因。城市发展的高速化及其过程中土地利用的趋利性、随意性、盲目性与粗放性凸显城市管理水平的落后；城市规划、交通规划与环境规划的融合度不够，绿色交通体系严重缺失。

（二）生态环境保护形势严峻

一方面，流域整体性保护不足，生态系统破碎化，生态系统服务功能呈退化趋势。湖南省资源、生态利益协调机制尚未建立，缺乏整体性、专业性和协调性的大区域合

表 10–8　2016 年全省 14 个城市环境空气质量状况

城市	空气质量类别分布（天数）						优良率（%）
	优	良	轻度污染	中度污染	重度污染	严重污染	
合计	1238	2923	810	116	29	3	81.3
长沙	74	192	80	17	3	0	72.7
株洲	67	217	63	15	4	0	77.6
湘潭	83	203	65	13	2	0	78.1
衡阳	93	188	70	9	5	1	76.8
邵阳	88	195	64	14	4	1	77.3
岳阳	67	217	80	1	1	0	77.6
常德	84	183	80	14	5	0	73
张家界	95	212	47	10	2	0	83.9
益阳	59	247	56	3	1	0	83.6
郴州	122	205	36	2	1	0	89.3
永州	114	199	49	4	0	0	85.5
怀化	95	228	37	6	0	0	88.3
娄底	102	210	50	3	0	1	85.2
吉首	95	227	33	5	1	0	89.2

资料来源：《中国环境统计年鉴》。

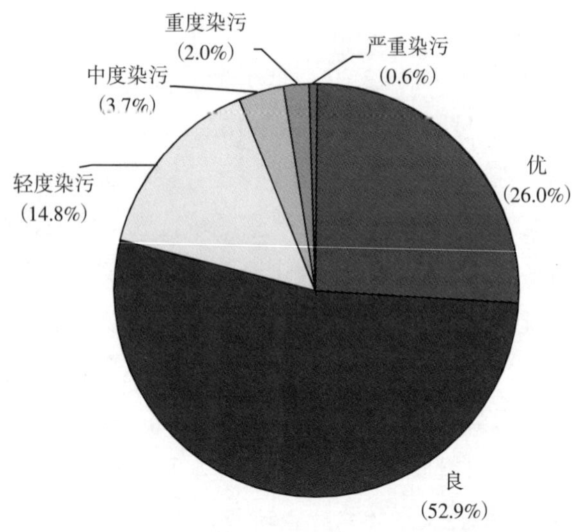

图 10–8　2016 年 338 个城市环境空气质量级别比例

资料来源：《2016 年中国环境状况公报》。

作平台，且部分大型城市城镇面积增加显著，农田、森林、草地、河湖、湿地等生态系统面积减少。岸线开发存在乱占滥用、占而不用、多占少用、粗放利用等问题。湖南省洞庭湖、鄱阳湖面积减少，枯水期提前，外来有害生物入侵加剧。另一方面，部分区域发展与保护矛盾突出，环境污染形势严峻。全国近一半的重金属重点防控区位于长江经济带，而其中湖南省湘江流域等地区的重金属污染问题仍未得到根本解决。长株潭城市群等地区出现集中连片污染问题，部分支流水质较差，湖库富营养化未得到有效控制，城镇和农村集中居住区水体黑臭现象普遍存在。湖南省部分地区长期受到酸沉降影响，仍属我国酸雨污染较严重区域之一。工矿企业建设、生产以及农业生产等造成的土壤污染问题较为突出。

（三）危险化学品运输量持续攀升，管理不够严格等引发环境污染风险

长江流域中涉及危险化学品码头和船舶数量多、分布广，由于危险化学品生产和运输点多线长，部分船舶老旧、运输线路不合理、应急救援处置能力薄弱等问题突出，发生危险化学品泄漏的风险持续加大。而湖南省地处长江中游地区，应给予危险化学品运输及管理必要的关注。首先，由于管理权责不清，监督不到位，码头后方的陆域管理与地方安监部门存在交叉，危险品码头装卸作业安全未得到有效监督。其次，通过对大量的内河危险品船舶的安全检查，发现船舶建造质量的低劣是内河危险品船舶较为突出的问题，且所占比例相当大。最后，企业规模普遍较小，安全管理难以到位。湖南省从事危险品运输的企业大多数经营规模小、经济实力弱、市场竞争力差，在安全管理方面，建立真正意义上的安全体系和实施安全体系的难度较大。

（四）环境治理法律体系仍需健全

湖南省的环境法律体系建设已经有了长足的发展，但是环境立法和法制环境还远不能满足环境治理的现实要求。第一，环境立法的漏洞较多。环境法律之间存在冲突，不同国家机关、不同部门制订的法律法规又出于各自部门利益而存在狭隘的部门利益倾向。第二，目前的环境保护法规政策体系主要是以政府直管为主的管理体系，侧重于污染物排放达标等治污方面，总体上属于“先污染、后治理”的末端治理性质。第三，环境保护法律规范滞后，操作性不强。

（五）生态系统功能退化

随着流域人口的剧增和流域经济的快速发展，社会经济系统对自然资源的需求量和污染物的排放量大增，使流域自然生态系统遭到史无前例的破坏，环境污染和资源短缺的问题日益严重，与之相随的是自然生态系统的急剧退化，如水环境恶化、水土流失、植被破坏、生物多样性丧失、旱涝灾害频发等。近几十年来，湖南省山丘区域水土流失逐渐加剧，据湖南省第三次水土流失遥感调查结果显示，全省年均土壤流失

量接近 1.2 亿吨。伴随着水土流失的加剧，山丘区域景观生态系统中肥沃表土大量丧失，有机质和无机养分含量降低，土壤肥力下降，土地生产能力逐渐衰退，加剧污染发生。

四、湖南省环境污染治理的创新发展对策

（一）减少主要污染物排放

1. 推进水环境污染防治

第一，对于工业源污染物来说，优化产业结构，淘汰低产出、高排放的产业。全面排查装备水平低、环保设施差的“十小”工业企业。加快取缔不符合国家产业政策的小型造纸、制革、印染、染料、炼焦、炼硫、炼砷、炼油、电镀、农药等严重污染水环境的生产项目，全面取缔“十小”企业。专项整治“十大”重点行业。制定造纸、焦化、氮肥、有色金属、印染、农副食品加工、原料药制造、制革、农药、电镀等行业专项治理方案，实施清洁化改造。新建、改建、扩建上述行业建设项目，实行主要污染物排放等量或减量置换。对于造纸行业，力争完成纸浆无元素氯漂白改造或采取其他低污染制浆技术，钢铁企业焦炉完成干熄焦技术改造，氮肥行业尿素生产完成工艺冷凝液水解解析技术改造，印染行业实施低排水染整工艺改造，制药（抗生素、维生素）行业实施绿色酶法生产技术改造，制革行业实施铬减量化和封闭循环利用技术改造。集中治理工业集聚区水污染，开展环境保护大检查，对大检查中发现的环境问题，列出清单制定综合整改方案。集聚区内工业废水必须经预处理达到集中处理要求，方可进入污水集中处理设施。新建、升级工业集聚区，应同步规划和建设污水、垃圾集中处理等污染治理设施。工业集聚区要按规定和实际建成污水集中处理设施，并安装自动在线监控装置；逾期未完成的，一律暂停审批和核准其增加水污染物排放的建设项目，并依照有关规定撤销其园区资格。

第二，对于农业源污染物来说，一是调整优化农业产业结构。大力发展水产养殖业和畜牧业，优化种植业结构，加大优质稻米开发力度，发展高效经济作物，使种植业由传统的粮食作物、经济作物的二元结构向粮食作物、经济作物、饲料作物的三元结构转变，改革种植业耕作制度，发展节水、节肥、节药的农产品种植。结合农业产业结构调整，对畜禽养殖实施污染物集中处理和综合利用的方案，大力发展生态农业、有机农业和节水农业，建设一批生态农业示范区以及无公害农产品、绿色食品和有机

食品基地。二是加强水土流失的治理。湖南省现有水土流失面积 4.3 万平方千米，约占全省总面积的 20%，平均每年新增水土流失面积 200 多平方千米，水土流失已成为该省农业面源污染的重要因素。水土流失的治理，重点是抓好“四水”中上游特别是湘西武陵山区和湘中红壤丘陵区的水土保持，搞好小流域的综合治理。三是积极研究、开发和推广面源污染防治适用技术。目前，应尽快组织面源污染调查和监测，制定污染防治计划，把研究、开发和推广污染防治的适用技术放在重要位置，积极推广农业病虫害的生物防治，推广科学使用农药、化肥的技术和方法，减少农药和化肥施用量。

2. 推进大气环境污染防治

第一，优化能源、产业结构，进一步控制工业排放总量。减少工业排放总量的有效途径：一是加大能源结构调整，加大天然气等清洁能源的结构比，降低能耗。具体措施：全面实现用能技术的先进化，通过多种措施大范围普及先进高效技术能源转换，着重发展一些具有国际领先地位的重大清洁能源开发、转换和利用技术；大力发展使用可再生能源技术，如风力发电、水电要进一步大规模普及，光热发电、光伏发电技术要进行接近商业利用的示范；合理发展核电，使其在一次能源中的比重占据重要位置；有效提高燃油和燃气占比；取缔城市燃煤电厂，对产能过剩行业加大淘汰力度；制定有效措施促进全民参与，改变生活方式，寻求低碳排放的消费行为；发展低碳农业，增加森林覆盖面积。二是优化产业结构，控制高耗能工业，减少和控制高耗能产品出口，调整经济到一个低能耗高效的产业结构。控制第二产业规模，加大第二产业能源结构调整，以精细化管理和技术创新降低万元产值能耗；构建有效政策与平台推动发展以绿色服务业、生态物流业、生态旅游业等新兴第三产业发展；在继续加强第二产业治理的同时，继续加大第一、第三产业的治理强度，完善治理政策与措施。

第二，创新交通管理模式，建立绿色立体交通体系。政府需要提高公共交通水平并制定相关法规控制机动车尾气排放，解决交通问题应从以下方面着力：以运输效率最大化和生态环境损失最小化为目标构建绿色交通政策体系与实施体系，推进绿色交通规划；修改交通建设的优先权，将公共交通、步行、自行车出行方式置于优先位置，作为公交系统的辅助系统因地制宜地发展自行车网络，限制其远距离出行，推行公共自行车服务系统模式使其成为近距离出行主导方式；科学优化布局人行道两侧的绿化建设，为步行交通提供良好的环境；优先发展公共交通，建立以有轨交通为骨干、以公共交通为网络、以绿色环保出租车为补充的多方向、多层次的立体公共交通体系，最终建成安全步行和非机动车交通优先，具有高效、便捷和低成本的综合公共交通系统的生态城市。

第三，根治城市大气污染，根本出路在于构建城市生态体系。建立以自然生态系统如湘江流域和以社会经济发展水平与自然禀赋相关性强的如长株潭城市群或以典型城市为基础的单元，分析支持单元发展所需要的各类自然资源和生态系统服务的供需关系，分析水资源、土地资源、湿地资源、耕地资源、森林资源的资源禀赋和利用状况，对其质量特征、数量特征、时空分布特征进行定量化，提出合理利用方式和最优调配方案，以实现城市资源的可持续利用。同时将城市绿化和生态景观布局与城市生态系统功能服务、城市生态文化有机结合，通过人工环境、开放环境（如公园、广场）、街道桥梁等连接点和自然要素（水系、山体、林地、湿地、城市轮廓线）的优化、整合，创造功能完善、文化内涵深厚、生态效能高的生态景观系统。

（二）完善生态环境保护制度

建立归属清晰、权责明确、监督有效的生态文明制度，全面建成不动产统一登记体系，健全自然资源资产管理和监管体制，建立国土空间保护制度，划定生态保护红线并建立生态红线管控制度，推进城市国家公园体制试点建设。建立覆盖全省、科学规范、管理严格的资源总量和全面节约制度，健全反映市场供求和资源稀缺程度、体现自然价值和代际补偿的资源有偿使用制度和生态补偿制度。健全生态环境保护责任体系，完善和落实生态环境损害赔偿和责任追究制度，健全充分反映资源消耗、环境损害、生态效益的生态文明绩效评价考核和责任追究制度，建立领导干部自然资源资产离任审计制度。完善生态文明建设地方法律法规，健全生态环境执法和司法体制，强化生态文明法治保障。完善生态文明道德文化制度，健全生态文明公众参与机制。

（三）防控危化物污染

加强化学品、危险废物、医疗废物、持久性有机污染物、放射性物品等规范化管理，建立收集、贮存、运输、利用和处置等全过程环境管理体系，实行流量流向登记制度。加强对危险废物产生单位和经营单位的监督管理，严格落实各项管理制度，强化企业内部台账，实施危险废物规范化管理。

（四）健全环境治理体系

建立覆盖所有固定污染源的企业排放许可制，建立交叉运用经济杠杆进行环境治理和生态保护的市场体系。加强系统治理，推进多污染物综合防治和统一监管，推行全流域、跨区域联防联控联治和城乡协同治理模式，探索实施流域、区域污染补偿政策。实行省以下环保机构监测监察执法垂直管理制度。建立实时在线环境监控系统。严格环保执法，强化执法监督和责任追究，加大环保督察巡视力度。全面推行环境信息公开制度，扩大环境决策的公众参与，畅通环境污染举报渠道。

（五）提升生态系统功能

开展大规模国土绿化行动，推进林业重点工程建设。加强天然林保护，全面停止天然林商业性采伐，严禁移植天然大树进城，保护培育森林生态系统，提升森林质量效益。加强重点生态功能区保护和管理，强化湘资沅澧四水源头和水源涵养区的生态保护与治理，推进地下水超采漏斗区综合治理。打造水生态网，维持河流生态流量和生态水位，保护和恢复湿地与河湖生态系统。推进长江、珠江流域等重点防护林体系建设，推进退耕还林、退化防护林修复、湿地保护与恢复、岩溶地区石漠化综合治理、废弃矿山生态修复等重大生态工程建设。加强地质灾害综合防治体系建设。有步骤地对居住在自然保护区核心区与缓冲区的居民实施生态移民。

参考文献

[1] 长江经济带蓝皮书：长江经济带发展报告（2011~2015）[M]. 北京：社会科学文献出版社，2016.

[2] 张光贵. 湖南省水污染防治对策研究 [J]. 水资源保护，2003（4）：43-45+62.

[3] 张霞. 湖南省环境保护投资现状分析 [J]. 环境保护与循环经济，2011（3）：67-72.

[4] 当前污染源治理工作中存在的问题和建议 [EB/OL]. http：//www.lasrd.gov.cn/include/content.php?id=10015.

[5] 徐顺青，逯元堂，高军，张筝. 环境污染治理投资发展路径分析 [J]. 生态经济，2017（2）：94-97.

[6] 长江生态环保规划 [EB/OL]. http：//www.doc88.com/p-5099631935593.html.

[7] 肖薇. 长江经济带生态城市建设评价研究 [D]. 长沙：湖南大学，2015.

[8] 黄庆华，周志波，刘晗. 长江经济带产业结构演变及政策取向[J]. 经济理论与经济管理，2014（6）：92-101.

[9] 王鹏，谢丽文. 污染治理投资、企业技术创新与污染治理效率 [J]. 中国人口·资源与环境，2014（9）：51-58.

[10] 中国环境状况公报（2016）[J]. 环境保护，2017（11）：35-47.

[11] 向勇，金春姬. 排污权分配对污染治理技术创新的影响分析 [J]. 中国海洋大学学报（自然科学版），2005（2）：259-263.

[12] 袁德军. 试论用循环经济理念创新水污染防治对策 [J]. 化工管理，2017（15）：162-163.

[13] 湖南大气污染治理亟须破解四大问题（1970~2015 年）[EB/OL]. https：//max.book118.com/html/2016/0218/35162706.shtm.

[14] 谢炳庚. 湖南山丘区景观生态系统退化特征初探[J]. 湖南师范大学自然科学学报，1997（3）：81-86.

[15] 程明峰，王增田. 目前环境污染治理存在的问题及对策 [J]. 内蒙古环境保护，2002（1）：31-33.

（本章主要执笔人：胡石其　汪彩娥）

第十一章

长江经济带工业节能减排形势与湖南创新发展对策

一、引 言

我国第一个工业绿色发展综合性规划《工业绿色发展规划（2016~2020）》的落实工作在2017年全面展开，推动形成全面推进绿色发展的工作格局。该规划是为贯彻落实国家“十三五”规划纲要和《中国制造2025》而制定发布的，在继承“十二五”工业节能减排工作的基础上，明确提出了“十三五”期间的工作目标，包括节能、低碳、节水、清洁生产、综合利用、绿色能源、产业结构优化、绿色制造产业发展等几大类指标。

长江流域作为我国重要的经济带，节能减排的成效关乎长江经济带长远的发展。工业和信息化部、发展改革委、科技部、财政部、环境保护部五部委发布《关于加强长江经济带工业绿色发展的指导意见》，再次对长江经济带发展予以定调。2016年1月5日，中共中央总书记习近平在重庆主持召开长江经济带战略座谈会，专门强调长江生态保护，并指出，“生态是压倒一切的任务”。在当前和今后相当长的一段时期，要把修复长江生态环境摆在压倒性位置，共抓大保护，不搞大开发，把长江经济带建设成为我国生态文明建设的先行示范带、创新驱动带、协调发展带。在契合绿色发展的时代背景下，加大急需技术装备和产品的创新，推动先进成熟技术的产业化应用和推广，支撑长江经济带工业绿色发展。

湖南省是长江经济带中的重要节点省份。湖南将坚持生态优先、绿色保护，着重发展绿色低碳可持续发展产业。“十三五”时期是湖南省全面建成小康社会的决胜阶段，也是经济转型升级和生态文明建设的关键时期。要进一步加大节能工作力度，确保完成“十三五”能源消费总量和强度的“双控”目标任务，有效破解资源环境制约瓶颈，加快推进生态文明建设，促进湖南省经济转型升级。

本章将用工业节能减排的投入和产出指标详细分析长江经济带各省际节能减排情况，进一步研究湖南工业节能减排过程中可能存在的问题，最后提出相应的创新对策。

二、长江经济带工业节能减排形势

推动长江经济带发展必须从中华民族长远利益考虑，走生态优先、绿色发展之路，使绿水青山产生巨大的生态效益、经济效益和社会效益。长江流域是我国经济重心所在、活力所在。近年来，长江经济带经济发展迅速，工业增加值逐年递增，产业继续平稳较快发展，但是在发展过程中存在诸多不可忽视的环境问题。

工业节能减排评价指标体系是根据一定的原则构建起来的，目的是能够反映出长江经济带真实的节能减排效果。根据长江经济带工业节能减排的目标和要求，结合构建指标体系的一般原则和节能减排系统的状态与特点并参考相关文献，本章将着重分析长江经济带工业节能减排的工业增加值能耗、能源工业投资、工业三废的投资额、工业三废的排放（产生）量以及工业增加值等指标，如表 11-1 所示。

表 11-1 长江经济带工业节能减排指标体系

<table>
<tr><th>目标层</th><th>属性层</th><th>一级指标层</th><th>二级指标层</th><th>指标编号</th><th>三级指标层</th></tr>
<tr><td rowspan="10">长江经济带各地区节能减排</td><td rowspan="6">投入指标</td><td rowspan="6">—</td><td rowspan="3">资源消耗指标</td><td>A1</td><td>工业万元增加值能耗（吨标准煤/万元）</td></tr>
<tr><td>A2</td><td>能源工业投资（亿元）</td></tr>
<tr><td>A3</td><td>工业用电投入（亿千瓦时）</td></tr>
<tr><td rowspan="3">节能减排资本投入指标</td><td>B1</td><td>工业废水治理投资额（万元）</td></tr>
<tr><td>B2</td><td>工业废气治理投资额（万元）</td></tr>
<tr><td>B3</td><td>工业固体废弃物治理投资额（万元）</td></tr>
<tr><td rowspan="4">产出指标</td><td rowspan="3">非期望产出指标</td><td rowspan="3">污染排放指标</td><td>C1</td><td>工业废水排放量（万吨）</td></tr>
<tr><td>C2</td><td>工业废气排放量（亿立方米）</td></tr>
<tr><td>C3</td><td>工业固体废弃物排放量（万吨）</td></tr>
<tr><td rowspan="2">期望产出指标</td><td rowspan="2">经济效益指标</td><td>D1</td><td>工业增加值（亿元）</td></tr>
<tr><td></td><td></td><td>D2</td><td>规模以上工业企业新产品销售收入（万元）</td></tr>
</table>

（一）资源消耗情况

从保障能源安全来看，随着长江经济带发展规划的实施，未来长江经济带能源需求将保持较快增长，但受资源禀赋、能源发展模式等因素的制约，长江经济带能源供需矛盾将日益趋紧。能源生产和消费是主要的环境污染源，要留住长江两岸的青山绿水、蓝天白云，必须加快转变能源发展方式，在满足经济发展能源需求的同时，减少电煤消耗，降低污染物和二氧化碳排放，改善大气环境质量，促进长江流域环境保护和生态建设。实现能源的优化配置，保障能源供应安全。

1. 工业万元增加值能耗

当前考核地区工业企业生产能源消费时均采用万元增加值综合能耗这个指标来检查、考核地区企业的节能降耗情况，表明地区企业在生产经营活动中新创造的价值与能源实际消耗之比，说明地区企业每万元增加值所消耗的水平。计算公式为：万元增加值综合能耗=能源消耗总量/工业增加值，万元增加值综合能耗指标完成的好坏，直接受工业增加值的高低和能源消费多少的影响，两者有直接关系，密不可分，具体测算结果如表 11-2 所示。

表 11-2 工业万元增加值能耗

单位：吨标准煤 / 万元

年份	2011	2012	2013	2014	2015	累计增加（%）
上海市	1.563	1.601	1.589	1.506	1.590	1.69
江苏省	1.238	1.207	1.145	1.108	1.080	-12.78
浙江省	1.214	1.179	1.177	1.122	1.139	-6.19
安徽省	1.497	1.415	1.317	1.270	1.331	-11.07
江西省	1.280	1.241	1.175	1.176	1.220	-4.70
湖北省	1.942	1.816	1.549	1.485	1.422	-26.75
湖南省	1.990	1.832	1.492	1.425	1.413	-28.97
重庆市	1.874	1.863	1.738	1.660	1.608	-14.24
四川省	2.075	1.950	1.665	1.677	1.802	-13.19
贵州省	4.957	4.456	3.461	3.091	3.000	-39.48
云南省	3.186	3.024	2.676	2.681	2.691	-15.56

资料来源：《中国统计年鉴》及数据处理。

从表 11-2 的数据来看，除了上海的万元增加值综合能耗 5 年来有所波动，2015 年比 2011 年略微增加，其他各地区万元增加值综合能耗趋势是递减的，也就是说能源消费总量的消耗速度比工业增加值增长速度逐渐慢下来了。总体来说，下游长三角城市群的下降速度慢于中上游城市群，其中江苏和安徽 5 年累计下降 12.78%和 11.07%，下降速度稍快于下游长三角城市群地区的浙江和上海；中上游城市群工业万元增加值能耗降低比较多，其中贵州更是从4.957吨标准煤/万元下降到3吨标准煤/万元，5年累计下降达39.48%；湖南、湖北的工业万元增加值能耗累计下降也比较多。湖南由2011年的1.990吨标准煤/万元下降到2015年的1.413吨标准煤/万元，5年累计下降28.97%；而湖北由2011年的1.942吨标准煤/万元下降到2015年的1.422吨标准煤/万元，5年累计下降26.75%。

综合能耗降低说明了长江经济带在节能减排的过程中取得了一些成效。而取得这一成效的原因有很多，如随着地区经济的发展，对企业生产工业产品环节中进行节能改造，加强工业能源消耗管理监督，从而降低综合能耗，让工业总产值得到绿色增长。

2. 能源工业投资

能源工业是采掘、采集和开发自然界能源或将自然资源加工转换为燃料、动力的工业。能源工业是基础工业的重要组成部分，一般分成两大类：一类是能源开采工业，其产品为“一次能源”，如煤炭工业、石油工业、天然气工业、制氧工业等；另一类是能源加工转换工业，其产品为“二次能源”，如炼焦工业、石油冶炼工业、电力工业和蒸汽动力工业等。随着科技进步和社会生产的发展，许多新能源或过去难以大规模利用的低热值能源被逐步开发利用，也成为能源工业新的组成部分，如太阳能发电、地热能发电、垃圾发电、沼气生产和核电站等。

从图11-1来看，长江经济带各地区的能源工业投资基本上都是逐年增长的，其中上游成渝城市群地区是长江经济带中能源工业投资总额最多的地区，5年来四川省更是超过7000亿元，其次是云南省已经超过5500亿元；下游地区能源工业投资也是比较多的，其中江苏2011~2015年能源工业投资接近5000亿元，其次是浙江，5年以来能源工业投资超过3500亿元；湖南省的能源工业投资稍多于中游城市群其他省份，将近

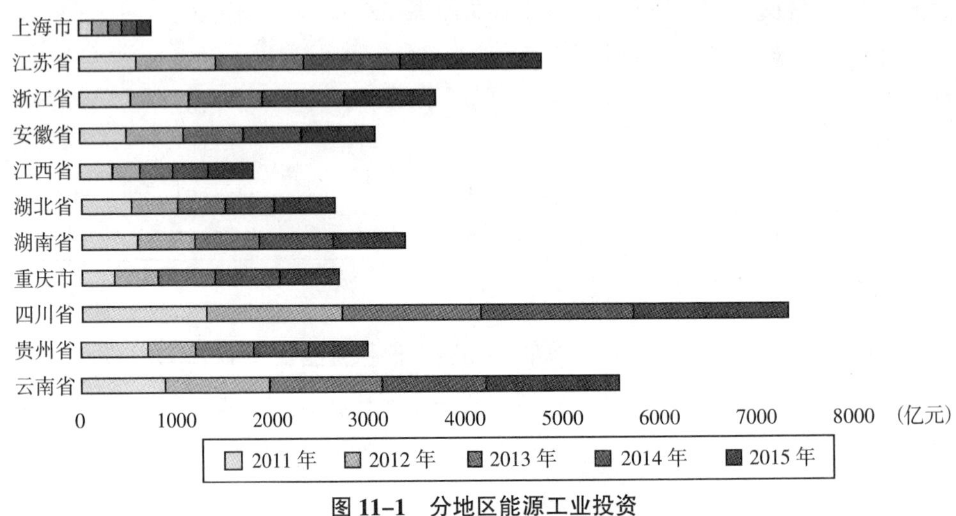

图11-1 分地区能源工业投资

3500 亿元，紧跟浙江之后，5 年来在长江经济带的能源工业投资中位于中游水平，但能源工业投资仍然有待进一步的提高。总的来说，地区能源工业投资增加，这说明能源工业投资额随着经济的发展呈现递增趋势，但是在这一过程中要注重减少传统的化石能源消耗，改善能源消费结构，加大新能源的开发与利用。

3. 工业用电投入

工业用电主要指从事大规模生产加工行业的企业。电对环境的污染主要体现在生产电这一过程，常见的发电方式主要有火力发电、风力发电、水力发电、太阳能发电和核能发电等，会排放大量的三废、热污染、放射污染、生态污染等。为此，五部委在《关于加强长江经济带工业绿色发展的指导意见》中提出，要加大燃煤电厂超低排放改造。考察长江经济带，在大量使用工业用电的同时，提高工业用电效率，维持经济的健康可持续发展是很有必要的。

从表 11-3 可以看出，地区 GDP 越高，全行业用电量就越高，呈正相关关系，如上游三角城市群中，江苏省 GDP 2015 年达到 70116.4 亿元，全行业用电量达到 4585.5 亿千瓦时；下游成渝城市群中，贵州省 GDP 相对较低，所以全行业用电量也不高。而同样地，工业增加值也和工业用电量呈正相关关系，上游长三角地区中，江苏省的工业增加值是比较高的，达 27996 亿元，相应的工业用电量也很高，达到 3903.6 亿千瓦时；中游地区湖北省的工业增加值为 11532 亿元，工业用电量达到 1094 亿千瓦时；上游成渝城市群中，四川省的工业增加值为 11039 亿元，工业用电量达到 1342.5 亿千瓦时。万元地区生产总值能耗和万元地区生产总值电耗与上年相比均是递减下降趋势，2015 年是全面完成“十二五”规划的收官之年，这从一定程度上说明长江经济带工业节能减排在这段时间取得一定的成效。其中，长江经济带上游成渝城市群和中游城市群的能耗与电耗情况要好于下游地区，如上游地区的云南省、贵州省万元地区生产总值能耗较 2014 年变动分别为-8.8%、-7.5%，万元地区生产总值电耗较 2014 年变动分别为-13.4%、-9.7%；中游地区湖北省、湖南省万元地区生产总值能耗较 2014 年变动分别为-7.7%、-7.0%，万元地区生产总值电耗较 2014 年变动分别为-7.7%、-6.8%；下游地区江苏省能耗和电耗相对要好，万元地区生产总值能耗较上年变动为-6.7%，万元地区生产总值电耗较 2014 年变动为-6.0%。湖南省的 GDP 总量不占优势，工业增加值在长江经济带排在中游水平，工业用电量不高，主要以第三产业用电量为主，万元生产总值能耗和电耗下降均快于全国水平，这说明了湖南省的节能减排情况取得了一定成效。

表 11-3　2015 年长江经济带各省市工业用电情况

省市	GDP（亿元）	全行业用电量（亿千瓦时）	工业增加值（亿元）	工业用电量（亿千瓦时）	万元地区生产总值能耗变动（%）	万元地区生产总值电耗变动（%）
上海	25123.5	1144.6	7162	711.5	-3.9	-4.0
江苏	70116.4	4585.5	27996	3903.6	-6.7	-6.0
浙江	42886.5	3110.0	17217	2584.3	-3.5	-6.1
安徽	22005.6	1388.6	9265	1132.8	-5.6	-4.9
江西	16724.8	902.9	6918	729.9	-3.9	-2.1
湖北	29550.2	1386.2	11532	1094.0	-7.7	-7.7
湖南	28902.2	1119.1	10945	867.0	-7.0	-6.8
重庆	15717.3	737.0	5558	563.4	-6.3	-9.1
四川	30053.1	1672.7	11039	1342.5	-7.3	-8.4
贵州	10502.6	977.1	3316	851.6	-7.5	-9.7
云南	13619.2	1102.2	3848	918.5	-8.8	-13.4
全国	685505	48224	235183	39348	-5.6	-6.5

资料来源：《中国统计年鉴》、2015 年分省（区、市）万元地区生产总值能耗指标公报。

（二）节能减排资本投入情况

加快工业三废治理投资，充分发挥政府资金撬动作用，吸引社会资本投入，完善生态补偿政策，建立多元化的环保投资格局，多渠道筹措资金。推进重点领域、关键环节体制改革，形成长江生态环境保护共抓、共管、共享的体制机制。大力推进节能减排资本治理体系建设，有效支撑生态环境保护与修复重点工作。

1. 工业废水治理投资额

工业废水治理指的是工业生产过程中用过的水经过适当处理回用于生产或妥善地排放出厂。包括生产用水的管理和为便于治理废水而采取的措施。工业废水中的杂质有原料及其杂质、中间产物、产品与副产品、辅助剂等。对某些造成严重废水问题的产品或行业，可借助于原料、生产工艺或产品的革新来解除污染问题，通过改进生产管理，压缩用水量以减少废水量；充分回收废水中的副产品以降低废水浓度，这些都将降低随后的废水处理要求和费用。

从图 11-2 看，长江经济带工业废水治理投资额并没有一个明显的整体上升或者下降趋势，下游长三角城市群是长江经济带工业废水治理投资额最高的地区，其中浙江、江苏工业废水治理投资额基本上分别每年接近或超过 10 亿元和 8 亿元；上游成渝城市群地区的工业废水治理投资额有下降的趋势，其中四川、云南工业废水治理投资额在上游地区中是比较高的；中游城市群和上游城市群工业废水治理投资额相差不大，湖南省的工业废水投资额在中游城市群中是最高的，但是工业废水投资额的投资呈现下降的趋势，而且在长江经济带各省际的对比之下，工业废水的投资额显得并不多。

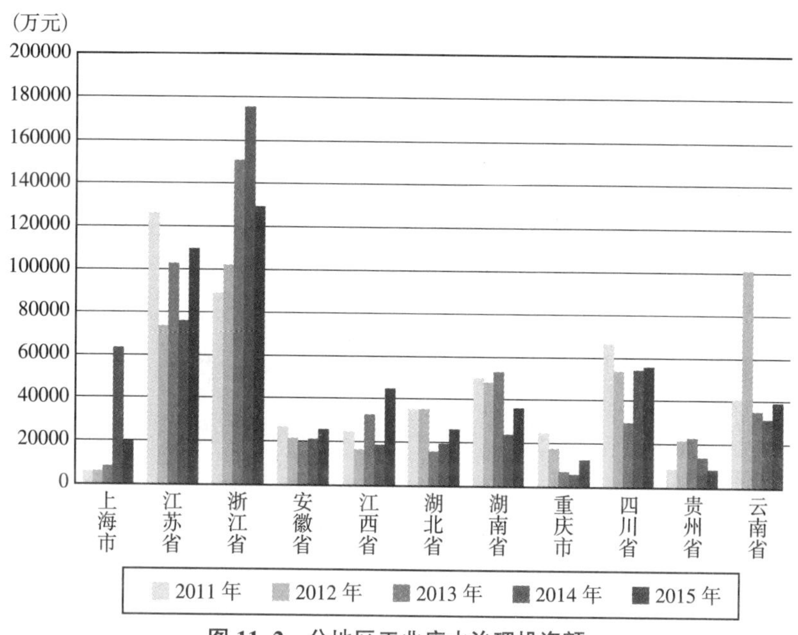

图 11-2 分地区工业废水治理投资额

2. 工业废气治理投资额

工业废气治理指的是专门针对工业场所如工厂、车间产生的废气在对外排放前进行预处理，以达到国家废气对外排放标准的工作。大气环境是我们人类赖以生存的重要环境，如果大气环境被污染了，有可能导致水、土以及生物的环境都被破坏，对人的身体健康造成危害，而造成大气环境污染的源头是因为还是采用旧的生产加工方式，还有过量地排放废气所导致的，因此废气治理显得格外重要。

从图 11-3 来看，总体来说 2015 年的工业废气治理投入比 2011 年的工业废气治理投入要多，但是 2014~2015 年工业废气治理投入有递减的趋势。下游长三角地区的工业废气治理投入最大，其中江苏、浙江省投入比较大，上游成渝城市群地区省份的工业废气治理投入地区差异基本上不大，中游城市群中湖北省投入较多，湖南省次之。湖南省的工业废气治理投入在最近两年减少了，而且从长江经济带的省际对比来看，湖南省并没有投入太多的工业废气的治理费用。

3. 工业固体废弃物治理投资额

工业固体废弃物经过适当的工艺处理，可成为工业原料或能源，较废水、废气容易实现资源化。工业废物受工业生产过程等因素的影响，成分常有变化，给处理和利用造成困难。工业废物往往要经过一定处理过程方可利用，如高温形成的废渣须经冷

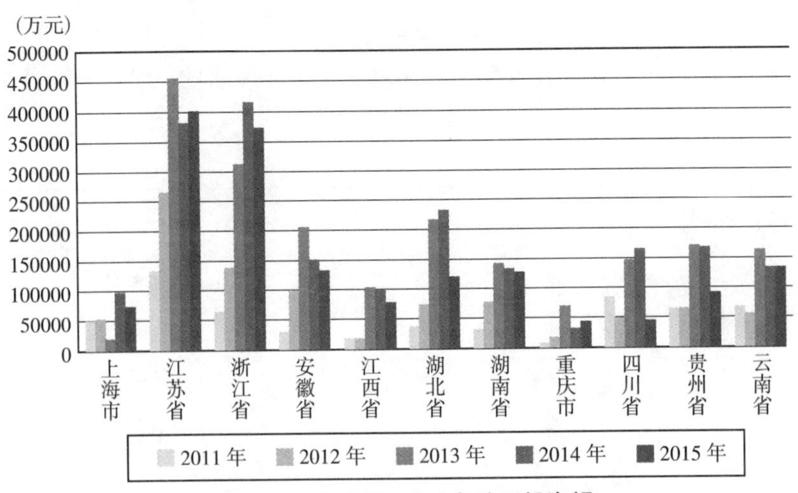

图 11-3 分地区工业废气治理投资额

却，湿法生成的废渣须经干燥，粉尘须经收集，因此成本较高，现在许多国家致力于循环利用的研究。

从图 11-4 可以看出，总体来说长江经济带各省市 2015 年的工业固体废弃物的投入比 2011 年的投入要少，长江经济带 5 年以来工业固体废弃物的治理投入有明显的递减趋势。下游长三角城市群中，江苏省的工业固体废弃物治理投入稍大于长三角城市群其他省市；上游成渝城市群中，除了云南省的工业固体废弃物治理投入和贵州在 2011 年的工业固体废弃物治理投入比较大外，该地区的工业固体废弃物治理投入都不高；中游城市群中，湖南省的工业固体废弃物治理投入稍大于该地区城市群的湖北省和江西省，工业固体废弃物治理投资额呈现明显的递减趋势。

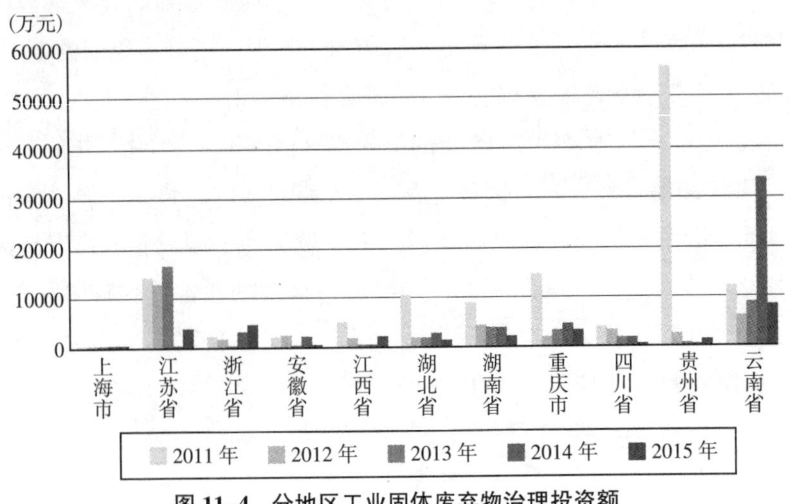

图 11-4 分地区工业固体废弃物治理投资额

综上所述，各地区的工业三废治理投入都存在不同程度的减少，这对于长江经济带今后的工业节能减排的工作持续开展会造成一定的影响。而“工业三废”中含有多种有毒、有害物质，若不加大投入妥善处理，如未达到规定的排放标准而排放到环境（大气、水域、土壤）中，超过环境自净能力的容许量，就会对环境产生了污染，破坏生态平衡和自然资源，影响工农业生产和人民健康。

（三）污染排放情况

长江经济带的大气、水环境污染日益突出，越来越在长江经济带的节能减排工作中成为不可忽视的重要因素。

近年来的调查表明，大气环境恶化现象日益严重，2011~2015 年，PM2.5 浓度呈显著的增加趋势，且有以上海—杭州—南京构成三角形的高值区向中上游扩展的趋势。2011~2015 年，长江经济带工业废气排放量呈持续上升态势，其中 2014 年工业废气排放量更是高达 251432 亿立方米，其中，NOx、SO_2、烟粉尘等大气污染物排放量分别为 666 万吨、679 万吨和 480 万吨，在全国相应污染物排放中占比分别达到 32%、34%和 28%，大气污染问题日趋严重。长三角和成都平原地区已成为我国雾霾天数最高的地区之一。

长江已形成近 600 千米的岸边污染带，其中包括 300 余种有毒污染物。近几年来，长江流域废污水排放量突破 300 亿吨，相当于每年一条黄河水量的污水被排入长江。长江经济带分布着众多重化工园区和企业，大量的工业废水未经处理就直接排入长江，导致长江水污染情况日趋严重。相关数据显示，目前长江已形成近 600 千米的岸边污染带，有毒污染物 300 余种。长江干流中约 60%的水体都受到不同程度的污染，多种重金属如铬、汞、镉等严重超标，长江经济带的河水、湖水中蓝藻、绿藻等现象日趋严重。

长期以来，密集分布在长江经济带的数十万家重化工企业还产生了大量的固体废弃物，这些固体废弃物常年堆积在长江沿岸。未经处理的固体废弃物会随天然降水或地表径流进入河流、湖泊，其中的有害物质会严重污染水体。同时，固体废弃物中的干物质或轻质随风飘散，会对空气造成大面积污染。一直以来，长江经济带的工业固体废弃物产生量呈持续上升趋势，尽管最近几年有下降递减的趋势，但工业固体废弃物的排放量还是很高。2015 年，长江经济带工业固体废弃物产生量约为 92075 万吨，与 2000 年相比增长了近 6 亿吨。

1. 工业废气排放量

工业废气指企业厂区内燃料燃烧和生产工艺过程中产生的各种排入空气的含有污染物气体的总称。这些废气有：二氧化碳、二硫化碳、硫化氢、氟化物、氮氧化物、氯、氯化氢、一氧化碳、硫酸（雾）铅汞、铍化物、烟尘及生产性粉尘，排入大气，会污染空气。这些物质通过不同的途径经呼吸道进入人的体内，有的直接产生危害，有的还有蓄积作用，会更加严重地危害人的健康。长江经济带聚集了大量重化工企业，以镇江、常州、无锡和苏州江段为例，在不足200千米的江段内，化工企业多达100余家。

从表11-4看，总体来说，2011~2015年，长江经济带工业废气排放量基本上呈上升态势，年均增长率为0.95%，2014~2015年废气排放量稍微有所下降，2015年工业废气排放量达到244641亿立方米，大气污染问题日趋严重；长三角城市群的工业废气排放量约占长江经济带的50%，排放工业废气量较大，其中江苏工业废气排放总量最高，2015年达到57883亿立方米，年均增长率也达到4.69%，其次，安徽的工业废气排放量也比较大，2015年达到30794亿立方米，年均增长率为0.31%；而中上游城市群的工业废气排放量约占长江经济带的50%，其中2015年工业废气排放量比较大的省份分别有湖北、贵州和四川，分别为23643亿立方米、18288亿立方米和16538亿立方米，而贵州年均增长率达到了惊人的14.02%。湖南省的工业废气排放量波动变化，2013~2015年工业废气排放量有下降趋势，年均增长率为-2.25%，工业废气排放量低于长江经济带工业废气排放量均值。

表11-4 长江经济带各省市工业废气排放量

单位：亿立方米

年份	2011	2012	2013	2014	2015	年均增长率（%）
上海市	13704.3	13361.3	13344.1	13007.4	12802	-1.69
江苏省	48182.5	48623.3	49797.3	59652.7	57883	4.69
浙江省	24790.3	23967.3	24564.8	26958.3	26841	2.0
安徽省	30410.8	29645.0	28335.4	29232.6	30794	0.31
江西省	16102.0	14814.1	15573.8	15613.4	17055	1.45
湖北省	22840.8	19512.5	19986.9	21701.8	23643	0.87
湖南省	16778.5	15887.5	17276.4	16050.5	15320	-2.25
重庆市	9121.1	8359.9	9532.4	9289.6	9928	2.14
四川省	23171.8	21909.6	19760.6	20053.7	16538	-8.09
贵州省	10820.4	14311.6	24466.5	23207.9	18288	14.02
云南省	17545.0	14955.2	15958.1	16664.1	15549	-2.97
均值	21224.32	20486.12	21690.57	22857.45	22240.09	0.95

资料来自：历年《中国统计年鉴》《中国环境统计年鉴》和《中国能源统计年鉴》。

2. 工业废水排放量

工业废水包括生产废水、生产污水及冷却水，指工业生产过程中产生的废水和废液，其中含有随水流失的工业生产用料、中间产物、副产品以及生产过程中产生的污染物。重化工围江，污染源难控，污水量增大，生态长江正遭受前所未有的巨大挑战。长江经济带分布着众多重化工园区和企业，大量的工业废水未经处理就直接排入长江，导致长江水污染情况日趋严重。目前长江已形成近 600 千米的岸边污染带，有毒污染物 300 余种。长江干流中约 60%的水体都受到不同程度的污染，多种重金属如铬、汞、镉等严重超标，长江经济带的河水、湖水中蓝藻、绿藻等现象日趋严重。在工业和人口都比较密集的长江中下游上千公里河段中，沿岸水质基本都在三类到四类之间。长江江苏段水质已降为三类，沿江 8 个城市污水排放量约占江苏全省总量的 80%，沿江 103 条支流约有排污口 130 个。

从表 11-5 看，下游长三角城市群的工业废水排放量占整个长江经济带工业废水排放量的约 55%，其中江苏和浙江工业废水排放量比较高，2015 年分别达到 206427 万吨和 147353 万吨，而年均增长率方面主要呈现递减的态势，其中江苏和浙江递减速度比较快，年均增长率为–4.32%和–5.17%。中游和上游城市群工业废水排放量主要约占 45%，其中湖北和湖南工业废水排放量比较高，2015 年分别达到 80817 万吨和 76888 万吨，在增长率方面主要呈现递减态势，年均增长率递减比较多的是湖北和湖南，分别为–6.21%和–5.69%。也有如贵州、江西、重庆从 2010~2015 年 5 年来呈现递增态势，

表 11-5　长江经济带各省市工业废水排放量

单位：万吨

年份	2011	2012	2013	2014	2015	年均增长率（%）
上海市	44626	46359	45426	43939	46939	1.27
江苏省	246298	236094	220559	204890	206427	–4.32
浙江省	182240	175416	163674	149380	147353	–5.17
安徽省	70720	67175	70972	69580	71436	0.25
江西省	71196	67871	68230	64856	76412	1.78
湖北省	104434	91609	84993	81657	80817	–6.21
湖南省	97197	97133	92311	82271	76888	–5.69
重庆市	33954	30611	33451	34968	35524	1.14
四川省	80420	69984	64864	67577	71647	–2.85
贵州省	20626	23399	22898	32674	29174	9.05
云南省	47228	42811	41844	40443	45933	–0.69
均值	90812.64	86223.82	82656.55	79294.09	80777.27	–1.04

资料来源：历年《中国统计年鉴》《中国环境统计年鉴》和《中国能源统计年鉴》。

年均增长率分别为 9.05%、1.78%和 1.14%。湖南省工业废水排放量从 2011 年的 97197 万吨下降到 2015 年的 76888 万吨，废水排放量有下降趋势，但工业废水排放总量还是比较高的，除 2015 年外一直高于长江经济带的工业废水排放均值。

3. 工业固体废弃物排放量

工业固体废弃物是指在工业生产活动中产生的固体废物。固体废物的一类，简称工业废物，是工业生产过程中排入环境的各种废渣、粉尘及其他废物。可分为一般工业废物（如高炉渣、钢渣、赤泥、有色金属渣、粉煤灰、煤渣、硫酸渣、废石膏、脱硫灰、电石渣、盐泥等）和工业有害固体废物，即危险固体废物。长期以来，密集分布在长江经济带的数十万家重化工企业产生了大量的固体废弃物，这些固体废弃物常年堆积在长江沿岸。未经处理的固体废弃物会随天然降水或地表径流进入河流、湖泊，其中的有害物质会严重污染水体。同时，固体废弃物中的干物质或轻质随风飘散，会对空气造成大面积污染。

从表 11-6 看，2011 年以来，长江经济带的工业固体废弃物产生量呈波动下降趋势。2015 年，长江经济带工业固体废弃物产生量约为 92070 万吨。下游长三角城市群工业固体废弃物排放量约占长江经济带的 30%，其中江苏和安徽工业固体废弃物排放量比较大，2015 年分别达 10701 万吨和 13059 万吨，增长率方面也是江苏和安徽增长比较快，年均增长率分别为 0.09%和 3.24%，上海和浙江工业固体废弃物排放量比较少，分别为 1868 万吨和 4486 万吨，而且年均增长率呈下降趋势，分别为-7.01%、

表 11-6　长江经济带各省市工业固体废弃物排放量

单位：万吨

年份	2011	2012	2013	2014	2015	年均增长率(%)
上海市	2498	2199	2054	1925	1868	-7.01
江苏省	10664	10224	10856	10925	10701	0.09
浙江省	4524	4461	4300	4542	4486	-0.21
安徽省	11497	12022	11937	12000	13059	3.24
江西省	11395	11134	11518	10821	10777	-1.38
湖北省	7637	7611	8181	8006	7750	0.37
湖南省	8734	8116	7806	6934	7126	-4.96
重庆市	3346	3115	3162	3068	2828	-4.11
四川省	12800	13187	14007	14246	12316	-0.96
贵州省	7637	7835	8194	7394	7055	-1.96
云南省	17469	16038	16040	14481	14109	-5.2
均值	8927	8722	8914	8577	8370	-1.6

资料来源：历年《中国统计年鉴》《中国环境统计年鉴》和《中国能源统计年鉴》。

-0.21%；中上游城市群工业固体废弃物排放量占长江经济带固体废弃物排放量的 70%，尤其是上游城市群占长江经济带约 40%的工业固体废弃物排放量，其中江西、四川和云南排放量比较大，2015 年排放量分别达到 10777 万吨、12316 万吨和 14109 万吨，在年均增长率方面基本上呈递减趋势。长江经济带工业固体废弃物排放量呈递减趋势，年均增长率约-1.6%。湖南省工业固体废弃物从 2011 年的 8734 万吨下降到 2015 年的 7126 万吨，年均增长率为-4.96%，年均增长率下降的速度略快于长江经济带增长率下降的速度均值，工业固体废弃物排放量低于长江经济带均值。

综上所述，长江经济带的工业废气排放量基本上变动不大，随着经济的增长仍然存在微小的递增趋势，但这是在工业的总量不断加大的情况下的污染排放量递增，所以属于正常现象；而废水、固体废弃物排放量上，各地区存在不同程度的递减趋势。结合工业污染物排放治理的投入情况看，尽管工业污染物治理投入减少了，但是工业污染物的排放量并未随之增大，也说明了治理污染的技术在不断提高，改进生产管理和革新生产技术有效提高了节能减排的效率。

（四）经济效益情况

这部分主要以工业增加值和规模以上工业企业新产品销售收入这两个指标来衡量长江经济带的经济效益情况。我国钢铁、汽车、电子、石化等现代工业的精华大部分汇集于此，集中了一大批高耗能、大运量、高科技的工业行业和特大型企业，工业增加值约占全国 40%以上。同时，长江经济带的创新资源十分丰富，集中了全国 1/3 的高等院校和科研机构，拥有全国一半左右的两院院士和科技人员，各类国家级创新平台超过 500 家，涌现了高性能计算机、量子保密通信等一批具有国际影响力的重大创新成果。这些创新的资源都对长江经济带工业节能减排工作带来极大的促进作用。

1. 工业增加值

工业增加值是指工业企业在报告期内以货币形式表现的工业生产活动的成果；是工业企业全部生产活动的总成果扣除了在生产过程中消耗或转移的物质产品和劳务价值后的余额；是工业企业生产过程中新增加的价值。工业增加值反映了工业生产对国内生产总值的贡献。工业增加值不会忽略工业企业中间产品的产出价值，能够更为客观地反映出工业企业实际的产出状况。

表 11-7 表明，2011~2015 年长江经济带工业增加值总体趋势是递增的，其中下游的工业增加值占长江经济带的 50%以上，江苏、浙江的工业增加值较大，2015 年分别达到 27996.43 亿元和 17217.47 亿元。年均增长率除上海略降外呈递增趋势，安徽年均增长率达到 7.02%；中上游城市群自 2011~2015 年以来，工业增加值较大的是湖北、四川和湖南，2015 年分别达到 11532.37 亿元、11039.08 亿元和 10945.81 亿元，年均增长

率最快的为贵州，年均增长率为 16.03%。湖南省工业增加值从 2011 年的 8122.75 亿元增加到 2015 年的 10945.81 亿元，年均增长率达到 7.74%，工业增加值年均增长速度快于长江经济带，每年的工业增加值略高于长江经济带的平均水平。

表 11–7 长江经济带各省际工业增加值

单位：亿元

年份	2011	2012	2013	2014	2015	年均增长率（%）
上海市	7208.59	7097.76	7139.18	7362.84	7162.33	–0.16
江苏省	22280.61	23908.47	25503.86	26962.97	27996.43	5.88
浙江省	14683.03	15338.02	15837.20	16771.90	17217.47	4.06
安徽省	7062	8025.84	8880.45	9455.48	9264.82	7.02
江西省	5411.86	5828.20	6452.41	6848.63	6918	6.33
湖北省	8538.04	9735.15	10139.24	10992.79	11532.37	7.81
湖南省	8122.75	9138.50	10001	10749.88	10945.81	7.74
重庆市	4690.46	4981.01	4632.15	5175.80	5557.52	4.33
四川省	9491.05	10550.53	11540.86	11851.99	11039.08	3.85
贵州省	1829.20	2217.06	2686.52	3140.88	3315.58	16.03
云南省	2994.30	3450.72	3763.57	3898.97	3848.26	6.47
均值	8391.99	9115.57	9688.77	10292.01	10436.15	6.31

资料来源：《中国统计年鉴》。

2. 规模以上工业企业新产品销售收入

长江经济带是我国创新驱动的重要策源地，对外开放程度高，形成了一批创新引领示范作用显著的城市群，研发投入成效显著，现今的研发经费支出占全国比重为 40%以上、有效发明专利数占全国比重为 40%以上、新产品销售收入占全国比重为 50%以上。创新产品适应绿色低碳的市场需求，飞速发展的科学技术，缩短了产品的生命周期，影响了产品和服务的生产和服务流程，缩短了产品的开发和制造周期，自动化技术对生产流程产生了巨大影响，降低了劳动力成本，提高了产品质量。传统的工业产品被改造和落后的工业产品被淘汰，将适应绿色、低碳的市场需求。

图 11–5 说明长江经济带在 2011~2015 年以来的规模以上工业企业新产品销售收入情况。可以明显看出，下游长三角城市群是主要贡献规模以上工业企业新产品销售收入的地区。其中江苏、浙江、上海、安徽各占长江经济带规模以上工业企业新产品销售收入的约 31%、22%、12%和 7%；中游城市群中，湖南稍占优势，约占 8%，位于长江经济带第四名，湖北和江西分别各约占 7%和 2%；上游成渝城市群中整体规模以上工业企业新产品销售收入比较少，加起来只占整个长江经济带的约 10%，重庆、四

川、云南、贵州分别约占 5%、4%、1%、1%。湖南省的规模以上工业企业新产品销售收入虽然在长江经济带中位于前列，但仍需要不断提高工业企业新产品的技术和资金的投入以增加新产品的产出。

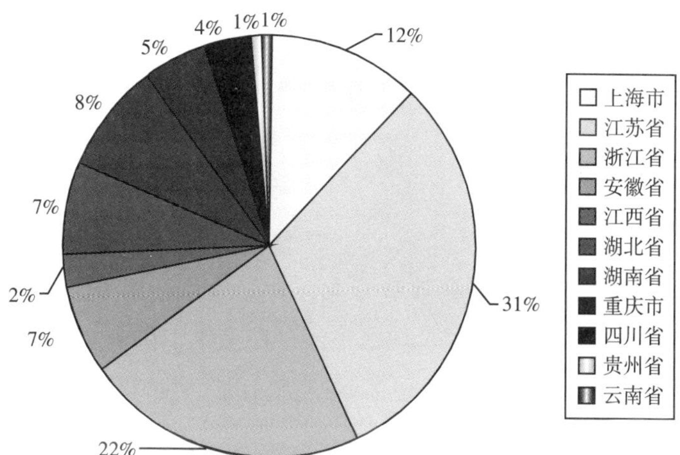

图 11-5　分地区规模以上工业企业新产品销售收入占比

从以上两个指标可以看出，湖南省的经济效益是不错的，但是仍有待提高。湖南省要继续坚持创新、协调、绿色、开放、共享的发展理念，认真抓好新常态下工业生产的质量工作，为推动经济社会发展各个方面更加重视质量和效益，建设质量强省，为长江经济带作出新的更大贡献。

三、湖南省工业节能减排中面临的主要问题

诸多因素影响着湖南省工业节能减排，如产业结构不合理、能源利用效率偏低、节能减排设施改造和污染治理资金相对乏力、部分企业和重点领域节能减排效果与目标差距较大、节能减排的相关政策与管理体制机制不够健全等。

（一）产业结构不合理

从第三产业规模看，2015 年湖南省第三产业增加值占地区生产总值的比重为 43.9%，低于全国平均水平 6.6 个百分点，“二三一”的产业结构没有发生根本改变。从第二产业结构看，2015 年六大高耗能行业占规模工业增加值比重的 1/3，综合能耗占规模工业总能耗的 79.3%，全省重化工产业结构特征依然明显。目前，湖南的有色、冶

金、机械、煤炭、建材、电力和石化等产业比重超过了60%。由于湖南省正处于工业化、城镇化加速发展的重要阶段，水泥、钢铁、电力、有色金属等高耗能产品的需求较大，高耗能、高污染行业的产能扩张难以完全遏制。尤其是由于涉及资产处置、债务偿还等方面的问题，对一些资源型经济区域来说，完全摆脱对这种经济类型的依赖在短期内是难以做到的。对那些经合法批准投入正常生产，但因国家提高行业准入门槛而纳入落后产能的企业难以进行淘汰。在一些经济欠发达地区，一些高能耗、高污染企业仍然是当地财税的主要来源，关停难度更大。

（二）能源利用效率偏低

2015年，湖南省能源加工转换效率为71.43%，落后全国平均水平约2个百分点。部分主要耗能领域产品能耗与全国平均水平还存在差距，供电煤耗、单位合成氨生产综合能耗分别高出全国平均水平2.8%、8.9%，吨水泥、吨钢综合能耗分别高出行业先进值15千克标准煤、25千克标准煤。

（三）节能减排设施改造和污染治理资金相对乏力

据有关机构的调查资料显示，湖南株洲清水塘工业区仅株冶的工业废气所排放的铅就达到86吨、镉达到8吨，整个清水塘工业区年产生有色冶炼废渣25万吨，化工废渣18万吨，导致土壤和水严重污染。加强环境污染治理，减少环境的污染，改善环境质量，不仅需要人民群众的支持，也需要政府的大力支持，更需要财政的大力支持。湖南湘江流域环境综合治理就是明显的写照，据相关权威机构估算，整个湘江流域水污染综合整治需要投入174亿元，其中基础设施项目128亿元，工业污染、畜禽养殖业污染治理46亿元。可见，在支持重点企业、重点项目进行节能改造方面，以湖南省目前的财政和经济实力来看，以自身实力，完成节能改造和污染治理任务艰巨。

（四）部分企业和重点领域节能减排效果与目标差距较大

在节能减排技术研发与推广应用方面，重大节能减排技术、新能源技术等的研发上缺乏突破。节能减排技术推广应用机制不完善，一些重大节能减排技术的应用和实用节能减排技术的推广比较有限。在工业园区管理方面，由于湖南工业园区目前仍没有统一的主管部门，大大小小的工业园区为了争抢项目，相互竞争，放低市场准入门槛，导致项目布局不合理、不规范，污染治理成本相应提高。如何治理，减少面源污染，政府采取的措施还需要加强。湖南省节能减排工作必然面临更多新的挑战，在这种情况下，如何创造性地开展工作，不断推进湖南省节能减排，需要加强研发与指导。

（五）节能减排的相关政策与管理体制机制不够健全

节能减排不仅需要健全的政策措施，而且需要完善的管理体制。但仍沿用资源性产品价格和环保收费改革还不够到位，一些有效促进节能减排的经济政策，如支持高效节能产品推广的政策措施的范围太窄，鼓励余热余压发电、“零”排放的政策还需要强化。虽然已出台了有关节能节水环保设备减免税政策，但落实这些政策还存在一些制约因素。节能减排相关金融支持政策与措施还比较少，力度不够大。合同能源管理等市场化机制，规范引导力度不够。中小企业进行节能减排存在两大不足，一是缺资金，二是缺技术。中小企业量大面广，是节能减排的重要力量，目前政府对中小企业节能减排的重视程度还不够到位，措施仍需加强。

四、湖南省工业节能减排的创新发展对策

“十三五”时期，湖南省发展仍处于重要的战略机遇期，但工业减排任务十分艰巨，特别是湖南省节能减排工作还存在责任落实不到位、推进难度增大、激励约束机制不健全、基础工作薄弱、能力建设滞后、监管不力等问题。要按照湖南省贯彻《中国制造 2025》建设制造强省五年行动计划（2016~2020 年）的要求，大力推动工业绿色转型升级，加快推进高耗能行业“两型”化改造步伐，加大节能减排力度，完善相关政策措施，形成良性的节能引导机制。

（一）湖南省工业节能的创新发展对策

1. 严控高耗能行业能耗增长

要根据国家环保总局的要求，把主要污染物排放量削减指标作为建设项目环评审批的前提条件，新上建设项目不允许突破总量控制指标。完善固定资产投资项目节能评估和审查制度，进一步突出项目落地的能效把控，研究探索实施项目审查验收与后监管制度。严格控制高耗能、低能效项目重复建设和过剩行业盲目发展，结合地区年度节能目标完成情况，强化地区与行业能耗总量的源头管控。

2. 推动低能耗产业加快发展

大力推广应用先进节能技术、工艺和装备，通过加快淘汰落后工艺和设备、实施传统行业节能改造、终端用能产品能效提升、重点用能单位能源管理中心建设，全面提高工业领域能源利用效率，推动低能耗产业加快发展。积极发展具有核心竞争力和

自主知识产权的新能源、节能低碳环保、高端装备制造等战略性新兴产业，重点构建长沙太阳能光伏制造装备产业基地和智能电网装备产业基地，湘潭、株洲和郴州风力发电装备产业基地，衡阳智能输配电装备产业基地等。推动能源结构优化调整。通过有效推进洁净煤利用，扩大天然气应用范围，加快发展清洁能源、新能源与可再生能源，从能源供给侧和消费侧同时发力，切实降低湖南省煤炭消费比重，提高非化石能源占全省能源消费总量的比重。

3. 提升能耗“双控”监管能力

加快完善节能法律法规和节能监测（检测）技术标准体系，为节能行政执法和技术监测提供支撑。推动节能监测仪器和设备改造升级，提升节能信息化水平，建立节能数据处理分析系统、信息平台、节能监测（检测）流动实验室。建立节能信用体系，加快节能领域失信行为的认定与记录，强化节能事中、事后监管。建立用能预算管理制度，推动用能管理精细化、科学化，实现用能的高效配置，如完善节能法规标准。制定修订出台《湖南省实施〈中华人民共和国节约能源法〉办法》《湖南省节能监察办法》《湖南省重点用能单位节能管理办法》等法规制度。补充完善主要耗能行业节能规范和地方能耗标准，逐步实现重点行业、重点用能设备和产品节能标准全覆盖，建立能耗数据共享平台。依托大数据、云计算、物联网等信息化手段，逐步建立行业节能监测数据信息共享平台，建设覆盖全领域的能源利用状况数据库，探索实行“互联网+监管”等新模式，构建“制度+技术”的有效监管体系。

4. 规范工业集约集聚发展

推动湖南省城市建成区内现有钢铁、有色金属、造纸、印染、电镀、化学原料药制造、化工等污染较重的企业有序搬迁改造或依法关闭。推动位于城镇人口密集区内，安全、卫生防护距离不能满足相关要求和不符合规划的危险化学品生产企业实施搬迁改造或依法关闭。新建项目应符合国家法规和相关规范条件要求，企业投资管理、土地供应、节能评估、环境影响评价等要依法履行相关手续。实施最严格的资源能源消耗、环境保护等方面的标准，对重点行业加强规范管理。

5. 促进重点工程的能效提升

通过能效“领跑者”制度在湖南省的实施以及湖南省能效标杆体系的设定，促进用能单位加快开展节能技术改造，提升主要产品和重点耗能设备的能效水平，围绕节能标准限额值、准入值、先进值，开展能耗达标对标活动，达到国家和行业先进能效水平的目标。重点用能单位全面推广实施能源审计，对未完成年度节能目标任务、产品单耗超标、违反节约能源法的重点用能单位强制能源审计，建立节能诚信体系。落实《湖南省节能失信行为认定和记录办法》，建立全省重点用能单位、节能服务机构节能信用记录，建立节能失信行为联合惩戒机制，将节能考核、节能监察等结果应用于节能诚信体系，纳入全国信用信息共享平台；探索重点用能单位用能预算管理制度。推动重点用能单位编制用能预算管理方案，围绕能耗总量控制和节能量目标，统筹考虑发展战略、能效水平、节能潜力等因素，实施用能年度预算管理。

（二）湖南省工业减排的创新发展对策

1. 淘汰落后机制，升级产业结构

首先，要大力调整工业结构，一方面要利用资源优势，大力发展深加工，提高附加值和科技含量；另一方面要加快发展高新技术产业和装备制造业，依托一批装备制造业的龙头企业，做大做强装备制造业。其次，要大力发展第三产业，特别是旅游业和高附加值的服务业。最后，要通过技术扶持、政策引导等方式，引导落后生产能力进行资本的产业转移。着力化解过剩产能，加快淘汰落后产能。坚持推进产业结构调整和升级，持续不断提升工业总体技术水平，狠抓产品质量和品牌建设，抢占智能制造生态系统主导权，从而使湖南工业实现凤凰涅槃、浴火重生，达到中高端水平发展目标。

2. 加大工业污染减排技术研发

示范推广应用高效节能电机、变配电设备、工厂化建筑、绿色建筑技术集成应用、新能源汽车、分布式冷热电联供技术、综合集成智能电网、非电中央空调等一批先进污染减排技术或装备。加快建立污染减排技术评价认定体系，对污染减排效果好、应用前景广阔的关键产品或核心部件组织规模化生产，提高研发、制造、系统集成和产业化能力。在减少污染末端治理成本、提高资源和能源利用率等方面都有了明显的成效。加大工业水污染减排、大气污染减排、固体废物焚烧减排等技术的研发，必须将资源节约和可再生资源回收利用等列为重大技术经济政策，纳入各级政府的经济和社会发展规划中。

3. 加大污染减排资金投入力度

要完善污染减排的财政政策，多渠道筹集财政资金，加大对污染减排项目的投入力度，利用“财政杠杆”推动污染减排工作。要针对省级环保专项资金在分配过程存在挤占、挪用和项目申报不实等问题，财政部门、环保部门要联合制定环保以奖代补专项资金管理办法，使环保专项资金的分配由单纯的补助型，调整为奖励补助型，改进分配机制，促进专项资金规范化管理，保障专项资金专款专用。要加大节能减排资金的投入力度，重点用于工业和建筑节能、重点流域水污染防治、城镇污水处理厂、垃圾处理场和污水管网建设。

4. 完善污染减排市场化机制

加快节能市场监管以及财税、金融、价格和公共服务等制度管理创新，加快培育节能降耗市场主体和市场驱动力，如环境税收，包括对资源的开采和加工征收资源税、对环境造成污染的消费品征收消费税、对利用废弃物为主要原材料进行生产的企业在一定期限内减征或免征企业所得税等；价格机制，按照价值规律和供求关系，发挥市场的资源配置作用，调整资源价格，建立资源有偿使用制度；补贴，环境管理部门通过拨款、税金减免、低息贷款等补偿措施激励生产者进行污染控制，减少污染排放；排污许可证交易、污染者付费等；进行环境监督和政策指导，提供社会服务，维护环境权益。

5. 加强人才培养和国际交流合作

基于人才培养和国际合作在推动长江经济带工业绿色发展过程中的重要支撑作用，实施绿色制造人才培养计划，加大专业技术人才、经营管理人才的培养力度，完善从研发、转化、生产到管理的人才培养体系。依托长江经济带的产业和区位优势，加强湖南省与国际的合作交流，鼓励采用境外投资、工程承包、技术合作、装备出口等方式，推动绿色制造和绿色服务率先“走出去”。

6. 工业低碳减排发展国际合作

落实已签订的合作协议。积极跟踪落实与世界自然基金会、英国驻广州领事馆、亚洲开发银行等国际组织签订的合作协议，确保协议落实。扩大国际合作对象。主动联系国际绿色基金以及发达国家一些支持工业低碳减排发展的财团，邀请其来湘考察，力争新增国际合作对象，支持湖南加快工业低碳减排发展。争取参与“南南合作”。研究国家“南南合作”的方向与重点，积极汇报湖南的优势和条件，实现参与国家“南南合作”，促进“走出去”战略的实施。

参考文献

[1] 沿江省市对接长江经济带概览 [EB/OL]. http：//www.qunzh.com/qkzx/gwqk/qz/2015/201509/201509/t20150907_12758.html.

[2] 长江经济带产业转移战略构想 [EB/OL]. http：//money.163.com/16/0805/02/BTLVV4S400253B0H.html.

[3] 长江经济带优化产业布局需下好四步棋 [EB/OL]. http：//news.hexun.com/2016-09-19/186074775.html.

[4] 长江经济带科技创新呈现十大趋势 [EB/OL]. http：//news.sina.com.cn/o/2016-03-18/doc-ifxqnsty4487932.shtml.

[5] 关于印发《长江经济带创新驱动产业转型升级方案》的通知 [EB/OL]. http：//www.most.gov.cn/tztg/201603/t20160314_124683.htm.

[6] 长江经济带发展离不开“三个一体化” [EB/OL]. http：//www.qstheory.cn/jj/qyjj/201405/t20140505_345965.htm.

[7] 专家学者建言长江经济带建设应发挥人才引领作用 [EB/OL]. http: //news.xinhuanet.com/overseas/2015-07/02/c_127977612.htm.

[8] 创新驱动产业转型升级方案发布，长江经济带或带动万亿投资 [EB/OL]. http: //news.xinhuanet.com/fortune/2016-03/10/c_128788762.htm.

[9] 依托长江经济带，建立新能源汽车产业走廊 [EB/OL]. http: //www.chinaccm.com/23/20151020/231703_2961778.shtml.

[10] 长江经济带：转变发展方式的区域主战场 [EB/OL]. http: //hb.sina.com.cn/city/csgz/2014-07-02/1008179081_3.html.

[11] 李克强：让长江经济带成为中国经济发展新引擎 [EB/OL]. http: //gb.cri.cn/42071/2014/04/29/2225s4521614.htm.

[12] 李克强重庆部署长江经济带建设 [EB/OL]. http: //news.sohu.com/20140429/n398944641.shtml.

[13] 中国最佳新能源汽车产业走廊——长江经济带 [EB/OL]. http: //www.newsijie.com/chanye/xinnengyuan/zhengce/2015/1020/11225670.html.

[14] 长江经济带孕育新动能，900 多个重大项目密集开工 [EB/OL]. http: //www.sohu.com/a/60502814_119038.

[15] 国务院关于依托黄金水道，推动长江经济带发展的指导意见 [EB/OL]. http: //www.gov.cn/zhengce/content/2014-09/25/content_9092.htm.

[16] 长江经济带重化产量占全国 46%，面临何去何从窘境 [EB/OL]. http: //finance.sina.com.cn/roll/2016-01-17/doc-ifxnqrkc6529933.shtml.

[17] 肖宏江. 加快制定长江经济带能源发展规划 积极融入全国和全球能源互联网 [EB/OL]. http: //www.indaa.com.cn/zt/2016qglh/dbwytlh2016/201603/t20160304_1637956.html.

[18] 长江不搞大开发，数亿千瓦水电再抉择 [EB/OL]. http: //finance.eastmoney.com/ news/1355，20160109583707770.html.

[19] 三部委印发长江经济带产业转型方案、培育节能环保产业集群 [EB/OL]. http: //news.ces.cn/huanbao/huanbaobaodao/2016/03/15/108861_1.shtml.

[20] 2016 中国工业节能减排现状及 2017 发展趋势预测 [EB/OL]. https: //www.suilengea.com/show/bgzcfjgb.html.

[21] 科技部、国土资源部、水利部关于印发《“十三五”资源领域科技创新专项规划》通知 [EB/OL]. http: //www.gov.cn/xinwen/2017-05/23/content_5196107.htm.

[22] 经济学家：“一带一路”与“中国制造 2025”如何有效对接 [EB/OL]. http: //www.stcsm.gov.cn/xwpt/kjdt/346206.htm.

[23] 关于印发《湖南省“十三五”节能规划》的通知 [EB/OL]. http: //www.hu nan.gov.cn/2015xxgk/szfzcbm/tjbm/ghjh/201702/t20170209_3980609.html.

[24] 工业转型，节能减排动真格 [EB/OL]. http: //huanbao.bjx.com.cn/news/20160331/721234.shtml.

（本章主要执笔人：彭文斌 邹伟勇）

第十二章

长江经济带农业面源污染防治及湖南创新发展对策

一、引 言

农业面源污染是指由沉积物、农药、废料、致病菌等分散污染源引起的对水层、湖泊、河岸、滨岸、大气等生态系统的污染。农业面源起因于土壤的扰动而引起农田中的土粒、氮磷、农药及其他有机或无机污染物质，在降雨或灌溉的过程中，借助农田地表径流、农田排水和地下渗漏等途径而大量地进入水体，或因畜禽养殖业的任意排污直接造成水体污染。与点源污染相比，面源污染的时空范围更广，不确定性更大，成分、过程更复杂，更难以控制。当前，在我国农业活动中，非科学的经管理念和落后的生产方式是造成农业环境面源污染的重要因素，如剧毒农药的使用、过量化肥的施撒、不可降解农膜年年弃于田间、露天焚烧秸秆、大型养殖场禽畜粪便不做无害化处理随意堆放等。这些污染源对环境的污染，尤其对水环境的污染影响很大。

2017 年 2 月 28 日，农业部办公厅关于印发《2017 年农业面源污染防治攻坚战重点工作安排》的通知指出，2017 年，要深入贯彻中央关于生态文明建设的重大决策部署，落实中央一号文件要求，按照“重点突破、综合治理、循环利用、绿色发展”的要求，紧紧围绕“一控两减三基本”目标，进一步强化试点示范、监测考核、政策创设，坚决打好农业面源污染防治攻坚战。习近平总书记指出，农业发展不仅要杜绝生态环境欠新账，而且要逐步还旧账，要打好农业面源污染治理攻坚战。加大农业面源污染防治力度，实施零增长农药和化肥行动，实施种养业废弃物无害化处理，资源化利用区域示范工程。对重金属污染区、地下水漏斗区开展综合治理。李克强总理提出，要坚决把资源环境恶化的势头压下来，让透支的资源环境得到休养生息。2017 年 7 月 21 日，我国发布《长江经济带生态环境保护规划》，指出加强农业面源污染治理，是转变农业发展方式、推进现代农业建设、实现农业可持续发展的重要任务。推动长江经济带发展是当前国家重点战略之一，但推动长江经济带发展必须从中华民族长远利益考虑，走生态优先、绿色发展之路。湖南省是长江经济带中的重要节点省份，“十三五”是全面建成小康社会的决胜期，是破解城乡二元结构的关键期，是推进农业现代化的历史机遇期。为牢固树立和贯彻落实创新、协调、绿色、开放、共享发展新理念，以促进农民增收、农业可持续发展为目标，加快推进农业生态文明建设，促进湖南省农业可持续健康发展，为全面建设健康社会做支撑。本章对长江经济带农业面源污染现状、存在的问题和产生的原因进行了分析，进而针对湖南省提出相应的对策建议。

二、长江经济带农业面源污染现状

（一）农作物播种总面积

2015 年，全国农作物播种面积为 166374 千公顷，而长江经济带“九省二市”农作物播种总面积为 66803.6 千公顷，占全国农作物播种面积的 40.15%。长江经济带农作物播种面积从 2010 年的 65394.9 千公顷增长到 2015 年的 66803.6 千公顷，5 年间的平均增长率达到 0.44%。长江经济带的土地种植种类比较齐全，涵盖了谷类作物、豆类作物、薯类作物、油料类作物和麻料、糖料、蔬菜、果树、茶树等，不同种植种类的种植面积差别很大，例如，据统计，2015 年谷类作物种植面积达到 34797.4 千公顷，而麻类作物的种植面积仅为 59.1 千公顷（见表 12-1）。

表 12-1　2010~2015 年长江经济带各省市农作物播种总面积

单位：千公顷

地区	省级地区	2010 年	2011 年	2012 年	2013 年	2014 年	2015 年
长江经济带上游地区	云南	6437.3	6667.5	6920.4	7148.2	7194.4	7185.6
	贵州	4889.1	5021.2	5182.9	5390.1	5516.5	5542.2
	四川	9478.8	9565.6	7657	9682.2	9668.6	9689.9
	重庆	3359.4	3413.1	3477.7	3515.9	3540.4	3575.8
	合计	24164.6	24667.4	23238	25736.4	25919.9	25993.5
	占比	36.95%	37.31%	35.92%	38.52%	38.70%	38.91%

续表

地区	省级地区	2010 年	2011 年	2012 年	2013 年	2014 年	2015 年
长江经济带中游地区	湖南	8216.1	8402	8511.9	8106.2	8112.3	7952.4
	湖北	7997.6	8009.6	8078.9	8106.2	8112.3	7952.4
	江西	5457.7	5486.8	5524.9	5552.6	5570.5	5579.1
	安徽	9053.4	9022.9	8969.6	8945.6	8945.5	8950.5
	合计	30724.8	30921.3	31085.3	30710.6	30740.6	30434.4
	占比	46.98%	46.77%	48.05%	45.96%	45.90%	45.56%
长江经济带下游地区	浙江	2484.7	2462.7	2324.2	2311.9	2274	2290.5
	江苏	7619.6	7663.2	7651.6	7683.6	7678.6	7745
	上海	401.2	400.6	387.9	377.3	357	340.2
	合计	10505.5	10526.5	10363.7	10372.8	10309.6	10375.7
	占比	16.06%	15.92%	16.02%	15.52%	15.39%	15.53%
长江经济带	总计	65394.9	66115.2	64687	66819.8	66970.1	66803.6
全国	合计	160675	162897	163416	164627	165446	166374

注：合计是指长江经济带上中下游各个地区的省（市）、全国农作物播种面积总数；占比指长江经济带上中下游各地区农作物播种面积之和占长江经济带农作物播种面积之和的比例；总计是指长江经济带上中下游三个地区农作物播种面积之和。

资料来源：《中国统计年鉴》（2011~2016）以及各省市统计年鉴。

上游、中游和下游地区农作物播种面积占长江经济带农作物播种总面积的比例呈现或升或降的变化。其中，长江经济带上游地区农作物播种面积占长江经济带农作物播种总面积的比例由 2010 年的 36.95%上升到 2015 年的 38.91%。位于江汉平原和洞庭湖平原地区的长江经济带中游地区农作物播种面积虽然有所下降，但在 2015 年农作物播种总面积占整个长江经济带农作物播种总面积的比例仍然较大，为 45.56%。而下游地区农作物播种总面积出现了负增长（见表 12-2）。

表 12-2 长江经济带各省市 2010~2015 年农作物播种总面积增长率

单位：%

地区	省级地区	2011 年	2012 年	2013 年	2014 年	2015 年	平均
长江经济带上游地区	云南	3.58	3.79	3.29	0.65	-0.12	2.24
	贵州	2.70	3.22	4.00	2.35	0.46	2.55
	四川	0.92	-19.95	26.45	-0.14	0.22	1.50
	重庆	1.60	1.89	1.10	0.70	0.99	1.26
	合计	2.08	-5.79	10.75	0.71	0.28	1.61
长江经济带中游地区	湖南	2.26	1.31	-4.77	0.08	-2.01	-0.63
	湖北	0.15	0.87	0.34	0.08	-2.01	-0.12
	江西	0.53	0.69	0.50	0.32	0.15	0.44
	安徽	-0.34	-0.59	-0.27	0.00	0.06	-0.23
	合计	0.64	0.53	-1.21	0.10	-1.01	-0.19

续表

地区	省级地区	2011 年	2012 年	2013 年	2014 年	2015 年	平均
长江经济带下游地区	浙江	−0.89	−5.62	−0.53	−1.64	0.72	−1.59
	江苏	0.57	−0.15	0.42	−0.07	0.86	0.33
	上海	−0.15	−3.17	−2.73	−5.38	−4.94	−3.27
	合计	0.20	−1.55	0.09	−0.61	0.64	−0.25
长江经济带	总计	1.10	−2.16	3.30	0.22	−0.25	0.44
全国	合计	1.38	0.32	0.74	0.50	0.56	0.70

注：合计是指长江经济带上中下游各个地区的省（市）、全国农作物播种面积总数；总计是指长江经济带上中下游三个地区农作物播种面积之和。

资料来源：《中国统计年鉴》（2011~2016）。

（二）农用化肥污染

近年来，随着人口的增长，粮食需求也不断增长。为了在有限的土地资源上生产出足量的农产品，在农业生产中普遍存在过量使用化肥的现象。化肥包括氮肥、磷肥、钾肥、微肥、复合肥料等，而化肥中的氮、磷和钾是导致水体富营养化的主要原因。长江经济带作为主要的农业生产区域，该地区的化肥施用量也备受关注。有关调查表明，长江流域水系中氮磷含量剧增，呈全湖性的富营养化，导致蓝藻暴发，严重影响了附近市民的生活水平。

2015 年从农用化肥施用总量上来看，中游地区化肥施用量占长江经济带施用量最高，占到 47.67%，而上游地区、下游地区化肥施用量占长江经济带施用量的比例分别为 32.48%和 19.85%。2010~2015 年，与其他十个省（市）相比，湖南省农用化肥施用总量较高，为 1470.7 万吨，仅次于湖北、江苏、四川之后，位于第四（见表 12-3）。

表 12-3 长江经济带各省市 2010~2015 年农用化肥施用总量

单位：万吨

地区	省级地区	2010 年	2011 年	2012 年	2013 年	2014 年	2015 年	合计
上游地区	云南	184.60	200.50	210.20	219.00	226.90	231.90	1273.1
	贵州	86.53	94.06	98.17	99.54	101.29	103.69	583.28
	四川	248.00	251.20	253.00	251.10	250.20	249.80	1503.3
	重庆	91.82	95.58	96.02	96.64	97.26	97.73	575.05
	合计	610.95	641.34	657.39	666.28	675.65	683.12	3934.73
	占比	29.08%	29.82%	30.25%	30.61%	31.00%	32.48%	

续表

地区	省级地区	2010 年	2011 年	2012 年	2013 年	2014 年	2015 年	合计
中游地区	湖南	236.57	242.49	249.11	248.19	247.80	246.54	1470.7
	湖北	350.77	354.89	357.66	351.93	348.27	333.87	2097.39
	江西	137.60	141.14	141.26	141.60	142.88	83.60	788.08
	安徽	319.77	329.67	333.53	338.40	341.39	338.69	2001.45
	合计	1044.71	1068.19	1081.56	1080.12	1080.34	1002.7	6357.62
	占比	49.73%	49.67%	49.77%	49.63%	49.57%	47.67%	
下游地区	浙江	92.20	92.10	92.20	92.40	89.60	87.50	546
	江苏	341.11	337.21	330.94	326.82	323.61	319.99	1979.68
	上海	11.84	11.62	10.99	10.78	10.15	9.920	65.3
	合计	445.15	440.93	434.13	430	423.36	417.41	2590.98
	占比	21.19%	20.50%	19.98%	19.76%	19.43%	19.85%	
长江经济带	总计	2100.81	2150.46	2173.08	2176.4	2179.35	2103.23	
全国	合计	5561.7	5756.5	5838.8	5911.9	5995.9	6022.6	35087.4

资料来源：《中国统计年鉴》(2011~2016)。

2015 年，从每千公顷农用化肥施用量来看，下游地区农用化肥施用量最高，为 0.0402 万吨/千公顷，上游地区和中游地区分别为 0.0263 万吨/千公顷、0.0329 万吨/千公顷（见表 12–4）。

表 12–4　长江经济带各省市 2010~2015 年每千公顷农用化肥施用量

单位：万吨/千公顷

地区	省级地区	2010 年	2011 年	2012 年	2013 年	2014 年	2015 年
上游地区	云南	0.0287	0.0301	0.0304	0.0306	0.0315	0.0323
	贵州	0.0177	0.0187	0.0189	0.0185	0.0184	0.0187
	四川	0.0262	0.0263	0.0330	0.0259	0.0259	0.0258
	重庆	0.0273	0.0280	0.0276	0.0275	0.0275	0.0273
	上游平均	0.0253	0.0260	0.0283	0.0259	0.0261	0.0263
中游地区	湖南	0.0288	0.0289	0.0293	0.0306	0.0305	0.0310
	湖北	0.0439	0.0443	0.0443	0.0434	0.0429	0.0420
	江西	0.0252	0.0257	0.0256	0.0255	0.0256	0.0150
	安徽	0.0353	0.0365	0.0372	0.0378	0.0382	0.0378
	中游平均	0.0340	0.0345	0.0348	0.0352	0.0351	0.0329
下游地区	浙江	0.0371	0.0374	0.0397	0.0400	0.0394	0.0382
	江苏	0.0448	0.0440	0.0433	0.0425	0.0421	0.0413
	上海	0.0295	0.0290	0.0283	0.0286	0.0284	0.0292
	下游平均	0.0424	0.0419	0.0419	0.0415	0.0411	0.0402
长江经济带	总平均	0.0321	0.0325	0.0336	0.0326	0.0325	0.0315
全国	总平均	0.0346	0.0353	0.0357	0.0359	0.0362	0.0362

注：每千公顷农用化肥施用量 = 农用化肥施用总量/农作物播种总面积。

从 2010~2015 年的增长速度来看，上游地区增长最快，5 年间的平均增长率为 0.93%，而中下游地区则出现负增长，平均增长率分别为-0.67%和-1.04%（见表 12-5）。

表 12-5 长江经济带各省市 2011~2015 年每千公顷农用化肥施用量增长率

单位：%

地区	省级地区	2011 年	2012 年	2013 年	2014 年	2015 年	平均
上游地区	云南	4.86	1.01	0.87	2.94	2.28	2.39
	贵州	5.84	1.11	-2.50	-0.57	1.86	1.15
	四川	0.37	25.82	-21.51	-0.22	-0.38	0.82
	重庆	2.46	-1.41	-0.45	-0.05	-0.51	0.01
	合计	2.83	8.81	-8.49	0.69	0.81	0.93
中游地区	湖南	0.23	1.40	4.62	-0.23	1.47	1.50
	湖北	1.02	-0.08	-1.93	-1.11	-2.26	-0.87
	江西	2.03	-0.61	-0.26	0.58	-71.17	-13.89
	安徽	3.44	1.77	1.73	0.88	-0.85	1.40
	合计	1.60	0.72	1.09	-0.08	-6.67	-0.67
下游地区	浙江	0.78	6.07	0.75	-1.41	-3.14	0.61
	江苏	-1.71	-1.71	-1.66	-0.92	-2.01	-1.60
	上海	-1.71	-2.33	0.84	-0.49	2.50	-0.24
	合计	-1.15	0.00	-1.04	-0.94	-2.08	-1.04
长江经济带	总计	1.25	3.28	-3.04	-0.09	-3.36	-0.39
全国	合计	2.09	1.11	0.51	0.92	-0.12	0.90

资料来源：《中国统计年鉴》（2011~2015）。

从表 12-5 可以看出，湖南省农用化肥施用量增长较快，平均增长率为 1.5%，仅次于云南省，每千公顷化肥施用量则位于中等水平，并且低于全国平均水平。

（三）农用农药污染

农药是指在农业生产中，为保障、促进植物和农作物的成长，所施用的杀虫、杀菌、杀灭有害动物（或杂草）的一类药物统称。特指在农业上用于防治病虫以及调节植物生长、除草等药剂。我国农药的使用量居世界前列。研究表明，喷洒农药的过程中起作用的药剂只有 1%~4%接触到目标害虫。由于农药没有得到合理使用，大部分被浪费，这部分农药通过各种渠道进入环境，对环境造成严重污染。

从总量上看，2010~2015 年长江经济带农药施用总量低于全国水平，但长江经济带每千公顷农药施用量则远远大于全国平均水平。上游地区各省（市）农用农药施用总量增幅差异较大，虽然云南省农药施用量从2010年的4.62万吨增长到2015年的5.86万吨，增长率为26.84%，但贵州呈缓慢增长，而四川、重庆出现了负增长；中游四省（市）农药施用量除湖南省外都呈现下降趋势。2015年与2010年相比，除湖南省外的其他三省农药施用量总量下降了9.49万吨，下降率为35.38%。下游三省（市）农药施用量则普遍下降，江浙两省农药施用量下降率相似，分别为13.32%和13.52%。而上海农药施用量下降率相对较高，为37.14%（见表12-6）。

表12-6　长江经济带各省市2010~2015年农药施用总量

单位：万吨

地区	省级地区	2010年	2011年	2012年	2013年	2014年	2015年
上游地区	云南	4.62	4.82	5.53	5.48	5.72	5.86
	贵州	1.29	1.45	1.45	1.37	1.34	1.37
	四川	6.22	6.19	6.03	6	5.94	5.89
	重庆	2.09	2.03	1.95	1.84	1.84	1.82
	合计	14.22	14.49	14.96	14.69	14.84	14.94
	占比	17.94%	18.46%	19.08%	19.06%	19.61%	21.82%
中游地区	湖南	11.88	12.04	12.3	12.43	12.43	12.24
	湖北	14	13.95	13.59	12.72	12.61	12.07
	江西	10.65	9.97	10.04	9.99	9.48	3.65
	安徽	11.66	11.75	11.67	11.78	11.4	11.1
	合计	48.19	47.71	47.6	46.92	45.92	39.06
	占比	61.29%	61.27%	61.18%	61.37%	61.19%	57.54%
下游地区	浙江	6.51	6.39	6.29	6.22	5.87	5.63
	江苏	9.01	8.65	8.37	8.12	7.95	7.81
	上海	0.7	0.63	0.58	0.5	0.47	0.44
	合计	16.83	16.28	15.85	15.45	14.90	14.46
	占比	20.63%	20.12%	19.59%	19.41%	19.04%	20.45%
长江经济带	总计	79.24	78.48	78.41	77.06	75.66	68.46
全国	合计	175.82	178.70	180.61	180.19	180.69	178.30

资料来源：各省统计局网站。

从每千公顷农药施用量来看，上游四省（市）中，云南持续上升，重庆持续下降，而贵州则先增后减再增，四川先减后增再减；中游四省中，湖北、江西两省持续下降，湖南、安徽两省则出现波动变化；下游三省（市）中，除浙江波动变化，先减后增再减外，其余两省（市）均持续下降（见表12-7）。

表 12-7 长江经济带各省市 2010~2015 年每千公顷农药施用量

单位：万吨/千公顷

地区	省级地区	2010 年	2011 年	2012 年	2013 年	2014 年	2015 年
上游地区	云南	0.000718	0.000723	0.000799	0.000767	0.000795	0.000816
	贵州	0.000264	0.000289	0.000280	0.000254	0.000243	0.000247
	四川	0.000656	0.000647	0.000788	0.000620	0.000614	0.000608
	重庆	0.000622	0.000595	0.000561	0.000523	0.000520	0.000509
	上游平均	0.000588	0.000587	0.000644	0.000571	0.000573	0.000575
中游地区	湖南	0.001446	0.001433	0.001445	0.001533	0.001532	0.001539
	湖北	0.001751	0.001742	0.001682	0.001569	0.001554	0.001518
	江西	0.001951	0.001817	0.001817	0.001799	0.001702	0.000654
	安徽	0.001288	0.001302	0.001301	0.001317	0.001274	0.001240
	中游平均	0.001568	0.001543	0.001531	0.001528	0.001494	0.001283
下游地区	浙江	0.002620	0.002595	0.002706	0.002690	0.002581	0.002458
	江苏	0.001182	0.001129	0.001094	0.001057	0.001035	0.001008
	上海	0.001745	0.001573	0.001495	0.001325	0.001317	0.001293
	下游平均	0.001602	0.001547	0.001529	0.001489	0.001445	0.001394
长江经济带	平均	0.001212	0.001187	0.001212	0.001153	0.001130	0.001025
全国	平均	0.001094	0.001097	0.001105	0.001095	0.001092	0.001072

资料来源：各省统计局网站。

从每千公顷农药施用量增长率来看，云南增长最快，平均增长率为 2.7%，湖南次之，平均增长率为 1.28%，而其他省（市）的平均增长率均为负数，图 12-1 为 2010~2015 年每千公顷农药施用平均增长较快或下降较慢的五省（市）的变化。

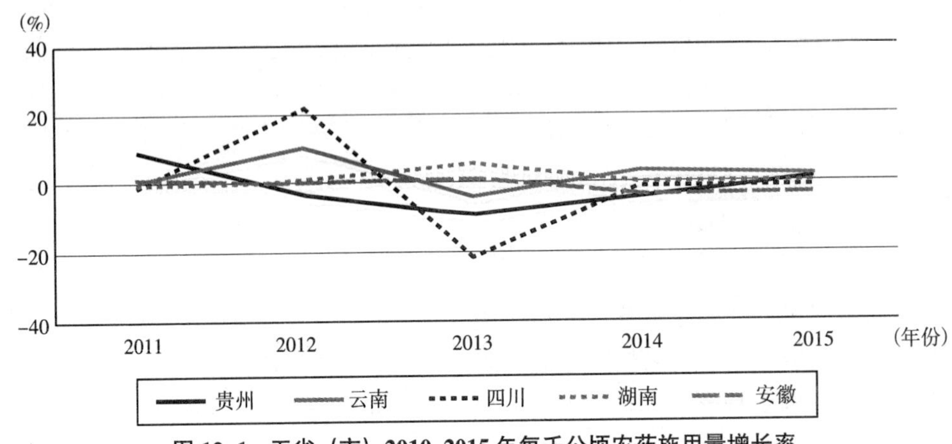

图 12-1 五省（市）2010~2015 年每千公顷农药施用量增长率

六年间，湖南省不论在农药施用总量还是每千公顷施用量上都呈现波动变化，2010~2014 年农药施用总量仅低于湖北省，在 2015 年施用量为 12.24 万吨，超过湖北省，成为长江经济带中农药施用总量最多的地区，而每千公顷农药施用量也赶超湖北、江西两省成为长江经济带每千公顷农药施用量第二多的省份，同时也超过了全国平均水平。

（四）农用塑料膜污染

施用的化肥通过薄膜覆盖实现“肥与水隔离”，不仅可以减少化肥流失，而且能够有效改善和优化栽培条件。2010 年，中国农用塑料膜年产量已居世界首位，并且每年以 10%的速率递增。随着农用塑料膜产量的增大，其使用面积也在不断扩大。农用塑料膜的成分是高分子有机化合物，在农业间作中，覆膜土壤会产生残膜。我国农用塑料膜年残留量超过 35 万吨，残膜率高达 42%，连续覆膜 5 年后农田的农用塑料膜残留量可达 78 千克/公顷。农用塑料膜不易分解，影响土壤的透气性，妨碍土壤微生物的活动和抑制作物根系生长，进而使作物产量降低。

长江经济带上游地区农用塑料膜使用总量占长江经济带的比例持续高涨，一直居于第一位，四省（市）均呈现上涨趋势。中游地区除湖南、湖北两省波动变化外，其他两省保持持续增长。长江下游三省（市）除上海市农用塑料膜使用量呈递减趋势外，其余两省均逐年上升（见表 12-8）。

表 12-8　长江经济带各省市 2010~2015 年农用塑料膜使用量

单位：万吨

地区	省级地区	2010 年	2011 年	2012 年	2013 年	2014 年	2015 年
上游地区	云南	6.78	7.30	8.19	8.58	8.95	9.09
	贵州	2.23	2.49	2.98	3.27	3.20	2.97
	四川	7.93	8.47	8.78	8.83	9.04	9.19
	重庆	1.94	2.07	2.09	2.22	2.30	2.38
	合计	18.88	20.33	22.04	22.90	23.49	23.62
	占比	45.49%	46.72%	47.53%	47.96%	48%	48.08%
中游地区	湖南	5.11	5.01	5.53	5.54	5.59	5.59
	湖北	3.62	3.68	3.68	3.82	4.06	4.04
	江西	2.65	2.73	2.91	2.93	3.11	3.24
	安徽	3.73	3.92	4.05	4.23	4.29	4.35
	合计	15.12	15.35	16.17	16.51	17.05	17.22
	占比	36.43%	35.28%	34.87%	34.56%	34.84%	35.05%

续表

地区	省级地区	2010年	2011年	2012年	2013年	2014年	2015年
下游地区	浙江	2.58	2.66	2.84	2.89	2.88	2.90
	江苏	3.90	4.19	4.40	4.53	4.63	4.56
	上海	0.66	0.62	0.57	0.56	0.53	0.47
	合计	7.51	7.82	8.16	8.33	8.39	8.29
	占比	18.10%	17.97%	17.6%	17.45%	17.14%	16.87%
长江经济带	总计	41.50	43.51	46.37	47.75	48.94	49.13
全国	合计	118.38	124.48	131.08	136.19	144.15	145.48

资料来源：2011~2016年各省统计年鉴。

从每千公顷农用塑料膜使用量来比较，长江经济带每公顷农用塑料膜使用平均水平低于全国平均水平，就长江经济带内部而言，长江经济带上游地区每千公顷农用塑料膜使用量高于中下游地区（见表12-9）。

表12-9 长江经济带2010~2015年农用塑料膜每千公顷使用量

单位：万吨/千公顷

地区	省级地区	2010年	2011年	2012年	2013年	2014年	2015年
上游地区	云南	0.001053	0.001095	0.001183	0.001200	0.001244	0.001265
	贵州	0.000456	0.000496	0.000575	0.000607	0.000580	0.000536
	四川	0.000837	0.000885	0.001147	0.000912	0.000935	0.000948
	重庆	0.000577	0.000606	0.000601	0.000631	0.000650	0.000666
	上游平均	0.000781	0.000824	0.000948	0.000890	0.000906	0.000909
中游地区	湖南	0.000622	0.000596	0.000650	0.000683	0.000689	0.000703
	湖北	0.000453	0.000459	0.000456	0.000471	0.000500	0.000508
	江西	0.000486	0.000498	0.000527	0.000528	0.000558	0.000581
	安徽	0.000412	0.000434	0.000452	0.000473	0.000480	0.000486
	中游平均	0.000492	0.000496	0.000520	0.000538	0.000555	0.000566
下游地区	浙江	0.001038	0.001080	0.001222	0.001250	0.001266	0.001266
	江苏	0.000512	0.000547	0.000575	0.000590	0.000603	0.000589
	上海	0.001645	0.001548	0.001469	0.001484	0.001485	0.001382
	下游平均	0.000715	0.000743	0.000787	0.000803	0.000814	0.000799
长江经济带	平均	0.000635	0.000658	0.000717	0.000715	0.000731	0.000735
全国	平均	0.000737	0.000764	0.000802	0.000827	0.000871	0.000874

2010~2015年，湖南省农用塑料膜使用总量低于云南、四川两省，排在“九省二市”的第三位；从每千公顷农用塑料膜使用量来看，湖南排在第五位，低于云南、四

川、浙江、上海（见表 12-10）。

表 12-10　长江经济带 2011~2015 年农用塑料膜每千公顷使用量增长率

单位：%

地区	省级地区	2011 年	2012 年	2013 年	2014 年	2015 年	平均
上游地区	云南	3.99	8.04	1.44	3.67	1.69	3.76
	贵州	8.77	15.93	5.57	-4.45	-7.59	3.65
	四川	5.73	29.60	-20.49	2.52	1.39	3.75
	重庆	5.03	-0.83	4.99	3.01	2.46	2.93
	合计	5.51	15.05	-6.12	1.80	0.33	3.31
中游地区	湖南	-4.18	9.06	5.08	0.88	2.03	2.57
	湖北	1.32	-0.65	3.29	6.16	1.60	2.34
	江西	2.47	5.82	0.19	5.68	4.12	3.66
	安徽	5.34	4.15	4.65	1.48	1.25	3.37
	合计	0.81	4.84	3.46	3.16	1.98	2.85
下游地区	浙江	4.05	13.15	2.29	1.28	0	4.15
	江苏	6.84	5.12	2.61	2.20	-2.32	2.89
	上海	-5.9	-5.10	1.02	0.07	-6.94	-3.37
	合计	3.92	5.92	2.03	1.37	-1.84	2.28
长江经济带	总计	3.62	8.97	-0.28	2.24	0.55	3.02
全国	合计	3.66	4.97	3.12	5.32	0.34	3.48

（五）畜禽养殖业污染

畜禽养殖是面源污染的一个很大来源。其中畜禽粪便排放是一个主要的部分，畜禽种类不同，畜禽粪便排放量不一样（见表 12-11）。长江经济带作为重要的农业生产区域之一，畜禽养殖业发展迅速，因此带来的环境污染问题也值得关注。

表 12-11　各种畜禽平均日产粪便量及存栏畜牧平均年产粪便养分量

畜种	畜禽平均粪便日产量/[kg·（d·只）$^{-1}$]	每千克粪便养分含量（%）		年养分产量（千克）	
		N	P_2O_5	N	P_2O_5
牛	23.39	0.0051	0.0038	37.01	29.2
猪	3.24	0.0051	0.0045	5.15	4.78
羊	2.24	0.0105	0.0042	7.30	3.10
家禽	0.125	0.0150	0.0218	0.44	0.68

注：kg·（d·只）$^{-1}$ 表示每只家禽每日产生的粪便量，用千克表示。
资料来源：国家统计局。

2010~2015 年，长江经济带畜禽养殖粪便排放平均水平一直高于全国平均水平。上游地区畜禽养殖粪便排放量基本上都高于中下游地区，排放总量最多的两个省份分别是四川、云南，位于中游地区的湖南省排在第三位（见表 12–12）。

表 12–12　2010~2015 年长江经济带畜禽养殖粪便排放量

单位：亿吨

地区	省级地区	2010 年	2011 年	2012 年	2013 年	2014 年	2015 年
上游地区	云南	950.93	952.70	971.21	966.28	1000.56	1010.40
	贵州	614.81	552.00	554.43	561.28	593.98	627.60
	四川	1569.87	1566.13	1564.46	1587.89	913.03	1627.14
	重庆	304.41	305.80	316.78	328.34	437.00	345.54
	上游平均	860.01	844.16	851.72	860.95	736.14	902.67
中游地区	湖南	882.92	867.84	896.94	909.19	850.09	948.06
	湖北	680.43	678.19	720.84	749.55	1246.40	762.31
	江西	529.75	539.37	565.52	517.19	599.95	606.39
	安徽	526.57	527.45	553.04	563.59	570.09	586.51
	中游平均	654.92	653.21	684.09	684.88	816.63	725.82
下游地区	浙江	219.96	213.53	214.62	201.18	179.41	146.81
	江苏	458.82	469.54	488.88	465.80	456.95	445.41
	上海	35.68	36.47	34.23	29.70	28.69	25.81
	下游平均	238.15	239.85	245.91	232.23	221.68	206.01
长江经济带	总平均	615.83	609.911	625.54	625.45	625.10	648.36
全国	总平均	545.80	540.98	553.85	558.20	567.01	573.26

注：因为牛和羊的饲养期超过一年，所以养殖总量使用存栏数及牛羊年末数量；猪和家禽因饲养期少于一年，养殖总量用当年的出栏量计算。

就增长速度而言，中游地区平均增长速度最快为 2.54%，上游地区次之，为 1.65%，而下游地区则出现了负增长，为–2.79%，从单个省份来说，增长率排前三的省（市）分别是四川、湖北、重庆（见表 12–13）。

表 12–13　2011~2015 年长江经济带畜禽养殖粪便排放量增长率

单位：%

地区	省级地区	2011 年	2012 年	2013 年	2014 年	2015 年	平均
上游地区	云南	0.19	1.94	–0.51	3.55	0.98	1.23
	贵州	–10.22	0.44	1.24	5.83	5.66	0.59
	四川	–0.24	–0.11	1.50	–42.50	78.21	7.37
	重庆	0.46	3.59	3.65	33.09	–20.93	3.97
	合计	–1.84	0.90	1.08	–14.50	22.62	1.65

续表

地区	省级地区	2011 年	2012 年	2013 年	2014 年	2015 年	平均
中游地区	湖南	-1.71	3.35	1.37	-6.50	11.52	1.61
	湖北	-0.33	6.29	3.98	66.29	-38.84	7.48
	江西	1.82	4.85	-8.55	16	1.07	3.04
	安徽	0.17	4.85	1.91	1.15	2.88	2.19
	合计	-0.26	4.73	0.12	19.24	-11.12	2.54
下游地区	浙江	-2.92	0.51	-6.26	-10.82	-18.17	-7.53
	江苏	2.34	4.12	-4.72	-1.90	-2.53	-0.54
	上海	2.21	-6.14	-13.23	-3.40	-10.04	-6.12
	合计	0.71	2.53	-5.56	-4.54	-7.07	-2.79
长江经济带	总计	-0.96	2.56	-0.01	-0.06	3.72	1.05
全国	合计	-0.88	2.38	0.79	1.58	1.10	0.99

处于中游地区的湖南省畜禽养殖粪便排放量则呈现波动增长，根据 2015 年的数据显示，湖南省畜禽养殖粪便排放量为 948.06 亿吨，仅次于云南、四川两省，列于第三，相比 2010 年的 882.92 亿吨增长了 7.38%，而 2011~2015 年的平均增长率仅为 1.61%，排在第六位。

（六）居民生活污染

随着我国经济的快速发展，农村人口总数也呈现增减变化（见表 12-14），农村生活水平逐渐提高，农村人口生活所产生的生活垃圾和生活废水等日益增加，成为水体富营养化的一个重要来源。

表 12-14　2011~2015 年长江经济带农村人口

单位：万人

地区	省级地区	2011 年	2012 年	2013 年	2014 年	2015 年
上游地区	云南	2828	2927	2789	2747	2687
	贵州	2215	2256	2177	2104	2047
	四川	4561	4653	4467	4371	4292
	重庆	1267	1313	1237	1209	1178
	合计	10871	11149	10670	10431	10204
	占比	39.01%	38.99%	39.05%	39.01%	38.99%

续表

地区	省级地区	2011 年	2012 年	2013 年	2014 年	2015 年
中游地区	湖南	3542	3621	3482	3417	3331
	湖北	2687	2773	2638	2578	2525
	江西	2364	2437	2312	2261	2209
	安徽	3204	3294	3144	3093	3041
	合计	11797	12125	11576	11349	11106
	占比	42.33%	42.40%	42.36%	42.45%	42.43%
下游地区	浙江	2016	2060	1979	1935	1894
	江苏	2930	3009	2849	2769	2670
	上海	254	251	251	252	299
	合计	5200	5320	5079	4956	4863
	占比	18.66%	18.61%	18.59%	18.54%	18.58%
长江经济带	合计	27868	28594	27325	26736	26173
全国	总计	64222	65656	62961	61866	60346

资料来源：各省统计局网站。

长江经济带居民污水排放均量低于全国平均水平。除了上海市，其余九省一市居民污水排放量均有所增加。其中，上游四省（市）居民污水排放量增长最快：从 2011 年的 394858.6 万吨增长到 2015 年的 499420 万吨，增长率为 26.48%，而贵州省居民污水排放量增长最快。中游四省居民污水排放量同样在上升，四省居民污水排放量在 2011~2015 年增长了 159888.03 万吨，增长率为 24.03%。其中安徽省增长最快，增长率为 21.2%。下游三省（市）居民污水排放总量上升，增长率为 19.3%。但上海市居民污水排放量略有下降，从 2013 年的 177600 万吨下降到 2015 年的 177200 万吨，下降率为 0.23%（见表 12-15）。

表 12-15　长江经济带各省市 2011-2015 年居民生活污水排放量

单位：万吨

地区	省级地区	2011 年	2012 年	2013 年	2014 年	2015 年
上游地区	云南	93513	95375.09	98316	107337	115371
	贵州	57300	68000	70100	78100	83600
	四川	146690	149029	164898	172892	186332
	重庆	97355.6	101676.7	108973	110705	114117
	上游合计	394858.6	414080.79	442287	469034	499420

续表

地区	省级地区	2011 年	2012 年	2013 年	2014 年	2015 年
中游地区	湖南	181243.2	206679.9	214509.66	227180.88	236795.23
	湖北	188630	198591	209061	220046	232968
	江西	122996	133059	138617	143079	146450
	安徽	172384	186980	195091	202522	208928
	中游合计	665253.2	725309.9	757278.66	792827.88	825141.23
下游地区	浙江	237592	245049	254972	268360	288640
	江苏	346300	361800	373500	395900	414500
	上海	154000	172800	177600	177300	177200
	下游合计	737892	779649	806072	841560	880340
长江经济带	总计	1798003.8	1919039.69	2005637.66	2103421.88	2204901.23
全国	合计	6591922	6847612	6954433	7161751	7353227

资料来源：各省统计局网站。

从 2011~2015 年农村居民生活污水排放均量来看，长江经济带的上、中、下游地区一直在持续上升，并且下游地区一直保持较高水平，远远超过上中游地区。平均增长速度最快的是贵州省，其次是湖南省，最后是四川省（见表 12-16）。

表 12-16　长江经济带各省市 2011~2015 年农村生活污水排放均量

单位：万吨/万人

地区	省级地区	2011 年	2012 年	2013 年	2014 年	2015 年
上游地区	云南	33.07	32.58	35.25	39.07	42.94
	贵州	25.87	30.14	32.20	37.12	40.84
	四川	32.16	32.03	36.91	39.55	43.41
	重庆	76.84	77.44	88.09	91.57	96.87
	上游平均	36.32	37.14	41.45	44.97	48.94
中游地区	湖南	51.17	57.08	61.61	66.49	71.09
	湖北	70.20	71.62	79.25	85.36	92.26
	江西	52.03	54.60	59.96	63.28	66.30
	安徽	53.80	56.76	62.05	65.48	68.70
	中游平均	56.39	59.82	65.42	69.86	74.30
下游地区	浙江	117.85	118.96	128.84	138.69	152.40
	江苏	118.19	120.24	131.10	142.98	155.24
	上海	606.30	688.45	707.57	703.57	592.64
	下游平均	141.90	146.55	158.71	169.81	181.03
长江经济带	总平均	64.52	67.11	73.40	78.67	84.24
全国	总平均	102.64	104.30	110.46	115.76	121.85

湖南省农村居民污水排放总量在不断增加，而且在11个省（市）中排名前五，排放均量也在不断增加（见表12-17）。

表12-17　长江经济带各省市2012~2015年农村生活污水排放均量增长率

单位：%

地区	省级地区	2012年	2013年	2014年	2015年	平均
上游地区	云南	-1.48	8.20	10.84	9.91	5.49
	贵州	16.51	6.83	15.28	10.02	9.73
	四川	-0.40	15.24	7.15	9.76	6.35
	重庆	0.78	13.75	3.95	5.79	4.85
	合计	2.26	11.60	8.49	8.83	6.24
中游地区	湖南	11.55	7.94	7.92	6.92	6.87
	湖北	2.02	10.65	7.71	8.08	5.69
	江西	4.94	9.82	5.54	4.77	5.01
	安徽	5.50	9.32	5.53	4.92	5.05
	合计	6.08	9.36	6.79	6.36	5.72
下游地区	浙江	0.94	8.31	7.65	9.89	5.36
	江苏	1.73	9.03	9.06	8.57	5.68
	上海	13.55	2.78	-0.57	-15.77	-0.25
	合计	3.28	8.30	6.99	6.61	5.04
长江经济带	总计	4.01	9.37	7.18	7.08	5.53
全国	合计	1.62	5.91	4.80	5.26	3.52

从表12-17可以看出，2015年湖南省农村居民污水排放量排在长江经济带“九省二市”的第六位，而湖南省的居民污水排放均量平均增长率非常高，为6.87%，仅次于贵州省。

三、长江经济带农业面源污染防治存在的问题分析

通过对长江经济带农业面源污染现状的分析，发现其中存在着总量大、影响范围广、缺乏整体规划、监控不到位和投入不足的一些问题。

（一）农业面源污染种类多、总量大

我国化肥的平均利用率非常低，氮肥利用率为0~35%，磷肥为10%~20%，钾肥为

35%~50%，平均利用率为35%，剩余的氮、磷、钾养分通过径流、淋溶和侵蚀等途径进入生态环境，造成环境污染，氮的流失率为10%~20%，磷的流失率为5%~7%，钾的流失率为50%；农药的利用率在36%左右；我国农用塑料膜回收率为90%，不可回收率为10%，而当前我国的农用塑料膜可降解技术差，降解度低。通过对长江经济带“九省二市”的农业面源污染分析，发现农业生产中对化肥、农药、农用塑料膜的使用量过多，超过农作物健康生长的需求量。例如，2015年长江经济带化肥施用总量为12883.33万吨，而每千公顷的施用量为0.001025千公顷/万吨，按照35%的利用率计算，化肥每年流失为8374.1645万吨，这给长江流域的水系带来了沉重的负担，尤其是化肥中的氮、磷元素是造成水体富营养化的罪魁祸首。

（二）同一污染行为的污染对象多元化，影响范围很广

在农业面源污染中，无论是农药、化肥、农用塑料膜的使用，还是畜禽养殖场、居民污水带来的污染，任何一种单一的污染行为都会产生两个以上的污染对象，即所谓的“立体污染”。各污染源之间相互关联、相互作用、相互影响。如农药施用后，很大一部分降落到土壤中并被土壤吸附造成土壤污染，同时又通过各种途径进入到大气和水体中形成大气污染和水体污染；土壤中过量施用氮磷肥，大量流失的废氮磷会污染水体，使池塘、河流水域生态系统营养化，而施用的氮肥中又有很多以二氧化氮气体形态发挥到空气里，造成大气污染；畜禽养殖场缺乏处理能力，将粪便随意堆放，不但产生恶臭、蚊蝇滋生，而且在进入水体或渗入浅层地下水后，大量消耗氧气，使水中的其他微生物无法存活，从而产生严重的污染，还有很多没有经过发酵的粪便直接进入田地，粪便中的有害细菌污染土壤，严重影响作物的生长。

（三）缺乏整体规划，地区失衡

通过对长江经济带“九省二市”农业面源污染的分析，我们发现虽然农药、化肥、农塑料膜施用总量不断增加，但是长江经济带“九省二市”对农药、化肥、农塑料膜施用出现了不同的变化，如在农药、化肥的施用量上，江苏、浙江、上海、湖北四省（市）出现了下降的现象，而其余的省（市）则持续上升，即使上升，各省（市）的增长速度也有所不同，长江上游地区各省（市）的化肥、农药、农用塑料膜的使用平均增长率高于长江经济带“九省二市”的平均水平，而中游地区与“九省二市”平均增长率水平基本持平，下游地区则远远低于长江经济带的平均水平。由于缺乏整体规划，长江经济带各省市出现了地区失衡，无疑给治理带来更多的麻烦和困难。

（四）监控不到位，投入不足

分析长江经济带农业面源污染数据可知，除了上海，其他省（市）的农村人口在不断减少，但是各省（市）居民生活污水排放总量增加。目前，我国正面临着监督和管理农业面源污染部门缺失或者管理内容缺失的现状。而整个长江流域农业面源污染监测体系不够健全，技术力量薄弱，监测手段缺乏，与农业可持续发展的要求不相适应。对环境污染的监控部门设置和机构设立不足，从《中国统计年鉴》以及各省统计数据可知，2012~2015 年，长江经济带环保检测机构的平均增长率仅为 2.091%，高于全国平均水平。同时财政对农业面源污染防治投入不足，中国统计数据显示，2010~2014 年长江经济带“九省二市”环境污染治理占 GDP 比重都在 3%以下，具体表现在：大部分农村地区缺乏政府的财政和管理支持，公共环境卫生设施严重不足，即使有卫生设施的地区也由于政府重规划、轻运行，致使环境卫生设施形同虚设；对农村各类环境污染治理没有优惠政策；资金投入不明确，在环境污染治理投资中并未明确城市和农村各自的投资份额，这可能导致各部门将投资大量用于城市治污上，从而忽略对农业面源污染治理的投资。因此，在污染物日益增加而治理能力没有有效提高的情况下，农业面源污染问题将日益严重。

（五）政府政策支持和法律约束不足导致污染治理不力

我国目前缺乏有效和有针对性的面源污染防控政策的支持与相关法律约束。当初在制定水污染防治法规和政策上，没有重视农业面源污染问题。而《水污染防治法》中涉及面源污染问题的法律条款，也是点到为止，具体实施细则尚未出台，执行也有难度。政府管理部门对农村生活污染的执法管理处于一种近乎真空的状态，缺少专门针对农村这一特殊环境和区域的生活污染治理的相关法律法规。在现有法律体系中，除 2008 年新修订的《水污染防治法》列有单独针对非点源污染的法律条文外，针对农业面源污染的专门立法还没有出台。2011~2015 年《中国统计年鉴》和各省统计年鉴显示，除 2012 年外，长江经济带每年颁布的环保地方性法规平均数量低于全国平均水平，长江经济带各省每年环保地方性法规增加数量参差不齐，云南省增加数量较多，5 年共增加 31 部环保地方性法规，而湖南省增加的非常少，5 年仅增加了 1 部环保地方性法规。

四、长江经济带农业面源污染原因分析

近年来，造成长江经济带农业面源污染严重的原因主要包括：工业倾斜化战略原因、城乡二元化发展战略原因、观念原因、农业生产粗放式发展原因等。

（一）工业化倾斜和城乡二元化战略原因

1. 工业化倾斜战略影响农业发展

我国的农村现代化进程有两个明显的特点：一是工业优先增长和依托工业的现代化农业快速发展，二是居民在空间分布上迅速集中。改革开放后，为了大力发展经济，我国开始实施工业化战略，而在各级政府决策部门也形成了“先工后农”的思想观念，这也是农业问题得不到有效解决的根本原因之一，工业增长过快、农业发展过慢，工业占用了更多的资源。从 2006~2015 年生产总值产业占比来看（见表 12-18），农业长期以来发展缓慢，其所带来的生产总值占比近十年来均未达到 2%，最高时在 2014 年仅为 1.81%。而对比工业其创造的生产总值全部达到 31%以上，最低时在 2008 年也有 31.3%。因此，从产值占比可知，工业长期占用资源增长过快，农业发展过慢，会给农业发展带来许多隐患，如生态环境恶化、自然灾害抵抗能力弱等。

表 12-18　2006~2015 年生产总值产业占比

单位：%

产业	2006 年	2007 年	2008 年	2009 年	2010 年	2011 年	2012 年	2013 年	2014 年	2015 年
农业	1.56	1.45	1.55	1.68	1.60	1.72	1.67	1.69	1.81	1.78
工业	32.38	32.96	31.30	31.50	33.78	33.02	32.75	33.46	34.55	35.41

资料来源：《中国财政统计年鉴》（2007~2016）。

2. 二元化发展战略制约农业发展

城乡分治战略使城市和农村间存在着严重的不公平现象。具体到环保领域，主要指城乡地区在获取资源、利益与承担环保责任上严重不协调。长期以来，中国污染防治投资几乎全部投到工业和城市。城市环境污染向农村扩散，而农村从财政渠道却几乎得不到污染治理和环境管理能力建设资金，也难以申请到用于专项治理的排污费。由于农村土地等资源产权关系不明晰，致使农村的环境资源具有一定的“公共属性”，造成几乎没有有效的经济手段，对农业生产中社会收益大于私人收益的部分给予一定补偿，对社会成本大于私人成本的部分收取一定费用，实际上鼓励了农村居民采用掠夺式的生产方式。

（二）经济发展优先与侧重城市和工业的观念原因

1. 以经济发展为优先，缺乏可持续发展的意识

农村居民整体受传统习惯和观念的影响较深，对面源污染的危害性认识不足，在农业生产中盲目追求作物高产和经济效益，滥施滥用农药、化肥、地膜，生产、生活废弃物随意丢弃、污水直排河流水塘，这是导致农村面源污染的重要原因之一。当前长江经济带的农村地区和农业生产更多地致力于农民脱贫致富，增加农民收入，毕竟促进农村地区的经济发展和增加农民的收入是我国农业工作的首要任务，也是由落后的农业国家向现代化的国家迈进所必经的一步。而由于缺乏对农业和农村地区可持续健康发展的认识，加上长江经济带的农村地区的大部分农民环保意识不强，使得这种不正确的观念一直制约着农业的可持续发展。

2. 治污侧重城市和工业，忽略农村和农业

长期以来，对污染的治理集中在城市和工业，对农业面源污染的问题不重视。农村的环境保护长期受到忽视，环保政策、环保机构、环保人员以及环保基础设施均供给不足，这是农业面源污染失控的一个重要背景。中国的环保工作从一开始就把重点放在大城市、大工业和大工程上，而有关农村、农业的环境政策和法律法规却很不健全，甚至存在诸多空白。

（三）农业生产粗放对化肥农药过度依赖

1. 现代农业生产方式中对化肥和农药的过度依赖是我国农业面源污染的主要原因

当前我国农业生产过分依赖化肥和农药，忽视了自然生态的运行规律，因而不仅打破了自然界的生物链，还形成了人与自然之间的对立关系。这种对立关系加剧了农业面源污染问题的严重性。长江经济带“九省二市”中农药和化肥使用量和农药使用量在 2010~2015 年总体上仍呈现出逐年增长的趋势，由于农药没有得到合理的使用，大部分被浪费，这部分农药通过各种渠道进入环境，对环境造成严重污染。

2. 当前的土地承包制度造成了农业生产的“掠夺式”

对农民的生态环境保护知识的普及教育缺乏。许多农民一味追求产量的最大化和劳动强度的最小化，大量施用化肥、农药，加剧了农业环境污染。我国耕地的承包期为 30 年，这种“半截子产权”使得农民不愿意长线投资，很多农民采取“三重三轻”的态度，即重产出，轻投入；重无机肥，轻有机肥；重用地，轻养地。在这种“掠夺式”的生产模式下，农民将自己的目标看成是最高的目标，为了生产出更多的农产品，

更加依赖化肥、农药、除草剂等化学试剂，不注重对各种生态要素关系的利用，将人凌驾于自然之上。另外，当前农村土地所有权的不独立和没有产权化，使得大量土地荒芜，从而使得农业面源污染更加严重。

（四）农村治污基础设施不完善导致治污水平不高

1. 严重滞后的基础设施建设与日益加大的污染负荷之间的矛盾日益突出，治理还只停留在示范点上，导致农村面源污染加剧

在环境治理的基础设施方面，农村也远远落后于城市。落后的基础设施与日益加大的污染负荷之间的矛盾日益突出，直接导致了农业面源污染的加剧。以表 12-19 无害化厕所普及率来看，2015 在长江经济带“九省二市”中仅浙江省、江苏省和上海市的水平高于全国平均水平，而其他省份则低于全国平均值。

表 12-19　长江经济带“九省二市”2010~2015 无害化卫生厕所普及率

单位：%

地区	2010 年	2011 年	2012 年	2013 年	2014 年	2015 年
云南省	29.22	30.84	31.36	33.94	35.4	37.9
贵州省	20.64	23.75	28.14	30.28	31.55	37.3
四川省	46.38	48.75	51.18	54.15	57.24	60.8
重庆市	54.05	58.65	60.79	62.97	64.49	66.2
湖南省	35.21	36.27	37.78	39.34	40.58	42.7
湖北省	46.45	50.44	52.2	53.39	53.52	55.4
江西省	50.36	54.76	58.92	62.07	64.99	67.8
安徽省	25.64	28.67	32.28	34.03	36.42	38.6
浙江省	77.21	78.74	81.05	84.43	86.48	91.5
江苏省	59.94	67.42	73.9	79.19	85.48	87.75
上海市	97.62	96.56	96.56	98.68	94.46	96.9
全国平均值	67.4	69.2	71.7	74.1	76.1	78.45

资料来源：《中国财政统计年鉴》（2011~2016）。

2. 农村基础设施建设滞后和管理的缺失，致使缺乏废水的处理设施和固体废弃物无害化处理设施

农村居民生活垃圾利用率极低，大部分都在城郊和乡村露天堆放。这不仅占去了大片的可耕用地，还可能传播病毒细菌，其渗漏液污染地表水和地下水，导致生态环境恶化。还有，由于农村城镇规模的扩大，城镇居民生活垃圾大量产生，受城镇垃圾处理能力有限的影响，这些未经任何处理的废弃物，包括大量的建筑垃圾和生活垃圾，

越来越多地被堆放到城镇周边的农村原野，造成严重的环境污染。农村污染治理基础滞后，难以形成治污市场。2010~2015 年，无害化处理厂和无害化处理能力虽然持续增长，但增加数量并不明显，而且长江经济带"九省二市"中一半以上地区的无害化处理厂数量低于全国的平均值，可见其基础设施仍然处于比较落后的状态，基础设施的建设方面仍然不足，不能及时处理各种污染（见表 12-20）。

表 12-20 长江经济带"九省二市"2010~2015 年无害化处理厂

单位：座

地区	2010 年	2011 年	2012 年	2013 年	2014 年	2015 年
云南省	19	15	19	20	23	24
贵州省	12	13	13	13	14	17
四川省	30	34	29	40	40	45
重庆市	13	13	14	14	16	18
湖南省	21	26	30	31	34	32
湖北省	23	25	28	36	39	41
江西省	13	16	15	17	17	17
安徽省	16	20	22	25	26	27
浙江省	52	50	53	59	59	59
江苏省	44	51	47	49	58	61
上海市	12	5	10	13	12	12
全国平均值	20	21	22	24	26	28

资料来源：2011~2016 年各省统计年鉴。

另外，从无害化处理能力来看，2010 年仅四川、湖北、浙江、江苏四省的处理能力高于全国的平均值，其他省份仍然处于比较低的状态。2010~2015 年以来，新增的无害化处理能力高于全国平均值的有湖南省和上海市，说明在此期间湖南省和上海市增强了无害化处理能力，而其他省（市）仍然处于低于全国平均值的状况，对此重视不足映射出其基础设施和处理能力的投入不足（见表 12-21）。

表 12-21 长江经济带"九省二市"2010~2015 年无害化处理能力

单位：万吨/日

地区	2010 年	2011 年	2012 年	2013 年	2014 年	2015 年
云南省	0.77	0.60	0.50	0.83	0.99	0.91
贵州省	0.57	0.56	0.63	0.74	0.55	0.75
四川省	1.70	1.52	1.67	1.95	2.17	2.26
重庆市	0.65	0.65	0.82	0.82	0.87	0.94
湖南省	1.18	1.15	1.67	1.74	2.16	2.12
湖北省	1.28	1.38	1.70	2.25	2.40	2.28

续表

地区	2010 年	2011 年	2012 年	2013 年	2014 年	2015 年
江西省	0.61	0.82	0.92	0.91	0.93	0.98
安徽省	0.94	1.15	1.24	1.42	1.52	1.72
浙江省	3.33	3.51	3.72	4.29	4.60	4.79
江苏省	3.76	4.22	4.31	4.07	5.06	5.28
上海市	1.05	0.79	1.17	2.05	2.05	2.05
全国平均值	1.25	1.31	1.43	1.58	1.72	1.86

资料来源：2011~2016 年各省统计年鉴。

（五）生态保护体系不完善难以应对面源污染问题

1. 缺乏有效的生态保护管理体系

农业的生态建设与保护需要一个完整的管理和组织体系，缺乏有效的约束机制，就会造成政府对农业生态建设投资的随意性，另外，农业生态建设的投资占农业生产投资的比例很小，这也诱发了农业面源污染发生。

2. 县级环保、建设、农业等职能部门在面源污染治理工作中各自为政

县级环保、建设、农业等职能部门在治理工作中推诿、扯皮、掣肘的现象时有发生，监管、责任、投入、政策措施等保障机制不完善，影响治理工作一体化全域推进。镇、村两级作为治理主体，职责不明，治理工作的最后一公里尚未打通。

五、湖南省加强农业面源污染防治的创新发展对策

实施长江经济带发展战略，是党中央国务院准确把握时代变革大趋势，统筹推进“五位一体”总体布局和协调推进“四个全面”战略布局，牢固树立和贯彻落实创新、协调、绿色、开放、共享的发展理念的重要举措。按照“重点突破、综合治理、循环利用、绿色发展”的要求，紧紧围绕“一控两减三基本”的目标，进一步强化区域协调发展、监测考核、政策创设，坚决打好农业面源污染防治攻坚战。湖南是农业大省，最大的省情是“农情”。农业是基础、是命脉，更是战略，中央连续七年的一号文件均是关于农业的，足见其极端重要性。“十三五”规划指出，湖南省农业创新发展的基本想法就是按照中央的要求，走产出高效、产品安全、资源节约、环境友好的现代农业发展道路。中央提出了创新发展、协调发展、开放发展、共享发展、绿色发展五大理

念。湖南省作为长江经济带的中部地区，应主动适应和引领经济发展新常态，科学谋划长江经济带经济新棋局，做出既利当前又惠长远的重大决策部署。对于农村面源污染面临的困难和问题，结合湖南省的实际情况因地制宜地提出推进农村面源污染治理的创新发展对策。

（一）推进区域协调发展，实现区域公平和平衡发展

对长江经济带“九省二市”2010~2015年造成农业面源污染的污染源进行分析，我们发现各省市对农药、化肥、农用塑料膜施用情况变化有所不同，如在农药、化肥的施用量上，江苏、浙江、上海、湖北四省（市）出现了下降的现象，而其余的省（市）则持续上升，长江上游地区各省（市）化肥、农药、农用塑料膜的使用平均增长率高于长江经济带“九省二市”的平均水平，而中游地区与“九省二市”平均增长率水平基本持平，下游地区则远远低于长江经济带的平均水平。这种区域不协调的发展模式增加了农业面源污染治理的难度。

第一，加强区域协调、城乡协作，实现区域公平和平衡发展。湖南省地处长江经济带的中部，在农业面源污染治理的过程中应积极主动统筹长江上游、中游和下游的农业发展，防范从上游到下游的环境污染，在长江经济带沿岸和沿线区域实现“全面绿化”，逐步进行生态修复。同时，应充分利用湖南省的农村自然资源，注重保护和发展景观资源，充分挖掘农村的多元化价值，依托田园景观、农业设施、农耕文化和农业生产经营等资源，举办各类节庆活动，吸引游客观赏、品尝、休闲、体验、健身和度假，带动农产品加工业、物流业以及旅游服务业的发展，促进农业产业结构升级，统筹城乡发展。

第二，重视上下游协调机制，创新生态补偿机制。湖南省应主动与长江经济带其他各省市进行水权交易，促进各区域主动承担责任进行生态保护；以人水和谐理念为指导，根据区域经济社会条件和自然条件的空间差异性来确定水权分配方案；开展基于农民意愿的生态补偿，了解农民的生态保护行为，并深入分析生态补偿意愿的影响因素。

（二）推广减量技术，发展健康生态农业

通过对长江经济带各区域的区域对比和湖南与其他省（市）的对比，发现其化肥、农药、农用塑料膜、畜禽粪便存在总量大、增长率较高的问题，因此要在湖南省全面推广减量技术，发展健康生态农业。

第一，推进化肥减量增效。2010~2015年，湖南省的化肥施用量与长江经济带其他省（市）相比较高，位列第四，而化肥施用量逐年增长，平均增长率为1.5%。因此，

要推进化肥减量增效，突出重点区域、重点作物，建立化肥减量增效示范县，总结提炼一批可推广的化肥减量增效技术模式。测土配方施肥实施范围由粮食作物扩展到设施农业及蔬菜、果树、茶叶等经济作物。完善农企合作机制，在粮食主产区和园艺作物优势产区开展大范围的配方肥进村入户。推进农机农艺结合，因地制宜地推广机械施肥、滴灌施肥、水肥一体化等高效施肥技术，提高肥料和水资源的利用效率。

第二，推进农药减量控害。分析 2010~2015 年湖南每千公顷的农药施用量增长率为 1.28%，在长江经济带中仅次于云南。近六年来，湖南无论是在农药施用总量还是在农药施用增长率上都较多。因此，湖南省应因地制宜地选择重点县（市）开展全程绿色防控试点，集成推广以生物防治为主的绿色防控技术。以统防统治与绿色防控融合示范基地为平台，推进农企对接、新型经营主体与病虫专业化服务组织共建。支持新型农业经营主体、专业化统防统治组织购买自走式喷杆喷雾机等高效植保机械，推进高效药械替代。严格贯彻落实国家和省市的有关规定，禁止销售和使用剧毒、高毒、高残留农药。加强病虫草害预测预报，及时向广大农民提供病虫草害发生情况及防治措施。通过科学、合理用药、选用抗病虫的农作物良种，严格执行各种农药的安全间隔期。开展高效植保机械示范展示，推广低容量喷雾、静电喷雾等先进施药技术，提高农药利用率。

第三，实验示范农用地膜，防治白色污染。湖南省遵循绿色发展理念，为解决塑料地膜带来的白色污染问题，发挥麻地膜覆盖在农用生产中的增产作用，在“十五”国家科技攻关项目的资助下，成功地研究出了可完全降解、无污染、高强度的麻地膜产品，有效减少了塑料地膜的使用以及它所带来的白色污染问题。

第四，推行农牧结合和生态养殖模式，合理布局养殖场区。2010~2015 年，湖南省的畜禽养殖粪便排放量在长江经济带中位列第三，仅次于四川、云南。针对这样的情况，湖南省应借鉴畜禽养殖粪便排放量呈现负增长的其他地方，推广畜禽废弃物综合利用，加强粪污处理设施建设。将畜禽养殖污染纳入环境统计和污染总量控制，建立完善的畜禽养殖环境标准体系，实施畜禽养殖废水生态还田综合利用工程项目。特别是按照国家环保部颁发的《畜禽养殖污染防治管理办法》的规定，结合实际，科学划定禁养区，依法限期关停和搬迁禁养区内的畜禽养殖场，改变人畜混居现状。对规模化养殖场要全面实施排污许可、排污申报和排放总量控制制度，对不能达到环保要求的养殖场要限期治理。同时积极争取资金，以规模化养殖场为重点，加大农村沼气推广力度，将养殖场废水通过沼气处理后作为农田灌溉水，合理开发与利用农业资源，有效治理农业面源污染，促进农业可持续发展。

第五，发展循环农业，打造农业废弃物的循环链条。大力发展生态农业建设，建设国家级或省级生态农业示范县，重点推广了岩溶山区雨养旱作生态农业模式、湘中紫色土综合开发治理技术模式、南方庭院高效生态农业技术模式等八大高效生态农业模式技术。其他各市借鉴常德市循环农业建设，培植循环农业建设典型，建立粮油、养殖和园艺循环农业示范产业，扶植湘鲁万福、洞庭春米业等农产品生产企业精深加工、循环开发和模式建设等，学习桃源县循环利用棉秆生产食用菌、澧县作物秸秆发电、桃源生猪—沼—茶循环经济、循环农业链条的建设。

（三）加大投入，加快面源污染防治步伐

从农业和工业的产值比来看，政府财政对农业的支持严重不足。农业支出占财政总支出的比重逐年下降，基于此现状湖南省应该创新财政农业投入方式，提高资金使用效益，带动民间资本、工商资本、金融资本投入现代农业建设。加快乡镇污水、污物处理设施建设，推进垃圾污水无害化处理，防治农村生活面源污染。

第一，增加农业生态财政扶持专项资金投入，建立农业生态环境补偿机制，加快农业面源污染综合整治步伐。在“十三五”专项规划中，明确区域污染治理重点，对面源污染治理项目安排予以倾斜，尽快建立农业面源污染防治专项基金，按照政府投一点、乡镇拿一点、社会筹一点、群众集一点的方法解决投入问题。尽快制定有关投资、税收和价格等方面的优惠政策，大力鼓励不同经济成分和各类投资主体，以独资、合资、承包、租赁、拍卖、股份制、股份合作制、BOT 等不同形式参与农业面源污染防治，建立农业生态环境建设和保护的多渠道、多元化投入机制。

第二，加大生活垃圾收集力度和垃圾收集覆盖面，各级财政要根据需要加大投入，抓好农村生产、生活中垃圾无害化处理。配备垃圾转运车，确保集中堆放的垃圾能够及时清运。打造示范样板，发挥示范效应，带动全省农业面源污染防治。多方筹措资金，多渠道解决乡镇污水处理设施建设过程中遇到的问题，力争早日实现各乡镇均有污水处理设施。加强对已建成污水处理设施的监管力度，确保乡镇生活污水处理设施充分发挥作用，从根本上解决乡镇的污水问题。住建部门应抓好农村生活污染治理工程，推广清洁能源，建设垃圾和污水处理设施，使农村人畜粪便、生活垃圾和污水达到无害化处理。

（四）加强法制建设，依法管控农业面源污染

我国目前缺乏有效和有针对性的面源污染防控政策的支持与相关法律约束，而湖南省的环保法规、地方政府规章等增加得非常少，2011~2015 年仅增加了 1 部环保地方性法规，并没有具体的关于农业面源污染的法规出台。

针对此现状，首先应对已有的法律法规做好宣传贯彻和执法检查，做到有法可依、违法必究。加快制定出台湖南省农业农村生态环境保护办法、农业废弃物资源化管理

办法等地方政府规章和地方性法规。其次应加快建立农村土地使用权流转机制。按照"依法、自愿、有偿"的原则，通过土地使用权的有偿转让，实行土地股份合作制，促进土地使用权的集中，有利于发展规模经营和推动农业产业化进程，有利于推行集中治污和发展高效生态农业。还要制定和完善农产品生产和安全质量标准、农产品基地环境质量和污染物排放标准，积极推进农产品标准化生产。积极实施 ISO14000 环境管理体系，加强对农产品基地建设的环境管理。完善无公害农产品、绿色食品、有机食品的奖励扶持政策。吸收和充分借鉴发达国家防止化肥、农药过量投入的成功经验，建立化肥、农药等化学投入品、农产品市场准入和安全追溯制度，培育绿色市场，倡导绿色消费。

（五）完善体系，强化农业环境和农产品质量监管

第一，强化湖南省农业环境监测站和农产品检测中心职能，进一步完善农业生态环境和农产品安全监测网络体系，提升监测检测能力。

省政府要积极争取上级政府有关部门的重视和支持，增加投入，充实队伍，配备必要的现代化仪器设备，建设一支高素质的农业面源污染监测队伍，开展农业面源污染监测。落实治理主体责任，量化目标考核标准。理顺部门职责，明确农村面源污染治理的牵头单位和牵头领导，加强治理工作统筹协调；充分发挥镇村主体作用，将农村面源污染治理列为乡镇党委、政府的工作重点之一。

第二，建立高效的农业面源污染预报预警系统和快速反应系统以及重大农业面源污染事故监测体系，切实加大农产品产地环境安全监督监测工作力度，实行农业生态环境和农产品安全报告制度。完善安全农产品的强制性质量标准体系，切实有效地开展无公害农产品、绿色食品、有机食品的认证工作。加快建立化肥、农药等化学投入品的监测体系。深入开展农业集中执法行动，切实加强化肥、农药等农资市场管理，建立统一的生产、销售、使用档案资料，有效实施农业生产全过程的管理监控。

第三，完善农业面源污染防治的社会参与机制。湖南省应进一步强化督导调度，明确责任分工，加强督促检查，确保各项任务落到实处。完善绩效考核指标体系，探索引入第三方评估，一方面，应提高农户环境保护与参与意识，通过有线电视、报纸、广播等舆论传媒，使农民认识到控制农业面源污染的意义，自觉采用环保型农业生产技术，主动参与农业面源污染的防治；另一方面，鼓励非政府组织参与，经验表明，非政府组织作为公众力量在环境保护中的作用不可替代，因此，优化政策条件，鼓励非政府组织参与农业面源污染防治具有重要作用，应发挥非政府环境组织的专业优势，建立完善的监督管理机制。

（六）走创新型农业发展道路，把握农业创新未来发展重点

第一，加快农业重大科研成果转化推广，完善农业成果转化激励政策。传统农业精耕细作生产技术对农业发展的贡献越来越小，未来农作物产量和质量提高必须依靠生物技术，以生物技术的突破来带动农业效益的提高。湖南应提高农业自主创新能力，加大科技兴农力度，依托隆平农业科技创新中心，重点支持水稻、棉花、柑橘、畜禽等主导农产品的良种繁育、生产加工技术研发。加强基层农业技术推广体系建设，建立激励机制，积极引导农、科、教机构和社会力量参与多元化的农技推广服务，推广超级稻、测土配方施肥等农业科技成果，提高全省农业科技贡献率。

第二，加快发展生态农业，提高可持续发展能力。现代农业的发展并不仅仅追求经济效益，还要建设良好的生态系统，实现人与自然的和谐发展。湖南在发展农业的过程中，要把发展生态农业作为一项关键任务，努力实现生产与生态的共同进步。要坚持需求导向、生态优先，生态和产业相互促进，加快培育公益林，大力发展商品林，合理利用森林资源，营造良好生态，建设绿色湖南。

第三，构建更加高效的农业创新科研体系。发挥科学技术研究对创新驱动的引领和支撑作用，遵循规律、强化激励、合理分工、分类改革，增强高等学校、科研院所的原始创新能力和转制科研院所的共性技术研发能力，湖南省应加大对农业高等院校的投入，如湖南农业大学以及中南林业大学，重视其教育质量，为湖南省农业面源污染治理能力的提高提供高质量的专业人才，促进湖南省农业创新发展，并在一定程度上促进湖南省农业面源污染技术的发展。优化对基础研究的支持方式，加大对科研工作的绩效激励力度，改革高等学校和科研院所科研评价制度，深化转制科研院所改革，建立高等学校和科研院所技术转移机制。

第四，转变农业发展方式，加快推进农业现代化。着力构建现代农业产业体系、生产体系、经营体系，推动现代粮经饲统筹、种养加一体、农牧渔结合、一二三产业融合发展，走产出高效、产品安全、资源节约、环境友好的农业现代化道路。加强粮食等农产品主产区建设，优化农业区域布局，加快形成各具优势和特色鲜明的长株潭都市农业圈、洞庭湖现代农业示范区、大湘南丘陵农业区、大湘西山地生态农业区。

（本章主要执笔人：江海潮　王瑞平　蒋婷婷）

后 记

本书是湖南创新发展研究院编著的湖南创新发展研究系列报告的第二本。之所以将研究范围定位为“长江经济带与湖南创新发展”，是因为在2016年湖南科技大学和上海社会科学院共同成立了“长江经济带创新发展联合研究中心”，该中心的运行由湖南创新发展研究院执行。本书的出版契合了联合研究中心的目标任务，做到了研究机构的名副其实。

该书最初由田银华院长和曾世宏副院长共同拟定写作提纲，经编委会成员开会讨论修改确定了最终的写作篇章。现在呈现给大家的书稿比编委会确定的篇章又减少了三章，即长江经济带养老服务业发展现状与湖南对策、长江经济带人口结构现状与湖南对策、长江经济带国有企业发展现状与湖南对策，主要是考虑到书稿的篇幅控制、质量保障以及与本书主题的契合程度才忍痛割爱，未能出版的章节我们进一步修改后将在湖南创新发展研究院的官网上发表，请这三章的作者予以理解和体谅，继续支持湖南创新发展研究院的研究工作。

本书的出版离不开湖南科技大学各位校领导的大力支持，湖南科技大学商学院和社科处的各位领导对本书的出版非常重视，从选题、篇章确定、写作班子配备到经费支持，都给予了大力支持，湖南科技大学商学院应用经济学和工商管理学科的各位导师对本书稿的写作提供了大量的学术指导，在此一并表示感谢！社会服务是一流学科建设的内在要求，希望本系列研究报告的出版对推进湖南科技大学商学院应用经济学一流学科建设尽微薄之力！

作为湖南省科技厅授牌的省级战略咨询与学术研究机构，湖南创新发展研究院的发展离不开湖南省科技厅各位领导以及相关处室的大力支持；湖南省发展与改革委员会、湖南省统计局、湖南省人民政府发展研究中心、湖南省委宣传部、湖南省社科联的领导和相关处室领导以及新华社湖南分社等新闻媒体对本系列报告的成果发布提供了大量帮助，在此表示深深的谢意！

本书从选题到最终完稿历经一年时间，各位撰稿人牺牲了平常和寒暑假大量的休息时间，在此道声各位辛苦了！尽管如此，由于编写组人员的时间、精力和学识水平有限，本书存在的各种可能不准确或者错误的地方，敬请各位谅解和批评指出，以便我们进一步改正！

《2018 湖南创新发展研究报告》拟定的主题是“创新引领与湖南开放崛起”。我们同样希望有志于研究创新理论、创新战略、创新政策、创新经济与创新管理的各位青年才俊、优秀博士毕业生加盟湖南创新发展研究院，共同见证湖南创新发展研究院的成长壮大，也希望各位领导和同仁继续关注、关怀与关爱湖南创新发展研究院！我们的联系方式是 0731-58290068，hncxfzyjy@hnust.edu.cn，hncxfzyjy@163.com。